사진과 철학

빛, 자연의 붓

사진과 철학
빛, 자연의 붓

2015년 9월 25일 초판 인쇄
2015년 9월 30일 초판 발행

엮은이 | 스콧 월든
옮긴이 | 장우인
교정교열 | 정난진
펴낸이 | 이찬규
펴낸곳 | 북코리아
등록번호 | 제03-01240호
주소 | 13209 경기도 성남시 중원구 사기막골로 45번길 14
우림2차 A동 1007호
전화 | 02-704-7840
팩스 | 02-704-7848
이메일 | sunhaksa@korea.com
홈페이지 | www.북코리아.kr
ISBN | 978-89-6324-316-0 (93100)

값 22,000원

* 이 도서의 국립중앙도서관 출판예정도서목록(CIP)은 서지정보유통지원시스템 홈페이지(http://seoji.nl.go.kr)와 국가자료공동목록시스템(http://www.nl.go.kr/kolisnet)에서 이용하실 수 있습니다.
(CIP제어번호 : CIP2015033645)

사진과 철학 | 빛, 자연의 붓

PHOTOGRAPHY AND PHILOSOPHY

Essays on the Pencil of Nature

스콧 월든 엮음 | **장우인** 옮김

북코리아

감사의 글

이 선집은 뉴펀들랜드 메모리얼 대학교, 뉴펀들랜드와 래브라도 아트 갤러리의 공동 협찬으로 진행된 사진 학회 '라이트 심포지엄'Light Symposium을 통해 나오게 되었다. 이 두 기관의 많은 구성원들 덕분에 학회 참가자들은 지적 · 미학적으로 만족스런 분위기를 즐길 수 있었다. 이에 대해 특히 William Barker, Patricia Grattan, Bruce Johnson, 그리고 John Scott에게 감사 인사를 전한다. 또한 이번 학회에 대한 캐나다 사회과학인문연구위원회의 재정적 지원에 대해서도 큰 감사를 표하는 바이다.

뉴펀들랜드와 래브라도 아트 갤러리가 운영하는 (그리고 랜드펄 트러스트와 태라 노바 국립공원이 지원하는) 두 숙소에서 나는 이 서문과 나의 논문 그리고 이 책에 실린 글들을 모으는 데 필요한 무수히 많은 일들을 챙길 시간을 가질 수 있었다. 이는 Gordon Laurin과 Shauna McCabe 덕분이며 그들에게 감사 인사를 전한다. 뉴욕 대학교 철학과의 Debbie Bula와 Anupum Mehrotra는 다양한 행정상의 문제들을 처리하는 데 많은 도움을 주었다. 너무나 즐겁게 이 글들을 모을 수 있도록 따스함과 전문성을 보여준 블랙웰 출판사의 Danielle Descoteaux, Jamie Harlan 그리고 Jeff Dean에게도 감사를 표한다.

개인적으로는 오랫동안 많은 대화를 나눴던 John Matturri와 오래 전에 나에게 이 모음집에 대한 아이디어를 주고 끝없는 격려와 지지를 보내준 Gary Ostertag에게 고마움을 전한다. 마지막으로 무한한 사랑으로 이 기획을 지지해준 Chrisrine Downie에게 감사를 표한다.

스콧 월든

뉴욕

Contents

그림 목록

서문

스콧 월든
Scott Walden

사진은 1970, 80년대에 대단히 많은 비평적 관심을 받았다. 롤랑 바르트Roland Barthes는 사진의 현상학에 대한 깊은 통찰을 제공하였으며, 사진적 의미의 본성에 관해 더욱 분석적인 탐구를 제공했다.[1] 수전 손탁Susan Sontag은 특히 윤리적 지식을 육성하는 데 있어서 매체의 한계에 초점을 맞추어 미디어에서 사진의 역할에 대한 조사를 지속했다.[2] 알런 세쿨라Allan Sekula는 사진적 이미지에는 뭔가 특히 진실하거나 객관적인 것이 있다는 전통적인 생각, 그리고 사진은 독특한 의미, 문맥-불변의 의미를 수반한다는 생각을 약화시키는 작업을 했다.[3] 그리고 조엘 스나이더Joel Snyder는 일반적으로 이미지의 평가와는 별개인 사진에만 특화된 평가 원리들이 있다는 모더니스트들의 생각에 반대하는 주장을 펼쳤다.[4] 이들에 의한 텍스트들은 여전히 대학에서 사진 이론 강좌의 표준을 구성하고 있다.

그러나 이런 책과 글들이 출판된 이후 많은 것이 변하였다. 언어와 묘사에 대한 철학에서의 발전은 텍스트-의미와 이미지-의미에 대한 우리의 이해를 증진시켰다. 디지털-이미지 기술과 이미지-조작 가능성은 전통적인 네거티브-포지티브 과정을 대체하고, 매체의 진실성에 대한 새로운 의문들을 불러일으켰다. 예술계에서 사진은 기관으로부터 인정받기 위해 싸우는 부수적 매체에서 메트로폴리탄 미술관Metropolitan Museum of Art에 따로 개별 부서가 있는 매체가 되었을 뿐만 아니라, 아방가르드

1) Roland Barthes, *Camera Lucida: Reflections on Photography* (New York: Noonday Press, 1981); 그리고 Roland Barthes, "The Photographic Message," *Image/Music/Text*, trans. Stephen Heath (New York: Farrar, Straus, and Giroux, 1977), 그리고 Vicki Goldberg, ed., *Photography in Print: Writings from 1816 to the present* (New York: Simon and Schuster, 1981), 521-33쪽에서 발췌.

2) Susan Sontag, *On Photography* (New York: Farrar, Straus, and Giroux, 1977).

3) Allan Sekula, *Photography Against the Grain: Essays and Photo Works 1973-1983* (Halifax, NS: The Press of the Nova Scotia College of Art and Design, 1984).

4) Joel Snyder and Neil Walsh Allen, "Photography, Vision, and Representation," *Critical Inquiry* 2 (1975).

의 가장 중요한 매체가 되었다. 그리고 의학이나 사업에서처럼 인간이 결부된 직업에서 발생한 윤리적 문제에 특화된 관심이 필요하다는 점을 우리가 더욱 자각하게 되었듯이, 매체의 발전은 사진의 직업적 실천에서도 유사한 필요성을 부각시켰다. 이런 발전들을 고려해보면, 이제는 개척적인 비평가들이 소개한 주제들을 다시 조사해야 할 때이고, 새로이 부각된 이슈들을 세심하게 살펴볼 때이다.

따라서 소개된 대부분의 글들은 이 책을 위해서 새롭게 쓰인 것들이며, 세 논문은 이전에 출판되었었지만 이 이슈들에 신선한 관점을 제공해주거나, 소개된 다른 글들에 영향을 끼치기에 다시 담았다. 켄달 월턴의 첫 번째 논문인 「투명한 그림: 사진적 사실성의 본질에 대하여 Transparent Pictures: On the Nature of Photographic Realism」가 바로 이 책에서 다시 소개하는 글이다. 월턴은 자기 개념의 시작점을 "사진은 **기계적** 과정에 의한 산물"이라는 아이디어로 잡는데, 이는 사진가가 자기 앞에 놓인 장면에 대해 가지고 있는 믿음을 빗겨 나가는 것이다. 자기 앞에 나무가 있다는 사진가의 믿음은 나무를 찍고자 하는 자신의 욕망과 연관되어 자신의 카메라가 그것을 똑바로 가리키도록 만든다. 하지만 일단 셔터를 누르고 나면 그것은 사진가의 마음속에 있는 내용과는 관계없이 이미지가 되게 하는 광-화학적(혹은 오늘날에는 광-전자적) 과정이다. 회화같이 손으로 직접 만드는 이미지들은 달리 작용하는데, 자신 앞에 있는 장면에 대한 화가의 믿음이 캔버스에 그려지는 것과 직접적으로 관련된다.

월턴의 두 번째 아이디어이면서 가장 논쟁적인 아이디어는 사진적 과정의 기계적 특성이 문자 그대로 사진을 **투명하게** 만든다는 것이다. 유리를 통해 다른 쪽에 있는 사물을 보는 것과 같은 방식으로 우리는 사진을 통해 사진의 대상을 본다. 반대로 회화나 데생같이 손으로 만든 이미지는 조형 과정에 직접 관련된 믿음들을 가지고 있기 때문에 불투명하다. 우리는 아마도 그것들이 투명하고, 우리가 그것들을 통해서 본다고 **상상**하겠지만, 사실 그렇지 않다.

월턴에 의하면 '기계성'과 '투명성'이라는 쌍둥이 같은 주장에서 두 개의 부수적인 특성이 출현한다. 첫째, 사진의 투명성은 관람자를 사진을 통해 보이는 대상과 특별한 **접촉관계**contact에 위치시키고, 그런 접촉에서 가치가 발생한다. 만약 베토벤의 사진이 발견되었다면, 우리는 문자 그대로 그 사진을 통해 위대한 작곡가를 보며, 따라서 우리는 베토벤과 특별한 접촉관계에 놓이게 된다. 그러한 접촉 — 그리고 우리가 그것과 관련시키는 가치 — 은 매체에 대한 열광을 설명한다. 둘째, 사진적 과정의 기계적-투명성은 특히 사람들이 사진을 통해 봄으로써 세상에 대해 배우는 데 유용한 이미지들을 산출한다는 것이다. 이러한 **인식론적 이점**은 저널적 · 증거적 · 과학적 맥락에서 사진의 유용성을 설명해준다.

신시아 프릴랜드의 글(2장)은 월턴의 접촉과 투명성 논제에 초점을 맞춘다. 프릴랜드는 월턴의 이론과 관련하여 사진이 종교적 이콘처럼 기능하는 범위까지 조사한다. 성자의 이콘들은 그들의 재현으로서 기능하는 것이 아니라 **현시**로서 기능하고, 그들과 특별한 접촉을 제공한다고 여겨진다.

나아가 많은 이콘들은 그들의 대상과 특별한 인과관계에 있다고 여겨지는데, 실제로 성자의 면전에 있었던 사람에 의해 묘사되었거나, 어떤 경우에는 전혀 인간의 매개 없이 (베일과의 물리적 접촉 혹은 신성한 매개에 의해) 묘사되었다고 여겨진다. 아마도 이콘의 현시 기능은 이런 특별한 인과관계에서 기인하며, 그런 현시가 이콘들이 제공한다고 일컬어지는 접촉의 의미를 설명해줄 것이다. 마찬가지로 아마도 사진은 어떤 의미에서 그들의 대상을 현시하고, 그런 현시는 사진 처리과정의 기계적 특성에서 기인한 것이다. 만약 그렇다면 이콘과의 유비는 우리가 사진이 제공하는 것 같은 세계와의 접촉 의미를 더 잘 이해하는 데 도움이 될 것이다.

월턴의 투명성 이론과 관련하여, 프릴랜드는 월턴이 일상적인 시각으로 어떤 것을 직접 보는 것과 쌍안경, 망원경, 사진 같은 시각적 보조 기구를 통해 간접적으로 보는 것을 구분하는 것에 주목한다. 프릴랜드는 전형적으로 우리를 우리가 보는 사물과 접촉관계에 위치 짓는 것은 전자와 같은 보기이고, 후자와 같은 것은 접촉을 전혀 제공하지 않을 것이라고 말한다. 이것을 고려해볼 때, 그녀는 사진을 통해 발생하는 봄이 간접적임에도 월턴이 사진의 투명성은 피사체와 접촉하는 느낌을 전달하는 사진의 능력을 지지한다는 주장을 하는 한 과연 그의 입장 안에 긴장이 있는지 의문을 제기한다.

3장에서 아론 메스킨과 조너선 코헨은 그들이 이전의 글에서 시작했던 월턴의 투명성 이론의 비판 방향을 다듬는다.[5] 그들은 "세계와의 접촉은 오직 그런 접촉이 사물들의 시각적 속성들에 대한 정보(v-정보)를 제공**하고**, 관람자의 신체와의 관련하여 사물의 공간적 위치에 대한 정보(e-정보)를 제공할 때만이 봄의 실례가 된다"고 주장한다. 사진을 통한 지각적 접촉은 v-정보의 풍부한 근원인 반면, e-정보의 근원은 되지 못한다. 예를 들어 나는 에펠탑의 사진을 봄으로써 그것의 시각적 속성들을 배울 수는 있지만, (아마도 내 신체도 묘사된 극히 드문 경우를 제외하고는) 그것이 나와 관련하여 어느 방향에 놓여 있는지는 알 수 없다. 따라서 우리는 사진을 통하여 보지 않는다; 그들은 투명하지 않다.

메스킨과 코헨은 나아가 우리가 개별적 사진에 부여하는 특별한 증거적 지위는 사진에 대해 일반적으로 가지고 있는 믿음에서 발생한다고 주장한다. 우리는 저널적 · 증거적 · 과학적 맥락에서 사진을 정규적으로 사용하는 사회의 일원으로서, 그리고 범주로서 사진이 풍부한 v-정보의 근원이라는 믿음을 발전시킨다. 또한 우리는 대조적으로 회화와

5) Jonathan Cohen and Aaron Meskin, "On the Epistemic Value of Photographs," *Journal of Aesthetics and Art Criticism* 62: 2 (Spring 2004): 197-210쪽.

데생을 전형적으로 묘사된 사물에 대한 v-정보가 필요한 곳에서는 사용하지 **않는** 사회의 일원으로서 그런 이미지들이 (다시, 범주로서) 그런 정보의 빈약한 근원이라는 믿음을 발전시킨다. 따라서 우리가 회화나 데생으로 인식하는 대상을 마주쳤을 때 포토리얼리즘을 열망하는 사람조차 그것은 풍부한 v-정보의 근원이 아니라고 추측하는 경향이 있다(비록 우리에게 알려져 있지 않더라도 분명히 그러하다). 메스킨과 코헨은 이 같은 이미지의 두 개의 넓은 범주에 대한 배경적 믿음이 이런 식으로 종종 사진에 부여되는 특별한 인식론적 무게를 설명해준다고 말한다.

내 글(4장)은 사진의 발명 이래로 그것과 결합되어왔지만, 오늘날 의혹에 찬 눈길을 받고 있는 정확성 혹은 객관성을 탐구한다. 정확히 어떤 의미에서 사진이 수공 이미지와 비교하여 특히 진실하거나 공정한가? 왜 우리는 이런 성질이 요구되는 맥락(저널이나 증거 같은)에서 당대의 의혹에도 불구하고 여전히 사진 이미지를 사용할까? 그리고 디지털 이미지의 도래가 이러한 쟁점들과 무슨 관계가 있는가?

나는 우선 진실성과 객관성의 개념이 반드시 분리되어야 한다고 주장한다. 진실성은 이미지 자체와 결합된 성질이 아니라, 그 이미지들이 그것을 보는 사람들의 마음에 불러일으키는 생각들과 결합된 것이다. 마찬가지로 객관성도 이미지 자체에 속한 성질이 아니지만, 그렇다고 이미지들을 일으키는 생각들에 속한 성질도 아니다. 대신 그것은 월턴의 기계성 개념과 동등하게, 본래의 장면에서 시작해서 이미지의 형성으로 끝나는 **과정**에 속하는 성질이다. 나는 더 나아가 객관적으로 형성된 이미지를 보는 데서 생기는 생각들은 진실일 수도 아닐 수도 있지만, **만약** 그런 생각들이 진실이라면, 관람자는 그 진실성에 대해 주관적으로 형성된 이미지들에 대해 갖는 것보다 더 큰 **신뢰**를 가질 수 있음을 주장한다. 진실성과 객관성 사이의 이런 느슨한 연결(그리고 객관성과 기계성 사이의 단단한 결합)은 디지털 이미지가 상처 없는 사진 이미지를 봄으로써 형성된 생각의 진실성에서 떠날 가능성을 열어주지만, 그러한 생각들의 진실함에 대한 관람자의 확신을 앗아간다. 그리고 이는 적어도 플라톤의 『메논*Meno*』 이래로 진실된 생각을 갖는 것은 진실한 생각과 **더불어** 그들의 진실성에 대한 확신의 토대를 갖는 것에 비해 훨씬 가치가 덜하다고 인식되어왔기에 불행하다.

마찬가지로 바바라 사베도프도 **다큐멘터리 권위**라는 항목에 회부하는 성질인 사진 이미지와 관련된 진실성이나 객관성에 관심을 갖는다(5장). 초기 작업에서 사베도프는 사진 이미지의 다큐멘터리 권위에 대한 가정이 어떻게 해서 우리가 순수미술 기준에서 중요한 사진들의 범위를 이해하는 데 있어서 핵심 요소가 되는지 설명했다.[6] 여기서 그녀는 비교적 독특한 장르인 추상사진 혹은 초현실주의 사진에 속하는 이미지에 자신의 분석을 적용한다. 추상사진과 관련하여 사베도프는 다큐멘터리 권위에 대한 우리의 가정이 우리로 하여금 사진이 찍혔을 당시에 카메라 앞에 있던 대상을 식별하도록 시도하게 하는데, 이 시도는 사진 그 자체의 추상적 성질과 긴장관계에 있다고 주장한다. 그러한 긴장은 긍정적 효과를 가지는데, 그것은 추상회화나 드로잉(이것들에서는 권위에 대한 유사한 가정이 작용하지 않는다)에 대한 이해와는 매우 다른 추상사진에 대한 우리의 이해를 불러일으킨다. 사베도프는 비록 초현실주의 사진들에서 올바른 이해를 강화하는 것은 인식을 **거스르는** 시도가 아니라, 기괴한 방식으로 제시된 친숙한 대상들의 **성공적인** 인식 행위이지만, 초현실주의 사진과 관련해서 다큐멘터리 권위에 대한 가정은 농담 같은 것이라고 주장한다.

또한 사베도프는 사진 이미지의 다큐멘터리 권위에 대한 우리의 확

---

6) Babara Savedoff, *Tranforming Images: How Photography Complicates the Picture*. (Ithaca, NY: Cornell University Press, 2000).

신을 깎아내리기 위해 다양한 방식으로 기능하는 이미지들의 범위를 고찰한다. 그리고 최근 그런 이미지들의 확산이 사진의 다큐멘터리 권위에 대한 관람자의 가정을 버리게 만드는지, 그래서 그 결과 전통적인 방식에서 추상사진이나 초현실주의 사진을 더 이상 이해할 수 없게 될 것인지를 의심한다.

로저 스크루턴의 글(6장)은 1983년 초판 발행 이래로 비평적 관심의 주인공이 되었다. 이것의 중심적 이론은 — 사진적 의미에 양도된 이미지들은 그것들이 사진적 과정과 동떨어진 구성요소를 포함하는 경우를 제외하고는 예술작품이 될 수 없다 — 위에 언급했던 예술작품으로서 사진의 수용이 극적으로 증대된 것을 거스른다. 스크루턴의 중심적 논쟁은 직접적이다.

1. 대상은 오직 그것이 재현인 한에서만 시각예술작품이다.
2. 이미지는 오직 그것이 묘사된 것에 대한 예술가의 생각이나 느낌을 표현할 때에만 재현이다.
3. 그런 표현은 이미지의 세부사항들에 대한 예술가의 통제와 왜 그 세부사항들이 그런 식으로 배열되었는지에 대한 관람자의 질문에 의해서 촉진된다.
4. 사진가는 세부사항들에 대한 그런 통제가 결핍되므로 (사진적 과정이라는 것은 이미 언급했듯이 기계적인 것이다) 생산된 이미지는 재현이 될 수 없고, 따라서 예술작품이 될 수도 없다.

예를 들어 초상화가가 모델을 살짝 빛나게 만드는 안료를 선택했다고 가정해보자. 그러면 주의 깊은 관람자는 왜 화가가 모델을 이런 식으로 보이도록 선택했는지 물을 것이고, 이 질문의 답은 예술가가 그 모델을 천사처럼 생각했다는 결론을 내릴 것이다. 이런 식으로 이미지는 예술가의 생각이나 느낌을 관람자에게 전달하는 어떤 것, 즉 재현이 된다. 이제 사진 초상을 생각해보자. 사진 초상에서 세부는 카메라의 기계적 선택 사양의 산물일 뿐 사진가의 의식적 통제가 아니다. 이런 통제의 결핍을 알고 있는 관람자는 왜 세부사항들이 그런 모습인지를 묻도록 자극받지 **않고**, 따라서 그 대상에 대한 사진가의 태도를 분별할 방법이 없다. 그러므로 사진은 재현이 아니며, 예술작품이 될 수 없다. 사진 이미지는 에어브러시나 (오늘날에는) 디지털-이미지 기술을 이용해 수정될 수 있으므로 표현을 위한 통제 요소가 소개될 수 있다고 하더라도 그런 기술들이 혼합되는 한 사진가는 본질적으로 화가가 되고 회화는 예술작품이 될 수 있다는 스크루턴의 생각에는 반론이 없다.

스크루턴에게 응답하는 하나의 방법은 오직 예술가가 그것의 세부에 충분한 통제력을 가질 때만 대상이 시각예술작품이 될 수 있다는 주장을 부정하는 것을 포함한다. 마르셀 뒤샹의 〈레디메이드〉(이것은 가장 악명 높은 소변기처럼 발견된 오브제들이 미술관에 놓이고 예술작품이라 명명된다)와 같은 예는 이 이론을 즉각 거스르는 듯 보인다. 또 다른 방법은 스크루턴의 재현에 대한 해석을 지나치게 제한된 것이라고 거부하는 것이다. 혹은 세 번째 방법은 이 모두에 대해 스크루턴에 동의(적어도 논쟁을 위해서)하지만, 사진가도 그들이 생산한 이미지의 세부를 통제할 요소들을 가지고 있다고 주장하는 것이다. 데이비드 데이비스는 이 책에 실린 그의 글에서 바로 이 세 번째 방법으로 접근한다(7장).

데이비스는 루돌프 아른하임이 스크루턴보다 거의 50년 앞서 쓴 글에서 스크루턴이 제시한 것과 같은 유의 논의에 대해 숙고하여 답했다고 언급하면서(사실 아른하임 자신은 1850년대에 샤를 보들레르와 레이디 엘리자베스 이스트레이크에 의해 제기된[7] 스크루턴 식의 논의에 답변했다), 스크루턴의 논문을 역사적인 맥

7) Goldberge, *Photography in Print*, 123-6쪽과 88-99쪽에 있는 Charles Baudelaire, "The Salon of

락에 놓는 것으로 시작한다. 아른하임은 사진 이미지에는 사진가의 통제를 벗어나는 많은 세부사항들이 있다는 데 동의한다. 하지만 **어떻게** 대상이 제시되었는지가 — 어느 방향에서, 어떤 카메라 각도를 사용해서 등등 — 사진가의 생각을 표현할 수 있도록 이미지에 대한 충분한 통제를 구성한다고 지적한다. 데이비스는 신중히 앙리 카르티에 브레송의 사진과 자기 작품에 대한 사진가 자신의 논문을 살펴봄으로써 스크루턴에 대한 아른하임의 '답변'을 보완한다. 카르티에 브레송의 걸작인 〈아브루지, 아킬라 마을Abruzzi, Village of Aquila〉(1951, 그림 7.1)은 카르티에 브레송이 보기에 그가 세상에서 찾은 의미를 표현한다고 보는 엄밀한 기하학적 구조를 예증한다. 카르티에 브레송에게 세상에서의 사건은 서로 간의 관계에 의해 그런 의미를 획득하며, 이 의미에 대한 사진가의 자각은 그의 관계적 · 기하학적 구조와의 결합에 의해 그가 생산한 사진 이미지에서 표현된다. 따라서 표현을 위해 필요했던 세부사항에 대한 통제는 대상과 카메라 각도의 선택에서뿐만 아니라, 아른하임이 제안하듯이 사진 이미지에서 기하학적 구조와의 결합에서도 발견된다.

데이비스처럼 패트릭 메이너드는 많은 사진들에서 기하학적 형식 같은 구성적 문제로부터 가치를 찾지만, 고려된 그런 문제들의 범위를 극적으로 확장하고, 그렇게 함으로써 사용된 용어의 범위를 확대한다. 메이너드에 의하면(8장) 사진가는 성공적인 사진을 상소하는 데 있어서 자신이 생산하는 이미지를 구축하기 위해 자기 앞에 있는 장면에서 공간적 척도, 역학, 리듬에 대한 매우 발달된 자신의 감각을 사용한다. 예를 들어 사진가의 발달된 눈은 서로 다른 방향으로 움직이는 두 사람의 형상을 통해 형성된 역학을 볼 것이고, 두 형상이 사진의 반대 가장자리에 오도록 배열할 것이므로 이미지의 중심에 더 가까운 보다 지엽적인

1859"와 Lady Elizabeth Eastlake, "A Review in *The London Quarterly Review*"를 보라.

긴장을 위한 배경의 역할을 할 수 있는 균형 잡힌 긴장을 창조할 것이다. 교양 있는 관람자는 그 이미지를 인공물이라고 이해하고, 그렇게 함으로써 왜 대상이 그런 식으로 배치되었는지를 묻고, 그런 질문에 답하는 데 있어서 사진가가 볼 수 있었던 것이 무엇인지 관람자가 이해하는 한 사진가와 연결하고, 미래에 있을 보는 상황에서 그것이 가치가 있도록 강화한다. 메이너드에게 이미지를 창조하고 보는 것에 대한 가치는 사진가의 정교한 보는 방식을 구체화하는 그들의 능력**과** 그들의 주의 깊은 관람자의 보는 방식을 더욱 발전시킬 수 있는 그들의 능력에 놓여 있다.

도미니크 로페스는 비록 이 주제에 대한 그의 접근이 감상의 본성에 대한 예비 조사를 통해서이지만, 유사하게 가치에 관심을 갖는다(9장). 적절한 감상은 감상된 대상에 대한 진실한 믿음을 필요로 하는가? 만약 그렇다면 감상자는 이런 대상의 어떤 국면에 대해 진실한 믿음을 가져야 하는가? 여기에는 세 가지 선택이 고려된다.

(i) 적절한 감상자는 감상된 것이 특정한 어떤 유의 것이라고 믿는 데 있어서 반드시 옳아야 한다. 비록 그가 그런 유의 실제 본성과 일치하지 않는 믿음을 가졌더라도 말이다.

(ii) 적절한 감상자는 감상된 것이 속한다고 자신이 믿는 것에 대하여 반드시 그런 것의 실제적 본성과 불일치하는 믿음을 갖지 말아야 한다. 비록 그가 그 대상이 정말 그런 유에 속하는지에 대해 틀릴 수도 있지만 말이다.

(iii) 적절한 감상자는 반드시 감상된 대상이 특정한 어떤 유의 것이라는 것을 믿는 데 있어서 옳아야 한다는 것과 그런 것의 실제적 본성과 불일치하는 믿음을 갖고 있지 않다는 것을 충족해야 한다.

예를 들어 내가 앤디 워홀의 〈브릴로 박스들〉을 감상하는데, 그것을 팝아트의 일례가 아니라 전통적인 모방 예술의 일례로 감상한다고 가정해보자. 나는 실제로 가게에서 가져온 브릴로 박스들에 대한 그의 묘사가 얼마나 사실적인지에 놀란다(비록 내가 일상적인 풍경이나 초상을 넘어서는 그의 주제 선택에 깜짝 놀라기는 하지만). 나는 〈브릴로 박스들〉을 적절하게 감상하고 있을까? 만약 우리가 첫 번째 선택을 한다면, 그 작품이 모방 예술이 아닌 팝아트의 예인 이상 대답은 "아니오"다. 만약 두 번째 선택을 하고 내가 모방 예술을 이해한다고 가정한다면 — 아니면 적어도 내가 그런 예술의 본질과 충돌하는 믿음을 가지고 있지 않다고 가정한다면 — 이 선택에서 나의 잘못된 분류는 나의 감상의 질과 무관하기 때문에 대답은 "예"다. 만약 세 번째 선택을 한다면, 첫 번째 선택의 만족을 필요로 하기 때문에 대답은 "아니오"다.

로페스는 이 선택들 중 어느 것이 누군가가 제대로 감상하기 위한 상황들과 관련된 우리의 직관을 가장 잘 설명하는지에 대한 질문은 열어둔다. 그러나 그는 우리가 선택한 것은 일반적으로 우리가 사진을 적절하게 감상하는지 아닌지와 중요한 관계를 가질 것이라고 언급한다. 선택 (ii)와 (iii)을 받아들이는 데, 그리고 매체의 정확성에 대한 동시대의 의심을 받아들이는 데에 위험이 있다. 사진이 진실을 제공한다는 막연한 믿음은 거짓이라고 가정하자. 만약 그렇다면 사진 감상자는 일반적으로 사진의 실제 본성과 일치하지 않는다는 믿음을 갖는다. 만약 이런 경우라면 선택 (ii)와 (iii)은 사진을 잘 감상하는 것이 아니다. 우리는 모르고 있지만, 우리의 19, 20세기 사진의 정전에서 핵심적인 표본들에 대한 우리의 감상에 근본적으로 잘못된 것이 있을 수 있을까?

이 책에 실린 월턴의 두 번째 글 「풍경과 정물: 정지된 장면에 대한 정지된 재현Landscape and Still Life: Static Representations of Static Scenes」은 스틸과 모션

픽처 이미지의 묘사적 내용의 차이점을 조사한다.[8] 월턴의 이 연구는 그가 다른 곳에서 제시했던 묘사에 대한 이론을 기초로 하기 때문에 그의 글에서 발견되는 추론을 따라가기 위해서는 어떤 핵심 특징들을 반드시 이해해야 한다.[9] 월턴에 의하면 이미지의 묘사적 내용은 누군가 그 이미지를 보았을 때 즉시 스스로 보았다고 **상상하는** 문제의 것이다. 예를 들어, 나는 루벤스의 〈이른 아침 헤트스테인의 가을 풍경An Autumn Landscape with a View of Het Steen in the Early Morning〉(1636?, 그림 10.1)을 볼 때, 다른 것들 사이에서 나무들과 들판, 마차와 사냥꾼, 배경에 있는 구름들, 빌딩들 등등을 본다고 상상한다. 이미지의 **묘사적** 내용을 구성하는 것은 그런 상상의 내용이다. 그런 상상은 종종 어린이들의 믿는 체하기make-believe 게임을 구성하는 네트워크와 다르지 않은, 보다 넓은 상상 네트워크의 일부로서 일어난다. 한 무리의 어린이들이 숲 속의 나무 그루터기를 곰이라고 상상하는 데 동의하고, 따라서 특정한 그루터기를 만나면 그것은 곰이라고 상상하도록 요구되는 것과 마찬가지로, 루벤스의 그림을 보고 내가 마차와 사냥꾼을 보고 있다고 상상하는 데 있어서 나는 "마차가 이제 막 강을 건너왔고, 사냥꾼은 직전에 그의 사냥물을 쏘았으며, 곧 더 쏠 것이다" 등등을 더 상상하도록 요구받는다. 월턴의 시각에 의하면, 이 요구된 상상의 네트워크는 이미지의 **재현적** 내용을 구성한다.

더군다나 상상력에 대한 월턴의 개념은 우리가 일상적으로 사용하는 상상과는 꽤 다르다. 일상적인 상상은 정신 이미지의 형성을 포함한다. 만약 내가 에펠탑이 뉴욕에 있다고 상상하도록 요구되었다면, 나는

8) 따라서 월턴의 주제는 많은 스틸 이미지들이 사진적이지 않으며, 마찬가지로 비-사진적인 모션 픽처가 있다는 것도 생각할 수 있기 때문에(10장을 보라) 오직 사진에만 국한되지 않는다. 그리고 어떻게 여기서 월턴의 논의가 그의 시각 — 이 책에 실린 그의 첫 번째 글에 제시된 —, 즉 투명성과 관련해서 사진적 · 비사진적 이미지가 다르다는 논의와 교차하는 흥미로운 부가적 질문이다.

9) *Mimesis as Make-Believe: On the Foundations of the Representational Arts* (Cambridge, MA: Harvard University Press, 1990).

내 마음속에 에펠탑이 엠파이어스테이트 빌딩 옆에 있거나, 센트럴파크 가장자리에 있는 등등의 이미지를 만들어낼 것이다. 그러나 월턴의 의미에서 상상은 그런 정신적 심상을 필요로 하지 않는다. 그 대신 그런 상태들은 그들이 **명제적 내용**propositional contents, 즉 진실 혹은 거짓이 될 수 있는 내용을 가지고 있는 한 재현적이다. 따라서 월턴의 의미에서 상상은 믿음과 유사하다. 나는 숫자 4가 소수라고 상상할 수 있고(이를테면 수학적 탐구의 일부로서), 혹은 4가 소수라고 믿을 수 있다(예컨대 형편없는 교육에 의해서). 두 경우 모두 그것이 거짓인 한 그 상태는 재현적이지만, 어느 경우도 정신적 이미지를 필요로 하지는 않는다.

이제 다시 월턴의 글로 돌아와서, 장면 변화가 전혀 없는 5분짜리 필름을 관객에게 상영한다고 가정해보자. 나아가 이번에는 똑같이 변화 없는 장면으로 만들어진 슬라이드가 있고 그것을 관객에게 역시 5분간 보여준다고 가정해보자. "두 영사가 모두 컬러이고, 동일하게 선명하며, 모션 픽처 영사에 이미지의 흔들림이 없다" 등등을 가정할 때, 스크린에 투사된 이미지들은 분간하기 어려울 것이다. 그러나 두 이미지의 일시적으로 묘사된 내용은 다를 것이다. 필름이 변하지 않는 장면의 역사를 5분간 묘사했다는 것은 분명하지만, 5분간 영사된 스틸 이미지는 무엇을 묘사할까? 슬라이드 영사가 스틸 사진이라는 우리의 지식이 우리로 하여금 변하지 않는 장면을 무한한 순간 동안 본다고 상상하도록 만들까? 우리가 이미지 자체를 검토하는 동안 그 장면을 본다고 상상하도록 할까? 이 어려운 질문들은 오직 스틸 사진의 묘사적 내용에 대한 고찰에서만 발생한다; 그것들의 재현적 내용에 대해서는 더 큰 문제가 남아 있다.

11장에서 노엘 캐럴은 허구적 영화의 관객이 자신들이 보는 영화를 이해하는 과정에서 실제 세계에 대한 자신들의 지식을 활용할 수 있는 두 가지 방법을 조사한다. 첫째는 그가 실제적 체험적인 것realistic heuristic이라고 부르는 것인데, 이것은 영화의 허구적 세계는 특정한 필름에서 구체화된 플롯과 장르-특정적 가정이 가능한 한 실세 세계와 일치하도록 조종한다는 가정을 포함한다. 예를 들어 서부 영화를 보면서 관객은 절벽에 매달려 있는 영웅은 만약 힘이 빠져서 땅에 떨어지면 죽을 것이라는 것을(왜냐하면 실제 세계에서 높은 곳에서 떨어진 사람은 죽기 때문에) 알지만, 동시에 영웅의 슈퍼-인간적 능력이 그의 몸을 안전하게 옮겨준다는 것도(왜냐하면 영웅이 절대 죽지 않는 것은 서부 영화의 일부이기 때문에) 받아들인다.

두 번째 방법에서는 힘을 발휘하는 실제 세계에 대한 지식이 훨씬 덜 직접적이다. 관객이 친숙해질 것으로 기대되는 다른 영화들을 포함해서 허구적 영화는 다양한 방식으로 세계의 국면을 영화에 **암시**할 수 있다. 그런 암시가 취하는 한 가지 형태는 잘 알려진 배우를 새로운 역할에 써서 관객이 친숙한 얼굴을 인식하는 **이중의** 경험을 갖도록(따라서 그들이 가지고 있는 배우의 이전 역할에 대한 지식들을 사용하도록) 하지만, 동시에 배우를 지금 보는 영화의 내러티브에 새겨진 새로운 역할로 보도록 한다. 존 웨인은 그의 후기작들에서 다양한 새로운 역할을 맡았지만, 모든 그런 역할들이 이전에 웨인이 맡았던 많은 역할들에 대한 관객의 지식에 의해 암암리에 알려졌다고 캐럴은 언급한다.

캐럴은 사진적 과정이 그런 암시적 기술의 보조 장치라고 추측한다. 왜냐하면 사진적 묘사는 언제나 우선 첫째로 카메라 앞에 있는 실제 사람과 결합하고, 관객의 주의는 항상 부분적으로 배우 그 자체를 향해 있기 때문에, 결국 그 주의는 관객이 보고 있는 특정한 영화 너머 배우의 삶을 향하게 된다. 그런 분리된 주의는 전형적으로 새로운 인물에 대한 관객의 경험을 풍부하게 하지만, 거의 비슷한 방식으로 문학작품에 제시된 이야기와 관련된 암시 — 예를 들어 조이스의 『율리시스*Ulysses*』에 담긴 가톨릭 미사에 대한 암시 — 는 그 안에 묘사된 인물에 별도의 차원을 더하는 데 사용될 수 있다.

마찬가지로 12장에서 그레고리 커리는 그런 이중의 경험을 야기하는 사진적 과정의 범위를 연구한다. 커리의 경우 그 이중의 인물 때문에 그런 경험이 조화를 이루지 못하는 범위를 강조한다.

커리는 대상이 재현될 수 있는 두 가지 근본적으로 다른 방식을 구분한다. **기원에 의한 재현**representation by origin은 이미지의 묘사적 내용을 대상이나 사람과의 인과관계로 결합한다. 예를 들어 엘리자베스 여왕을 모델로 만들어진 초상화는 모델이 엘리자베스 여왕이기 때문에 엘리자베스 여왕 기원에-의한-재현represents-by-origin이다. 마찬가지로 노출 시점에 엘리자베스 여왕이 카메라 앞에 있었던 사진은 그 순간 카메라 앞에 있었던 사람이 엘리자베스 여왕이기 때문에 엘리자베스 여왕 기원에-의한-재현이다. 대조적으로 **사용에 의한 재현**repesentation by use은 묘사적 내용을 결정하는 데 있어서 인과관계 이외의 방법을 찾는다. 예를 들어 식탁용 소금 그릇이 엘리자베스 여왕을 재현할 수도 있는데, 이는 그 소금 그릇이 여왕과 어떤 인과관계를 가지고 있어서가 아니라 행사장에서 여왕의 움직임을 부엌 식탁 위에서 시연하는 데 (아마도 다른 식기류들과 함께) 사용되기 때문이다.

그와 동시에 이미지는 기원에 의해서, 그리고 사용에 의해서 재현될 수 있다. 줄리아 마거릿 캐머런은 이야기 속 인물들과 어울리는 옷을 입은 친구들의 사진을 찍음으로써 테니슨이 지은 아서왕 시를 사진 삽화로 표현했다. 이것은 그 친구들을 기원으로 한 재현임과 동시에 다양한 아서왕 인물들을 사용한 재현이다. 그런 이중 재현의 한 가지 위험성은 두 묘사적 내용 사이에서 충동이 일어날 수 있다는 데 있다. 커리는 바로 이런 이유로 캐머런의 삽화가 문제적이라고 보았다. 〈5월의 여왕 The May Queen〉(그림 12.1)이라는 제목의 이미지의 경우, 기원에-기반한 내용(그녀의 친구 에밀리 피콕)의 특징은 이미지가 지지해주는 빈약한 내러티브에 의해 형성된 사용에-기반한 내용(5월의 여왕)에 압도당하지 않는다. 그 결과 관람자는 피콕의 이미지를 경험하는 것과 5월의 여왕 이미지를 경험하는 것 사이에서 분열된다.

하지만 그런 충동이 항상 일어날 필요는 없다. 종종 필름의 지원을 받은 풍부한 내러티브는 사진을 근간으로 하는 매체에 의해 고정된 기원에-기반한 내용(각각의 배우와 이야기 밖에 있는 그들의 삶에 주목한)보다 관람객에게 훨씬 두드러진 사용에-기반한 내용(이야기의 인물들에 주목하는)을 낳는다. 이것이 스틸 사진 미학이 모션 픽처 사진 미학과 구별되는 가장 중요한 점 중 하나이다.

인간을 피사체에 포함하는 많은 — 만약 대부분이 아니라면 — 사진들을 고려해볼 때, 매체의 사용을 둘러싼 윤리적 지형에 대한 확장된 논의가 없었다는 점은 놀랍다. 13장에서 아서 단토는 사진 초상화의 윤리에 초점을 맞춤으로써 그런 연구의 발전에서 의미 있는 걸음을 내디뎠다. 그는 우리에게 나타나는 세계와 실제 세계 사이에 대한 고대의 구별을 다시 논의하는 것으로 시작한다. 역사적으로 철학자들은 현시 뒤에 놓여 있는 실제에 훨씬 많은 가치를 두었고, 그것을 포착해내는 자신들의 특별한 능력(이라고 주장하는)에 자부심을 가져왔다. 이런 전통의 전환으로 단토는 현시, 특히 각각의 인간 존재들에 의해 투사된 현시에 가치가 있다고 주장한다. 단토는 "인간이 된다는 것은 무엇인가?"의 한 부분은 "우리가 서로에게 어떻게 보이는가?"에 대해 신경을 쓰는 것이라고 한다. 번창하고 있는 패션, 화장, 헤어스타일, 피트니스 산업들이 모두 이것의 증거이다. 우리가 우리의 외모에 가치를 둔다는 것을 고려해볼 때 우리가 우리 사회의 다른 구성원들에게 투사하는 이미지들은 존중받아야 하고, 그런 존중의 한 양상은 초상화 생산자에게 이 욕망된 투사를 실어 나르는 방식으로, 아니면 적어도 그런 욕망과 상충되지 않는 방식으로 개인을 묘사하는 의무가 부과된다.

그러나 사진의 위험은 카메라가 전통적인 철학자와 다르지 않게 현시의 장막을 뚫고 그 뒤에 놓여 있는 실제를 묘사하는 능력을 가졌다는 것이다. 예를 들어 하이-스피드 셔터는 일상적으로 말할 때 일어나는 얼굴 근육의 진정한, 그러나 호의적이지 않은 배열들의 묘사를 가능하게 하면서 대개 우리가 서로에게서 식별해내는 미소, 찡그림, 깜박임 사이에 놓여 있는 표정들을 묘사할 수 있게 한다. (이것의 예시는 컴퓨터로 어떤 사람이 말하는 장면을 보면서 일시 정지 버튼을 누르면 쉽게 볼 수 있다.) 단토는 그런 현시를 뚫는 초상화를 **스틸**에 적용하고, 그가 '**자연스러운 드로잉**'이라고 부르는 것과 대비시키는데, 이것은 일반적인 인간 지각과 일치하는 방식으로 그들의 대상을 묘사하는 사진이다.

논의는 추후의 연구에 적합한 쟁점으로 이끈다. 개인의 욕망된 외모는 항상 존중받아야 하는가, 아니면 그런 요구는 오직 그들 대상들의 허영을 보여주는 초상화로만 이끄는가? 로버트 프랭크Robert Frank, 리 프리들랜더Lee Friedlander, 개리 위노그랜드Garry Winogrand가 사용하는 스트릿 포토street photography(역자 주- 일종의 다큐멘터리 사진을 말한다), 혹은 낸 골딘Nan Goldin이 사용하는 친구와 연인의 자연스러운 초상사진은 종종 그들의 대상을 호의적이지 않은 방식으로 묘사한다. 그런 작업 — 이전 세기에 촬영된, 많은 최고의 사진들을 포함하는 — 은 윤리적 영역에서 비난받아야 할까?

1

투명한 그림

사진적 사실성의 본질에 대하여

켄달 L. 월턴

Kendall L. Walton

사진과 영화는 …… 완전히 그 본질에서부터 사실성에 대한 우리의 집착을 만족시킨다.
사진 이미지는 대상 그 자체이다.

– **앙드레 바쟁**André Bazin, 『**사진 이미지의 존재론***The Ontology of the Photographic Image*』

모든 사진은 시작부터 끝까지 거짓이다.

– **에드워드 스타이켄**Edward Steichen, 『**사기꾼들***Ye Fakers*』

1

사진과 다른 종류의 그림(역자 주– 본문에서 '그림'으로 번역된 것은 영어'picture'에 해당하는 것으로서 사진과 회화 둘 다를 포함한다)들은 모두 다양한 강점과 약점을 가지고 있다. 하지만 일반적으로 사진은 특히 한 부분, 즉 **사실성**에서 탁월하다고 생각되어왔다. 앙드레 바쟁을 비롯한 많은 이들은 사진이 대단히 사실적이라고 여기는데, 회화나 드로잉 그리고 다른 '수작업' 그림들이 다다를 수 없는 방식과 범위까지 그러하다.

이런 견해는 숱하게 많은 사례들을 통해 강화되었다. 법정에서 범죄 사진은 회화나 드로잉보다 훨씬 더 강력한 증거로 인정된다. 몇몇 법정은 기자들이 판결 과정을 스케치하는 것은 허용해도 사진 찍는 것은 허용하지 않는다. 사진은 공갈하는 데도 훨씬 유리하다; X가 유부녀 Y와 침대에 누워 있는 스케치는 그것이 총천연색의 유화라고 하더라도 사진에 비해 충격이 덜하다. 포르노 사진은 온갖 그림들보다 훨씬 강렬하다. 재앙의 희생자나 공인의 사적인 삶을 찍어 게재한 사진들은 당연히 사생활 침범에 대한 비난을 유발한다. 하지만 회화나 드로잉을 게재했을 때의 비슷한 불평은 신뢰성이 떨어진다. 나는 우리 대부분이 대개 사진과 회화(그리고 비교할 만한 비사진적 그림들)는 우리에게 매우 나르게 영향을 미친다는 것을 인정할 것이라 생각한다. 프란시스코 고야Francisco Goya의 에칭 〈전쟁의 재앙The Disasters of War〉과 매튜 브래디Mathew Brady와 동료들이 찍은 남북전쟁 사진들을 비교해보자(예를 들어 그림 1.1과 1.2를 보라). 사진에는 에칭에는 없는 신속성이나 사실성 같은 것이 있다고 서로의 차이를 설명하는 것을 거부하기는 어렵다. (이것은 다른 종류의 사실성에서는 에칭이 사진과 동등하거나 사진을 능가할 수도 있다는 것을 부인하기 위한 것이 아니며, 또한 당연히 사진이 더 낫다고 주장하기 위한 것도 아니다.)

사진이 극도로 사실적인 매체라는 것이 상식적인 관점이기는 하지만, 에드워드 스타이켄이 우리에게 상기시켜주듯이 그 관점이 결코 보편적인 것은 아니다. 반대자들은 사진이 사실과 얼마나 다른지, 그리고 우리가 얼마나 사진과 사실을 혼동하지 않을지에 대해 언급한다. 그들은 사진적 과정에서 발생하는 '왜곡'과 사진가가 완성된 생산물에 발휘하는 통제, 그리고 해석과 위조를 위해 사진가가 즐기는 기회들을 지적한다. 많은 이들이 사진은 필연적으로 사진가의 개인적 관심, 태도, 편견에 의해 채색된다는 것을 관찰하면서 사진 매체의 표현적 본질을 강조한다.[1] 물론 이런 다양한 숙고들은 사진이 뛰어난 사실성을 가진다는 주장과 정말로 충돌하는지는 그 주장이 어떻게 이해되는지에 달려 있다.

사진이 특히 사실적이라고 주장하는 사람들은 때때로 사진을 지난 수 세기 동안 그림을 만들어내던 사람들이 추구하던 방향에서 더 나아간 것, 즉 사실성을 추구하던 포스트-르네상스의 연장선 혹은 절정에 있는 것으로 생각한다.[2] 이것은 일정 부분 사실이다. 사실주의를 향한 초

1) 아마도 이런 반대에 대해 변호한 글 중 가장 뛰어난 최근의 글은 Joel Snyder and Neil Walsh Allen, "Photography, Vision and Representation," *Critical Inquiry* 2(Autumn, 1975)일 것이다. 이 글과 관련된 앞으로의 모든 참고는 「PVR」로 축약하여 본문에 포함될 것이다.

2) André Bazin, "The Ontology of the Photographic Image," *What Is Cinema?*, trans. Hugh Gray, vol.

그림 1.1 프란시스코 고야, 〈이 모든 것 그리고 더〉(Tanto y más); 보나파르트 스페인 전쟁의 치명적 결과. Y otros caprichos enfaticos [전쟁의 참화], plate 22 photograph
ⓒ 2007 Museum of Fine Arts, Boston.

그림 1.2 티모시 H. 오설리번, 〈죽음의 수확〉(A Harvest of Death), 게티즈버그, 1863년 6월. Library of Congress, Prints & Photographs Division, Civil War Photographs, LC B8184 7964.

기의 발전은 원근법과 조형술, 일상과 부수적 세부의 묘사, 빛의 효과에 대한 주목 등등의 발전을 포함한다. 사진은 출발부터 원근법에 통달해 있었다(유일한 것이 아닐지라도 어쨌든 작동하는 **하나의** 원근법 체계). 붓으로는 거의 표현할 수 없는 정교한 명암, 밝기의 단계적 차이가 일반적인 것이 되었다. 사진은 이리저리 헤매고 다니는 닭, 얼굴에 난 사마귀, 더러운 접시 더미들과 같은 가장 일상적인 장면들을 포함한다. 사진 이미지는 화가들이 늘 분투해왔던 사실성을 쉽게 가졌다고 볼 수 있다.

그러나 만약 이것이 전부라면, '사진적 사실성'은 그리 특별한 것이 아니다: 사진은 그저 다른 그림들이 적게 가지고 있는 것을 **조금 더** 즐길 뿐이다. 나아가 이런 정도의 차이는 **일반적으로 말하는** 사진과 **그런** 회화나 그림 사이의 차이가 아니다. 만약 사실성이 명암이나 뛰어난 원근법 등의 요소에 있다면 회화도 가장 사실적인 사진만큼이나 사실적이 될 수 있다. 사실 몇몇 작품들은 시각적으로 사진과 분간하기 어렵다. 화가가 사진 정도의 사실성을 획득하는 데 실패했을 때, 이론상 그 어려움은 극복 가능한 그저 기술적인 문제에 불과하다. 세부사항에 대한 좀 더 깊은 주의, 더 나은 붓 사용 기술, '원근법의 원리'에 대한 더 나은 이해를 통해서 말이다. 마찬가지로 사진은 이런 식으로 반드시 매우 사실적일 필요는 없다. 어떤 것은 흐릿하고 노출이 좋지 못하다. 원근법의 '왜곡'을 나타낼 수도 있고, 렌즈의 선택이나 콘트라스트 조작(역자 주- 밝은 곳을 더욱 밝게, 어두운 곳은 더욱 어둡게하여 사진의 인상을 강하게 하는 것)을 통해 명암의 미묘함을 제거할 수도 있다. 사진적 사실성은 화가에게 본질적으로 불가능한 것도 아니고, 사진에 자동적으로 부여되는 것도 아닌 것처럼 보인다. 그것은 단지 붓보다는 사진기를 가지고 획득하기 쉬울 뿐이다.

---

1 (Berkeley and Los Angeles, 1967), 12쪽을 보라. 이 글과 관련된 앞으로의 모든 참고는 「OPI」로 축약할 것이다. 또한 Rudolf Arnheim, "Melancholy Unshaped," *Toward a Psychology of Art: Collected Essays* (Berkely and Los Angeles, 1967), 186쪽을 보라.

바쟁을 비롯한 몇몇 사람들은 사진, 그리고 사진과는 다른 종류의 그림들 사이에서 훨씬 큰 차이를 본다. 이 사실은 그들이 때때로 그 차이를 특징짓는 데 있어 의존하는 매우 흥미로운 선언에서 뚜렷이 드러난다. 사진 이미지는 사진 찍힌 대상과 동일하다는 바쟁의 주장은 이례적인 것이 아니다. 그는 이에 대해 충분히 자세하게 설명한다. 이것을 크리스티안 메츠Christian Metz가 반복했고, 다른 많은 사람들의 글에 반향을 일으켰다.[3)]

그런 거친 주장들은 즉각 무시당하기 쉽다. 예를 들어 하프 돔Half Dome의 사진 이미지가 하프 돔이라는 것은 그야말로 당연히 거짓이다. 아마도 우리는 바쟁의 말을 문자 그대로 이해해서는 안 될 것이다.[4)] 하

---

3) 바쟁의 글들을 더 보자.

> 오직 사진 렌즈만이 우리에게 전사나 판박이같이 단순히 비슷한 것보다는 더 나은 어떤 것에 대한 깊은 필요를 만족시켜줄 수 있는 대상의 이미지를 줄 수 있다. 사진 이미지는 대상 그 자체이고, 그 대상은 그것을 통제하는 시공간으로부터 벗어난다(「OPI」, 14쪽).

> 지문의 유행 이후에 일반적인 사진과 대상 그 자체는 공통적인 실재를 공유한다. 그런 까닭에 사진은 실제로 어떤 것의 대체물을 제공하는 대신에 대략 자연적 창조물 정도의 공헌을 한다(「OPI」, 15쪽).

그리고 Christian Metz, *Film Language: A Semiotics of the Cinema*, trans. Michael Taylor (New York, 1974)를 보라. "영화는 대단히 뛰어난 '현상학적인' 예술이다. 기표는 전체 의미체와 같은 정도를 차지하며, 그 자신의 의미의 모습이고, 따라서 기호의 단락(short-circuiting) 그 자체다." (43쪽)

사진 이미지가 사진에 찍힌 대상과 동일하다는 주장은 "카메라는 이미지를 가로막고, 붓은 그것들을 재건한다"는 Helmut Gernsheim의 의견에서 공명을 갖는다. (Charles Barr, "Cinemascope: Before and After," *Film Theory and Criticism: Introductory Readings*, Gerald Mast and Marshall Cohen ed., 2d ed. [New York, 1979], 141쪽에서 인용) 그리고 "영화의 매체는 물리적 실재다."라는 Erwin Panofsky의 선언에서 공명한다. ("Style and Medium in the Motion Pictures," *Film Theory and Criticism*, 263쪽) 또한 종종 사진을 '복사', '이중', '재생산', '대체물' 혹은 '대용'으로 특징짓는 것에서도 공명한다. (예를 들어 이 책 6장에 재인쇄되어 있는 Roger Scruton, "Photography and Representation," *Critical Inquiry* 7 [Spring 1981]: 577-603쪽을 보라.)

4) Stanley Cavell은 Bazin과 Panofsky를 문자 그대로 받아들이기를 원치 않는다. 그는 말하기를 그들이 말하는 것은 사실 "사진은 세계**의**(현실의 혹은 자연의) 사진"이라는 것이다. 반면 "회화는 세계다." 이 설명에서 그는 "우리가 언제나 사진 찍힌 구역에 대하여 그 구역 가까이, 즉 프레임 너

지만 당장에 명백하게 문자 그대로 받아들이지 않을 그럴듯한 독해가 없다. 바쟁은 실제 상황인 것보다는 관람자에게 어떤 상황인 것으로 보이는 것을 설명한 것일까? 그는 우리가 사진을 볼 때 환상 속에서 실제로 세계를 보고 있다는, 즉 하프 돔의 사진 이미지가 하프 돔으로 나타난다는 인상을 갖는다고 말하는 것일까?

그런 환상은 없다. 오직 특별한 상황에서만 사진을 사진 찍힌 대상으로 착각한다. 사진의 평평함, 액자 틀, 사진이 걸려 있는 벽은 거의 늘 분명하고 오해의 여지가 없다. 움직이는 대상의 스틸 사진은 움직임이 없다. 많은 사진들은 흑백이다. '생생한 색'으로 찍힌 사진적 모션 픽처조차 평평한 표면에 영사되어 나타나고, '실제'와 쉽게 구별된다. 사진은 **사진** 그 자체처럼 보인다.

비록 아주 충분히 환상으로서의 자격을 얻을 정도까지는 아니라 하더라도 사진에 대한 우리의 경험은 회화에 대한 우리의 경험보다 더 환상을 갖는 것에 가까울까? 가능하다. 그러나 이것이 바쟁이 의미한 바는 아니다. 만약 그렇다면 연극 공연장이 사진보다 훨씬 더 실제적이라는 자격을 가질 것이다. 공연장은 진정한 환상을 제공하는 데 근접하거나 필름이 주는 것보다 더 근접한 것처럼 보인다. 무대 위에는 진짜 살과 피를 가진 사람이 있고, 그들은 평평한 스크린에서 밝고 어둡게 상영되는 것보다 훨씬 더 연기하고 있는 그 인물처럼 보인다. 그러나 바쟁은 사진이 그것의 특별한 사실성으로써 '기계적으로' 생산된다는 사실, 그리

머에는 무엇이 놓여 있는지 물을 수 있다. 하지만 일반적으로 회화에서 이런 질문은 말이 되지 않는다."고 한다. (*The World Viewed: Reflections on the Ontology of Films*, enlarged ed. [Cambridge, MA, 1979], 24, 16, 24, 23쪽) 하지만 사진은 회화가 그러하듯이, 전형적으로 자신만의 (허구적) 세계를 가진다. 또한 회화도 종종 실제 장면을 묘사하므로 그것들도 종종 사진처럼 현실 세계의 것이다. 우리는 실제 장면을 그린 회화뿐만 아니라 사진과도 관련해서, 현실에는 묘사된 부분 밖에 무엇이 있는지를 물을 수 있다. 사실 우리는 또한 두 경우 모두에서 그 프레임 너머에 있는 허구적 세계는 어떠한지를 물을 수 있다. 프레임 안에 있는 연기는 그 밖에 있는 (허구적) 불을 지시할 수 있다.

고 연극적 묘사는 '기계적'으로 생산되지 않는다는 사실을 본다(「OPI」, 12쪽과 14쪽을 보라). (어윈 파노프스키는 영화를 회화뿐만 아니라 연극과도 명쾌하게 대비시킨다.)[5]

바쟁은 사진이 그것이 어떻게 보이는지와 상관없이 단지 그것의 기계적인 기원 덕택에 사진이 되었다는 이유만으로 자신의 특별한 위치를 즐긴다고 보는 것 같다. "얼마나 흐릿하고, 왜곡되고, 변색되었는지와 관계없이, 그[사진] 이미지가 기록으로서의 가치를 얼마나 결핍하였는지와 관계없이, 사진이 되는 그 과정에 의해 사진은 그것이 재생산하고 있는 모델을 점유한다. 즉 사진은 모델이다."(「OPI」, 15쪽)

이러한 혼동에 덧붙여, 사진에 대한 바쟁의 연구와 매우 유사하고 동일하게 역설적인 주장이 만들어졌음을 주목하자. 이 주장은 바쟁과 다른 사람들이 사진을 구분하고 있는 회화, 그리고 다른 '수작업한' 재현들에 관련된다!

> 우리가 [그려진] 이미지를 가리키면서 "이것은 사람이다"라고 말할 때, 엄밀히 말해서 그 발언은 이미지 그 자체가 '사람'이라는 부류의 구성원을 의미한다고 해석될 것이다. …… [어린이가 '말'이라고 부르는 막대기는] 그 아이에게서는 말이 되고, '말'이라는 부류에 속하게 되고, 적절한 자기 이름을 가질 자격까지 있을 수 있다.[6]

> [새 모이를 주는 장소에 놓여 있는 나무로 만든 울새]는 "그런 것도 울새다!"라고 말하지 않는다. 비록 다소 불완전한 것이라 할지라도 그것은 울새**이다**. 마담 투소 전시에서 왁스로 만든 제복 입은 경비들은 …… 기이한 방식으로 그 기관의 직원 수를 늘리려 …… 의도하였듯이,

5) Panofsky, "Style and Medium in the Motion Pictures" 248쪽과 260쪽을 보라.

6) E. H. Gombrich, "Meditations on a Hobby Horse or the Roots of Artistic Form," in *"Meditations on a Hobby Horse," and Other Essays on the Theory of Art* (London, 1963), 2쪽.

그것은 울새를 자연의 목록에 포함시킨다.[7)]

그렇다면 사진의 특별한 점은 무엇일까?

사진과 회화에서 명확히 다른 점이 하나 있다. 사진은 언제나 실제로 존재하는 어떤 것의 사진이라는 것이다. 사진이 늑대인간이나 화성인 같은 것을 보여줄 때에도 그것은 실제 사물의 사진이다. 즉, 그것은 배우, 무대, 의상의 사진이다. 회화는 실제 사물을 그릴 필요는 없다. 아프로디테의 그림은 모델을 쓰지 않고 만들어졌고, 실재를 묘사하지 않는다.[8)] 그러나 결코 이것이 전부는 아니다. 사진과 회화의 뚜렷한 차이를 보는 사람들은 회화가 실재하는 것을 묘사하지 않을 때만큼이나 실재 하는 것을 묘사할 때도, 그리고 관람자는 회화가 실재를 묘사하고 있다고 충분히 알고 있을 때조차도 사진과 회화의 차이는 뚜렷하다고 생각한다. 이런 종류의 그림들로만 예시들을 한정해보자. 우리 앞에 놓인 주장은 예를 들면, 에이브러햄 링컨의 사진은 어떤 근본적인 태도 면에서 그의 초상화보다 훨씬 사실적이라는 것이다.

나는 링컨의 초상사진과 초상화 사이에 확실히 근본적인 차이가 있다는 것, 사진은 특별하고 따라서 매우 사실적인 매체라고 불릴 자격이 있다는 것을 주장할 것이다. 하지만 사진에서 가장 독특한 그런 사실성은 평범한 것이 아니다. 이것은 회화에서 포스트-르네상스 시기에 사실주의를 탐색하던 것이나, 사실주의에 대한 일반적인 이론적 설명과는 별로 관계가 없다. 그렇지만 이것은 대단히 중요하다. 우리는 이에 대한 분명한 이해 없이 사진의 힘이나 효력을 설명하길 바랄 수는 없다.

---

7) Arnheim, "The Robin and Saint," in *Toward a Psychology of Art*, 325쪽.

8) Scruton, "Photography and Representation," 579쪽과 이 책의 201-203쪽을 보라.

2

회화와 드로잉은 그림을 생산하는 기술이다. 사진도 마찬가지다. 그러나 사진의 특별한 본성은 우리가 그것을 다른 방식으로도, 즉 보는 활동에 대한 공헌으로도 생각하지 않는 한 불분명하게 남아 있을 것이다. 사진기의 발명은 단지 우리에게 그림을 만드는 새로운 방법과 새로운 종류의 그림을 준 것이 아니다. 그것은 우리에게 새로운 방식의 봄을 주었다.

사진에 대한 바쟁의 여러 선언 가운데는 영화를 거울에 비교한 것이 있다. 이것은 올바른 지적이다.[9] 거울은 우리가 그 외에는 불가능했을 상황에서 사물들을 볼 수 있게 해주는 시각의 보조기구이다. 예를 들어 거울의 도움으로 우리는 모퉁이 너머를 볼 수 있다. 망원경과 현미경은 맨눈으로 보기에는 너무 먼 곳에 있는 것이나 너무 작은 것을 볼 수 있게 해줌으로써 거울과는 다른 방식으로 우리의 시각적 힘을 확장시킨다. 사진도 시각의 보조기구이며, 유난히 다재다능한 것이다. 사진기의

9) 하지만 바쟁의 이러한 지적 방향은 불명확하다. 그가 말하기를 스크린은 우리를

> 배우 '앞'에 놓는다. 거울이 그렇게 하는 것과 같은 방법으로 그렇게 한다. 우리는 분명히 거울이 거기에 비치는 사람의 존재함에 기대고 있다는 것에 동의할 것이다. 하지만 그것은 지연된 상을 가진 거울이고, 이미지를 보유하고 있는 은박지이다……. Manolete에 대한 영화에서…… 우리는 유명한 투우사의 실제 죽음 앞에 놓인다. "Theater and Cinema-Part Two," *What Is Cinema?*, 97-8쪽.

물론 투우사 영화의 관객은 투우사 앞에 있는 것이 아니며, 관객이 그렇게 느끼지도 않는다. 사실 바쟁은 계속 글을 전개해 나감에 따라 이에 동의하고 있는 듯하다.

> 우리의 감정이 우리가 실제로 그 역사적 순간의 장소에 **있었던 것처럼** 깊지는 않을지라도 그 본성은 같다. 사진적 확대가 제공한 인위적 근접 덕분에 우리는 **직접적인 목격으로 잃은 것**을 되찾지 않는다. [*Ibid.*, 98쪽; 나의 강조]

Cavelle도 사진과 거울을 비교할 것을 제안한다(*The World Viewed*, 213쪽을 보라). F. M. Zemach는 더 일반적으로 시각의 보조기구들에 대해 논한다("Seeing, 'Seeing', and Feeling" *Review of Mataphysics* 23 [Sept. 1969]: 3-24쪽을 보라).

도움으로 우리는 모퉁이 너머나 먼 곳에 있는 것 혹은 작은 것만 볼 수 있는 것이 아니다. 우리는 과거도 볼 수 있다. 선조들의 먼지 쌓인 스냅샷을 볼 때, 우리는 오래전에 사망한 선조들을 본다. 1984년에 샌프란시스코에서 프레더릭 와이즈먼Frederic Wiseman의 〈티티컷 풍자극Titicut Follies〉(1967)을 본다는 것은 1967년에 미친 범죄자를 위해 브리지워터 주립 병원에서 열린 행사를 본다는 것이다. 사진은 **투명**하다. 우리는 사진을 **통해** 세계를 본다.

나는 이 제안을 희석시키거나, 화려하게 혹은 과장되게 받아들이거나, 비교적 평범한 지적으로 만드는 문자 그대로의 방식으로 받아들이지 않는 것들에 경고를 해야 한다. 나는 먼지가 자욱한 사진을 보는 사람이 그의 선조들을 본다는 **인상**을 갖는다고 말하는 것이 아니다. 사실 그 사람은 아무런 도움을 받지 않은 눈으로 선조들을 '생생하게' 본다는 인상을 갖지 않는다. 나는 사진이 우리가 봄으로는 발견할 수 없는 것을 발견하도록 도와줌으로써 시각을 **보충**해준다고 말하는 것이 아니다.[10] 초상화나 언어 보고서도 이런 식으로 우리의 시각을 보충해준다. 또한 내 주장은 우리가 보는 것, 즉 사진이 대상의 **복사물, 꼭 닮은 것, 재현**이거나, 혹은 그 대상의 **대체물, 대용물**이라는 것도 아니다. 나의 주장은 — 지극히 문자 그대로 — 우리가 돌아가신 선조들의 사진을 볼 때 우리는 그들을 **본다**는 것이다.

이것이 일상적인 영어의 의미인 '보다'라는 단어를 확장하는가? 모르겠다. 증거는 뒤섞여 있다.[11] 하지만 만약 이것이 확장이라면, 이는 매

---

10) 사진이 현실을 드러내는 것에 대한 Sigfried Kracauer의 이야기는 이 주장에 쓰일 수 있다. (*Theory of Film: The Redemption of Physical Reality* [Fair Lawn, NJ, 1960], 28쪽을 보라.) 또한 "본질적으로 …… 모션 픽처는 우리의 세계에서 벌어지고 있는 이상하고, 독특하고, 흥미로운 일들에 대한 믿을만한 기록을 향한 욕망을 만족시키는 경향이 있다."는 Arnheim의 주장도 그러하다. (*Film as Art* [Berkeley and Los Angeles, 1957], 34쪽)

11) 우리는 자연스럽게 텔레비전에서 Johnny Carson을 본다거나, 영화에서 Carlie Chaplin을 본다거

우 자연스러운 것이다. 우리의 이론은 어떤 경우에서건 내가 내 증소부의 사진을 볼 때 증조부를 '봄'과 내 앞에 계신 내 아버지를 보는 것 둘 다에 적용될 수 있는 용어가 필요하다. 중요한 것은 우리가 이 둘 사이에서 근본적인 공통점, 둘 다에 속하는 단일한 자연적인 어떤 것을 깨닫는 점이다. 우리는 시각과는 분명히 다른 지각('사진을-통해-보다')의 방식을 인정하면서, "나는 내 증조부를 **지각**하지만 그를 보지는 않는다."고 말할 수 있다. 만약 내가 나의 증조부를 지각한다는 생각이 진지하게 받아들여진다면 말이다. 아니면 누군가는 다른 방식으로 주장할 수도 있다. 나는 대담한 표현을 선호하는데, 바로 사진의 관람자가 문자 그대로 사진 찍힌 장면을 본다는 것이다.

미끄러운 경사면 논증Slippery slope considerations은 초반에 이 주장을 그럴듯하게 해준다. 누구도 우리가 안경, 거울, 망원경을 통해서 본다는 것을 부인하지 못할 것이다. 그러면 어떻게 경비원이 CCTV 모니터를 통해서 도둑이 유리창을 부수는 것을 보았다거나, 팬들이 생방송으로 운동 경기를 볼 때 시합을 본다는 것을 부인하는 행위를 정당화할 수 있을까? 그리고 이 정도까지 이야기했으니 녹화방송으로 운동 경기를 보는 것이나, 와이즈먼의 영화를 통해 브리지워터 재소자들을 보는 것에 대해 말해보는 것은 어떨까? 이 마지막 예시들은 새로운 요소들을 소개한다. 즉, 그들은 우리가 과거의 사건들을 보도록 한다. 그러나 그 중요성이 당연한 것은 아니다. 우리는 또한 수백만 년 전에 발생한 별의 폭발을 망원경으로 관찰한다고 말한다.[12] 우리는 물론 경사면을 따라 내려가면서 다

나, 전화기 너머로 혹은 레코드판에서 사람의 소리를 듣는다고 말한다. 하지만 또한 예를 들어 우리는 너무나 자연스럽게도 어떤 사람이 Johnny Carson을 오직 텔레비전에서만 '봤다'면 그 사람이 Johnny Carson을 봤다는 것을 **부인**한다.

12) 어떤 이는 과거를 본다는 것의 개념이 곧이곧대로 믿기에는 너무하다고 보고는 망원경을 통해 오래전에 벌어진 사건을 보는 일에 대한 이야기를 비정상적인 것이거나, 어떻게든 설명되어야 하는 것으로서 일축해버린다. (Alvin I. Goldman, "Perceptual Objects," *Synthese* 35 [July 1977]: 269

른 많은 차이들에 직면한다. 궁금한 것은 그것들 중 어느 것이라도 우리의 의견을 고수하는 것, 그리고 우리가 대상을 '봄'(혹은 '인지함')과 그렇지 않음 사이의 차이로 설명해야 하는 기본적인 이론적 차이의 인정을 정당화하기에 충분하냐는 것이다.[13)]

시각의 기계적 보조 장치가 반드시 **그림**을 포함할 필요는 없다. 안경, 거울, 망원경이 우리에게 그림을 주지는 않는다. 사진기를 또 다른 시각의 도구로 생각하는 것은 그림을 생산하는 사진기의 역할을 덜 강

쪽, 그리고 David Lewis, "Veridical Hallucination and Prosthetic Vision," *Australasian Journal of Philosophy* 58 [Sept. 1980]: 241-2쪽을 보라.) 만약 과거를 보는 것이 허용된다면, 어떤 것에 대한 기억심상을 갖는 것은 그것을 보는 것으로 만들 것임을 걱정할 것이다. Zemach는 이 결과를 받아들인다. ("Seeing, 'Seeing,' and Feeling," 15-16쪽을 보라.) 하지만 적어도 대부분의 기억심상과 관련해서는 피할 수 있을 것이다. 회화 감상자의 시각 경험이 그 대상에 대한 화가의 믿음에 기반하고 있는 것과 어느 정도 유사한 방식으로, 전부는 아니더라도 많은 기억심상들이 대상에 대한 자신만의 이전 믿음에 기반하고 있다. 따라서 회화를 통해 보지 않는 것과 같은 이유로 기억심상을 통해 보지 않는다. 하지만 만약 우리가 '사진을-통해-보기'를 말하려 하면, 우리는 아마도 이전에 봤지만 알아차리지는 못한 어떤 것의 이미지가 갑자기 머릿속에 떠오를 때, 그 사람은 그것을 다시 보고 있음을 받아들여야 할 것이다. 나는 이 결론이 고민스럽다고 생각하지 않는다. 하지만 그렇게 생각하는 사람이나, 과거를 보는 가능성을 부인하는 사람에게는 또 다른 해결 방법이 있다. 내가 '사진을-통해-보기'라고 부르는 것이 **인지**의 방식이 아니라는 데에 우리가 동의한다고 가정해보자. 우리는 언제나 다른 용어를 찾아낼 수 있다. 사진과 다른 그림들 간의 큰 차이는 여전히 남아 있다. 우리는 여전히 텔레비전 화면을 통해서 현재 발생하고 있는 일들을 보지만, 예를 들어 동시에 스케치하는 시스템을 통해서는 그렇지 않다고 말할 수 있다. **이는** 중요한 차이이다. 그리고 사진을 통해서 과거의 사건으로 접근하는 것은 회화를 통해서 그 사건에 접근하는 것과는 다르다.

13) 미끄러운 경사면은 어쩌면 다른 것보다 다른 방향으로 더 멀리 미끄러져버리는 것을 피하기 어렵게 만들 수도 있다. 우리가 화석이나 발자국을 볼 때 우리는 고대 해양 생물이나 고대 동물의 발을 보거나 인지하는가? 나는 다시 한 번 나의 논점이 시각이나 인지의 측면에서 만들어질 필요가 없음을 반복한다. 예를 들어 육안으로 사물을 보거나 혹은 거울 이미지나 사진, 화석 또는 그것의 발자국을 볼 때 (그러나 그것의 드로잉을 볼 때는 아니다) 사물과 '접촉하고' 있는 것에 대해 말하자면, 분명히 새로운 개념을 소개하고 싶을 것이다. (Patrick Maynard, "The Secular Icon: Photography and the Functions of Images," *Journal of Aesthetics and Art Criticism* 42 [Winter 1983]: 155-69쪽을 보라.) 덧붙여, 인지와 봄에 대해 더욱 제한된 개념을 인정하는 것은 우리의 이론에 있어 그리 바람직하지는 않을 것이다. 그 개념은 우리가 일상 표현에서 사용하는 사례들에 더 잘 맞을 것이다; 아마 단지 그런 자연스러운 개념이 없을지도 모른다. 우리는 일상적인 의미에서 사물을 인지하는 것과 그것을 인지하지 않는 것 간의 차이를 어림잡더라도 그리 중요한 구별이 없을 가능성에도 대비를 해야 한다. 우리에게 필요한 것은 이 영역에서 우리의 개념을 급진적으로 재구성하는 것이다.

조하는 것이다. 물론 사진은 그림이지만, 일반적인 것은 아니다. 사진은 우리가 그것을 통해 세상을 보는 그림이다.

투명하기 위해서 꼭 보이지 않을 필요는 없다. 우리가 사진을 통해서 볼 때 우리는 사진 그 자체를 본다. 사실 우리가 브리지워터의 수감자들을 보는 것은 〈티티컷 풍자극〉을 보는 것에 의한 것이다. 여기에 이상한 것은 없다. 예를 들어 사람은 종과 종이 만들어내는 소리 둘 다를 듣고, 다른 것을 들음으로써 어떤 것을 듣는다. (바쟁의 주목할 만한 동일성 주장은 우리가 사진과 그 대상 둘 다를 볼 수 있음을 인지하는 것에 실패한 데서 비롯되었을 것이다. **우리가 보는 것은** 사진이다. 하지만 우리는 사진 찍힌 대상도 본다. 그러므로 사진과 대상은 분명히 어떻게든 동일하다.)

나는 우리가 오직 **간접적으로**만 사진 찍힌 대상을 본다는 주장을 허용하는 데 있어 거리낄 것이 없다. 비록 누군가는 다른 많은 사례들에서도 인식은 동일하게 간접적이라는 주장을 유지할 수 있지만 말이다. 우리는 대상의 거울 이미지, 혹은 렌즈에 의해 생성된 이미지, 또는 그 대상에서 반사되거나 대상이 내뿜은 빛을 봄으로써 그것을 본다. 마찬가지로 우리는 어떤 대상이나 사건이 만들어내는 소리를 들음으로써 그것을 듣는다. 우리가 오직 우리 자신의 감각정보나 우리의 망막에 맺힌 이미지만을 **직접적으로** 본다는 친숙한 주장이 생각날 것이다. 내가 반대하는 것은 이것들 중 어느 경우에건 간접적 보기가 실제 **봄**이 아니고, 우리가 실제로 보는 **모든** 것은 감각정보이거나 이미지 혹은 사진이라는 주장이다.

우리는 분명하게 의식하지 않으면서 감각정보나 거울 이미지를 통해 볼 수 있다(거울 이미지의 경우에는 거울을 의식했더라도). 이런 의미에서 그들은 보이지 않을 **수도** 있다. 우리는 어쩌면 사진 이미지 자체에는 관심을 두지 않는 대신 사진 찍힌 대상에만 집중할 수도 있다. 그러나 설사 사진 이미지에 특히 집중하더라도 그 사람은 동시에 사진 찍힌 대상을 보고, 집중한다.

본다는 것은 종종 세상에 대해 알아가는 방식이다. 사진은 보는 것의 또 다른 방식이므로 사진을 통해 볼 때도 그러하다. 하지만 때때로 우리는 우리가 보고 있는 것에 대하여 거의 배우지 못하고, 때로는 봄을 우리가 배우는 것과는 꽤 거리를 두고 가치를 매긴다. 이는 종종 우리가 사진을 통해 고인이 된 사랑하는 사람을 볼 때 그렇다. 우리는 이전에 여러 번 검토했던 사진을 봄으로써 특별히 중요한 어떤 정보를 얻을 것을 기대할 수 없다. 하지만 우리는 우리가 사랑했던 사람을 다시 **볼** 수 있고, 바로 **그것**이 우리에게 중요한 것이다.

3

회화는 어떤가? 그것은 투명하지 않다. 헨리 8세의 초상화를 볼 때 우리는 그를 보지 않는다. 우리는 오직 그의 재현을 볼 뿐이다. 회화와 사진 사이에는 큰 차이, 즉 종류의 차이가 있다.

초상화를 응시하고 있는 사람이 헨리 8세를 '본다'고 말하는 것은 매우 자연스럽다고 인정한다. 하지만 이것은 문자 그대로 받아들이면 안 된다. 관람자가 헨리 8세를 본다는 것은 허구적, 즉 사실이 아니다[14) 유니콘 태피스트리의 관람자가 유니콘을 본다고 말하는 것도 마찬가지로 자연스럽다. 하지만 유니콘은 존재하지 않는다. 그러므로 관람자는 어떤 것을 정말로 보지는 않는다. 우리가 '보다'라는 단어를 사용할 때, 그 단어만으로는 어떠한 것도 증명되지 않는다.

몇 년 전에 '네스호Loch Ness의 괴물'이라고 알려진 사진이 널리 퍼진

14) 나의 글 "Fearing Fictions" *Journal of Philosophy* 75 (Jan. 1978): 5-27쪽을 보면 내가 '허구성'으로 무엇을 의미하는지 더 잘 알 수 있을 것이다.

적이 있었다. 만약 우리가 그 괴물이 정말 존재하여 사진에 찍힌 것이라고 생각한다면, 우리가 사진을 볼 때 그것을 보는 것에 대해 편하게 이야기할 것이다. 하지만 사진은 괴물이 아니라 그에 대한 영화를 찍는 데 사용된 호수 바닥에서 발견된 모델(로 나는 기억한다)이라고 밝혀졌다. 이 정보를 들은 후에 우리는 우리가 그 사진에서 보는 것은 괴물이 아니라 모델이라고 태도를 바꾼다. 이런 종류의 봄은 오직 존재하는 것만이 보일 수 있는 일상적인 변화와 같다.

그렇다면 영화 관람자는 어떨까(영화는 직접적인 허구 작업이라고 가정하자)? 영화 관객은 잠깐이라도 그런 괴물이 존재한다고 믿지 않더라도 괴물을 보는 것에 대해 말할 것이다. 관객이 그것을 본다는 것은 허구적이다. 관객은 사진의 도움으로 영화를 촬영하는 데 사용된 모델을 실제로 보는 것이다. 그들이 네스호를 본다는 것 또한 허구적이다. 그러나 영화가 네스호에서 촬영된 이상 그들은 정말로 그것을 보기도 한다.

우리가 완전히 허구가 아닌 사진을 볼 때조차 그것을 본다는 것이 허구가 될 수 있다. 오래도록 잊혔던 가족 모임 사진을 볼 때 나는 마벨 이모가 얼굴을 찡그리고 있음을 언급할 것이다. 물론 그녀가 **지금** 찡그리고 있는 것은 아니다. 아마 그녀는 오래전에 돌아가셨을 것이다. 내가 현재 시제를 사용하는 것은 그녀가 (지금) 얼굴을 찡그리고 있음이 **허구**임을 시사한다. 그리고 내가 '그녀가 얼굴을 찡그리는 것을 본다는 것'은 허구이다. 그러나 사진을 통해서 나는 이모가 오래전에 있었던 가족 모임에 영향을 줬던 찡그린 얼굴을 실제로 본다.

우리는 '내가 마벨 이모를 사진의 도움 없이 직접 본다는 것'은 허구임을 덧붙여야 한다. 매우 특별한 경우를 제외하고, 누군가가 그림을 볼 때 어떤 것을 본다는 것은 허구이며, 사진, 거울, 망원경을 통하지 않고 맨눈으로 그것을 본다는 것은 허구이다. 허구적으로 우리는 우리가 보는 것 앞에 있다.

(나이든 여자와 그녀의 집, 그리고 그녀의 물건들의) 스틸 사진을 촬영하여 만든 리처드 셜리Richard Shirley의 아름다운 영화 〈리소넌트Resonant〉(1969)는 그런 특별한 경우에 해당한다. 때때로 이것은 당연한데, 예를 들어 종종 우리는 영화로 찍힌 사진의 테두리를 본다. 그럴 때 우리가 사진을 통해서 집이건 뭐건 본다는 것은 허구이다. 하지만 〈리소넌트〉의 대부분은 흥미롭게도 애매하다. 사진이 항상 분명한 것은 아니다. 때때로 이럴 때는 우리가 허구적으로 사물을 직접 본다고 말하는 것이 가장 나을 것이다. 우리는 허구적으로 사물을 직접 본다는 인상을 갖을 때가 있는데, 나중에야 허구적으로 우리가 그것을 스틸 사진을 통해서 보았다는 것을 깨닫는다. 아마도 때로는 사실이 없을 수도 있다. 영화를 보는 내내, 관람자는 자신이 그러고 있는지를 깨닫건 깨닫지 못하건 간에, 영화를 통해서 **실제로** 스틸 사진을 본다. 그리고 그는 영화를 통해서 보고 있는 사진을 통해 실제로 그 여자와 집을 본다.

이제 우리는 아직 밝혀지지 않은 채 사진과 영화에 관한 글에 영향을 주는 혼란의 중요한 근원을 가지고 있다. 즉, 그것은 실제로 일어나는 특별한 종류의 봄과 오직 허구적으로만 발생하는 일상적인 종류의 봄 사이, 관람자가 **사진을 통해서 정말로** 어떤 것을 보는 것과 **허구적으로** 어떤 것을 **직접** 보는 것 사이를 명확하게 인식하고 구별하는 데 있어서의 실패다 마녀의 솥단지에 섞어버린 이 둘의 어렴풋한 인식은 관람자가 정말로 그 대상 앞에 있다는 어리석은 판단으로 몰아갈 수 있다.

4

자, 그럼 사진은 회화와 본질적으로 다르다는 생각과 사진에는 근본적으로 사실적인 어떤 것이 있다는 생각에 반기를 드는 몇몇 친숙한 도전들을 보자. 그 도전들 중 몇몇은 이 주장의 어떤 설명들에 맞설 때 가치가 있다. 하지만 그 주장이 투명성의 측면에서 효용을 다하면 그 도전들은 쓸모없어진다.

사진이 실제 장면과 그렇게 썩 같아 보이지 않는다는 반대 주장과 사진을 보는 경험이 일반적인 상황에서 장면을 관찰하는 경험과 그리 같지 않다는 반대 주장은 쉽게 묵살 당한다. 직접 보는 것과 사진의 도움을 받아 보는 것은 서로 다른 지각 방식이다. 두 방식의 보기 경험이 유사할 것을 기대할 이유가 없다. 현미경이나, 왜곡된 거울이나, 물속 혹은 기묘한 조명 상태를 통해서 무언가를 보는 것은 그것을 직접 보거나 일반적인 상황에서 보는 것과 많이 다르다. 하지만 이렇게 다른 방식의 봄을 **봄**이 아니라고 부정할 이유가 없다. 핵심은 "사진은 우리에게…… '우리가 거기에 있었더라면 보았을 것'을 보여준다"는 데 있지 않다. **이** 관점에 대한 조엘 스나이더Joel Snyder와 닐 앨런Neil Allen의 반대 자체는 맞지만, 초점이 빗나갔다(「PVR」, 149쪽과 151-2쪽을 보라). 사진을 보는 사람들이 그들이 **보았을 것**을 본다는 것이 허구가 아니라 그들이 실제로 거기에서 그것을 보았다는 것이 **허구**이다. 다시, 여기서 혼란은 이것을 그들이 실제로 사진을 통해서 본다는 것과 구별하는 데서 오는 것이 아니다.

만약 핵심이 어떻게 사진이 보이는가에 있다면 사진과 회화 사이에 본질적인 차이는 없을 것이다. 회화는 사실상 사진과 구별되지 않을 수도 있다. 우리가 척 클로스Chuck Close의 초현실주의 〈자화상〉(그림 1.3)을 사진이라고 생각하면서 보다가 나중에야 그것이 회화라는 것을 알았다고 가정해보자. 그 발견은 우리에게 충격을 준다. 그림에 대한 우리의 경험과 그에 대한 우리의 태도는 엄청난 변화를 겪는다. 이 변화는 예를 들어 우리가 처음에 에칭으로 받아들인 것이 사실은 펜과 잉크로 그린 그림이라는 것을 발견했을 때 발생하는 변화보다 훨씬 깊고 중요하다. 이것은 밀랍 박물관에서 본 경비원이 알고 보니 또 다른 밀랍인형에 불과하

그림 1.3 척 클로스, 〈거대한 자화상〉(Big Self Portrait), 1967–8, 캔버스에 아크릴, 107 1/2×83 1/2×2″. Collection Walker Art Center, Minneapolis, Art Center Acquisition Fund, 1969.

다는 것을 발견하는 것과 매우 비슷하다. 우리는 클로스의 자화상이 사진이 아니라는 것을 알았을 때 어떤 면에서 클로스와 훨씬 덜 '접촉하고 있다'고 느낀다. 만약 우리가 누드화를 보는데 벌거벗은 몸을 보는 것이 쑥스럽다고 하자. 아마 우리의 쑥스러움은 벗은 몸이 필름에 포착된 것이 아니라 그림이라는 것을 깨달음으로써 약간은 해소될 것이다. 내 이론은 그 충격적인 느낌을 설명해준다. 처음에 우리는 우리가 (정말로) 묘사된 사람을 보고 있다고 생각한다. 그 후 우리가 그를 본다는 것은 그저 허구일 뿐이라고, 우리는 진짜로 보는 것이 아니라고 깨닫는다. 그러나 이 깨달음 후에도 계속해서 그 그림은 우리에게 마치 우리가 정말 사람을 보고 있는 것처럼(사진의 도움을 받으며) **보이기** 쉽다. 만약 우리에게 그 그림이 계속 사진으로 보인다면 말이다. (누드의 경우, 이것이 아마 우리가 가진 본래의 쑥스러운 느낌의 지속을 설명해줄 것이다.)[15]

여기서 우리는 **진정**으로 환상에 관한 경우를 갖는다. 클로스의 자화상은 마치 우리가 사진이라는 매개체를 통해서 누군가를 보고 있는 것처럼 보이고, 처음에 우리는 속아 넘어간다. 이것은 거의 절대로 발생하지 않는 강력한 증거들에도 불구하고 너무나 자주 관람자에게서 기인하는 그런 유의 환상이 아니다. 이것은 바로 우리 앞에 서 있는 사람을 직접 볼 때는 나타나지 않는다.

우리가 사진을 통해 보지만 우리가 사진을 통해 보는 것이 그렇다고 보이는 그것이 아닌 때에도 진정한 환각을 갖는다. 그림 1.4는 사진이고, 우리는 이 사진을 통해서 사람이 아니라 실물 크기의 조각을 본다. 이런 유의 환상은 영화에서는 흔히 있고, 관람객의 경험에 중요한 기여

---

15) 여기 유사한 예가 있다. Johnny가 치는 피아노 연주 음반이라고 생각하면서 자랑스럽게 듣고 있던 부모가 사실은 조니의 피아노를 흉내 낸 다른 사람의 녹음이라는 것을 알았다고 가정해보자. 그는 음반을 통해 조니의 연주를 듣고 있다고 생각했지만 사실은 아니었다. 최초에 그는 어린 조니에 대한 자부심으로 차올랐다가 수그러든다.

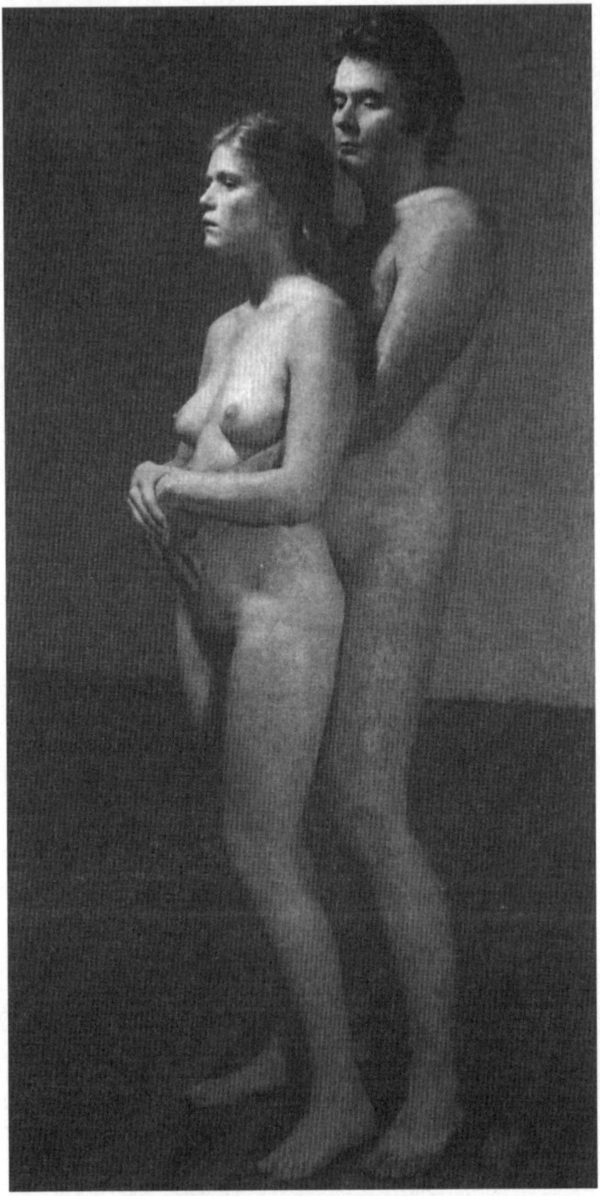

그림 1.4 존 드 안드레아, 〈여자에게 팔을 두른 남자〉(Man with Arms Around Woman), 비닐 폴리크롬, 1976. ⓒ 존 드 안드레아. 작가의 허가를 받은 사진.

를 한다. 영화 속에서 형사가 두 깡패를 기습해서 총을 뽑아 쏘고, 그들은 쓰러진다. 관람자는 이 일련의 사건들을 영화를 통해 보고 있는 듯 보인다. 그는 한 사람, 즉 배우가 다른 두 사람에게 다가가 총을 들고 방아쇠를 당기는 것을 **정말** 본다. 하지만 필름에 찍힌 그것이 진짜 살인이 아닌 이상, 그는 사람이 다른 사람들을 죽이는 것을 보지 않는다. 총알은 빈 것이고, 피는 케첩이었다. 하지만 여전히 촬영된 그 장면은 마치 촬영된 진짜 살인처럼 **보인다**. 살인이 **관람자의 면전에서** 발생했다는 생각에 반대하는 뻔한 생각은 내가 묘사한 환상과는 무관하다. 빛나는 직사각형의 뚜렷한 테두리, 스크린의 명백한 평평함, 어렴풋한 몇몇 이미지, 색의 결핍은 관람자가 그 장면의 **사진적 필름을 통해** 실제 살인을 보고 있다고 느끼는 것을 막지 못한다.

더글러스 본드Douglas Bond의 〈에이스Ace I〉(그림 1.5)과 같이 명백히 사진적 스타일의 특성을 가지고 있지만, 확실히 사진이 아닌 초현실주의 그림들이 있다. 그것들의 사진적 특성은 환상이기보다는 속임에 가깝다. 이것은 관람자에게 그가 사진을 통해서 보고 있는 것처럼 보이지 않는다. 그에게 그렇게 보인다는 것은 허구일 것이다. 〈에이스 I〉이 사진이고, 이것을 통해 우리가 파사데나 시청 앞을 지나는 한 무리의 사람을 본다는 것은 허구일 것이다.

"사진이 특별한가?"에 대한 논쟁은 때때로 "사진이 특별히 **정확한가**?"에 대한 질문을 맴돈다. 어떤 사람들은 사진이 자주 색을 위조하고, 공간적 관계를 왜곡한다고 주장한다. 예를 들어 달리는 말을 찍은 사진은 그것을 흐릿한 형체로 보여주거나(사실은 그렇지 않은데), 얼어붙은 모습으로 보여주며(역시나 사실은 그렇지 않다), 또한 암실 속에서 수정할 가능성도 물론 있다. 이는 어떤 면에서 사진은 부정확할 수도 있다고 보일 여지를 남긴다. 특히 사진 혹은 제시된 종류의 사진에 친숙하지 않은 관람자들에게 당연히 오해를 살 수 있다.

그림 1.5 더글러스 본드, 〈에이스 I〉(Ace I), 캔버스에 아크릴, 1967.
ⓒ 더글러스 본드. 작가의 허가를 받은 사진.

하지만 왜 이것이 문제가 될까? 우리는 사물을 직접 볼 때도 속을 수 있다. 사진기가 거짓말을 할 수 있다면, 우리의 눈도 그렇다. 왜곡된 거울을 통해 어떤 대상을 보는 것도 여전히 그 대상을 보는 것이다. 비록 우리가 어떤 대상을 곡해하게 되더라도 말이다. 우리는 또한 안개나 바람막이 창문, 아웃포커스 상태인 현미경을 통해서도 본다. 사진의 '왜곡'이나 '부정확함'은 우리가 사진을 통해서 본다는 사실을 부인할 이유가 되지 못한다(그 예로 그림 1.6을 보라).

정확성과 투명성의 독립성을 강조하기 위해 범죄 사건을 법정에서 실연하는 것 같은 실제 사건의 연극적 묘사를 예로 들어 생각해보자. 묘사는 아마도 완벽하게 정확할 것이다. 배심원들은 그 실연에서 틀린 정보가 아니라 정확한 정보를 많이 얻을 것이다. 하지만 여전히 그들이 그 묘사를 통해서 그 사건을 보는 것은 아니다.

단순히 가끔씩 있는 과실에도 불구하고 사진적 과정이 드로잉이나 회화보다 '훨씬 신뢰할 수 있는 메커니즘'이기 때문에, 그래서 일단 보기에 사진을 믿을 만한 좋은 이유를 가졌기 때문에 사진과 다른 그림들 간의 차이가 사진이 **일반적으로** 더 정확하다(혹은 덜 호도한다)는 데 있을까? 그렇지는 않을 것이다. 형상이 끊임없이, 과감하게, 예상치 못하게 변하는 유연한 거울들이 있는 세상을 상상해보자.[16] 그 메커니즘을 신뢰할 수 없음에도 불구하고 사람들이 이런 거울들을 통해서 본다는 사실을 부인할 이유가 없어 보인다. 아마도 그 메커니즘은 **지식**-생산적인 것은 아닐 것이다.[17] 만약 어떤 사람이 거울을 들여다보고는 자신이 보고 있는 것에 기초해서 거울에 반사되는 대상에 대한 믿음을 형성했는데, 만

16) 이 예시는 Lewis의 느슨한 철사 사례와 관련되어 있다. (Lewis, "Veridical Hallucination and Prosthetic Vision," 244쪽을 보라.)

17) Goldman, "Discrimination and Perceptual Knowledge," *Journal of Philosophy* 73 (18 Nov. 1976): 771-91쪽을 보라.

그림 1.6 앙드레 케르테츠, 〈왜곡 #157〉, 1933. ⓒ 앙드레 케르테츠 재단.
앙드레 케르테츠 재단의 허가를 받은 사진.

약 그 믿음이 사실이라 하더라도 아마 그의 믿음이 **지식**을 구성하는 것은 아닐 것이다. 하지만 이것이 그가 반사된 사물을 **보지** 않음을 의미하지는 않는다.

몇몇 반대 의견들은 회화는 '수공'인 반면, 사진이 '기계적' · '자동적' 근원을 갖기에 자신만의 특별한 지위가 생긴다는 생각에 초점을 맞춘다. 중요한 것은 과정에 **사람**이 개입된다는 것이다. 몇몇 작가들은 사람은 사진을 만들지 않는다고 암시했다.[18] 사진의 놀라운 사실성은 어떤 경우에건 그것들이 '어떻게 보이는지'가 아니라 '어떻게 만들어졌는지'에서 비롯된 것으로 여겨진다.

나는 이 점에 동의한다. 왜 우리는 링컨의 사진을 볼 때는 우리가 링컨을 보는 것이면서, 그의 초상화를 볼 때는 그렇지 않은 것일까? 답은 **보기**에 대한 설명(아니면 보다 크게는 지각 일반에 대한 설명)을 필요로 한다. 나는 몇몇 다양한 인과론을 지지할 것이다. 무엇을 본다는 것은 그 보인 것에 의해 어떤 특정한 방식으로 촉발된 시각 경험을 한다는 것이다. 링컨은 (다른 상황들도 포함하여) 자기 사진을 촉발하고, 따라서 그 사진을 보는 사람들의 시각적 경험을 촉발한다. 하지만 아직 이것은 우리의 질문에 답변하지 않는다. 왜냐하면 링컨이 자신의 초상사진뿐만 아니라 초상화도 촉발하기 때문이다. 차이는 인과관계의 방식에 놓여 있다.

이들을 종합하면 우리는 다음과 같은 결과를 얻을 수 있다. 무엇을 본다는 것은 순수하게 기계적인 방식으로 그 대상에 의해서 촉발된 시

---

18) 캘러타이프(calotype)를 발명한 William Henry Fox Talbot은 Wiltshire에 있는 라콕 수도원을 '자기 자신의 그림을 그린 것으로 알려진' 첫 번째 건물로 구별할 것을 요구했다(*The Pencil of Nature* [London, 1844-6], n. to pl. 15). Bazin은 사진을 "사람이 어떤 부분에도 개입하지 않는 기계적 재생산을 통해 환상에 대한 우리의 욕구를 완전히 만족시킨다. …… 처음으로 사람의 창조적인 개입 없이 이미지의 세계가 자동적으로 형성되었다."고 믿는다(「OPI」, 12, 13쪽). Arnheim은 "사진적 매체의 근본적인 특성은 물리적 대상이 빛의 광학적 · 화학적 활동을 통해 스스로 자신의 이미지를 인쇄한다는 사실"이라고 말했다("On the Nature of Photography," *Critical Inquiry* 1 [Sept. 1974]: 155).

각 경험을 갖는다는 것이다. 대상은 기계적으로 자기 사진과 관람자의 시각 경험을 촉발하기 때문에 우리는 사진을 통해서 그 대상을 본다. 그에 반해 대상은 기계적이 아니라 훨씬 '인간적'인 방식, 즉 예술가를 개입시킨 방식으로 회화를 촉발한다. 따라서 우리는 회화를 통해서 보지 않는다.

이에 대한 반대 의견들이 제기되었는데, 이들이 보기에 사진**은** 사람에 의해 만들어졌다. 즉 "[사진] 이미지는 만들어진 것이지 자연적인 것이 아니다."(「PVR」, 15쪽) 사진가들과 화가들은 자신들의 그림을 만드는 데 있어서 그저 서로 다른 도구를 사용할 뿐이다. 사진가는 사진기를, 그리고 화가는 붓을 사용하는 것처럼 보인다. 그렇다면 어떻게 보면 우리의 시각 경험은 우리가 사진을 볼 때는 기계적으로 발생하게 되고, 회화를 볼 때는 그렇지 않은 게 아닐까?

반대자들은 "사진은 대상의 본래 모습대로 우리에게 제시되는 것이 아니라, 오히려 그것에 대한 사진가의 구상이나 해석으로 제시되기 때문에 우리가 사진에서 얻는 것은 세상에 대한 우리 자신의 시각이 아니라 사진가의 시각"이라고 종종 덧붙인다. 즉, 사진도 회화 못지않게 주관적인 관점을 갖는다.[19)]

이 모든 이야기들은 초점을 벗어나 있다. 대상이 내가 그것을 볼 때 나의 시각 경험을 촉발하는 방식은 인간의 인과적 역할을 배제하는 것이 아니다. 사람들은 종종 나에게 어떤 물건을 **보여주고**는 이런저런 방식으로 보도록 권유한다. 그 사람들은 내가 볼 수 있는 것 혹은 내가 그것을

19) H. Gene Blocker, "Pictures and Photographs," *Journal of Aesthetics and Art Criticism* 36 (Winter 1977)을 보라.

> 사진가들은 대부분 주관성에서 벗어나지 않는다. …… 주제, 각도, 양, 빛의 방향, 배경, 초점의 선명도, 명암 대비의 선택이라는 방법을 통해 사진가는 주관적인 관점, 그리고 느낌과 분위기의 표현으로부터 대상을 재현해낸다. [158쪽]

보는 방식에 영향을 미친다. 예를 들면 불을 켜거나 끔으로써, 내 눈에 연기를 불어 넣음으로써, 그리고 안경, 거울, 망원경을 구상하고 만듦으로써 그렇다. 사진가들은 사진을 만듦으로써 나에게 어떤 것을 보여주고, 나로 하여금 그것들을 볼 수 있게 해준다고 하는 것은 어떨까? 이는 분명히 **내가** 그것들을 정말로 보지 않는다는 것을 의미하지는 않는다.

내가 무엇을 볼 때 나는 당연히 내가 보는 것에 대한 다른 누군가의 구상이나 해석을 엿볼 수 있다. 만약 당신이 나에게 어떤 것을 지적한다면, 나는 당신이 그것을 지적할 만한 가치가 있다고 생각한다는 것을 안다. 다른 사람들이 나의 시각에 영향을 줄 때, 나는 그들이 두려워하고 집착하는 대상들이 무엇인지, 그들이 가치 있게 여기는 것, 그들이 개탄하는 것이 무엇인지를 봄을 통해 안다. '그들의 눈을 통해' 대상을 본다고 말하는 것이 부적절하진 않을 것이다. 하지만 나는 그것들을 스스로 본다. 사진은 엄청나게 표현적인 매체가 될 수 있다. 예를 들어 앙드레 카르테츠의 〈왜곡Distortion #157〉(그림 1.6)은 확실히 표현적이다. 하지만 이런 표현성이 사진을 불투명하게 만들지는 않는다. 만약 표현성이 **예술**의 표시라면 사진의 자격은 분명하다. 레니 리펜슈탈Leni Riefenstahl은 〈의지의 승리Triumph of the Will〉에서 신중하게 선택하고 편집함으로써 1934년의 나치당을 우리에게 '해석'해준다. 그녀는 자신이 그것을 이해하는 대로 제시한다. 이것은 우리가 구름을 뚫고 내려오는 히틀러의 비행기, 수천 명의 행군 부대와 환호하는 관중, 그리고 히틀러가 장광설을 늘어놓는 것을 보지 않는다는 것을 수반하지 않는다. 비록 영화가 우리가 보는 것에 대해 오해를 조성하고 있더라도, 예를 들면 우리가 보고 있는 사람들이 실제로 그랬던 것보다 훨씬 히틀러에 열광하는 것으로 믿도록 우리를 유도하더라도 말이다. 우리는 대상에 대한 우리의 시각을 차단하지 않고도 매체와 생산자 둘 다를 의식할 수 있을 뿐만 아니라, 아주 생생하게 의식할 수도 있다.

마지막 고민거리는 사진이 '관례'를 이용한다는 것이다. 이 관례는 사진기의 구조와 사진 처리 기술에 들어가 있다.[20] 사진에 쓰인 원근법 시스템은 신성불가침한 것이 아니라고 주장된다; 우리는 그저 우연히 우리가 사진 처리과정에 포함시켜버린 것을 갖게 되었을 뿐이다. 이는 사진의 관례가 관람자와 사진 찍힌 대상 사이에서 얻어지며, 관람자는 반드시 사진의 '언어'를 알아야 하고, 그것의 상징을 '읽을' 수 있어야 하며, 따라서 그는 사진을 통해서 그 대상을 본다고 말할 수 없다는 것을 의미하지 않을까? 아니, 전혀 그렇지 않다. 우리는 어떤 맥락에서 사용되는 거울은 어떤 면에서는 휘는 효과(예를 들면 운전자가 위험한 코너 주변을 볼 수 있게 해주는 볼록거울)가 있다는 관례를 가질 수 있다. 거울 이미지를 제대로 '읽으려면', 관례는 반드시 이해되거나 내면화되어야 한다. 그렇기는 해도, 우리는 거울을 통해서 사물을 본다.

5

이러한 반대 의견들을 잠재우고, 이제 사진을 투명하게 만드는 것이 무엇인지에 대한 질문에 직접적으로 말해볼 때이다. 우리가 사진을 통해서 보지만, 회화를 통해서는 아닌 이유는 두 종류의 그림들에서 우리가 정보를 얻는 방식의 차이와 관련되어 있다. 한 탐험가가 중앙아프리카 정글의 덤불에서 찍고 속임 없이 인화되었다고 알려진 공룡사진 한 묶음을 가지고 나왔다고 가정해보자. 그 사진들은 (배경정보들과 함께) 정글 속에 숨어 있는 공룡이 있다고 우리를 설득할 것이다. 아니면 이번엔 그 사람이 실제로 사생(寫生)했다고 알려진 공룡 드로잉 다발을 들고 나왔다고

---

20) *Ibid.*, 161쪽과 「PVR」, 156, 164-5쪽을 보라.

가정해보자. 다시 한 번 우리는 공룡의 존재를 믿도록 설득당할 것이다. 아마도 사진이 드로잉보다 훨씬 설득력이 있겠지만 꼭 그럴 필요는 없다. 그 둘의 결정적인 차이는 설득력에 있지 않다; 어쩌면 사진보다 드로잉을 더 신뢰할 만한 좋은 이유가 **있을 수도 있다**. 가장 중요한 차이는 사진과 달리 스케치의 경우 우리가 공룡이 있다는 그림 제작자의 믿음에 의존한다는 것이다.

드로잉은 작가가 **생각하기에** 정글에 있었던 것을 우리에게 나타냄으로써 정글에 무엇이 있었는지를 보여준다. 우리에겐 그 예술가가 자신이 본 것을 그렸고, 또한 뛰어난 제도사라고 믿을 만한 이유가 있다. 그 스케치가 공룡을 보여주고 있는 이상 우리는 그가 공룡을 봤다고 스스로 생각한다고 판단한다. 그를 신뢰할 만한 관찰자라고 받아들이면, 우리는 그가 봤다고 생각하는 그 공룡이 실제로 그곳에 있었다고 판단한다. 우리는 **그의** 판단을 믿는다. 그러므로 공룡에 대한 우리의 정보는 제삼자를 통한 것이다.

우리는 사진가의 판단에 위와 같은 방식으로 의존할 필요가 없다. 우리는 사진가가 그 사진이 찍힐 때 뷰파인더를 통해 보고 있었다는 것을 알기에 그가 공룡을 믿는다고 추론할 수 있다. 우리는 심지어 그 사진이 존재하는 이유 혹은 그런 사진인 이유는 사진가가 공룡이 있다고 믿었기 때문이라고 가정할 수도 있다. 즉 우리는 그가 공룡을 발견했다고 생각했기 때문에 그렇게 판단한 곳으로 카메라를 조준하고, 공룡을 봤다고 판단한 순간 셔터를 눌렀다고 가정할 수 있다. 하지만 그런 추론이나 가정이 공룡의 존재에 대한 우리의 판단에 요구되는 것은 아니다. 예를 들면 사진가가 자동 작동 장치를 가진 카메라를 삼각대 위에 놓고 가서, 그가 공룡을 보지 않았다는 것을 우리가 알거나 의심할 때조차 우리는 여전히 사진을 통해 공룡의 존재를 추론할 것이다. 사실 만약 사진이 사진가가 공룡이 존재함을 믿었다고 우리를 설득**한다**면, 그것은 사진이 거기에 공룡이 **있었다**고 우리를 설득하기 때문에 그런 것이지 그 역은 아니다.

만약에 우리가 사진을 신뢰하고자 한다면 우리는 어떤 가정을 할 필요가 있다. 즉 '카메라'라는 것은 어떤 특정한 것, 예를 들면 그 처리과정 중에 어떠한 이상한 짓도 개입되지 않는 것 등등과 같은 그런 것이라는 가정 말이다. 이는 아마 우리가 사진가가 하는 말을 수용할 것을 필요로 할 것이다. 즉 우리는 사진가를 믿어야만 할 것이다. 그리고 이는 우리가 속는 것이 될 수도 있다. 사진가에 대한 **이런** 식의 의존이 우리가 그의 사진을 통해 보지 않음을 의미하지 않는다는 것은 쉽게 알 수 있다. 나의 감각들에 대한 증거를 믿기 위해 나는 언제나 반드시 감각들과 그 감각들이 작동하는 상황에 대한 어떤 가정을 해야만 한다. 예를 들면 그것들은 약물에 의한 환각에 영향을 받지 않는다든지, 악마 같은 신경외과 의사에 의해 잘못된 정보를 주입당하지 않는다는 등의 가정 말이다. 나는 분명히 이런 가정을 하기 위해 다른 사람의 말에 의존해야 할 것이다. 예를 들면 친절한 의사의 자문을 구해야 할지도 모른다. 만약 그가 나에게 시스템이 정상적으로 작동하고 있다고 보장해주면, 그에 대한 나의 의존에도 불구하고 나는 본다(혹은 인지한다).

사진가의 사진이 공룡의 존재에 대해 우리를 설득할 때 우리가 그를 신뢰하는 방식은 우리가 예술가의 스케치에 의해 설득되었을 때 그에게 의존하는 방식과 매우 다르다. 두 그림 다 정글 장면에 대해 조건법적 의존을 갖는다. 두 경우 모두 만약 그 장면이 달랐다면 — 예를 들어 만약 공룡이 없었다면 — 그림이 달랐을 것이다(그리고 그것들을 볼 때 우리의 시각 경험 역시 달랐을 것이다). 그런 그림들임을 생각해볼 때, 이것이 우리가 두 경우 모두에서 그 장면도 있던 그대로의 장면이었다고 판단할 수 있는 이유다. 하지만 왜 이런 조건법적 서술이 사실일까? 장면의 다름은 예술가의 믿음에 영향을 주기 때문에 스케치에도(그리고 따라서 그가 스케치하는 방식 혹은 그가 스케치를 할지 말지에도) 영향을 주었을 것이다. 하지만 이는 장면의 변화가 사진에 영향을 주는 이유는 아니다. 사진가가 실제로 그랬듯이, **설사** 그가 믿고, 그래서 카메라를 조준하고 셔터를 눌렀더라도 장면이 다르면 **사진은** 달랐을 것이다. 그림을 만드는 사람(예술가 혹은 사진가)이 그가 묘사하려고 했던 공룡의 환영을 본다고 가정해보자. 그럼에도 불구하고 예술가의 스케치는 공룡을 보여주지만 사진은 그렇지 못할 것이다. 스케치가 보여주는 것은 옳거나 그르거나를 떠나서 예술가가 보았다고 생각하는 것에 의존한다. 따라서 **이런** 식으로 정글의 실제 장면은 그의 그림이 어떻게 나타나는지와 무관하다. 하지만 만약 사진가가 공룡을 보았다고 생각하고 그에 따라 행동한다 해도 그의 사진이 보여주는 것은 그가 무슨 생각을 하는지와 상관없이 실제로 그 사람 앞에 무엇이 있었는지에 의해 결정된다. 예술가가 자신의 환영을 그릴 때, 카메라는 사진가의 환영을 거치지 않고 정글에 있는 것을 포착한다.

사람의 믿음은 그가 깨닫지 못할지라도 다른 사람의 믿음에 근거할 수 있다. 만약 공룡의 존재에 대해 나를 설득하는 것이 내가 사진이라고 받아들인 회화라면, 나는 아마도 나의 믿음이 그림 생산자의 믿음으로부터 독립적이고, 나는 공룡을 본다고 잘못 가정할 것이다. 내 믿음의 근거는 그의 믿음을 포함하지 않는다. 하지만 여전히 공룡의 부재는 단지 예술가의 믿음에 영향을 주었기 때문에 그림에 영향을 주었을 것이다. 나도 모르게 나의 믿음은 (밀접하게) 그의 믿음에 의존적이고, 내가 공룡을 본다고 생각한 것은 틀린 것이다.

모든 지각이론이 인지와 믿음 사이에 강한 연결을 상정하지 않는다.[21] 우리는 그런 연결을 가정할 필요가 없다. 회화와 사진의 핵심적인 차이는 그것들이 그것들을 보는 사람의 믿음이 아니라, 만드는 사람의 믿

---

21) Fred I. Dretske, *Seeing and Knowing*(Chicago, 1969), chap. 2를 보라.

음에 근거하는 방식의 차이에 있다. 사진은 사진가의 믿음(과 다른 의도적인 태도들)이 고정적일지라도 조건법적으로 사진 찍힌 장면에 의존적이다.[22] 묘사된 장면에 조건법적 의존성을 갖는 회화는 화가의 믿음(그리고 다른 의도적 태도들)이 고정될 때 그 의존성을 잃는다. 관람자가 그림에서 얻은 믿음과 시각 경험은 그림이 어떤 식이건 간에 그림 생산자의 믿음에 의존한다. 그림을 통해 묘사된 장면을 보기 위해 관람자는 반드시 회화가 하는 식으로 그림 생산자의 믿음에 의존적이지 않은 시각 경험을 가지고 있어야 한다. 우리는 그 장면을 보기 위해 관람자가 반드시 그 장면에 대한 믿음을 가지고 있어야 하는지 아닌지, 그리고 그의 시각 경험과 그의 믿음 사이에 어떤 연결이 있는지에 대한 질문을 열어놓을 수 있다.[23]

유사한 두 공상과학소설의 예들이 내가 올바른 방향에 서 있다는 확신을 주는 데 도움을 줄 것이다.[24] 신경외과 의사가 헬렌의 눈을 그녀의 시신경으로부터 분리하고, 그가 마음대로 시신경을 자극할 수 있는 장치를 급히 만들었다고 가정해보자. 그런 다음 의사는 자신이 보는 것에 일치하도록 헬렌의 신경을 자극하고, 그 결과 그녀는 만약 그녀가 자기 자신의 눈을 사용했다면 정상적으로 가졌을 '시각' 경험을 갖는다. 여기에 의사가 양심적으로 헬렌에게 올바른 정보를 주고, 헬렌은 그 의사를 신뢰할 모든 이유를 갖고 있다는 가정을 더해보자. 헬렌은 사물을 보

---

22) 어떤 경우에는 불투명한 그림을 투명한 것으로부터 구별해주는 중요한 조건부적 · 조건법적 의존은 그림 생산자의 시각 경험이나 생각, 혹은 아마 그의 의도에 의존하듯이 그의 **믿음**에 그렇게 의존적이지 않을 것이다.

23) 특별한 경우에 사진은 그 장면에 인과적이나 조건법적으로는 아니게 의존할 것이다. 그러면 사진을 통해서 그 장면에 대해 무언가를 알게 된다는 희망이 없다. 왜냐하면 그 사진은 장면이 달라졌다고 하더라도 그냥 그대로일 것이기 때문이다. 하지만 우리는 여전히 사진을 통해서 그 장면을 본다. 만약 인과가 조건법으로 축소되지 않는다면, 지각은 조건법적보다는 인과관계의 측면에서 이해된다. (William K. Goosens, "Causal Chains and Counterfactuals," *Journal of Philosophy* 76 [Sept. 1979]: 489-95쪽을 보라.)

24) 이 예시들은 Lewis, "Veridical Hallucination and Prosthetic Vision," 243-4쪽에서 발췌했다. 하지만 Lewis는 이 두 경우에서 날카로운 차이를 보지는 않는다.

고 있는 것**처럼 보이고**, 그녀의 시각 경험은 그녀가 보는 것 같은 사물들에 의해 발생한다. 하지만 그녀가 실제로 그것들을 보는 것은 아니다. 의사가 그녀를 대신해 보는 것이다. 이는 그녀의 시각 경험이 내가 묘사한 대로 그 의사에 근거하고 있기 때문이다. 이는 오직 장면의 다름이 의사의 믿음에 다름을 가져오고, 이것들이 그녀의 시각 경험에 다름을 가져오기 때문이다.

두 눈을 이식한 환자 혹은 의안을 한 환자와 대비해보자. 이 환자는 **정말** 본다. 그는 자신이 보는 것에 대한 다른 누군가의 믿음과 관련된 방식에 의존하지 않는다. 비록 그의 시각 경험이 외과 의사의 수술, 이식받은 눈의 기증자, 의안을 만든 사람에게 의존하고 있지만 말이다. 현실에서 백내장 환자들은 그들의 시각 경험을 다른 사람들에게 빚지고 있다. 우리의 모든 시각 경험들은 우리의 시각 기관들을 고치거나 파괴하는 것을 그만둔 사람들에 의한 생략 행위에 의존한다. 물론 이런 사실들이 우리를 눈멀게 하지는 않는다.

6

내가 말한 직관은 H. P. 그라이스Grice의 **자연적** 의미와 **비자연적** 의미 사이의 구분의 기저에 놓인 것들과 같은 것이다.[25] 그는 반점은 홍역을 의미$_{N}$('자연적으로'를 의미)하며, 버스 벨을 울리는 것은 버스가 꽉 찼다는 것을 의미$_{NN}$('부자연적으로'를 의미)한다고 말한다. 그라이스는 의심할 여지없이 만약 탐험가가 정말로 실제 공룡을 필름에 담았다면 그의 사진은 거기에 공룡이 있다는 것을 의미$_{N}$한다고 말할 것이다. 자연적 의미의 한 가

---

25) H. P. Grice, "Meaning," *Philosophical Review* 66 (July 1557): 377-88쪽을 보라.

지 특징은 바로 이것, 즉 어떤 것이 *p*가 *p*를 수반한다는 것을 의미$_N$한다는 사실이다.[26] 검은 구름은 정말로 비가 수반될 때에야 비를 의미(의미$_N$)한다. 만약 비가 오지 않는다면 이는 구름이 의미했던 바가 아니다. 이는 사진이 필연적으로 완벽하게 정확함을 우리에게 알려준다. 만약 공룡이 없었다면, 사진은 그것이 어떻게 생겼던지 간에 거기에 공룡이 있었다는 것을 의미$_N$하지 않는다. 사진을 만드는 데 쓰이는 카메라, 필름 현상 과정, 그리고 여타 관련 상황에 대해 잘 알고 있는 사람은 사진 찍힌 대상에 대해 완벽히 정확한 추론을 할 수 있다. 이것만이 홀로 사진을 다른 그림들과 구별해주지는 않는다. 아마 만약 내가 그 예술가에 대해, 즉 그의 믿음, 욕망, 태도, 능력 등등 혹은 그의 생리적 구성에 대해 잘 안다면, 나는 그가 그릴 때 무엇이 그 앞에 있었는지를 그의 드로잉으로부터 정확하게 추론할 수 있을 것이다(「PVR」, 159-62쪽을 보라). 하지만 그라이스의 구분은 두 경우에서의 차이를 끌어낸다. 공룡의 **스케치**는 정말로 공룡이 있었을 때조차 거기에 공룡이 있었음을 의미$_N$하지 않는다. 스케치는 이런 식으로 필연적으로 정확하지 않다.

물론 사진의 본질적인 정확성이 사진이 오도되는 것을 방지해주진 않는다. 대신 그것은 우리가 오해한 상태를 기술하고, 그에 대해 생각하는 데 영향을 준다. 트위기Twiggy를 배불뚝이처럼 보이게 하는 굽은 거울을 이용해 찍은 그녀의 사진 초상을 생각해보자. 만약 관람자가 오도되었다면, 이는 그 사진이 의미$_N$하는 바와 실재 사이의 차이 때문이 아니다. 그들의 오해는 그 사진이 무엇을 의미$_N$하는지에 대한 것이다. 이것은 그 거울에 대해 아는 사람은 알 수 있듯이, '트위기가 뚱뚱하다'가 아니라 '그녀가 날씬하다'는 것을 의미$_N$한다.

사진을 필연적으로 정확한 것으로 생각하는 이유는 그것이 사실에

---

26) *Ibid.*, 377쪽을 보라.

특히 가깝다고 생각하기 때문이다. 이는 사진을 우리와 사실 사이의 중재자, 즉 사실에 부합하거나 부합하지 않는 자신만의 의미를 가진 것, 믿을지 믿지 않을지 우리가 결정해야 하는 것으로 생각하는 것이 아니다. 사진을 올바로 해석하는 **것은** 사실을 얻는 것이다.

스나이더와 앨런은 사진이 만들어지는 방식에는 "우리가 일반적으로 그것을 해석하는 방식과 거의 관계가 없다."고 주장한다(「PVR」, 159쪽). 아마 그들은 우리가 트위기의 사진을 — 그것이 왜곡된 거울로 만들어졌다는 사실과 관계없이 — 그녀가 뚱뚱하다는 '의미'로 해석한다고 말할 것이다. 일부는 사실이기도 하다. 우리는 아마 그 사진을 트위기가 뚱뚱하다는 의미$_{N}$로 **받아들일** 것이다. 왜냐하면 우리에게 마치 그것을 의미$_{N}$하는 것처럼 **보이기** 때문이다. 즉 우리가 그녀의 사진을 통해서 트위기를 볼 때 그녀는 우리에게 뚱뚱한 것처럼 나타날 것이다. 또한 아마도 그 사진은 그녀가 뚱뚱하다는 것을 허구적으로 만들고, 그녀가 뚱뚱하다는 것을 의미$_{NN}$하기까지 할 수도 있다. 하지만 이 사실들 중 그 어느 것도 우리가 그 사진은 트위기가 뚱뚱한 게 아니라 날씬함을 의미$_{N}$한다는 것을 부정하도록 강요하지는 않는다. **자연적** 의미의 전달자로서의 사진은 필연적으로 정확하다. 그리고 그것이 **무엇을** 의미$_{N}$하는지에 대해 확신이 없거나 오해하는 경우에조차 사진은 정확하다는 우리의 인식은 사진에 대한 우리의 경험에 깊은 영향을 준다.

어떤 것이 p를 의미$_{NN}$한다는 사실은 p를 수반하지는 않는다. 대신 그것에 의한 **누군가**의 의미 p의 개념과 연결되어 있다. 비자연적 상징들은 우리와 사실들 사이에 서 있는 중개인으로 생각된다. 우리는 그 상징들에 의해 무엇이 의미되었는지(반드시 그 상징이 의미하는 바와 같을 필요는 없다)를 배움으로써 그것들이 무엇을 의미하는지 알아내며, 또한 우리는 그것들에 의해 의미된 바가 진실인지 반드시 판단해야 한다. 비자연적 상징을 통한 사물에의 접근은 자연적인 것을 통한 접근에 비해 덜 직접적인 것으로 생각된다.

드로잉과 회화는 때때로 비자연적 상징이다(하지만 늘 그런 것은 아니다). 피터 브뤼겔Picter Brueghel은 아마도 〈아이들 놀이Children's Games〉의 관람자들이 그들이 그러듯이 그의 의도를 파악함으로써 16세기에 어떤 게임을 했는지 배우는 것을 의도하지는 않았을 것이다. 여전히 그 그림의 의미는 비자연적 의미처럼 우리가 그것과 사진의 차이를 보기에 충분하다. 그 회화가 유발하는 16세기 어린이들의 게임에 대한 믿음은 — 그가 전달하려던 의도는 아닐지언정 — 화가의 믿음에 근거한 것이다.

7

투명한 그림과 불투명한 그림의 구별은 다양한 흥미로운 예시들을 유발할 것이다. 몇몇은 이 구별이 사진과 비사진적 그림 사이의 일반적인 구별에 깔끔하게 맞아떨어지지 않음을 보여준다. 또 다른 이들이 그림은 어떤 **점**에서 투명할 수 있고, 다른 점에서는 불투명하다고 주장하는 반면, 몇몇은 투명함에 **정도** 차이가 있는 것이라 주장할 것이다. 어떤 사례들의 경우에는 그림이 투명한가 아닌가라는 질문에 아마도 확실한 답을 갖고 있지 않을 것이다.

사람에 의해 그려졌지만 갖가지 기계적 방식으로 그려지거나 칠해진 그림들이 있다. 몇 가지 예를 들자면, 우리는 창문에 투명한 종이를 붙이고는 그 종이를 통해 보이는 대상의 윤곽을 그릴 수 있다. 또 우리는 그것이 무슨 사진인지 알아보지도 않은 채 사진을 복사할 수도 있고, 원본의 각 점의 명도를 맞춰서 사진 위에 덧그릴 수도 있다.[27] 우리는 방향

27) 19세기에는 사진 위에 초상화를 그리는 것이 드물지 않았다. (Aaron Scharf, *Art and Photography*

성 노출계를 사용하고, 장면의 곳곳에서 읽히는 노출에 상응하는 회색조로 그리드를 채워 넣을 수도 있다. 혹은 우리는 노출계를 없애고 눈으로 명도를 추정할 수도 있다. 또한 낙서하는 사람의 마음이 다른 곳에 있으면서, 무의식적으로 그려진 낙서도 있다.[28] 이렇게 기계적으로 만들어진 몇몇 드로잉들은 아마도 투명할 것이다.[29]

불투명한 사진이 있는가? 네거티브들을 섞거나 리터칭하고, 원치 않는 이미지를 버닝하거나 노출, 콘트라스트를 조작하고, 필터를 사용하는 등등(그 예로서 그림 1.7을 보라) 주로 암실에서 고안된 것들은 어떠한가? 몇몇은 그런 사진적 구성은 본질적으로 회화와 비슷하다고 주장해왔다.[30] 암실 예술가는 화가들이 하듯이 완성품에 많은 제어를 가한다. 그래서 그의 작품은 비록 그의 도구와 재료가 다르다고 하더라도 더 이상 기계적이거나 덜 인간적으로 보이지 않는다. 투명한 그림의 패러다임은 마치 전문적인 사진가의 작품이 아니라, 코닥 회사의 도움을 받는 맹목적인 부모와 눈이 휘둥그레진 관광객들에 의해 제작된 일상적인 스냅샷과 홈 무비에 있는 것 같아 보인다.

사진적 구성은 스냅 샷과는 매우 다르지만, 그렇다고 그것들을 회화와 한 덩어리로 묶어버리는 것은 큰 실수다. 예를 들면, 점묘화 스타일로 링컨을 만들기 위해 한 점, 한 점 플래시로 인화지를 노출시켜 만든

[Harmondsworth, 1968], 44쪽을 보라.)

28) 마지막 두 예시는 각각 Robert Hawell과 George Wilson에게 빚지고 있다.

29) Chuck Close의 예시(그림 1.3)는 내가 말했던 것 같이 명백한 것은 아니었음을 고백할 때가 왔다. Close는 많은 작품을 사진을 캔버스에 투사하고 그 위에 칠하는 방식으로 만들었다. 만약 이것이 그의 〈Self-Portrait〉가 만들어진 방식이라면, 그것의 불투명함에 대해선 의심해볼 만하다. 물론 나의 요지는 영향을 받지 않는다. 만약 〈Self-Portrait〉가 보통의 방식으로 그려졌다면, 그것은 틀림없이 불투명하고, 그것이 사진이라고 추정한 후에 그렇게 칠해진 것이라고 믿게 된 관람자는 내가 묘사한 충격을 경험한다.

30) Scruton은 만약 사진가가 "무엇을 칠하거나 지우고, 고치거나, **혹은** 그가 원하는 대로 **모작하면** …… 그는 화가가 되는 것이다."라고 말했다. ("Photography and Representation," 593-4쪽, 그리고 이 책의 224쪽)

극단적 사례의 '사진'이 있다. **이것은** 플래시를 이용한 드로잉이다; 우리는 그 그림을 통해서 링컨을 보지 않는다. 하지만 네거티브들을 합하거나, 콘트라스트를 조작하는 것과 같은 훨씬 일반적인 암실 기술을 생각해보자. 우리는 그 사진이 얼마나 연하게 혹은 진하게 인화되었건 상관없이 그 사람의 명도나 그와 관련된 명도를 '조작'할지라도 한 사람의 사진을 통해 그 사람을 본다. 비록 어떤 면에서는 우리가 환한 그의 **상태**를 보지 못하더라도 말이다. 만약 덩샤오핑(鄧小平)이 야세르 아라파트Yasir Arafat와 대화를 나누는 모습을 보여주는 것 같은 사진이 각각의 네거티브를 합쳐서 만들어진 것이라면, 비록 두 사진이 찍혔을 때 그들이 대화를 나누고 있었다 하더라도 관람자는 그들이 대화를 나누는 모습을 보는 것은 아니다. 하지만 관람자는 덩샤오핑을 **정말** 보며, 아라파트도 **정말** 본다. 대부분의 사진적 구성은 몇몇 부분 혹은 어떤 면에서 투명하다. 만약 관람자가 사진이 어떻게 만들어졌는지 모른다면, 그는 그 사진을 통해 무엇을 보고 있는지, 또 무엇을 보지 못하고 있는지 모를 것이다. 하지만 아마도 그는 자신이 사진이 보여주고 있는 어떤 사물 혹은 사건 혹은 상태의 **일부**를 보고 있음을 깨달을 것이다. 비록 그가 무엇의 일부인지 모르더라도 말이다. 그리고 이 깨달음은 그의 경험에 중요한 영향을 끼친다. 그의 경험은 어떤 하얀 형체를 보고는 자신이 귀신을 보고 있는 것인가 궁금해하는 것과 다르지 않다.

게다가 아마도 관람자에겐 마치 그가 사진이 묘사하는 모든 것을 보고 있는 듯이 **보일텐데**, 비록 사실은 그렇지 않고, 또 스스로 그렇지 않다는 것을 알 때조차 그렇다. 많은 사진적 구성은 그들이 그렇지 않은 면에서조차 투명한 것 같다. 그리고 이는 당연히 비사진적 그림들에는 결여되어 있는 사실성을 준다.

제리 율스만Jerry Uelsmann의 〈상징적 변형Symbolic Mutation〉(그림 1.7)을 보는 사람은 얼굴과 융합한 손을 본다는 인상을 갖기는 어렵다. 하지만 이

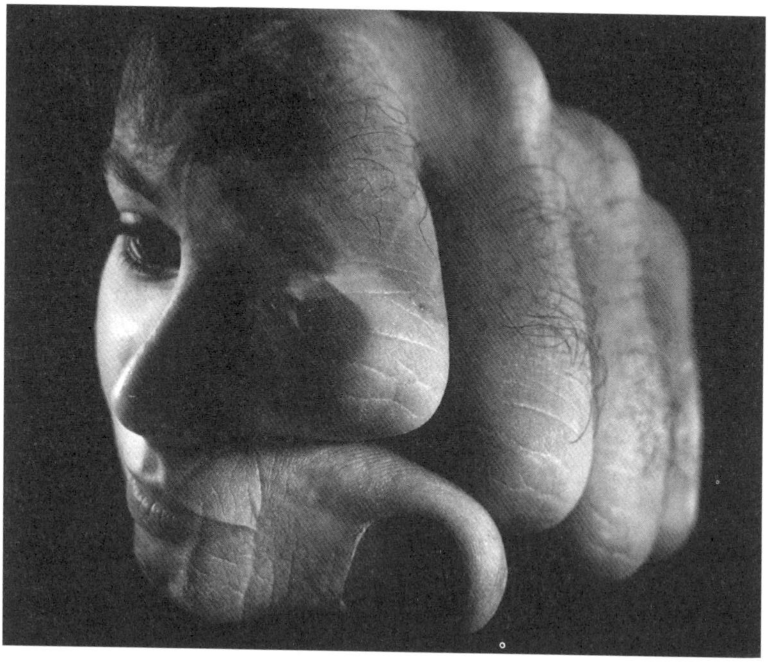

그림 1.7 제리 율스만, 〈상징적 변형〉(Symbolic Mutation), 1961. © 제리 율스만.
작가의 허가를 받은 사진.

것이 두 네거티브로부터 만들어진 사진이라는 것은 너무나 당연하다. 다른 경우에 교육받은 관람객들은 경계선을 알아채지 못할 때조차 암실 속에서 이러저러한 방식으로 조작되었는지를 사진의 매끈함으로부터 간단히 판단할 수 있을 것이다. 결과적으로 사진을 통해 본다는 그들의 인상은 약해질지도 모른다. 이것이 몇몇 영화제작자들이 소형카메라를 쓰거나, 고의적으로 나쁜 포커스를 이용하는 등등을 통해 일부러 홈무비의 조잡함을 흉내 내려는 이유다(존 카사베츠John Cassavetes의 〈그림자Shadows〉[1960]가 그 예다). 이런 기술들은 **사진을 통해** 캐릭터들을 본다는 더 설득력 있는 환상을 위해서, 관람자가 그 캐릭터들과 **대면**하고 있다는 환상을 생산하는 어떠한 가능성 — 어쨌든 거의 유효한 가능성이 아닌 — 도

희생시킨다. 이것은 그런 기술들에 요구되는 직접성(그것들이 묘사된 대상에 친근감을 준다는 느낌)과 그 기술들이 유발하는 장치의 분명한 감각(그것들이 매체에 주의를 환기시키는 것)을 조화시킨다. 매체를 강조하는 것은 대체로 관람자를 묘사된 세계로부터 거리를 유지시키는 방식으로 간주된다. 이 경우에 이것은 오직 역효과만 갖는다.

8

지각의 본성에 대한 어떤 개념이 나오기 시작했다. 즉, 어떤 것을 인지하는 것은 어떠한 방식으로 그것과 **접촉**하고 있다는 것이다. 사진에서와 같은 대상과의 기계적 연결은 접촉으로 간주한다. 반면 회화에서와 같이 인간이 중개한 것은 아니다. 사물과의 지각적 접촉은 때로 예상된 것보다 그것에 대한 지식의 습득과 별 관련이 없다.

우리는 그림을 통해 보기 위한, 그리고 일반적인 지각을 위한 **필요**조건에 근접하겠지만, 충분조건과는 거리가 있다. 어떤 광경에서 나오는 빛에 민감하고, 그 광경에 대한 그림이 아니라 정확한 언어로 그 광경을 묘사하는 기계가 있다고 상상해보자. 그 기계의 인쇄물은 물론 투명하지 않다. 왜냐하면 그것을 보면서 우리는 그 기계가 언어로 옮긴 그 광경을 **보지** 않기 때문이다. 하지만 여전히 그 인쇄물은 다른 어떤 사진들과 마찬가지로 기계적으로 만들어졌다.

우리가 기계적으로 만들어진 그런 서술을 통해 보지 못하는 이유는 우리가 그것이 묘사하는 광경**으로** 그 서술을 **보지** 못하기 때문이라고 말하기 쉽다. 아마도 우리는 이런 식으로는 그것을 보지 못할 것이다. 만약 사진을 보는 데 있어서 드와이트 아이젠하워로, 혹은 어떤 사람, 평평한 표면에 있는 얼룩 더미 이외의 어떤 것으로 보는 데 실패한다면, 우리는 그 사람이 사진을 통해 아이젠하워를 본다는 것을 부정할 것이다. 아마도 어떤 적절한 의미로 그를 **알아차리지** 않는 한(비록 그를 아이젠하워로 혹은 사람으로라도 인식할 필요는 없지만), 우리는 아이젠하워를 보는 것이 아니다. 하지만 이는 **~로서-보기**seeing-as에 대한 설명과 우리가 그 서술을 그 광경으로 보지 않는 것에 왜 차이가 있는지에 대한 설명 없이는 도움이 되지 않는다. 또한 다른 식의 재현이 아닌, 오직 **그림**만이 투명할 수 있다는 선언을 하도록 도와주지 않는다. 우리는 왜 기계의 인쇄물에 그림과 같은 자격을 주지 않으며, 왜 비(非)그림들이 투명할 수 없는지를 알 필요가 있다.

그 그림들을(사진이든 드로잉이든) 검토하여 대상을 조사하는 것은 그것들을 직접 봄으로써 조사하는 것과 매우 유사하며, 그것들에 대한 설명을 검토하여 조사하는 것과는 유사하지 않다. 그런 유추는 무엇이 확인하기 쉽고, 무엇이 어려운지, 그리고 조사관들이 어떤 실수에 민감한지를 고려한다. 숫자 '3'과 '8'은 때때로 쉽게 헛갈린다. 그래서 실제 높이가 85피트인 나무의 크기를 읽을 때 35피트라고 받아들이기 쉽다. 이는 그 나무가 85피트이기보다는 85.00001이라고 생각하는 것보다 더 저지르기 쉬운 실수이다. 우리가 그 나무를 직접 보거나 그것의 사진을 조사할 때는 그 역이 사실이 된다. 우리의 정보가 언어에 의한 것일 때 'house'는 'horse'나 'hearse'와 혼동되기 쉽고, 'cat'은 'cot'와, 'madam'은 'madman', 'intellectuality'는 'ineffectuality' 등도 마찬가지다. 우리가 어떤 대상을 직접 혹은 그림을 통해서 마주할 때 집은 곳간이나 장작 헛간, 고양이는 강아지와 혼동하기 쉽다.

기계적으로 생성된 서술을 통해 광경을 조사하는 것에서 그것을 보는 것으로서의 자격을 박탈하는 것은 단순히 이런 종류의 차이들이라고 결론내리는 것은 너무 성급하다. 어두운 조명 아래에서 볼 때와 밝은 조명 아래서 볼 때 일어날 실수는 다르다. (어두운 조명에서는 특히 색을 확인하기 어렵고, 밝은 조명에서보다는 윤곽을 분간하기 더 쉬울 것이다.) 만약 '서술을-통해서-보기'와 같은 것이 있다면, 우리는 어떤 태도로 볼 때 저지르는 실수가 다른 방식으로 볼 때 저지르는 실수와 다르다는 것을 예상할 것이다. 여기엔 그저 시각에만 해당하는 것이 아니라 지각 일반에 대해 더 심도 깊게 짚고 넘어가야 할 점이 있다.

우리가 지각하는 방식(직접적이건 사진적 도움을 받아서건)과 세계가 정말 존재하는 방식(혹은 우리가 그것이 존재한다고 생각하는 방식이지만, 나는 잠시 이 경고는 미뤄두겠다) 사이에는 중요한 유사성이 있다. 나는 지각의 결과가 세계에 대한 사실과 일치한다는 것, 즉 사물들은 그것들이 가지고 있다고 우리가 지각하는 속성들을 가지고 있다는 것을 의미하지는 않는다. 또한 우리의 지각이나 감각정보가 그것들이 어떤 것의 지각이나 감각정보와 닮았다는 것을 의미하지도 않는다. 오히려 지각의 활동 구조는 현실의 구조에 중요한 유사점을 유지한다. **이런** 점에서 우리는 세계를 있는 그대로 지각한다.

지각하는 사람이 저지를 수 있는 실수는 사물들 사이의 유사성들과 상응한다. 지각적으로 혼돈되기 쉬운, 즉 식별하기 어려운 사물들은 어떤 면에서 서로 정말 유사한 사물들이고, 덜 쉽게 혼동되는 사물들보다 더욱 유사하다. 높이가 85피트인 나무는 35피트인 나무와 닮은 것보다는 85.00001피트짜리 나무와 훨씬 많이 닮았다. 집은 말horse이나 영구차hearse보다 곳간이나 장작 헛간과 훨씬 유사하다. 서로 다른 붉은 색조의 사물들이 녹색조의 것들보다 (색상 면에서) 훨씬 닮았다. 사실 유사함의 정도는 혼동의 가능성을 설명해준다. 이는 85피트와 85.00001피트 나무 사이의 유사점이 서로 구분하기 어렵기 때문이다. 나는 유사성과 지각적 혼란 사이의 관련성은 지각의 관념 고유의 것이라고 제안한다. 구별의 과정은 오직 지각의 구조가 이렇게 세계의 구조와 유사할 때만 지각으로 간주한다. 우리가 지각할 때 우리는 이런 식으로 지각된 것과 친밀하다. 이것이 우리가 사진을 통해서 보는 사물에 갖는 친밀감을 설명하는 데 많은 도움이 된다.

우리는 기계적으로 발생된 것일지라도 서술을 통해 조사할 때는 그 세계와 유사한 친밀감을 갖지 못한다. 서술은 진정한 닮음 관계를 뒤죽박죽으로 만든다. 집은 말이나 영구차와 전혀 닮지 않았다. 우리가 집을 읽을 때 영구차와 구별하기 어려운 것은 집과 영구차의 본성 때문이 아니라 그것들을 묘사하는 데 사용된 단어에 관한 사실 때문이다. 따라서 우리는 어떤 대상에 대해 읽는 것 사이에 비집고 들어오는 단어를 그것에 대한 우리의 시각을 막는 것으로 생각하고, 어떤 면에서 사진과 감각정보는 그들이 찍은 사진이나 감각정보에 대한 우리의 시각을 막지 않는다고 생각한다. 기계적으로 유발된 서술에 의한 구별의 구조는 세계의 구조와 부합하지 않기 때문에 지각으로 인정되지 못한다.

사물들이 어떤 면에서 **정말** 유사하면 지각하는 데 있어 쉽게 혼동될까? 과학적 조사는 아마 다르게 말할 것이다. 지각된 색들은 반사광의 파장과 정확하게 연관되지 않는다. 습도와 바람에서의 차이를 조절하여 비슷하거나 구분되지 않도록 춥게 느껴지는 환경도 기온에는 상당한 차이가 있을 것이다. 우리는 아마도 이를 사물이 지각적으로 우리에게 어떻게 영향을 미치는지와, 사물이 어떻게 그 자체로 있는지 사이의 상관관계가 완벽하지 않음을 의미한다고 받아들일 것이다. 혹은 우리는 반사광의 파장과 기온, 그리고 상관관계들이 가지고 있는 것과 구별되는 속성들 — 가시적 색과 지각된 추위 — 을 알아차릴 것이다. 어쨌든 우리는 과학적 사실들에 대한 우리의 인식에도 불구하고 쉽게 혼동되는 대상들을 유사한 것으로 **생각한다**. 그리고 아마도 지각의 고유한 가치는 이것일 것이다. 만약 과학적 연구가 추정된 상관관계들에서 심각한 분열을 알아낸다면, 그리고 만약 이 결과들을 되새겨본 후 우리가 더 이상 쉽게 혼동되는 사물들을 유사한 것으로 생각조차 하지 않게 된다면,

나는 우리가 계속해서 그것들을 **지각하는 것**에 대해 이야기할 것인지 혹은 이야기할 수 있을지 의문이 든다.

어떤 이들은 진정한 유사성의 관념에 대해 질문한다. 닮음은 그저 우리가 사물들을 어떻게 생각하는지에 대한 문제일 뿐이라고 주장된다. 즉 유사함은 우리의 '개념적 도식'과 관련되어 있다. 그런 경우 이것은 지각적 구별의 어려움과 부합하는 유사함 — 우리의 개념적 도식과 관련된 유사함 — 으로 생각하는 무엇이 되어야 할 것이다. 하지만 이것이면 충분할 것이다. 우리는 집house을 말horse이나 영구차hearse와 특별히 비슷한 것으로 생각하지 않는다. 따라서 기계적으로 유발된 서술에 의한 구별은 지각적이지 않다.

왜 우리는 우리가 다루는 사물들을 유사한 것으로 여길까? 나는 그것들은 쉽게 혼동되기 때문에 때로는 정확하게 할 것을 제안한다. (그렇지 않으면 지각적인 것으로 생각하게 되는 방식으로 조사할 때) 그것들이 서로 닮았다고 생각하는 것은 다양한 분홍 색조의 페인트 조각들 사이에서 시각적으로 구분하기는 비교적 어렵기 때문이다. 따라서 우리의 구별 능력에 대한 사실들은 유사함(현재의 제안에서는 유일한 것인 우리의 개념적 도식과 관련된 유사함)을 만든다고 말해질 것이고, 그럼으로써 적절한 상관관계들을 만든다.[31)]

이렇게 볼 때 적절한 상황에서라면 이제 기계적으로 유발된 서술들도 투명해질 수 있는 것처럼 보인다. 우리가 세계를 조사하기 위해 정기적으로 서술-생산-장치를 사용했다고 가정해보자. 아마도 이는 우리가 유사하다고 생각하는 것들에 영향을 주었을 것이며, 따라서 우리의 개

---

31) 이는 사물들 사이에서 그것들을 지각적으로 구분하기 어렵게 만드는 것은 '유사함'이라고 앞서 말한 것을 뒤엎는 듯 보인다. 하지만 우리는 이것을 두 방식으로 다 가질 수 있다. 우리가 유사함으로 받아들이는 것, 유사함의 측면에서 우리의 구상적 계획과 관련이 있는 것은 우리의 일반적인 지각(이라고도 받아들여지는) 방식을 고려해볼 때, (어쨌든 부분적으로) 어떤 구분이 하기 쉽고, 어떤 것이 어려운지에 따라 결정된다. 어떤 사물들이 유사하다는 사실은 이런 면에서 그것들을 구분하는 어려움을 설명해준다.

념적 도식을 바꿔놓았을 것이다. 우리는 그런 속성들을 **서술-생산-장치를-통해-식별할 수 있는 집**과 **서술-생산-장치를-통해-식별할 수 있는 엉구차**로서 인지하고, 이런 속성들을 장치를 통해 우리에게 영향을 주는 능력으로서만이 아니라 가시적인 색과 유사한 것으로서, 그들이 비슷할 수 있어서 갖는 특징들로서 여긴다. 그 경우 서술-생산-장치들을 이용한 구별의 어려움은 우리가 유사함으로 생각하는 것과 연관될 것이다. 따라서 우리가 스스로 서술을 통해 보는 것으로 생각하는 것도 무리가 아니며, — 특히 만약 사물들 사이에서 비슷하다고 생각되는 것 이외에 '진짜' 유사함이 없다면 — 우리는 어쩌면 정말로 그것을 통해서 보는 것일 수도 있다. 그렇다면 아마도 기계적으로 생산된 서술들은 투명할 것이다.

우리는 곧 철학이 제공해야 하는 깊은 문제들에 얽히게 된다. 그럼에도 불구하고 기계적으로 생산된 서술들은 투명하지 않다 하더라도 그저 상상하는 것에 불과한 것 같은 특이한 경우를 제외하고는 기계적으로 생산된 그림들(사진들)을 투명하다고 그럴듯하게 인정하는 것처럼 그림과 서술 사이에는 근본적인 차이가 있다는 우리의 추측은 분명히 해야 한다. 사진의 투명성에 대한 이 도전은 완화된다.

우리는 세계와의 지각적 접촉이 세계에 대한 두 가지 다른 비지각적 접근과 구별됨을 배웠다. 그 두 가지는 다른 사람을 통한 접근과 개입된 서술에 의해 중재된 접근이다. 어떤 것을 보는 것과 그에 대해 듣는 것 사이의 일반적인 대조는 그 둘을 융합한다. 누군가 어떤 장면을 우리에게 묘사할 때, 우리는 그 장면으로부터 두 배로 멀어지게 된다. 즉 그 장면과의 접촉은 이야기해주는 사람의 개입과 이야기의 언어 형태 둘 다에 의해 깨진다. 지각적 접촉은 — 거울이나 텔레비전, 혹은 사진에 의해서 — 그 자체로 중재될 수 있다. 하지만 **이** 중재는 접촉을 **유지하는** 수단이다. 사진을 보는 사람들은 세계와 지각적 접촉 상태에 있는 것이다.

9

사진의 사실성은 무엇인가? 투명성이 이야기의 전부는 아니다. 사실성은 다양한 국면을 가진 개념이며, 사진은 그 다양한 면 중에서 하나 이상의 옷을 입는다. 우리는 사진이 텍스처와 그림자, 반사의 미묘함을 표현하는 데 얼마나 숙련되어 있는지, 그것이 얼마나 힘들이지 않고 일상의 뒤섞인 잡동사니들을 포착해내는지, 얼마나 능수능란하게 원근법을 이용하는지를 반드시 잊지 말아야 한다. 사진의 능력은 오늘날 그것이 '현실을 드러내는 데' 쓰일 만큼 특히 중요하다. 사진적 증거는 종종 매우 신뢰할 만하다. 그래서 재판과 부당한 음모에서 유용하게 쓰인다. 하지만 이것은 사진의 '기계성'에 의한 자동적인 결과가 아니다. 그보다는 사진 장비와 절차가 몇 가지 면에서 표준화되었다는 사실에 의거한다. (물론 모든 면에서 표준화된 것은 아니다. 따라서 우리는 사진에서 어떤 결론을 얻을지 신중하게 선별해야 한다. 예를 들면 셔터 속도, 필름 속도, 렌즈 구경이 매우 다양한 까닭에 사진을 기반으로 어떤 장면에 대해 완전한 깨달음에 아주 가까운 정도만 말할 수 있을 뿐이다.)

하지만 사진의 다양한 많은 능력들이 우리를 세상과 지각적 접촉의 상태에 놓는 놀라운 능력과 혼동되거나 모호하게 만들도록 놓아두어선 안 된다. 이 능력은 아주 적은 세부사항을 표현하고 적은 정보만을 제공해주는 흐릿하고, 노출이 좋지 못한 스냅 샷에 의해서조차 주장될 수 있다. 가장 명백하게 사진적인 것, 그리고 '사진의 사실성'을 이야기할 때 가장 중요한 정의는 바로 사진의 '투명성'이다.[32)]

---

32) 이 논문은 록펠러 재단과 스탠퍼드 Humanity Centre의 연구기금의 도움을 받았다. 초기 판본에 대해 도움이 되는 비평을 해준 많은 대학의 독자들에게 감사를 전한다. John G. Bennett, Robert Howell, David Lewis, Patrick Maynard, Christopher Peacocke 그리고 Stephen White의 논평은 결론의 양상에 특별한 영향을 끼쳤다.

2
사진과 이론

신시아 프릴랜드
Cynthia Freeland

사진의 사실성

예술에 대한 글을 쓰는 많은 작가들은 사진이 태생적으로 사실적이라고 주장해왔다.[1] 이 매체는 이미지를 생산할 때 빛, 화학반응, 기계를 통해 기계적으로 작동되기 때문에 사진의 묘사는 예술적 의도의 개입 없이 일어날 수 있고, 따라서 그 결과물은 흔치 않은 진실성을 갖게 된다고들 말한다. 이런 관점에서 사진은 그 대상의 재현이기보다는 그것의 발산물이거나 혹은 어느 정도 실재다.[2] 사진은 증명서로서의 역할을 하는데, 그것은 회화와 달리 증거로서 사용된다.[3] 초음파 사진은 새 생명의 첫 번째 증거이며, 어린이들의 학교 사진들은 여러 해에 걸쳐서 그들의 외모 변화를 기록한다. 이 스펙트럼의 다른 쪽 끝에 있는 사진, 즉 장례식장에서 죽은 사람의 사진은 우리에게 고인이 최근까지 존재했음을 보여준다.

하지만 사진의 사실성에 대한 논의는 중요한 애매성을 포함하는 것

---

1) 예를 들어 다음과 같은 글들을 보라. André Bazin, *What Is Cinema?*, vol. 1, trans. Hugh Gray (Berkeley: University of California Press, 1971); Stanley Cavell, *The World Viewed: Reflections on the Ontology of Film* (Cambridge, MA: Harvard University Press, 1979); Kendall L. Walton, "Transparent Pictures: On the Nature of Photographic Realism," *Critical Inquiry* 11 (1984): 246-77쪽 (이 책 1장에 재인쇄되어 있다.); 또한 월턴의 "Looking Again Through Photographs: A Response to Edwin Martin," *Critical Inquiry* 12 (1986): 801-1쪽. 그리고 비평으로는 다음과 같은 글들을 보라. Edwin Martin, "On Seeing Walton's Great-Grandfather," *Critical Inquiry* 12 (1986): 796-800쪽; Gregory Currie, *Image and Mind: Film, Philosophy and Cognitive Science* (Cambridge, New York, and Melbourne: Cambridge University Press, 1995)(김숙 역, 『이미지와 마음』, 한울아카데미, 2007), 특히 제2장 "The Imprint of Nature," 48-78쪽과 제3장 "Realism," 79-112쪽.

2) Roland Barthes, *Camera Lucida: Reflections on Photography*, trans. Richard Howard (New York: Farrar, Straus and Giroux, 1985), x쪽을 보라.

3) 예를 들어 Walton, "Transparent Pictures," 이 책 28-74쪽을 보라. 하지만 이것이 언제나 사실이었던 것은 아니다. 과거에는 회화도 때로 증거로 고려되었다. Shearer West, *Portraiture* (Oxford: Clarendon Press, 2004), 53-9쪽 ("The Portrait as Document")을 보라. 또한 John Tagg는 법정에서 범죄현장 사진을 증거로 수락하기 위해서는 복잡한 절차가 반드시 필요함을 보여준다. 이에 관하여는 그의 책 *The Burden of Representation: Essays on Photographies and Histories* (Amherst: University of Massachusetts Press, 1988), ch. 2, 60-5쪽을 보라.

같다. 사진의 사실성을 말하는 것은 어떤 의미에서, 사진이 '특별한 정확함을 가지고 있음' 혹은 '진실한 재현임'을 암시하는 이미지의 **인식적 가치**에 대한 어떠한 것을 주장하는 것이다. 여기서 이미지의 인과적 기원이 관련되는데, 왜냐하면 인과적 기원은 사진을 엑스레이나 심전도처럼 그것의 근원과 직접적인 인과관계를 보여주는 다른 종류의 기호들과 연결하기 때문이다. 그런 기호들은 홍역 자국, 이빨 자국, 발자국, 살인 현장에 있는 핏자국의 경우처럼 자연적으로도 발견될 수 있다. 이런 직설적인 표시들은 C. S. 퍼스Peirce라면 '인덱스적 기호'라고 부를 것들이며, 그런 표시들은 결코 이미지가 아닐 것이다. 그것들은 우리가 그들을 해석하는 훈련을 받은 전문가가 아닌 이상 우리의 눈에 직접적으로 '그림'을 제시해주지 않을 것이다.

두 번째 의미로 '사실적'이라는 딱지는 어떤 이미지에 대한 **심리적 영향력**이나 감정적 설득력을 특징짓는다. 사진은 어떤 것을 특별하게 생생하고 실물과 같은 방식으로 우리 눈에 직접 제시해주는 것 같아 보인다. 돌아가신 나의 할머니 사진을 볼 때, 마치 할머니가 나에게 직접 미소 짓고 있는 것 같다. 하지만 다른 매체로 생성된 이미지들도 말 그대로 정확하거나 사진처럼 기계적으로 야기된 것이 아니더라도 이런 심리학적인 의미에서 사실적일 수 있다. 일례로 어떤 화가들의 스타일은 사실적이라고(포토-리얼리스틱Photo-realistic하다고까지) 일컬어지며, 어떤 소설들은 불쾌한 현실을 그대로 보여주는 사실성을 담고 있다. 〈라이언 일병 구하기Saving Private Ryan〉나 〈주라기 공원Jurassic Park〉과 같은 픽션 영화들은 전투라든지 공룡과의 맞닥뜨림 같은 상황의 묘사를 사실적으로 하여 평단의 호평을 받았다.

'사실적'이라는 딱지의 애매성은 사진과 다른 이미지들이 흔히 사용되는 방식에 있어 근본적인 차이를 반영한다고 이해될 수 있다. 패트릭 메이너드Patrick Maynard는 『시각화의 엔진*The Engine of Visualization: Thinking through*

Photography』에서 사실성에 관해 내가 염두에 두고 있는 두 의미 간의 차이와 상당히 유사한 구분을 지었다. 하지만 그는 이 차이를 어떻게 이미지가 실제로 기능하는지의 관점에서 설명한다.[4] 메이너드는 이미지의 '묘사적' 혹은 구상적인 기능과 그것의 '현시manifestation' 기능 간의 차이를 말한다. 나는 때때로 그의 용어를 사용하려 한다. 또한 **투명성**transparency 주장과 같은 묘사에 대한 인식론적 의미에서의 사실성과 **접촉**contact 주장과 같이 두 번째 의미 혹은 현시적 의미에서의 심리학적 사실성에 대한 주장에 대해 이야기할 것이다.

메이너드는 사진의 이 두 기능을 유럽에서 있었던 완전히 다른 두 개의 이미지 생산 전통 안에서 추적한다. 서유럽에서 예술은 대체로 언제나 자연주의적 · 환영주의적 묘사의 발전된 형태인 가톨릭주의와 연관되어 있었다. 한편 동방정교회의 사실주의에서 강조점은 어떤 성스러운 사람의 현시를 드러내는 성직자 이미지 같은 이콘에 있었다.[5] 이런 현시는 관람자에게 재현된 대상과의 접촉이나 현존의 의미를 제공하지만 사실적인 닮음의 효과와는 별로 관계가 없다. 메이너드는 사진 이미지가 오늘날 유사한 접촉이나 현시의 의미를 제공하는 기능을 하는 한 이것이 "초기의 풍족하고 중요한 이미지, 즉 이콘을 닮았다. '그 **기능**의 대부분은 그것이 묘사하는 것을 나타내는 데 있고, 따라서 현존의 의미

4) Patrick Maynard, *The Engine of Visualization: Thinking through Photography* (Ithaca and London: Cornell University Press, 1997).

5) *Ibid.*, 238-9쪽. 이 사진과 이콘 간의 비교는 다른 사람들에 의해서 알려졌지만, 아직까지 완전히 탐구되지는 않았다. 예를 들어 Hans Belting, *Likeness and Presence. A History of the Image before the Era of Art*, trans, Edmund Jephcott (Chicago and London, 1994), 53쪽을 보자.
"오늘날 사진의 유비는 적절해 보인다. 예술 그 자체나 예술가의 창조력에 우선권이 주어지는 것이 아니라 극도의 그럴듯함에 주어졌다. 이런 태도는 우리를 초기에 이미지를 사용하던 핵심으로 끌고 간다. 보는 사람은 이미지 안에 있는 실재의 것 그리고 이미지의 치유력에 접촉하고 있었다. 그러나 이는 오직 원본과 닮음 사이의 완벽한 매치에 의해서만 보장되었고, 예술가의 개입은 거부되었다."

를 통해 사실성을 제공하는 이미지'"[6]라고 말한다.

한스 벨팅Hans Belting은 동유럽과 서유럽에서 이미시의 다양한 기능들에 대한 메이너드의 설명을 강화하였다. 벨팅은 서유럽적 의미에서 이콘이 예술작품이라는 것을 부인하기까지 했다. 그의 대표적인 책 『닮음과 현존*Likeness and Presence: A History of the Image before the Era of Art*』(1994)에서 그는 이콘을 '예술 시대 이전의 이미지'라고 불렀다.

이 글에서 나는 사진의 사실성에 대한 주장들과 관련되어온 사진 이미지의 긴밀한 두 **기능**에 초점을 맞춤으로써 메이너드와 벨팅을 따를 것이다. 특히, 나는 사진의 현시 기능이 어떻게 비재현적 이미지인 이콘과 관련되는지를 더 드러내기 위해 이 기능을 분석해보고 싶다. 사진의 신비로운 생기와 관련된 많은 주장들에 깔려 있는 현시 기능은 동시대 미학에서 우리에게 사진의 묘사적 기능보다는 덜 친숙하며, 묘사적 기능과는 별도로 고려할 가치가 있다. 이 현시 기능과 묘사적 의미에서 사진의 사실성 간의 관계는 복잡한 것으로 드러날 것이다. 이미지가 기능하는 방식, 즉 어떻게 이미지가 발생되었는지와 그들의 인식론적 지위(라고들 말하는 것) 사이에는 몇몇 특이하고 기대하지 않았던 상호작용이 있다. 이런 연관들을 이해하는 것은 사진이 '사실적'이라고 말해지는 주된 두 의미를 분명히 하는 데 도움이 될 것이다.

6) 사실 이는 "The Secular Icon: Photography and the Functions of Image," *The Journal of Aesthetics and Art Criticism* XLII: 2 (1983): 155-69쪽: 165쪽에서 Maynard가 만든 대화 속 한 인물(베로니카)에 나온다.

사진: 간결한 역사

시작하기에 앞서 사진사의 일부를 검토하고 초기 이미지 생산의 뿌리들을 상기하는 일은 유용할 것이다. 사진 이미지가 처음 널리 알려진 형태는 다게레오타입daguerreotype이었다. 다게레오타입의 이미지는 사진기와 사진적 처리과정을 통해 만들어졌는데, 결과물은 유약을 바른 종이가 아니라 금속 판 위에 화학적으로 고정되었다. 다게레오타입은 다량의 재생산을 할 수 없는 독특한 이미지를 만들어낸다(부분적으로는 이런 이유 때문에 다른 타입으로 대체되었다). 그런 이미지들은 이미지를 나타나게 하기 위해서는 빛을 '정확히' 담고 있어야 했기 때문에 양화positive와 음화negative를 한 장에 결합한다. 이 간편한 휴대용 물건은 일반적으로 금빛 메탈 액자에 넣어 뒤에는 붉은 벨벳 패드를 대고, 보호용 가죽 케이스에 넣었다. 사랑하는 사람이나 저 세상 사람이 된 가족을 떠올리게 해주는 소중한 물품으로 매우 소중히 다뤄졌고, 미국에서는 남북전쟁 기간에 광범위한 인기를 얻었다. 남북 전쟁은 이 새로운 매체에 기록된 첫 번째 역사적 대재앙이었다. 군인들은 자신들의 화상likeness이 진지하게 기록되는 예술가의 작업실을 찾았고, 자신이 없는 동안 소중하게 간직되도록 집에 있는 사랑하는 사람에게 보냈다. 그리고 군인이 특별히 간직한 아내나 어머니의 사진은 매우 소중히 여겨졌고, 때로는 그들이 전사한 후 발견되는 유일한 소지품이기도 하였다. 이런 가슴 아픈 관계들은 전쟁문학과 영화에서 일반적인 수사로 쓰인다. 젊은 연인들 사이에서 교환된 사진에 대한 허구적인 이야기는 찰스 프레이저Charles Frazier의 베스트셀러 소설 『콜드 마운틴*Cold Mountain*』 스토리 전체의 기반이 되는데, 여기서 사진은 두 주인공이 각자의 고난을 헤쳐 나가는 동안 그들을 지탱시켜주었다.

미시시피 늪지에 빠져 있는 동안 그가 사랑하는 사람의 다게레오타입 이미지에 말을 거는 『콜드 마운틴』의 영웅같이 어떤 사람의 비이성적인 행동을 이해하기 위해서는 그런 대상이 얼마나 마법 같아 보이는지 파악하는 것이 중요하다.

앨런 트라흐텐버그Alan Trachtenberg는 다게레오타입에 대해 다음과 같이 썼다.

> 자신이 다게레오타입 초상사진에 넋을 잃은 것을 느껴보지 않은 사람, 마치 그것이 이미지나 화상이기보다는 사물 그 자체, 즉 흐릿한 단색의 부유물이나 매체 안으로 축소되고 유예된 그 모델 자신인 것처럼 이미지와 그 너머의 것에 자석처럼 끌려보지 않은 사람은 누구도 사진의 이 양상에 대해 다 알고 있다는 듯 말할 수 없다. 오직 경험에 의해서 이런 대상들의 매력에 굴복하는 기분을 아는 사람들만이 이런 대상화된 화상이 과거에 그것을 만든 사람과 소유한 사람에게 어떤 의미였을지, 혹은 가정 안에서, 사람들 사이에서 어떤 기능을 수행했는지, 혹은 그것들이 감정에 대해 가지는 것과 의식에 대한 영향을 이해하기 시작할 수 있다.[7)]

마찬가지로 영화 〈콜드 마운틴〉의 감독인 앤서니 밍겔라Anthony Minghella도 이런 이미지들을 중요 장치로 사용하는 것에 대한 자신의 생각을 설명했다.

> 다게레오타입과 틴타입(역자 주-얇은 금속판에 감광제를 도포하여 만든다는 점에서 다게레오타입과 유사하나, 다중렌즈로 촬영하여 여러장의 상들을 한꺼번에 얻을 수 있다)에 관한 한 가지 사실은, 이미지가 완전히 현실을 포착하지 않는다는 점에서

---

7) Alan Trachtenberg, "Likeness as Identity: Reflections on the Daguerrean Mystique," in Graham Clarke, ed., *The Portrait in Photography* (London: Reaktion Books, and Seattle: University of Washington Press, 1992), 177쪽.

왜곡되어 있다는 점이다. 현실은 그 사진들의 화학반응에 의해 중개되기 때문에 매우 특별한 방식으로 이미지를 굴절시킨다. 눈부시게 빛남과 그림의 강한 콘트라스트는 두 타입의 초점과 노출이 부정확하다는 사실과 더불어, 그 이미지가 현대 사진이 보여주는 것보다 훨씬 분명한 방식으로 사진의 특징을 포함하고 있음을 의미한다. 그런 이미지들에는 현대 사진보다 훨씬 더 중재된 순간들에 대한 투명한 암시가 있으며, 또한 처음 시각적으로 기록된 그 전쟁을 보도록 해준다.[8)]

물론 다게레오타입은 다른 익숙한 형태의 초상화들과 닮았기 때문에 널리 퍼져 대중적으로 쓰이기에 적합했다. 존 태그John Tagg는 이렇게 말한다. "귀중한 미니어처의 아우라는 초기 다게레오타입으로 넘어간다."[9)] 조그만 케이스나 로켓(역자 주- 사진을 넣어 목걸이에 다는 지갑)에 맞게 만들어진 초상회화 미니어처는 18, 19세기에 매우 인기 있던 예술 형태였다.[10)] 하지만 새로운 공정이 훨씬 적당한 가격이었기 때문에 일반 대중에게 훨씬 널리 퍼졌다. 사진은 급속도로 인기를 얻었고, 이전에 가능했던 것보다 훨씬 많은 사람들이 자신의 묘사물을 얻을 수 있게 되었다. 태그는 하나의 예로서 1850년경부터 마르세유에서 일어난 변화를 말한다. 이때는 도시 안에 네다섯 명의 미니어처 제작자가 활동했고, 그 후에는 40~50명의 사진가가 일했다. "1853년까지는 …… 각각 평균적으로 1년에 1,200판을 만들었다. 그 후 연간 3백만 다게레오타입이 만들어졌고, 뉴욕에만 86군데의 초상 갤러리가 있었다."[11)]

---

8) "Interview with Anthony Minghella," by Ingrid Sischy; December, 2003: 〈http://www.findarticles.com/p/articles/mi_m1285/is_11_33/ai_1111114552/pg_3〉, accessed June 6, 2006.

9) Tagg, *The Burden of Representation*, 37쪽; 또한 ch. 1, "A Democracy of the Image: Photographic Portraiture and Commodity Production," 34-59쪽을 보라.

10) West, *Portraiture*, 59-62쪽 ("The Portrait as Proxy and Gift")을 보라.

11) Tagg, *The Burden of Representation*, 39, 43쪽.

일반적으로 초상화는 고인의 화상을 간직하고, 그분들과 닮아 있고 싶은 욕망에서 비롯되었다고 생각된다. 존재했었다고 알려진 초기 초상화들 중 몇몇은 밀랍 데스마스크death-mask를 통해 완성되었다고 추측되는 고대 로마-이집트 시대의 장례식 초상화이다. 미술사학자들이 수많은 책에서 증언하고 있듯이, 초상회화는 그 시대 이래로 지속적인 역사를 가지고 있다. 하지만 우리가 이미지의 현시 기능을 연구할 때 특별히 관심을 기울일 만한 미술사의 한 특정 분야는 바로 종교적 이콘이다. 사진, 다게레오타입, 초상 미니어처처럼 이콘은 그 안에 나타난 사람이나 형상인 그것의 지시 대상과의 중요한 접촉을 제공한다. 우리가 보게 될 것처럼, 어떻게 이콘과 사진적 초상이 이미지로서 기능하는지에는 놀랍도록 유사한 점들이 있다.[12)]

영어에서 '이콘icon'이라는 단어는 그리스어인 '**에이콘**eikon'에서 유래했는데, 이것은 '유사함'이나 '이미지'를 뜻한다. 이러한 어원에도 불구하고 이콘은 거울 이미지 같은 실제적이거나 자연적인 유사함은 아니다. 오히려 그들은 예수, 성모 마리아, 그리고 다양한 성자들 같은 신성한 형상들의 표준화된 묘사다. 예를 들어, 다음은 비잔틴 이콘에 대한 동방정교회의 서술이다.

---

12) Charles Barber, "From Transformation to Desire: Art and Worship after Byzantine Iconoclasm," *Art Bulletin* 75 (1993): 7-16쪽. 또한 Robert S. Nelson, "The Discourse of Icons, Then and Now," *Art History* 12 (1989): 144-57쪽을 보라. 가장 최근의 것은 Robin Cormack, *Painting the Soul: Icons, Death Masks and Shrouds* (London: Reaktion, 1997); Robert Ousterhout and Leslie Brubaker, eds., *The Sacred Image East and West* (Urbana and Chicago: University of Illinois Press, 1995); Ernst Kitzinger, "The Cult of Images in the Age before Iconoclasm," Dumbarton Oaks Papers 8 (1954), 83-150쪽; repr. in W. Eugene Kleinbauer, ed., *The Art of Byzantium and the Medieval West: Selected Studies by Ernst Kitzinger* (Bloomington: Indiana University Press, 1976), 90-156쪽이 있다. 또한 Leslie Brubaker, "Icon before Iconoclasm?," *Morfologie sociali e culturali in Europa fra Tarda Antichità e Alto Medioevo, Settimane di Studio del Cento Italiano di Studi sull' Alto Medioevo* 45 (Spoleto, 1998), 1215-54쪽을 보라.

> 이콘은 재현하지 않는다는 것을 이해하는 것은 중요하다. 그것은 표현하는 것이다. 그것은 육체적인 것이 아니라 영적인 것을 묘사한다. 육체적 특징들은 주요한 관심이 아니다. 이콘에서 주된 초점은 영적 성질에 맞춰져 있다. 이콘 전체는 상징일 뿐 장식이 아니다. 그것들은 단 한 번도 예술작품으로서 숭배되지 않았다. 그보다는 오히려 그들이 표현하는 신성하고 초자연적인 힘 때문에 숭배된다.[13]

이콘 화가들 혹은 '그리는 사람drawer'들은 대체로 그들이 표현하는 것에 자유가 없다. 전형적으로 그들은 그리기 전에 그 과업에 적절한 복종의 태도를 얻기 위해 기도를 해야 하는 수도승들이었다. 그들은 그 작업에서 승인된 특별한 도식을 사용하고, 오직 특정한 재료와 색을 쓰도록 요구 받았다. 동방의 전통에서 이콘은 자연주의적인 색을 가지고 있지 않다. 예를 들어, 이콘이 있는 공간은 평평하고, 하늘은 천국의 영역을 상징하기 위해 금빛으로 만들었다. 몸의 자세는 뻣뻣하고, 사람들은 일반적으로 신체 전면을 다 드러낸 상태로 표현되며, 전형적으로 마르고, 커다랗고 강렬한 눈으로 우리를 쏘아보는 얼굴에 강조점을 둔다. 이 눈은 묘사된 사람과 직접적인 접촉의 의미를 고취시키는 데 결정적인 도움이 된다.

이콘의 권위자들은 크리스천 교회에서 그런 이미지들을 사용하는 것을 옹호하였는데, 그들은 조각된 이미지나 '우상'의 숭배를 금지하는 계명에서 비롯된 논쟁에서 "이콘은 그 힘이 그 원천과의 독특한 관계에서 비롯되는 특별한 종류의 이미지"라고 주장하였다. 즉, 그런 성스러운 이미지들의 정당함은 "관람자에 대한 그것들의 유용성이나 의미를 통해서가 아니라, 그것들이 자신의 원형과 갖는 내적 관계를 통해"[14] 만들어

---

13) Byzantines Net, ⟨http://www.byzantines.net/moreinfo/iconsInTheBCC.htm⟩.

14) Maynard는 여기서 Ernst Kitzinger, "The Cult of Images in the Age before Iconoclasm," Dumbarton Oaks Papers 8 (1954): 85-150쪽; repr. in Kleinbauer, ed., *The Art of Byzantium*을 인용한다. 또한

졌으며, 여전히 그러하다. 신자들은 "이콘은 …… 단순히 우리가 기도하는 동안 우리의 상상력을 지휘하기 위해 존재하지 않는다. 그것은 인간의 예술에 자신을 합일시킨 성스러운 힘의 응답이 있는 물질적 중심이다."라고 주장한다.[15] 이런 의미에서 이콘은 타계한 성인이나 성스러운 형상의 가상적인 (많은 경우 문자 그대로) 부분으로서 훨씬 성스러운 유물 같은 기능을 한다.

이미 언급한 바와 같이, 메이너드는 동유럽에서 이콘의 종교적인 사용을 서유럽 회화의 더 냉정하거나 묘사적인 기능과 대조한다. 그도 이런 이미지들을 — 적어도 그들의 공통된 몇몇 기능의 관점에서 — 사진의 중요한 원천으로 보고 있다. 고대 장례식 초상화처럼 사진은 지속적인 접촉을 가능하게 한다. 미술사학자 찰스 바버Charles Barber가 묘사한 것처럼, 이런 면에서 그들은 이콘과 닮았다.

> 이미지는 고립되어 읽히는 것이 아니다. 오히려 이미지는 이미지와 관람자의 관계를 고려하여 해석되어야 한다. …… 이콘은 관중을 변화시키거나 그들이 변화하는 장소의 역할을 한다기보다는 재현을 통한 식별의 장소가 아니라 …… 욕망의 장소다.[16]

다음으로 나는 이콘의 무엇이 이콘과 인간 욕망과의 특이한 관계를 설명하는지 살펴볼 것이다.

Ernst Kitzinger, *Byzantine Art in the Making: Main Lines of Stylistic Development in Mediterranean Art, 3rd-7th Century* (Cambridge, MA: Harvard University Press, 1977), 104-5쪽과 118-19쪽을 보라.

15) Vladimir Lossky, *The Mystical Theology of the Eastern Church* (London: James Clarke, 1957), 189쪽; Maynard에 인용됨. 243쪽.

16) Barber, "From Transformation to Desire," 8, 14쪽 (마태복음 인용).

이콘의 네 가지 주요 특징들

이콘의 첫 번째 중요한 특징은 이콘의 이미지가 신자들에게 성인(聖人)의 **모습**으로 받아들여진다는 점이다. 따라서 이콘은 어떤 진실성의 요구를 충족해야 한다.[17] 그런 이미지는 알아볼 수 있게 정확한 성인의 모습을 보여줌으로써, 혹은 특정한 사건의 정확한 묘사를 통해 권위를 획득한다.[18]

둘째, 이콘은 숭배의 대상이다. 승인된 그리고 정확한 이미지로서 이콘은 묘사된 사람의 특성을 띤다. 이콘은 그 성인이 이콘에 **현시되고** 있는한 성자 그 자체인 것처럼 다뤄지고, 숭배적인 존경을 부여받는다. 사람들은 이콘에 키스하고 절을 하며, 그 앞에 향을 피우고 촛불을 켜는 등의 행위를 한다. 신자들은 이콘에게 요청을 하고, 그것이 기적을 행할 수 있다고 믿는다.[19] 이 두 번째 특징과 관련 있는 것은 바로 이콘이 종종 강한 힘을 가지고 있다고 여겨진다는 점이다. 이콘은 자신이 수호하는 도시에 전시되거나 어떤 특별한 날에 속하게 되었다. 이콘들은 또한 어떤 특이한 경우에는 울거나 피를 흘리는 것 같이 인간 같은 독특하고 특별한 행동을 보인다고 한다.[20]

셋째, 이콘은 또한 특별한 인과적 기원을 가지고 있다고 한다. 인간인 예술가에 의해 그려졌을 때조차 많은 이콘들은 자신의 초상이 만들

---

17) 벨팅은 이콘에서 아름다움은 문제가 되지 않는다고 말한다. 그보다는 오히려 정확함이 중요하다. *Likeness and Presence*, 47쪽을 보라.

18) 벨팅에 의하면 이것들은 '구원의 역사'에서 발생한 사건들이다. (*Ibid.*, 30쪽)

19) *Ibid.*, 42쪽을 보라. 또한 〈http://www.byzantines.net/moreinfo/iconsInTheBCC.htm〉을 보라. "키예프(Kiev)로 옮겨진 가장 중요한 이콘 중 하나는 〈블라디미르의 성모(Our Lady of Vladimir)〉이다. 이 이콘은 그 마을에 이익을 주는 힘이 있다고 믿어져왔다. 사람들은 보호를 가져다주길 희망하며 이것을 전쟁터에 가져갔고, 행렬에 들고 갔으며, 나라에 비를 내려주길 빌었다."

20) 〈http://www.crystalinks.com/weepingstatues.html〉에 있는 "Miracles – Icons Crying, Drinking Milk, Shedding Blood, Shedding Oil"을 보라.

어지기를 바랐던 성인에 의해 직접적으로 발생되었다고 주장된다. 이콘에 묘사된 인물의 인과적 역할에 대한 강조 때문에 인간인 이콘 화가의 예술적 원천에 대해서는 그에 상응하는 반-강조de-emphasis가 있었다. 일례로 본래 성 루카St Luke가 그렸다고 알려진 몇몇 유명한 성모 마리아 이콘들의 경우 이는 사실이었다. 중세부터 비교적 늦게(14세기)까지는 다양한 이콘들이 그리스도의 탄생 시기에 현존했다고 말해지는 성 루카에 의해 '실물 그대로' 그려졌기 때문에 흔히 진짜로 받아들여졌다. 아마도 성모 마리아 자신에 의해 포즈를 잡고 인가된 비잔티움에서 온 〈베니스의 성모Mary in Venice〉는 매우 초기의 이콘 중 하나라고 여겨진다. 벨팅은 다음과 같이 설명한다.

> 성모 마리아는 자연스럽게 이 '정확한' 초상화를 좋아했는데, 왜냐하면 이 초상화는 그녀를 '올바르게' 보여줬고, 자신의 협조하에 만들어졌기 때문이다. 따라서 특별한 우아함이 이 그림에 생긴다. …… 그런 경우에 화가의 개입은 침범으로 간주된다. 화가는 그 모델을 정확하게 재생산 할 수 있다고 기대되지 않는다. 오직 오늘날 우리가 사진 덕분이라고 보는 정확함을 가지고 화가가 실제 살아 있는 모델을 기록했다고 믿을 때에만 성 루카나 성 모자를 그리기 위해 동방박사가 베들레헴으로 데려온 화가의 경우처럼 그 결과물의 정확성을 입증할 수 있다.[21)]

가끔은 기적적이거나 신성한 힘이 어떠한 인간의 중개도 없이 이콘이 스스로 존재하게 하였다. 벨팅은 이런 종류의 이콘들은 '하늘에서 내려온' 등등이라고 일컬어지는 성스러운 이미지 전통을 가진 다양한 문

---

21) Belting, *Likeness and Presence*, 4쪽과 53쪽.

화에서 찾아지는 경향이 있다고 설명한다.[22] 그런 숭배적 이미지는 (그리고 그들 다음엔 이콘) **'아케이로포이에틱**acheiropoetic', 즉 예술가의 손으로 만들어지지 않은 것으로 묘사된다. 그것들은 재현 혹은 현존의 기적으로서 단순히 있는 그대로 '발견'된다.[23] **아케이로포이에틱** 이미지들은 하느님이 제공해준 것이기 때문에 이미지를 금지하는 십계명의 항목에서 제외된다.

우리는 모두 아무런 의심 없이 〈튜린의 수의Turin Shroud〉나 유명한 〈천 위의 주님Mandylion of Christ〉과 같이 비슷한 **아케이로포이에틱** 기원을 가진 이미지의 다른 예들을 생각할 수 있다. 또 다른 예는 오늘날 멕시코시티에 있는 성지에서 숭상받고 있는 〈과달루페의 성모Virgin of Guadalupe〉 이미지가 있다. 2002년 7월 교황이 라틴아메리카를 방문한다는 보도는 새롭게 시성된 인디언 성자 후안 디에고Juan Diego와 1531년 〈과달루페의 성모〉와의 기적적인 만남에 대한 상당한 논의를 촉발했다. 디에고는 성모가 그의 틸마tilma 혹은 망토에 기적적으로 새겨진 이미지를 보임으로써 교회 주교에게 그 만남을 입증했다.[24] 아케이로포이에틱 이미지의 또 다른 예들은 훨씬 일상적이고 논란이 많다. 하지만 토르티야tortilla나 차도의 기름 자국 위에 나타난 예수의 이미지, 혹은 창고에 있는 낡은 판유리에 나타난 성모의 이미지처럼 여전히 종종 일어나고 있다.[25]

이콘의 네 번째 중요한 특징은 이콘의 특별한 인과 기원에 대해 위에서 개괄한 믿음을 고려해볼 때 역설적으로 보일지도 모른다. 하지만 이콘은 또한 종종 그들의 정확성과 기적적인 힘을 전하기 위해 **복제 가**

---

22) *Ibid.*, 56쪽.

23) *Ibid.*, 49쪽.

24) 공식 웹 사이트 〈http://www.sancta.org/〉를 보라.

25) Belting, *Likeness and Presence*, 53쪽을 보라. 또한 〈http://www.roadsideamerica.com/attract/NMLAKtortilla.html〉에 있는 "Shrine of the Miracle Tortilla"를 보라.

능하게 유지되었다. 한 예로 1569년부터 성모 마리아 이콘의 수많은 복제품이 만들어져 곳곳의 성과 수도원에 보내졌으며, 수련 수사들은 그 복제품 앞에서 기도할 것을 요구받았다.[26] 그런 복제품들은 종종 기계적이었다. 따라서 이미지들은 그들의 형을 떠서 정확하게 복제되었다. 그리고 사실 몇몇 이미지들은 그들 자신의 힘 덕분이었는데, 즉 사람들은 이콘들이 자신들의 복사물을 스스로 천에 옮기는 능력을 가지고 있다고 믿었다.[27] 메이너드는 다음과 같이 말한다. "자연적으로 생겨난 초자연적인 아케이로포이에타이acheiropoeitai 판본들에 대한 전설들이 있으며, 키징거Kitzinger가 '사진에서 사용된 기묘하게 예언적인 방법'이라 부른 방식을 쓴 기계적인 접촉 판본들에 대한 역사가 있다."[28] 복제품을 만들기 위해 예술가가 고용되었더라도 승인된 이미지와 그것의 신기한 능력을 전달하는 힘은 이미지 그 자체(혹은 그것의 원형)에 의한 것이었을 뿐 자신을 통해 더 높은 힘을 발휘하도록 허락을 구하는 기도를 올린 예술가의 공이 아니었다.

요약하자면, 나는 이콘의 네 가지 중요한 특징들을 확인하였다. 이미지나 화상으로서 이콘의 위치는 독특하다. 왜냐하면 (a) 그것의 주제, (b) 관람자들에게 그것이 고취시키는 믿음이나 태도, (c) 그것의 인과적 기원, 그리고 마지막으로 (d) 그것의 복제 가능성 때문이다. 첫째로 이콘은 그것의 원형과 유사함의 의미에서가 아니라, 원형의 현시나 출현이라는 의미에서 화상이다. 나는 이것을 이콘의 '정확한 현시' 국면이라고 부른다. 둘째로 이콘은 관람자들에게 그 원형에 적합한 감정을 끌어내면서 그것의 원형을 상기시킨다. 이것은 이콘의 '특별한 처치' 국면이

---

26) Belting, *Likeness and Presence*, 485-6쪽.

27) *Ibid.*, 53쪽.

28) Maynard, "Secular Icon," 166쪽. 여기서 그는 키징거를 자신의 자료로 인용한다.

다. 이것은 명상의 보조물로 작용하고, 더 높고, 초월적인 실제와의 연결로서 작용한다. 셋째로 이콘은 그것의 원형의 의도나 행위자를 통해 존재하게 되었다. 나는 이것을 '인과적 역사' 국면이라 부른다. 마지막 넷째로, 이콘에 있는 이미지는 복제 가능하다. 이 복제품은 그것의 다른 힘을 전달하고 유사하게 그 원형을 드러낸다.

이콘의 이 네 가지 특징 사이의 관계를 살펴보자. 철학자의 관점에서 혹은 이성적 분석에서, 우리는 특징 (c), 즉 이콘의 특별한 인과적 기원 **때문에** 조건 (a), (b), (d)가 만족된다고 가정할 것이다. 이미지는 그것의 원형을 닮는 것이 어떤 특별한 방식으로 다뤄지고, 그것의 특별한 힘을 전달하는 방식으로 복제 가능하다. 하지만 현실에서는 훨씬 복잡하다. 사람들이 이미지를 어떤 특별한 방식으로 다루거나 생각하기 **때문에** 이미지의 인과적 기원에 대한 주장을 받아들이게 되는 것처럼 보인다. 따라서 토르티야나 반투명한 유리 조각에 생긴 이미지를 실제로 예수나 마리아를 보여준다고 확신하는 신자들은 그 이미지가 성스럽고 신비로운 인과적 기원을 갖는다는 것 또한 받아들인다.

우리는 크롭 서클이나 다른 논란이 많은 현상들, 즉 외계인에 의한 것이거나 초자연적인 현상에 대한 최근의 추론 과정과 비교할 수 있다. 몇몇 사람들은 어떤 발자국이 빅풋Bigfoot의 존재를 증명하거나, 귀신들린 집에서 번쩍이는 불빛이 시끄러운 유령의 존재를 나타내듯이, 크롭 서클이 외계에서 온 생명체에 의한 것이라고 주장한다. 합리적 · 과학적인 관점에서 볼 때 문제의 사인들은 지표적 표시라기보다는 기발한 장난 혹은 어떻게든 다른 식으로 설명 가능한 증거다. 그럼에도 불구하고 외계인에 의한, 혹은 심령 현상이라고 믿고자 하는 사람들에게 이 논란의 표시들은 (존재에 대한 실제 증거들이 계속해서 다가오고 있음에도) 자신들의 견해에 대한 증거**이다**. 간단한 예로 우리는 이와 유사한 이중성이 네스호의 괴물Loch Ness Monster, UFO 등을 보여준다고 주장하는 사진들의 분석 사례에 적용될 것임을 언급할 수 있다. 하지만 물론 회의론자들은 종교적인 이미지나 특이한 현상이라 주장되는 사진의 사례들에서 이런 심리학적인 힘(혹은 '현시')을 느끼지 못할 것이다.

이콘으로서의 사진

이콘은 오늘날에도 여전히 우리와 함께 있다. 동방정교회가 여전히 이콘을 사용하고, 그들이 여전히 신자들이 살 수 있도록 상업적으로 만든다는 의미에서 분명히 사실이다. 하지만 이콘은 새로운 형태를 띠기 시작했다. 벨팅이 제시한 예는 1970년대 초 〈아르헨티나의 마리아〉 이콘의 묘사에서 사진의 영향을 보여준다. 이 시기는 마리아가 에비타 페론Evita Peron의 특징을 갖던 때다.[29] 이 외에 사진은 실제로 최근에 인정된 성자들의 이미지를 숭배하기 위해 교회에서 이콘을 대신한다. 1987년 나폴리에서는 새로 발표된 성인을 그의 사진의 형태로 제단 위에 모신 '모던 이콘'으로 찬양했다.[30] 벨팅은 "종교적 영역은 기억의 **예술**이 아니라 …… 기억의 **내용**에 관심이 있다."고 언급한다.[31] 따라서 이콘과 같은 종교 이미지는 역사나 과거에 대한 것이 아니라 있음, 즉 "인류의 삶 속에서 하느님의 이전과 미래에 계심. …… 과거 역사 속에서 하느님을 즉시 경험하게 하는 이미지와 마찬가지로 다가올 약속의 시간을 향하게 하는 이미지"다.[32]

우리는 링컨 사진 같은 이미지가 앞에서 이콘에 적용하면서 얘기한

---

29) Belting, *Likeness and Presence*, 44쪽.

30) *Ibid.*, 11쪽.

31) *Ibid.*, 10쪽. 강조는 원문을 따름.

32) *Ibid.*, 11쪽.

동일한 네 가지 조건을 충족시키는 것을 간단히 볼 수 있다. 첫째로 그 이미지는 링컨을 나타내는 듯이 보이거나 그를 존재하게 만든다. 월턴은 우리가 사진을 통해서 누군가와 접촉했을 때, 우리는 허구적으로 그 사람을 보거나 그 사람과 '연결'된다고 강조한다. 그런 접촉이 우리가 어떤 이미지에 — 그 이미지가 희미하거나 불분명할 때조차 — 신경 쓰는 이유다. 일상적으로 허구적 보기는 허구적 작업, 즉 시각 예술의 경우 상상적 회화, 일러스트레이션, 영화 같은 것들과 함께 간다. 그러나 우리가 사진에서 투명하게 보는 사람들은 정말로 거기에 있다(혹은 있었다). 따라서 비록 우리는 그들을 허구적으로 보지만, 그들은 상당히 특화된 믿는 체하기make-believe 게임들의 단순한 소도구가 아니다. 월턴은 그보다는 사진을 통해 우리는 링컨과 같이 중요한 미국 영웅 혹은 자신의 할아버지와 같은 조상과 '접촉'할 수 있다고 주장한다. 미국 남북전쟁에서 사진가 티모시 오설리번Timothy O'Sullivan에 의해 포착된 죽음의 장면들이 고야Goya의 〈전쟁의 재앙Disasters of War〉 시리즈 에칭보다 더 현실감 있기 때문에 그 사진들이 훨씬 힘 있고 충격적이다.

사진의 초기 관람자들에 의한 많은 증언들은 어떻게 이런 이미지들이 진짜임을 보증하고 존재를 드러내도록 작동했는지 밝혀준다. 엘리자베스 배럿Elizabeth Barrett의 다음 예를 생각해보자.

> 이는 그런 경우에 귀한 단순한 화상이 아니다. 이는 연계이고, 그 사물에 관련된 근접의 의미이고 …… 거기 고정되어 영원히 놓여 있는 **그 사람과 아주 가까운** 사실이다! 내 생각에 이것은 초상화를 매우 신성화하는 것이다. 그리고 …… 나는 고귀한 예술가의 어떤 작업보다 내가 매우 사랑한 사람에 대한 그런 기념물을 가질 것이다.[33]

33) Maynard, "Secular Icon," 159쪽, n. 10에 인용.

사진은 그들의 원형의 현시라는 이 일반적인 생각은 또한 켄달 L. 월턴이 이 책의 제1장 "투명한 그림: 사진적 사실성의 본질에 대하여"에서 제공한 사진적 사실성에 대해 잘 알려진 변호를 통해 지지받고 있다. 월턴은 이렇게 주장한다. "사진기의 도움으로 우리는 모퉁이 너머나 먼 곳에 있는 것, 작은 것만 볼 수 있는 것이 아니다. 우리는 과거도 볼 수 있다. 선조들의 먼지 쌓인 스냅 샷을 볼 때, 우리는 오래전에 사망한 선조들을 본다."[34] 사진 이미지의 원형과 직접적인 접촉을 하고 있다는 이러한 느낌은 사진 초상에 대한 예가 두드러지는 월턴의 글에서 매우 중요하다. 예를 들어 월턴은 사진에서 에이브러햄 링컨을 보는 것에 대해서뿐만 아니라 돌아가신 그의 할아버지와 마벨 이모를 보는 것에 대해 이야기한다. 그런 예들은 '접촉'에 대한 그의 주장을 지지해주고, 사진적 '투명성'을 훨씬 타당해 보이도록 만든다. 그렇다면 사진에서는 실제 사람이 현시되는 듯 보인다. 이것은 단순히 유사함이 아니라 실제 나타남이나 우리-앞에-출현함이다. 사진은 우리가 다른 사람과 접촉 — 오래전에 돌아가신 분과의 접촉까지 — 하는 것을 용이하게 해준다. 이것이 내가 여기서 더 숙고해보고 싶은 사진의 '현시' 기능이다.

패트릭 메이너드는 "'근접', '접촉', '발산', '자취', '흔적', '공동-실재성co-substantiality' 등에 대한 증언들은 대상의 사진들과 이런(묘사적인) 특징들이 결합되면서 강한 현시 기능이 될 수 있음을 표명한다."고 말한다.[35] 수전 손탁Susan Sontag은 그녀가 셰익스피어의 사진을 갖는 것은 성(聖) 십자가의 조각을 갖는 것과 같다고 말했을 때 이러한 결합을 분명히 했다.

둘째, 사진은 사랑, 존경 그리고 숭배까지도 드러내는 방식을 포함한 독특한 방식으로 다뤄진다. 월턴은 이 점에 대해서도 언급한다. "우

---

34) Walton, "Transparent Pictures," 251쪽. (이 책 37-8쪽)

35) Maynard, "Secular Icon," 247쪽.

리는 우리가 사랑했던 사람을 다시 **볼** 수 있고, 바로 **그것**이 우리에게 중요한 것이다."[36] 종종 사진을 회화로 변화시키는 작업을 한 동시대 화가 게르하르트 리히터Gerhard Richter는 유사한 맥락에서 이렇게 말했다. "스냅샷은 사람들이 자신들의 환경 속에서 가지고 바라보는 작은 종교적인 물건 같은 것이다."[37] 특히 죽은 사람의 사진은 종종 특별한 취급을 받는다. 예를 들어 조지 산타야나는 『사진과 마음의 이미지*The Photograph and the Mental Image*』에 이렇게 쓴다.

> 사진은 처음엔 초상화에 도입되었다. 이 말은 즉 우리가 잃기 싫은 마음의 이미지들, 친숙한 얼굴들의 이미지들을 보존하기 위해 쓰였다는 것이다. …… 조금 웃기긴 해도 사진은 그런 소중한 것들을 이 세상에 조금 더 오래 보존하기 위한 환영받는 연고가 되었다. 이것은 우리의 슬픔과 공허함을 위로해주었고, 우리는 우리의 지나간 삶의 표면의 작은 유물이자 기념품처럼 사진을 모았다.[38]

초창기에 다게레오타입이 가장 일반적으로 사용된 것은 기념하거나 어떤 의미로는 죽은 아이나 사랑하는 사람의 시체를 '보존'하기 위한 것이었다. 때때로 아이들은 마치 자고 있는 것처럼 자세를 취해놓았지만, 대체로는 마치 살아 있는 것처럼 해놓았다.[39] 우리 모두는 보물처럼 간직하고 있는 이미 죽은 사랑하는 사람의 특별한 이미지를 가지고 있

---

36) Walton, "Transparent Pictures," 253쪽 (이 책 42쪽). 강조는 원문을 따름.

37) "Gerhard Richter, The Day is Long." Robert Storr 인터뷰, *Art in America* (January 2002): 67-75쪽: 121쪽.

38) Santayana, "The Photograph and the Mental Image," in Vicki Godberg, ed. *Photography in Print: Writing from 1816 to the Present* (New York: Simon and Schuster), 260쪽.

39) Lianne McTavish, "Picturing the Dead," *Canadian Medical Association Journal* 166: 13 (2002): 1700. 맥타비시는 한 작은 소녀가 마치 여전히 드럼을 연주하고 있는 것처럼 보인다고 언급한다!

을 것이다. 지금은 없는 그들의 '본질'을 보여주고, 그 사람을 다시 한 번 우리 앞에 존재하게 해주는 이미지 말이다. 이런 점에서 우리의 스냅 샷이나 오래된 가족 초상은 과거에 유사한 목적을 수행한 초상 미니어처와 유사하다. 시인이나 작가들이 이런 미니어처들과의 소위 '대화'를 통해 자신들이 사랑했던 사람을 언급하는 것은 일반적이었다.

또한 대단히 초기부터 묘비에 사진을 거의 영구적으로 기록할 수 있는 기술이 개발되었다. 존 매튜리John Matturri는 다음과 같이 발표했다.

> 1851년 초 매사추세츠Massachusetts에 있는 웨스트 캠브리지West Cambridge의 솔로몬 톰킨스Solomon Tomkins는 '기념석에 다게레오타입을 고정시키는 기술'로 특허를 획득했고, 1855년에는 뉴욕의 스코빌Scoville 제조회사가 '다게레오타입 기념 상자'를 위한 카탈로그를 유통시켰다. 이 회사는 이미 이보다 3년 전에 기념물을 위해 특별히 제작된 다게레오타입 상자를 제공했다.[40]

아이들의 묘비에 매우 빼어난 다게레오타입을 붙여놓은 경우가 많이 있는데, 이것은 오늘날까지 사진이나 포토에칭 기술을 사용하여 이어져 내려오고 있다.[41] 비록 때로는 마치 죽은 사람의 삶의 여러 단계를 보여줄 목적으로 하나 이상의 초상사진이 포함되기도 하지만, 전형적으로 그런 이미지들은 죽은 사람을 그 사람의 한창 때 모습으로 보존한다. 많은 경우에 마치 사후에 그들이 다시 결합할 것을 예고하듯이 (둘 중 한 명이 죽었더라도) 부부의 사진이 들어 있기도 했다. 또한 사진과 사진 콜라주는

---

40) John Matturri, "Traces of Mortality: The Nature of Representation in Photographic Tombstones." 이 논문은 1987년 6월 앰허스트 칼리지(Amherst College) 묘비연구협회(Association for Gravestone Studies)의 연례 회의에서 발표되었다. 참조 생략.

41) 요즘 어떤 묘지들은 묘비에 그 사람의 전기를 담은 DVD를 제공하기까지 한다!

종종 장례식이나 추도식에서, 때로는 관과 함께 그리고 때로는 유골 단지와 함께 혹은 죽은 사람의 시체와 관련된 어떠한 시각적 상기물 없이 전시되었다. 계속되고 있는 관계는 꽃만이 아니라 작은 노트들이나 **봉헌물** 등을 묘지에 놓고 가는 일반적인 행위에서도 드러난다. 연례적인 멕시코 '**망자의 날**Dia de los Muertos'에 사람들은 죽은 자들의 사진을 묘지로 가져가거나 양초, 꽃, 음식 그리고 죽은 사람들이 좋아했던 물건들로 장식한다.

셋째로, 사진은 종종 어떤 의미로는 '아케이로포이에틱'한 것으로 받아들여진다. 이런 시각은 종종 사진적 사실성을 논의하는 맥락과 기계적 인과관계와 결합된 맥락에서 암시되고, 때로는 분명하게 주장되기도 한다. 예를 들어 월턴은 에이브러햄 링컨의 사진에 대해서 이렇게 쓴다. "링컨은 …… 자기 사진을 촉발하고, 따라서 그 사진을 보는 사람들의 시각적 경험을 촉발한다." 그런 인과관계가 꽤 명확하다 — 즉, 기계적인 방식에 의해 발생되었다 — 는 것은 매우 중요하다.[42)]

네 번째 조건인 다수의 복제 가능성도 (비록 다게레오타입에는 아니지만) 사진의 경우에 적용된다. 사실 월턴이 링컨의 사진을 보는 것에 대하여 말할 때, 월턴이 보고 있는 것은 예를 들어 매튜 브래디Matthew Brady가 찍은 원본 사진이 아니라 복제된 사진일 수 있다.

사진의 사실성 다시 보기

위에서 나는 이콘과 관련된 네 가지 조건(이콘이 현시가 되는 것, 특별한 취급을 이끌어내는 것, 특별한 인과관계를 갖는 것, 그리고 복제 가능한 것) 중에서 논리적 우선순위에

42) Walton, "Transparent Pictures," 261쪽(이 책 53쪽).

대한 이슈를 제기했다. 이 점을 더 숙고하는 것은 우리가 사진의 본질과 기능에 대해 — 그리고 어떻게 사진이 이콘과 닮았는지에 대해 — 더 많이 깨닫는 데 도움을 줄 것이다. 그럼으로써 우리는 사진의 사실성이라는 두 가지 의미에 대한 주장이 어떻게 연결되는지와 관련된 이슈를 다시 생각해볼 수 있다. 내가 크롭 서클, 발자국 등을 포함한 다른 (주장된) 사인들과 비교했다는 것도 상기해보자.

사진의 사실성에 대한 월턴의 주장은 일반적으로 **인식론적** 주장을 포함한 것으로 이해되어왔고, 이 주장을 반박하기 위해 비평가들은 다양한 점들을 언급했다. 따라서 비평가들은 사진가는 실제로 **정말** 이미지를 조작하고, 이를 통해 예술적 시각을 표현하고, 다양한 렌즈와 시점의 사용을 통해 이미지를 왜곡할 수 있는 능력 등을 가지고 있음을 지적했다.[43] 2004년에 조너선 코헨과 아론 메스킨은 우리가 사진으로부터 관련된 인식론적 정보를 얻는 것이 아니라, 사물을 직접 보는 데서 얻는다고 주장하면서 월턴에 대한 이런 해석을 밀고나갔다.[44]

사진에 대한 주장에서 일반적으로 언급되는 사실성의 두 가지 개념이 있고, 조사 결과 이 둘은 사실 분리된다는 것을 월턴 스스로 인식하고 있었다는 것은 덜 알려져 있다. 즉 그는 '접촉'은 정확성과 같은 것이 **아**

43) Jonathan Cohen과 Aaron Meskin은 "On the Epistemic Value of Photography," *Journal of Aesthetics and Art Criticism* 62: 2 (2004): 197-210쪽에서 다른 비평 노선을 채택했다. 그들은 사진이 작동하는 친숙한 방식이나 사진이 우리 문화 속에서 사용되는 친숙한 방식 때문에 우리가 사진을 투명한 것으로 볼 수 있다고 주장한다. 사진의 인식론적 위치는 가변적이고 '재현적 관례와 우리의 지각적 · 인지적 심리에 대한 사실'에 의존한다. 하지만 코헨과 메스킨은 계속해서 매체에 대한 디지털 기술의 지속적인 영향이 사진에 대한 우리의 일반적인 이해를 바꿀 수 있고, 따라서 우리는 더 이상 사진을 증거나 신뢰할 만한 것으로 여기지 않는다고 쓴다. 그들은 디지털 사진에 의해 허용된 조작을 인식함에 따라 어떻게 우리의 믿음이 바뀔 수 있는지에 대한 바버라 사베도프(Barbara Savedoff)의 유사한 의견을 인정한다. 19쪽을 보라. 이와 관련된 참고문헌은 Barbara E. Savedoff, *Transforming Image: How Photography Complicates the Picture* (Ithaca, NY: Cornell University Press, 2000), 202쪽.

44) Cohen and Meskin, "On the Epistemic Value of Photographs."

님을, 그리고 종종 우리는 사진을 정보자료로 다루지 않음을 인정한다. 이는 그의 사실성 주장과 투명성 주장 둘 다 매우 중요하고 근본적인 방식에서 애매모호함을 의미한다.

월턴은 투명성 이론을 방어하는 데 이 점을 반복한다.

> '투명한 그림'의 큰 목적 중 하나는 정보 수집만이 지각의 중요한 기능이 아니라는 것을 보여주는 것이었다. 우리는 사물들에 대해 배우는 것에 대한 어떠한 기대 외에도 때때로 사물을 보는 것에, 그것들과 지각적 접촉 상태에 놓이는 것에 흥미를 갖는다. 이 흥미는 왜 우리가 그 사진이 담고 있었을 흥미롭거나 중요한 정보를 추출하고 나서 오랜 시간이 흐른 뒤에, 비록 흐릿하고 노출상태가 나쁜 사진조차 …… 때때로 사랑했던 사람의 사진을 진열하거나 소중히 여기는지를 설명하는 데 도움을 준다. …… 우리는 사랑했던 사람을 (간접적으로라도) 보는 경험, 즉 단지 우리의 지식을 더하는 수단으로서만이 아니라 그 사람과 지각적인 접촉 상태에 있는 경험 그 자체에 가치를 둔다.[45]

사실상 여기서 월턴은 사진이 투명하거나 묘사적인 의미에서 정확하지(사실적이지) 않을지라도 심리적으로 사실적이라고 서술하는 이미지의 기능을 만족시킨다고 말한다. 월턴의 훌륭한 책 『믿는 체하기로서의 모방*Mimesis as Make-Believe*』에서 그는 어떻게 다양한 종류의 예술작품들이 상상적인 믿는 체하기 게임에서 소도구로서 기능하게 되는지 복잡한 설명을 발전시켰기 때문에 월턴이 사진의 감정적 역할에 대해 인식하고 있었다는 것은 누구에게도 그리 놀랄 일이 아니다.[46] 분명히 그런 게임들은 유

---

45) Kendall L. Walton, "On Pictures and Photographs: Objections Answered," R. Allen and M. Smith, eds., *Film Theory and Philosophy* (Oxford: Oxford University Press, 1997), 72쪽.

46) Walton, *Mimesis as Make-Believe: On the Foundations of the Representational Arts* (Cambridge,

아기부터 계속해서 예술이 인간의 삶 속에서 할 수 있는 다양한 감정적 역할을 반영한다. 하지만 사진이 우리의 믿는 체하기 게임에서 할 수 있는 역할에 대한 생각과 사진에 대한 월턴의 투명성 시각을 서로 맞추려는 시도에는 뜻밖의 긴장과 문제가 있다. 월턴은 엄밀히 말해서 사진은 실재에 직접적인 접근을 제공하기 때문에 다른 그림들이나 묘사들 같지 **않다** — 믿는 체하기 게임의 소도구가 **아니다** — 고 주장한다. 오히려 사진은 우리의 상상력을 부추기는 것이 아니라, 시각적 힘을 확대시키는 수단이거나 도구다. 대상은 기계적으로 자신의 사진을 **유발하고** — 다음으로는 그것이 관람자의 시각적 경험도 유발하고 — 따라서 우리는 마치 망원경을 통해 별을 보고, 현미경을 통해 세포를 보듯이 문자 그대로 사진을 통하여 동일한 대상을 **볼** 수 있게 된다. 월턴은 심지어 "정의상 그림picture은 허구이기 때문에 비-허구적 이미지는 그림picture이 아니다."라고까지 주장한다.[47] 사진은 다른 시각 보조기구 — 망원경, 현미경, 감시카메라 등 — 들과 같다. 이는 사진이 다른 종류의 그림들과는 매우 다름을 의미한다. 월턴은 다음과 같이 주장했다. "사진기를 또 다른 시각도구로 생각하는 것은 그림을 생산하는 사진기의 역할을 덜 강조하는 것이다. 물론 사진은 그림이지만, 일반적인 것은 아니다. 사진은 우리가 그것을 통해 세상을 보는 그림이다."[48]

MA: Harvard University Press, 1990)를 보라.

47) *Ibid.*, 351쪽. 또한 그레고리 커리가 월턴의 책 『*The Journal of Philosophy*』 90: 7 (1993) 리뷰에서 전개한 이 구절에 대한 논의를 보라. 그림은 우리가 그것이 무엇을 재현하는지 상상할 수 있는 권한을 주는 묘사다. 여기서 개인적 상상은 해결해야 할 과제다. 스크린을 가리키면서 "저건 큰 것이죠."라고 말하는 진동 기록기 관찰자는 자신이 보는 노이즈에서 게임을 상상하고 있는 것이 아니다. 오히려 "제가 보는 것은 큰 노이즈를 재현합니다."를 말하는 것이며, 이는 그림을 보는 경우도 마찬가지다. Flint Schier의 이론이 좀 더 낫다: X의 묘사는 우리가 시각적으로 X의 속성들을 알아보는 능력으로 X를 인식하는 것이다. 묘사는 상상적 능력이 아니라, 지각적 능력의 면에서 설명된다. (Walton, *Mimesis as Make-Believe*, 349쪽을 보라.)

48) "Transparent Pictures," 252쪽(이 책 40-41쪽).

이 모든 것은 사진에 대한 한쪽 이야기, 즉 투명성에 관한 이야기다. 이는 월턴이 "사진이 묘사적 사실성을 가진 한, 그것은 예술작품이 되거나 감정적으로 강력한 방식으로 기능할 수 없다."고 주장하는 것 같아 보인다. 하지만 만약 우리가 사실성에 대한 이 개념, 즉 인식론적 개념에서 심리학적 개념 혹은 내가 '접촉'이라고 부르는 개념으로 옮긴다면, 월턴의 시각은 흔히 인정되는 것보다 훨씬 미묘하고 복잡한 것으로 드러난다. 물론 그는 사실 사진이 우리에게 미치는 강한 심리적 영향을 알고 있었다(그는 가족, 전쟁 장면 등의 사진을 언급한다). 오해의 일부는 우리가 문자 그대로 사진을 통해서 돌아가신 조상을 본다는 그의 도발적인 주장에서 비롯되었다. 월턴은 이 주제에 대해 쓰는 데는 다음과 같은 이유로 큰 혼란이 있다고 설명한다.

> 즉, 실제로 일어나는 특별한 종류의 봄과 오직 허구적으로 발생하는 일상적인 종류의 봄 사이, 그리고 관람자가 **사진을 통해 정말로** 어떤 것을 보는 것과 어떤 것을 **직접 허구적으로** 보는 것 사이를 명확하게 인식하고 구별하는 데 실패함이다. 마녀의 솥단지에 섞여버린 이 둘의 어렴풋한 인식은 관람자가 정말로 그 대상 앞에 있다는 어리석은 판단으로 몰아갈 수 있다.[49]

그렇다면 월턴이 주장하는 것은 우리가 오직 허구적으로만 발생하는 일상적인 보기로부터 대개 사진을 **통해** 일어나는 특별한 종류의 보기를 구분할 필요가 있음을 의미한다. "문자 그대로 진실인 것은 바로 내가 오래전 가족 소풍에서 찍은 마벨 이모의 사진을 통해 그녀를 본다는 것이다. 하지만 내가 '사진의 도움 없이' 그녀를 직접 본다는 것은 허

---

49) *Ibid.*, 254쪽(이 책 44쪽). 강조는 월턴에 의한 것이다.

구다."[50] 월턴이 생각하기에 인식론적 사실성은 사진의 인과적 역사에 의해 확실시된다. 하지만 심리학적 사실성은 언제나 허구이며, 아마도 소도구로서 사진에 의해 잘 지지받는 것이다. 비록 그 소도구가 어떤 의미로는 사실적이지 않더라도 말이다.

따라서 우리가 사진을 심리학적으로 사용하는 것에 대한 그의 상세한 해석에서(그리고 특별한 초상화에서) 월턴은 실제로 우리가 사진을 통해 **문자 그대로** 돌아가신 우리의 조상들을 본다는 그의 인상적인 아이디어의 힘의 대부분을 철회하는 것으로 드러난다. 우리가 이런 세부사항들을 조사해보면 그의 주장은 더욱 힘을 잃는다. 월턴은 두 논지를 구분 짓는다. (1) 사진을 **통해 실제로** 어떤 것을 본다. (2) **허구적으로** 그 사물(혹은 사람)을 **직접적으로** 본다. 투명성은 문자 그대로이지만 접촉은 허구적이다. 비록 내가 문자 그대로 사진을 통해 마벨 이모를 보지만, 이는 내가 그녀 앞에 있다거나 내가 그녀의 찡그린 모습을 본다고 상상하기 위한 믿는 체하기다.

그렇다면 아마 내가 사진을 통해 보는 것처럼 **보이는** 많은 다른 종류의 것들은 내가 그저 허구적으로 보는 것들이다. 예를 들어 에이브러햄 링컨이 어떤 초상사진에서 나를 바라본다는 것, 아니면 내가 그의 우락부락한 잘생긴 얼굴을 볼 수 있다는 것은 허구이다. 접촉 주장에서, 나는 그와 허구적으로 '접촉'하고 있다. 투명성 이론은 믿는 체하기 게임이나 감정적 개입을 옹호하지 않는다. 즉 이런 목적을 도와주는 것은 접촉 이론이다. 하지만 접촉은 핵심적인 의미에서 허구적이다. 이것은 내가 어떤 유의 그림들에 적용하는 감정적인 사용의 문제다. 따라서 월턴에게 있어 사실성은 내가 구분 지은 두 종류의 사실성에 상응하는 두 개의 뚜렷이 구분되는 것에 해당한다. 하나는 인과관계와 인식론적 가치

50) *Ibid.*

에 대한 사실과 관련된 것이고, 다른 하나는 이미지 기능의 심리 작용에 대한 사실과 관련된 것이다.

결론

이 글에서 나는 사진의 사실성 주장이 다른 것을 의미할 수 있음을 말했다. 이것은 어떻게 이미지가 인식론적으로 기능하는지에 대한 주장이나, 그것의 심리적 기능에 대한 주장에 해당될 수 있다. 두 주장 모두 서로 흥미롭게도 구별되는 방식이긴 하지만, 이미지의 인과적 기원에 대한 시각을 반영할 수 있다. 인식론적 주장은 발생한 이미지에서 정확하게 보일 수 있는 것 혹은 추론할 수 있는 것에 관련된 것으로 사진적 과정의 인과적 역사에 대한 가정을 반영한다. 이 과정은 대상이나 그 안에 묘사된 행동의 정확하고 신뢰할 만한 표현을 낳는다. 심리적 주장은 인과적 관계 그 자체에 강조점을 둔다. 즉, 묘사된 대상이 우리가 그 이미지를 볼 때 우리를 그 대상과 '접촉' 상태에 놓는 기능을 나타내는 그것의 이미지를 발생시킨다는 사실 말이다.

물론 투명함으로써 사실성의 진정한 의미는 사진 사례에서 다른 종류의 자연적 사인들 사례로 잘못 받아들여질 수 있다. 사진은 눈 위의 빅풋 자국을 속일 수 있듯, 혹은 크롭 서클이 사기꾼에 의해서 만들어졌을 수 있듯이 사진도 속일 수 있다. 사진처럼 보이는 것이 조작된 이미지일 수(회화일 수조차) 있고, 눈 위의 커다란 발자국처럼 보이는 것이 양말과 손가락의 결합으로 만들어진 유사한 어떤 것일 수도 있다.

사실성이 이런 두 가지 의미로 분리될 수 있다는 것은 매우 당연하다. 포토-리얼리스트 스타일로 그려진 회화는 사진처럼 사실적으로 **나타날** 것이다. 다시 말해, 그 그림은 사람이나 장면을 생생하고, 실물과 똑같게 드러낼 수 있다. 그리고 반대로 '회화 같은' 스타일로[소프트 포커스(soft focus)와 같은 효과를 사용하여] 찍힌 사진은 비사실적으로 보일 것이다. 말하자면, 그것들은 손으로 만들어진 듯이, 예술적 개입을 반영하는 듯이 드러날 것이다. 내가 나의 증조할아버지의 낡은 사진을 보면서 얻는 '사실성'의 의미는 — 그럴 필요는 없지만 — 그 이미지의 정확성을 반영할 것이다. 비록 나에게는 실물 같이 보일지라도 만약 그 이미지가 다른 누군가를 묘사하거나, 아니면 대신에 조작된 오늘날의 이미지라면 나는 잘못된 판단을 할 것이다.

예를 들어 어떤 사람의 사진이 바로 그 사람에게서 '발산'된 결과라는 주장을 논의하는 데서 두 사실성에 대한 주장이 어떻게 헷갈리는지 쉽게 찾아볼 수 있다. 투명성의 의미에서 이는 사진이 그것의 인과관계를 직접적으로 드러낸다는 주장에 해당한다. 즉 사진기와 사진 표면은 실제로 사람의 표면에서 발산된 광선을 포착한다. 표현 매체는 시각 메커니즘에 있는 다른 렌즈들처럼 작동한다. 하지만 현시의 의미에서는 사실성 주장은 사진에 묘사된 사람이나 사물과 직접적인 관계에 놓이는 우리의 기분에 관심을 갖는다. 그런 기분은 이미지의 인과적 역사에 대한 우리의 의식의 영향을 받지만, 그것이 단순히 기분 같은 것은 아니다. 이것은 그런 기분이 아마도 잘못 받아들여지거나 그 이미지의 인과적 원천에 대한 어떤 사람의 지식으로부터 일괄될 수 있다는 사실에서 드러난다. 따라서 내가 영화에 나오는 공룡들이 특수효과에 의한 창조물이라는 것을 알고 있었지만, 내가 봤을 때 〈주라기 공원〉은 사실적으로 보였다. 그와 유사하게, 우리는 사진이 오늘날 타블로이드 표지 같은 데서처럼 사람들의 결합이나 그들의 감정적인 상태 등을 암시하기 위해 종종 오해의 소지가 있게 쓰이고 있다는 것을 의식하고 있다.

나는 묘사된 사람과의 직접적인 접촉의 의미로서 사진의 지위에 대한 믿음은 "현존의 보장으로서 초상화를 만들고 사용하는 전통적인 역사적 실행을 반영하고 지속하는 행동과 감정보다 그것의 특별한 인식론적 지위에 대한 신념에 기반을 덜 두고 있다."고 주장해왔다. 그런 초상사진들이 종교적인 이콘들과 공유하는 네 가지 중요한 특징이 있다. 이른바 어떤 사람을 현시한다거나 지속되는 있음의 한순간에서 그들의 본질을 드러내는 것, 고조된 감정과 숭배 행위를 이끌어내는 역할을 하는 것, 매우 특별한 인과적 근원에 기인한다는 것, 그리고 복제 가능하며, 여기서는 복제가 처음 두 속성을 전달한다는 것이다.

나는 또한 월턴이 종종 그가 받아들여지듯 사진의 사실성에 대한 확고한 방어자가 아니라는 것을 주장했다. 그는 (우리가 그들 앞에 있다든지, 우리가 그들의 표정을 본다든지 등) 아주 중요한 의미에서 우리가 그렇게 한다는 것이 허구임을 설명함으로써 우리가 사진 속에 있는 사람들을 볼 수 있다는 자신의 주장을 수정한다. 즉, 그 역시 사실성을 주장하는 데 있어 사진 이미지의 두 기능 — 인식론적인 것과 심리적인 것 — 사이의 중요한 차이를 인정한다.

마지막으로 한마디 하자면, 사진의 사실성에 대한 믿음의 장에서 드러나는 가장 중요한 실천과 관례는 우선 초상화를 생기게 하는 욕망 — 특히 죽음 이후에 관계를 지속하려는 욕망 — 을 반영한다. 장례식과 추도식에서뿐만 아니라 묘비나 묘지, 그리고 어떤 종교적 맥락에서 사진은 이전에 다양한 이미지(이콘, 장례식 초상화, 데스마스크)에 의해서뿐만 아니라, 비-이미지(종교적 유물들)에 의해서 가능했던 현시 기능을 계속 수행하게 한다. 월턴이 말했듯 왜 그러는지 모르겠지만, 우리가 상실한 사랑했던 사람의 이미지를 매우 '신경 쓴다'. 하지만 사진은 우리가 그들과 접촉하고 있다고 상상하는 한 가지 방법일 뿐이다. 유일한 방법도, 필연적으로 탁월한 방법도 아니다.

3

증거로서의 사진

아론 메스킨과 조너선 코헨
Aaron Meskin & Jonathan Cohen

우리는 태양보다 더 공정하고 믿음직한 증인을 상상할 수 없다. 그 빛은 사진에 유사한 상처를 새기고 봉해서 배심원 앞에 내민다. 이것은 증인의 기억보다 훨씬 정확하고, 모든 증거의 목적은 진실을 보여주기 위한 것인데, 이 벙어리 증인이 그것을 보여주면 안 되는 이유가 있는가?

– **프랭클린**Franklin v. **조지아 주**State of Georgia, **69 Ga. 36; 1882 Ga.**

서문

사진은 증거를 제공한다. 이는 형식적 · 비형식적 맥락 모두에서 사실이다. 법적 증거로 사진을 사용한 것은 사진의 매우 초창기까지 거슬러 올라가며, 미국 법정에서는 남북전쟁 시기를 전후하여 사용되었다. 사진은 또한 역사적 증거로서의 역할을 수행하기도 한다(예를 들어 남북전쟁에 대한 증거). 그리고 비형식적인 맥락에서도 모든 종류의 것에 대한 증거로, 즉 우리와 우리 가족이 과거에 어떻게 생겼는지 같은 증거로 쓰인다.

물론 사진이 증거를 제공하는 유일한 종류의 그림은 아니다. 사진이 아닌 그림이 법적인 증거 역할을 하는 사례를 생각하는 것은 어렵지 않다(아마도 예술품 절도?). 동굴 벽화는 인류 주거지에 대한 인류학적 증거를 제공해준다. 그리고 빌딩 벽면에 분필로 대충 그려놓은 그림은 비공식적으로 청소년의 장난이라는 증거가 된다. 이런 이유에서 사진은 다른 종류의 그림들과 비교해볼 때 독특한 인식론적 지위를 가지고 있는 듯이 보인다. 앞서 언급한 비사진적 묘사의 예들과 달리, 사진은 전형적으로 특히 그들이 묘사하는 것에 대하여 증거를 제공한다. 이 사실을 통해 인식론적으로 특별한 사진의 특징이 드러난다. 즉 우리는 가장 정확한 드로잉이나 회화는 그다지 믿지 못하지만, 사진은 믿는 경향이 있다.

사진의 특별한 인식론적 지위에 대한 전통적인 설명은 사진이 내재적으로 사실적인 매체라는 것이다. 이 설명은 분명히 옳은 것 같다. 하지만 사진의 사실성이 무엇에 있는지에 대한 이론을 제공하지 않고는 그 주장을 평가하기 어렵다. 유감스럽게도 사진의 특별한 인식론적 지위를 설명하는 전통적인 사진의 사실성에 대한 설명은 대부분 받아들이기 쉽지 않은 약속에 기초하고 있다. 예를 들어 앙드레 바쟁André Bazin의 표상representationalist 이론[1]은 "사진 이미지는 대상 그 자체이다."라는 믿기 어려운 주장을 만든다. 그리고 "사진은 투명하다."는 켄달 월턴의 주장[2] — 이 주장에서 사진은 문자 그대로 사진이 묘사하는 대상을 보도록 해준다 — 은 반직관적이며 (우리가 다른 곳에서 논쟁했듯이) 쉽게 오해된다.[3] 물론 사진의 사실성에 대해 형이상학적으로 덜 의심스러운 이론들도 많이 있다. 예를 들어 그레고리 커리Gregory Currie는 그의 책 『이미지와 마음*Image and Mind*』에서 묘사적이고 영화적인 사실성에 대한 정교한 유사성 설명을 제시한다.[4] 하지만 이 설명은 일반적인 묘사적 사실성과 특별한 사진적 사실성을 구별하지 않았기 때문에 사진의 인식론적 지위를 적절히 설명하지 못했다.[5] 그렇다면 사진의 인식론적 지위는 설명되지 못한 채로 지났거나, 아니면 잘못 설명된 채로 지나버린 것이다. 어느 쪽이든 사실성 개념의 적용은 그저 설명이 필요한 사진적 재현의 변별적 특징을 적는 정도의 역할을 한다. (우리는 대체로 사진적 재현의 객관성에 대한 주장이 사실이라고 생각한다.)

---

1) A. Bazin, *What Is Cinema?*, trans. Hugh Gray (Berkeley: University of California Press, 1967).

2) K. L. Walton, "Transparent Pictures: On the Nature of Photographic Realism," *Critical Inquiry*, 11 (1984): 246-77쪽 (이 책 ch. 1에 재인쇄).

3) J. Cohen and A. Meskin, "On the Epistemic Value of Photographs," *Journal of Aesthetics and Art Criticism* 62: 2 (2004): 197-210쪽.

4) G. Curries, *Image and Mind: Film, Philosophy and Cognitive Science* (Cambridge: Cambridge University Press, 1995).

5) Nelson Goodman의 관례주의 이론은 사진의 독특한 인식론적 지위에 대한 설명을 잘 제공하지 못하는 또 다른 회화적 사실주의 관점이다. *Languages of Art: An Approach to a Theory of Symbols* (Indianapolis: Heckett, 1976)를 보라.

이 장에서 우리는 사진의 인식론적 지위에 대한 설명 — 없어져버렸거나 대안적인 설명으로는 믿기 어려운 형이상학적 노력이 따르는 종류의 설명 — 을 제공한다.

사진의 인식론적 지위

그렇다면 사진의 특별한 인식론적 지위는 어디에 있을까? 우리의 관점에서 보면 사진에는 그것의 특별한 인식론적 가치를 보증해주는 두 가지 특징이 있다. (1) 징표token로서의 사진은 공간적으로 불가지한 정보이며, (2) 관람자는 자신들이 보는 징표로서의 사진의 인식론적 지위에 대한 자신들의 태도에 영향을 미치는 사진의 범주에 대한 배경 믿음을 가지고 있다. 우리는 차례로 이 주장들을 풀어볼 것이다.

사진이 공간적으로 불가지한 정보라고 말할 때 이는 무엇을 의미할까? 이것을 설명하기 위해 우리는 '정보'라는 말이 무엇을 의미하는지부터 설명해야 한다.

정보에 대한 우리의 관점은 프레드 드레츠키Fred Dretske가 『지식과 정보의 흐름*Knowledge and the Flow of Information*』[6]에서 처음 제시한 설명에 영향을 받았다. 드레츠키는 두 가지 독립적인 사건 사이에 객관적이고, 개연적이며, 조건법적으로 지지되는counterfactual-supporting 연결이 있을 때 정보가 전달된다고 보았다.[7] 따라서 예를 들어 체온계는 둘 사이에 객관적인 개연적 연결이 있는 경우에만 체온에 대한 정보를 전달한다. 온도계 눈금이 100°C인 조건에서 온도가 100°C일 개연성이 눈금이 100°C가 아닌

6) F. I. Dretske, *Knowledge and the Flow of Information* (Cambridge, MA: MIT Press, 1981).

7) 우리는 드레츠키의 정보 개념에 대해서 세세하게 전부 다룰 생각은 없다. 특히 문제의 개연성들이 일치하는 것으로 드러나는 그의 조건을 다루지는 않는다.

조건에서 100°C일 개연성보다 높다(물론 어떤 단서들을 조건으로 한다). 나아가 이 개연적 관계는 반드시 조건법적으로 지지되어야 한다. 체온계의 상태와 사람의 체온 사이에 정보-전달 관계가 있기 위해서는 반드시 (다른 사정들에 변화가 없다면) 체온이 다르다면 온도계는 다르게 읽혀야 한다. 사실 우리는 이 조건법적 관계가 있음을 일반적으로 대상의 존재에 대한 훌륭한 증거라고 믿는다.[8)]

이런 의미에서 사진은 정보의 중요한 출처라는 것이 우리의 견해다. 특히 사진은 일반적으로 그것이 묘사하는 대상의 시각적으로 탐지할 수 있는 많은 속성들에 대한 정보를 제공한다. 모양과 크기 속성들을 생각해보자. 사진이 종종 이런 유의 특징들을 왜곡하고 속인다 하더라도 일반적으로 그들에 대한 정보를 전달한다는 것이 우리의 견해다. 예를 들어, 만약 묘사된 꽃의 크기나 모양이 달랐다면, 그것의 사진 이미지 또한 다를 것이다. (조금 더 정확히 말하자면, 만약 그 꽃의 묘사된 특징들의 크기나 모양이 달랐다면, 사진 이미지 또한 다를 것이다. 사진은 그것이 묘사하는 대상의 시각적으로 탐지할 수 있는 모든 속성들에 대한 정보를 전달하지는 않는다. 예를 들어, 그들은 보통 묘사된 대상의 숨겨진 면에 대한 정보를 전달하지 않는다.) 이 정보-전달 능력의 또 다른 예는 컬러 사진에서 볼 수 있다. 이 사진은 일반적으로 그것이 묘사하는 대상의 색에 대한 정보를 전달한다. 만약 대상의 색이 달랐다면 사진 이미지도 다를 것이다. 사진은 또한 종종 그들이 묘사하는 대상의 많은 시각적인 미적 속성들에 대한 정보를 전달한다(따라서 여행 목적지와 예정일을 고르는 데 유용하다).[9)]

---

8) 하지만 언제나 그런 것은 아닌데, 특히 우리는 문제의 조건법적 서술이 공허하게도 사실로 드러날 것이지만, 정보를 전달하지 않는다고 말하고 싶은 경우가 있다. 차후에 이런 몇몇의 경우들을 생각해볼 것이다.

9) 좀 더 엄밀히 말하면, 사진은 그들이 **일시**에 묘사하는 대상의 시각적으로 탐지할 수 있는 속성들에 대한 정보를 전달한다. 즉, 사진이 찍힌 그때. 내가 월요일에 사진으로 찍은 꽃을 화요일에 칠했다고(즉 꽃에 페인트칠을 했다고) 가정해보자. 그로 인해 나는 사진에는 그에 호응하는 변화를 가져오지 않은 채 꽃 색깔을 바꾸었다. 말하자면 화요일의 사진은 화요일의 꽃 색깔에 대한 정보를 전달하는 데 실패한다. 다른 한편, 화요일의 사진은 여전히 월요일의 꽃 색깔에 대한 정보를 전

우리의 해석(즉, 드레츠키의 해석)에서 정보적 연결은 주체의 믿음이나 다른 정신적 상태와 관계없이 구성된다. 온도계의 상태는 방 온도에 대한 정보를 전달하는데, 그것은 내가(혹은 다른 누군가가) 전자로부터 후자를 추론했건 안했건, 내가(혹은 다른 누군가가) 전자를 알고 있건 아니건 등의 경우에도 그러하다. 마찬가지로 사진에 의해서 정보가 전달되느냐 안 되느냐에 대한 질문 등은 사진이 다양한 사건들과 맺는 객관적인 개연적 관계를 숙고해봄으로써 답을 얻을 수 있다. 특히 주체들이 사진을 기반으로 무엇을 믿는 것이 당연한가, 그들은 사진으로부터 세상에 대해 무엇을 배우는지, 그들이 사진으로부터 무엇을 추론할 준비가 되어 있는지 등과 같은 질문을 던질 때, 그런 질문들은 답변되지 **않는다**.

나아가 이 사진의 정보-전달 능력에 대한 해석은 사진의 사실성이나 객관성, 정확성에 대해서도 말하지 않으며, (이전 단락에서 분명해졌듯) 우리가 일상적으로 사진에 기초해서 올바른 판단을 하는지 안 하는지에 대한 어떠한 암시도 하지 않는다.[10] 또한 이 해석은 동일한 정보를 전달하는 두 개의 사진 이미지가 매우 다르게 보일 수 있다는 것을 (아마도 사진 처리 과정의 차이 때문에) 용납함을 주목할 가치가 있다. 굿맨Goodman이 유사한 맥락에서 언급했듯, 체계적으로 색깔들의 보완물들을 가지고 그림picture의 색깔들을 바꾸는 것은 그 그림의 정보적 내용을 바꾸지 않는다.[11]

하지만 사진이 일반적으로 자신이 묘사하는 대상의 시각적 속성들에 대한 많은 정보(이것을 'v-정보'라고 하자)를 전달할 때, 사진이 제공하는 데 실패한 정보의 범주가 있다. 이것은 그들이 묘사하고 있는 대상의 자기 중심적인 공간적 위치egocentric spatial location 정보이다(이것을 'e-정보'라고 부르자).

달한다. 우리는 이후로는 이 문제를 제쳐둘 것이다.

10) 물론 만약 누군가가 사진의 정보-전달 능력을 특징짓기 위해 '사실성'이나 '객관성' 같은 용어의 사용을 선택해야만 한다면, 우리는 이 선택에 대해서 논쟁하지는 않을 것이다.

11) Goodman, *Languages of Art*.

즉 사진은 일반적으로 그들이 묘사하는 대상의 위치 — 그 사진의 관람자 측면에서 — 에 대한 정보를 제공하지 않는다. 이 정보의 결여는 적절한 조건법적 서술의 허위성에 의해 분명해진다. 앞에서 언급한 꽃 사진을 다시 생각해보자. 이것은 만약 사진과 꽃 사이의 공간적 관계가 변한다면 꽃의 이미지가 변하는 그런 사례가 아니다. 그래서 그 사진을 가지고 다니는 사진의 관람자는 사진 이미지에 어떠한 변화도 없이 그 꽃과 그녀의 공간적 관계를 바꿀 수 있다. 그리고 따라서 그 사진(그리고 그 사진을 보는 것을 포함한 시각적 과정)은 그것이 묘사하는 대상에 대한 e-정보를 전달하는 데 실패한다.

여기까지 우리는 주로 징표로서의 사진의 정보-전달 능력에 초점을 맞추었다. 설명을 용이하게 하기 위해 사진의 범주를 포함하여 다양한 묘사 유형들의 정보-전달 능력들에 대해 이야기해보는 것은 유용할 것이다. 우리는 묘사 유형 D의 징표들이 일반적으로 K-정보를 전달할 경우에 한해 종류 K에 대한 정보를 전달한다고 말할 것이다. 아니면 우리는 유형들의 이런 특성을 기질적으로 특징지을 것이다: D는 만약 K-정보를 전달하는 징표를 가진 기질이 있을 때만 K-정보를 전달한다. 정보-전달의 개념을 다양한 시각적 처리과정 징표들과 유형들에 적용하는 것도 유용할 것이다.[12] 따라서 처리과정 징표와 대상의 관련된 특성들 사이에 객관적인 개연적 관계가 있는 경우에 한해서, 시각적 처리과정 징표는 대상에 대한 어떤 종류의 정보를 전달한다고 말해보자. 그렇다면 묘사된 징표 *d*를 보는 것에 대한 시각적 처리과정 징표 *v*는 만약 *v*와 *o*의 K-특성들 사이에 객관적인 개연적 관계가 있을 때에만 *d*에 묘사된 대상 *o*에 대한 K-정보를 전달한다. 시각적 처리과정 유형들은 오

12) 여기서의 진술들은 우리가 앞서 취했던 것들과는 살짝 벗어난다. "On the Epistemic Value of Photographs"를 보라. 우리는 초기의 진술들에 적용되는 (다소 기술적인) 걱정들을 피하기 위해서 이런 수정을 했다.

직 그들의 징표들이 일반적으로 K-정보를 전달하는 그런 것들일 때에만 K-정보를 전달한다. 따라서 묘사된 유형 D를 보는 시각적 처리과정 유형은 그 처리과정 유형의 징표들이 일반적으로 D의 징표들에 의해 묘사된 대상들에 대한 K-정보를 전달하는 경우에만 D의 징표들에 묘사된 대상들에 대한 K-정보를 전달한다.

만약 이 분석이 맞는다면, 사진은 우리가 다른 곳에서 "공간적으로 불가지한 정보들"이라고 칭한 바로 그것이다.[13)] 그들은 그들이 묘사하는 대상의 자기중심적인 위치에 대한 정보(즉, e-정보)를 전달하는 데 실패하는 반면, 한 종류(v-정보)에 대한 정보를 전달한다. 그리고 이것은 사진의 독특한 인식론적 가치를 설명하기 시작한다. 우선 사진은 정보의 중요한 근원이다. 사진 같은 유형은 그것이 묘사하는 대상이 가진 시각적으로 접근 가능한 속성들에 대한 정보를 전달하지 않는 많은 다른 묘사적 재현 유형들과는 다르다. 둘째로, 사진 같은 유형의 공간적 불가지론, 따라서 사진을 보는 과정은 사진을 다른 시각적 정보의 근원들과 구분 짓는다. 예를 들어, 일상적인 시각과 망원경, 쌍안경 같은 보조물을 사용하는 시각적 처리과정들(이후로는 "시각적 보조물의 처리과정"이라고 하겠다) 둘 다 v-정보와 e-정보를 전달한다. 이는 사진을 보는 과정이 이런 다른 시각적 정보의 근원들과 비교해볼 때 정보가 부족한 듯 보이게 만들 것이다. 그렇다. 일상적인 시각은 전형적으로 사진을 보는 과정이 주는 것보다 많은 정보를 제공한다. 그리고 시각적 보조물의 처리과정도 이런 식으로 사진을 보는 과정보다 정보가 풍부하다. (즉, 전자는 그들이 우리가 보도록 허락한 대상에 대한 v-정보와 e-정보 둘 다를 제공하는 반면, 후자는 오직 묘사된 대상의 v-정보만 준다.) 그럼에도 이 특징은 또한 사진의 특별한 인식론적 지위에 공헌한다. 왜냐하면 단순히 일상적 시각이 v-정보와 e-정보 둘 다를 제공하는 것은 아니

13) Cohen and Meskin, "On the Epistemic Value of Photographs."

기 때문이다. 즉, 만약 일상적 시각이 e-정보를 제공하지 않는다면, v-정보도 제공하지 않는다. 시각적 보조물 과정에서도 마찬가지다. 하지만 사진과 사진을 보는 과정은 e-정보의 제공 없이도 v-정보를 제공하는 능력이 있다. 이것이 사진을 특별히 가치 있는 기술로 만든다.[14)]

v-정보를 전달하는 많은 것들은 또한 e-정보도 전달한다. 이 v-정보의 원천들은 조건들이 딸려 있다. 그들은 e-정보가 가능하지 않은 문맥에서는 v-정보를 제공하지 않는다. 하지만 우리는 종종 e-정보를 얻을 수 있는 전제조건들이 충분하지 않을 때도 v-정보를 원하는 우리 자신을 발견한다. 그런 경우, 사진은 자신의 독특한 인식론적 가치를 내보인다. 사진은 비교적 어렵지 않은 대상의 시각적 속성들에 대한 정보의 근원, 즉 e-정보가 없는 문맥에서도 가능한 정보의 근원이다.

우리는 공간적으로 불가지한 정보의 근원으로서 사진의 지위가 이 이야기의 상당 부분에 해당한다고 믿지만, 이는 사진의 인식론적 가치에 대한 이야기의 전모가 될 수 없다. 그것은 왜냐하면 사진과 함께 이러한 특징을 공유하는 징표로서의 묘사들이 있기 때문이다. 많은 풍경화와 정물화들이 그들이 묘사하고 있는 대상의 시각적으로 탐지 가능한 속성들에 대한 정보를 전달한다는 것은 타당해 보인다. 나아가 이 그림들은 사진처럼 e-정보를 제공하는 데 실패한다. 따라서 이 그림들 또한 공간적으로 불가지한 정보의 근원이다. 뿐만 아니라 이 징표들 몇몇을 공간적으로 불가지한 정보를 공유non-empty하는 범주로 묶는 것도 가능하다(예컨대 정확한 정물화들의 범주를 생각해보라). 하지만 우리는 일반적으로 이런 묘사들을 우리가 사진을 다루는 것과는 다르게 취급한다. 우리는 정물화나 풍경화에는 사진에 부여하는 것 같은 인식론적 지위를 부여하지 않는다.

---

14) 물론 사진을 보는 과정은 바로 그 사진들에 대한 e-정보를 제공한다. 하지만 문제가 되고 있는 것은 사진으로 묘사된 대상에 대한 e-정보다. 사진은 대개 자신을 묘사하지는 않는다.

이 차이를 설명하기 위해 우리는 관람자의 심리적인 부분까지 포함하는 우리 시각의 더 광범위한 부분들에 관심을 가질 것을 제안한다. 첫째, 우리는 정확한 풍경화들은 그렇지 않은 반면, 사진은 주체에게 두드러진다고 주장한다. (일상적인 조망 상태에서) 사진과 시각적 접촉을 하게 되는 주체는 일반적으로 그 대상을 사진으로 분류한다. 대조적으로, 정확한 풍경화들과 시각적 접촉을 하게 되는 주체는 일반적으로 그 대상을 정확한 풍경화라고 분류하지 않는다. 그보다는 오히려 회화 혹은 풍경화(혹은 아마도 네덜란드 풍경화)로 분류한다. 둘째, 관람자들은 일반적으로 그들이 이 그림들에 부과한 묘사적 범주들에 대한 배경 믿음을 가지고 있는 듯하다. 대체로 관람자들은 사진과 같은 유형은 v-정보를 전달하는 구성원이라고 믿는다. 그리고 관람자들은 대체로 그들이 정확한 회화라고 보는 범주들은 아마도 v-정보를 전달하는 데 실패할 것이라고 믿는다. 이것이 우리가 사진과 풍경화 사이에 만든 인식론적 구별을 설명하는 배경 믿음이다.[15)]

이런 의미에서 우리의 제안은 사진의 인식론적 지위를 설명한다. 즉, 이러한 제안은 사진에 대한 사실들과 그들이 보는 사진에 대해 사람들이 가지고 있는 배경 믿음을 제시하고, 어떻게 이 사실들이 주체들로 하여금 그들이 보는 사진을 증거적 힘을 실어 나르는 것으로 다루도록 이끌었는지 보여준다. 그에 반하여 우리의 설명은 사진이 모든 사례들에 부합되어 있는 증거적 힘을 **정의하거**나 **보증해준다**는 점에서 사진의 인식론적 지위를 설명하지 않는다(또한 설명하려 의도하지도 않는다). 그와는 반대로 우리는 관련된 몇몇 배경 믿음들이 어떤 경우에는 거짓이라고 생각

15) 우리가 제시하는 설명은 인간 심리의 두 의존적인 특징을 언급한다. (1) 공간적으로 불가지한 재현 유형들 간에 현저함의 순서, 그리고 (2) 그런 설명들이 끌어오는 배경 믿음들. 이런 까닭에 우리는 사진과 풍경화 사이의 인식론적 차이는 의존적이며, 또한 이 유형들과 관련된 (마음이 개입된) 사실들의 결과 역시 그러하다고 말한다.

한다. 따라서 이런 경우들에 연관된 징표로서의 사진들은 그들에게 주어진 인식론적 힘을 누릴 자격이 없다. (그렇지만 우리는 많은 경우 관련된 배경 믿음들을 진실이라고 믿고, 이런 사례들에 연관된 징표로서의 사진들은 그들에게 주어진 인식론적 힘을 누릴 만하다고 생각한다.) 여전히 우리는 우리가 올바른 예측을 했다고 생각한다. 주체들은 실로 그들이 보는 사진에 (때로는 정당화되고/보증된, 때로는 정당화되지 않고/보증되지 않은) 이 증거적 힘을 부여한다. 그렇다면 사진의 인식론적 지위에 대한 우리의 설명은 결국 사진이 가지고 있는 인식론적 지위 덕분에 그러한 지위를 갖는다는 것이다. 즉 이 인식론적 지위가 (언제나) 응당하거나 정당화된다고 말하려는 것은 아니다.

설명, 이의 그리고 답변들

우리는 우리의 설명이 사진의 인식론적 지위에 대한 두드러진 많은 퍼즐들을 해결한다고 믿지만, 이는 또한 그 스스로 흥미로운 질문들 — 그 시각이 어떻게 이해되어야 하는지에 대한 세밀한 질문들, 그리고 몇몇 난해한 경우들에 이를 적용하는 것에 대한 질문들 — 을 불러일으킨다. 이번에는 그런 질문들에 대한 답변을 시도해보겠다.

대상을 봄Object seeing과 e-정보

우리의 관점에서 공간적 불가지론주의는 사진의 인식론적 지위를 이해하기 위해서뿐만 아니라, (대상) 봄을 구성하는 v-정보의 근원과 한편으로는 (대상) 봄에 해당하지 않는 v-정보의 근원 사이를 구분하는 데 쓰일 수 있기 때문에 중요하다. 특히, 우리는 대상을 봄이 e-정보를 전달하는 것으로 여기는 것은 처리과정에서의 필요조건이라고 주장한다. 이 분류는 (정상적인 시각 체계의 도움으로) 일상적인 봄의 과정, 안경을 통한 보조물적 봄, 쌍안경을 통한 보조물적 봄 등등의 과정을 대상을 봄의 예로서 묶는다. 그에 반하여 우리는 사진을 보는 것은 당신의 할머니에 대한 진실한 믿음을 시각적으로 얻는 좋은 방법이겠지만, 당신의 할머니를 보는 방법은 아니라고 주장한다. (하지만 다음 항목에서 왜 사진이 우리에게 진실한 믿음을 제공하는 데 실패할 수 있는지에 대한 논쟁을 보라.) 그러나 몇몇 논평가들은 대상을 봄에 대한 우리의 조건은 너무 세거나 너무 약하다고(혹은 둘 다라고) 반대했다. 즉 (예를 들면) 발린트 증후군 환자를 봄으로부터 부당하게 막는 것처럼 보이기 때문에 너무 세고, 비디오를 사진과 묶기보다는 쌍안경이나 다른 시각적 보조물들과 부적절하게 분류하기 때문에 너무 약하다. 하지만 우리는 이 두 이의가 잘못되었다고 생각한다. 그 이유를 살펴보자.

먼저 비디오의 경우를 생각해보자. 여기서의 생각은 이렇다. 우리의 해석은 비디오를 사진과 달리 시각적 보조물로서 부적절하게 다루고 있지만, 비디오가 사진을 일시적으로 연장한 장면 같은 것인 한 용인할 만한 설명이 비디오와 사진을 함께 묶어 분류할 것이다. 이 이의에 대해 우리는 다음과 같이 답변할 수 있을 것이다. 즉 분명히 분리해서 생각해야 할 다른 종류의 비디오가 있기는 하지만, 우리의 관점은 이 모든 종류의 비디오는 (사진처럼) 공간적으로 불가지한 정보원이기 때문에 그들은 대상을 봄을 가능하게 할 수 없다고 하는 우리가 원했던 답을 내놓을 수밖에 없다.

우선 비디오를 생방송이나 사전 녹화방송이라고 생각해보자. 만약 비디오 신호가 방송되면, (적합하게 장비를 갖춘) 지각자perceiver는 수많은 다른 타인중심적allocentric 장소에서 비디오를 볼 수 있다. 따라서 (고정된) 비디오 이미지의 묘사물depictum은 비디오 이미지에 어떠한 변화도 주지 않은 채 관람자 측면에서 다른 많은 자기중심적인 위치에 있을 수 있다. 이것은 (생방송이나 사전 녹화) 방송 비디오가 묘사물의 자기중심적 위치에 대한 정보를 전달하는 데 실패하며, 따라서 또 다른 공간적으로 불가지적인 정보원으로 간주됨을 보여준다. 비-방송 비디오의 경우엔 좀 더 복잡하다. 예를 들어 어떤 보안 장치에는 단일 고정 카메라single stationary camera에서 단일 고정 모니터로 직접 비디오를 공급하는 것이 포함되어 있다. 이런 경우에 카메라, 모니터 그리고 관람자 모두는 타인중심적인 공간에 고정될 것이다. 만약 그렇다면 비디오 이미지와 묘사물의 타인중심적 위치 사이에는 **사실상의** 상관관계가 있다. 하지만 이 **사실상의** 상관관계는 정보적(즉 조건법적-지지) 관계를 만들지 않는다. 만약 사실과 반대로, 묘사물의 자기중심적 위치에 수정이 있었다고 해도(사실과 반대로, 만약 누군가가 더 긴 비디오 케이블을 가져와서 모니터를 20피트 정도 옮겼다고 해보자), 비디오 이미지는 변하지 않을 것이다. 그러면 이러한 처리과정 유형 역시 묘사물의 자기중심적 위치정보를 전달하는 데 실패한다. 따라서 비-방송 비디오 또한 공간적으로 불가지적 정보다.

이제 대뇌 피질의 두정 후두부 양측이 손상된 환자에게서 흔히 발생하는 발린트 증후군으로 돌아가 보자.[16] 발린트 증후군 상태에 있는 주체의 시각 체계는 공간적으로 불가지한 (시각적) 정보원에 대한 비-사진적인 예가 될 수 있을 것 같기 때문에 현재 우리의 목적에서 이 증후군은 흥미롭다. 발린트 증후군 환자는 일반적인 시각적 예리함과 완전한 시각적 영역을 가질 수 있고, 보고 있는 대상의 색과 형태를 잘 전할 수 있다. 그러나 그들은 세 가지 주된 시각적 이상 측면으로 인해 고통받는다: 동시실인증simultanagnosia(한 번에 하나 이상을 볼 수 없는 것), 시각 실조증optic ataxia(자율적으로 시선을 고정하는 데 심각한 문제를 가진 응시 고정), 시각 실행증optic apraxia(지각된 대상의 올바른 위치에 도달할 수 없는 것).[17] 게다가 (아마도 이 증후군과 관련된 시각 실조증 때문에) 그 주체들은 공간 속에 있는 대상의 기하학적 배열을 인식하고 전

16) 발린트 증후군에 대한 우리의 논의에 조언해준 Lynn Robertson에게 감사를 표한다.

17) L. C. Robertson, "Binding, Spatial Attention, and Perceptual Awareness," *Nature Reviews Neuroscience*, 4 (2003): 96쪽.

하는 데 있어서나 2D와 3D 시각 공간에서 거리를 추정하는 데 있어서 매우 약하다. 이런 사실들은 아마도 발린트 증후군 환자의 시각 체계는 공간적으로 불가지한 정보원이라고 제안할 것이다(사실 우리는 이전 작업에서 한 명 이상의 논평가들에게 이를 제안했다). 만약 그렇다면, 우리의 관점은 이 환자들이 대상을 보는 데 실패함을 수반한다. 하지만 이는 받아들이기 어려워 보인다. 왜냐하면 사실 이는 그 상태를 묘사하는 가장 자연스러운 방식(즉, 주체가 한 번에 오직 한 대상만 보고, 이 대상과 공간적으로 관련될 수 없다는 것)에 위배되기 때문이다.

우리는 발린트 증후군으로 고통받는 사람들이 대상을 본다고 (이런 자연스러운 서술이 증명하듯이) 생각하는 경향이 있으며, 따라서 그들의 시각 체계가 e-정보를 전달한다고 말한다. 하지만 왜 그들의 시각 체계가 e-정보를 전달하지 **않는다고** 가정하는가? 이는 이 주체들이 자기중심적 공간에서 대상의 위치를 보고하는 것이 불가능해서가 아니다. 우리가 이미 강조했듯이, 공간에서 위치를 보고하는 능력은 시각 체계가 e-정보를 전달하는 주체를 필요로 하지 않는다. 또한 그들이 대상에 닿을 수 없기 때문도 아니다. 우리는 어디서도 도달 과제를 성공적으로 수행하는 것이 e-정보를 전달하는 기준이 된다고 주장하지 않았다. 그보다 우리는 e-정보를 전달하는 기준이 되는 것은 두 독립적인 사건 사이의 객관적이고, 개연적이고, 조건법적으로 지지하는 연결이라고 말했다. 우리가 볼 수 있는 한 확실히 명백한 수행 척도들(구두 보고, 도달 행위)은 발린트 증후군 시각 체계 내에 우리가 있다고 주장하는 정보적 연결이 있는지 혹은 없는지를 보여주는 데 실패한다. 지금까지 숙고해온 증거는 다음의 두 가능성을 열어놓는다. (1) 발린트 시각 체계는 본 대상에 대한 e-정보를 전달하는 데 실패하며, 이 실패는 그 대상에 대해 보고하거나 그 대상이 있는 곳에 도달하는 데 어려움이 있도록 만든다. 혹은 (2) 발린트 증후군 시각 체계는 본 대상에 대한 e-정보를 전달하지만, 이 e-정보가 언어 능력, 운동 중추와 통합되지 못하기 때문에 주체는 그 대상에 대해 보고하거나 올바르게 도달하는 데 실패한다. 그러나 공간적 정보의 절대적 측정을 사용하는 최근의 몇몇 실험들은 (2)번 설명을 강하게 지지한다. 예를 들어 킴Kim과 로버트슨Robertson은 정상인과 발린트 증후군 환자 둘 다를 상대로 한 공간 정렬 테스트에서 반응 시간에 미치는 체계적인 효과를 찾았다.[18] 로버트슨과 동료들은 '위' 혹은 '아래'라는 단어가 만약 그 의미와는 다른 위치에 제시되면 ('위'라는 단어가 직사각형의 아래에 제시되고, '아래'가 위에 제시) 그 단어를 읽는 시간이 같은 단어가 반대쪽(즉, 단어의 뜻과 일치하는 위치)에 제시되었을 때 걸리는 시간보다 증가되었다고 보고했다.[19] 험프리Humphreys와 리도크Riddoch도 유사한 결과를 보고했다.[20] 이 모든 사례들에서 발린트 환자들에게는 말단에 있는 물품의 위치가 (비록 암시적일지라도) 체계적인 효과를 갖는 듯이 보이며, 시각적 체계(의 일부분)의 몇몇 상태가 말단에 있는 물품의 위치에 대한 정보를 전달하지 않는 한 (멀리서의 행동을 제외하고) 어떻게 이것이 사실이 될 수 있는지 확인하기 어렵다. 이런 이유로 발린트 증후군의 시각 체계가 e-정보를 전달한다고 생각하는 것은 타당하며, 따라서 그들은 대상을 봄에 대한 우리의 요구를 만족시킨다.

좋다. 우리는 분명히 그 증상에서 발린트 증후군과 똑같은 조건을 상상할 수 있지만, 그 환자들의 시각 체계는 e-정보를 전달하지 않는다. 이러한 상상된 조건을 '시마린트 증후군Shmalint's syndrome'이라고 부르자.

---

18) M. -S. Kim and L. C. Robertson, "Implicit Representations of Space After Bilateral Paretal Lobe Damage," *Journal of Cognitive Neuroscience* 13: 8 (2001): 1080-7쪽.

19) L. C. Robertson, A. M. Treisman, S. R. Friedman-Hill, and M. Grabowecky, M., "The Interaction of Spatial and Object Pathways: Evidence from Balint's Syndrome," *Journal of Cognitive Neuroscience* 9 (1997): 691-700쪽.

20) G. W. Humphreys and M. J. Riddoch, "From *What* to *Where*: Neuropsychological evidence for implicit interactions between object- and space-based attention," *Psychological Science*, 14: 5 (2003): 487-92; cf. L. C. Robertson, *Space, Objects, Minds and Brains* (New York: Psychology Press, 2004), 164-77쪽.

우리는 조건상, "시마린트 증후군 환자가 대상을 봄에 있어서 우리의 필요조건을 만족시키는 데 실패하기 때문에 그들은 대상을 보는 데 실패한다"고 말했다. 하지만 다른 한편, 발린트 증후군 환자가 대상을 본다고 평가할 때의 초기 이유가 시마린트 증후군 환자에게도 적용되는 듯하다. 그 상태를 설명하는 가장 자연스러운 방법은 환자가 오직 한 번에 하나의 사물만을 보지만, 그것에 공간적으로 (다른 정도로) 관련시키는 것이 손상되었다고 말하는 것이다. 우리는 여기서 과감히 (순진한 서술이기는 하지만) 시마린트 증후군 환자들이 대상을 보는 데 실패한다고 주장할 준비가 되어 있다. 명백한 시마린트 증후군 환자는 결국 대상을 본다고 밝혀질 것이라는 점은 유념할 만하다. e-정보의 증거 부재(예컨대 우리가 발린트 증후군 환자에게서 찾아낸 내포된 e-정보의 증거와 같은 식의 부재)는 e-정보 부재의 증거로 받아들여질 수 없다. 하지만 우리는 진정한 시마린트 증후군 환자들 — 즉 사실 그들의 시각 체계가 e-정보를 전달하는 데 실패하는 환자들 — 은 대상을 보는 데 실패한다고 주장한다. 물론 시마린트 증후군 환자의 시각 체계는 예를 들면, 그들 앞에 있는 단일한 대상의 색과 형태에 대한 v-정보를 전달할 것이다. 아마도 이는 앞서 지각적 지식으로 간주한 그것으로부터 나온 지식이라고 말하기 충분할 것이다. 그렇더라도 우리의 주장은 그들이 e-정보를 전달하는 데 실패하는 한 이 시각 체계가 하는 것은 대상을 봄으로 간주하는 것에 포함되지 않는다는 것이다.[21)]

21) 앞에서 말했듯이, 시마린트 증후군 환자들이 대상을 보는 데 실패한다는 결론은 그 사례에 대한 순진한 서술과 조화를 이루지 못하며, 그만큼 우리의 설명과는 반직관적인 결과이다. 결국 시마린트 증후군은 극도로 난해한 (허구적인 것은 말할 것도 없고) 상태이기 때문에 우리는 이 반직관적인 결과를 받아들일 준비가 되어 있다.

그러나 반직관적인 결과를 참기 힘들어하는 사람들을 위한 또 다른 답변 체계가 있다. 즉 이런 식으로 보는 데 있어 우리의 필요조건을 다르게 진술할 것이다. 징표 과정은 x를 보는 것으로 간주되는데, 이는 오직 그 과정에서 제대로 작동하는 징표들이 x에 대한 e-정보를 전달할 때에만 그러하다. 그렇다면 이 생각은 적절한 기능에 대한 이론은 사례들에 조금 더 융통성을 가질 수 있게 해주어 우리가 징표 과정을 분류하는 데 도움을 줄 것이라는 것이다. 특히 심사숙고한 이 수정안은 시마린트 증후군 환자들이 그들의 징표 시각 과정이 시마린트 증후군 환자가 아닌 사람들에게

정보에 대한 질문들

우리는 (1) 사진이 v-정보를 제공하지만, (2) e-정보를 제공하지는 않음을 주장했다. 그럼에도 우리는 독자가 여전히 이 두 주장에 대해 약간의 의심을 품고 있다 해도 놀라지 않을 것이다. (1)과 관련해서 일부 사진들이 오도되었다는 것은 부인할 수 없다. 예를 들어, 어떤 사진들은 그들이 묘사하는 대상의 모양과 크기를 왜곡한다. 그리고 사진의 색은 필름 현상 과정에 매우 의존적이어서 과정 중의 실수는 대상의 색에 대한 부정확한 묘사로 이끌 것이다. 따라서 우리는 매우 왜곡되고, 형편없이 인화된 사진이 v-정보를 제공한다는 것을 부인하고 싶을 것이다. (2)와 관련해서 몇몇 사진들은 우리 자신과 그들이 묘사하는 대상 간의 거리를 판단할 수 있게 하는 듯 보인다. 우리의 이전 작업에 대한 일부 논평가들은 이런 사진들은 e-정보를 제공한다고 제안했었다.

우리는 이 두 반대가 잘못되었다고 믿는다. 두 사례에서, 반대는 주로 우리 주장을 오해한 데 기인한다. 핵심은 정보에 대한 우리의 설명이 완전히 믿음에 근거한 것이 아니라는 데 있다. 즉 우리는 정보의 공급을 진실한 믿음을 제공하는 능력 측면에서 이해하지 않으며, 사실 어떠한 인지적인 관점에서 정보를 이해하지도 않는다. 하지만 우리는 '정보'라는 용어에 어떠한 주장도 하지 않는다. 따라서 어떤 '정보'의 의미로는 그들이 묘사하는 대상에 대한 시각적 정보를 제공하지 않는 사진이 있

있어서는 시각 과정 유형의 부적절한 기능 징표로 밝혀질 때까지 대상을 본다는 것을 (그리고 이런 유형의 시각 과정의 징표가 e-정보를 전달한다고 가정하는 것을) 받아들일 것이다. 한편 사진을 보는 것은 여전히 e-정보를 전달하는 데 실패하기 때문에 대상을 봄을 용이하게 하는 데 실패한다. (아마도, 만약 당신이 시마린트 증후군에 대한 이런 설명을 선호한다면, 당신은 발린트 증후군에도 똑같은 말을 할 것이다.)

물론 이 대안적인 설명의 대가는 용인되는 적절한 기능 이론을 규정하는 것이다. 우리는 많은 철학자들이 — 비록 그들 대부분이 그 대가가 매우 큰 것으로 보지만 — 대가를 치를 준비가 되어 있다는 것을 알았다. 그러나 현재의 논의 맥락이 — 흥미로운 시각적 병리학에 대한 더 직관적인 서술 — 갖는 혜택이 아주 적음을 고려해볼 때, 그 대가가 현재의 목적을 위해 치를 만하다는 것은 당연하지 않다.

으며, 그들의 묘사물에 대한 e-정보를 제공하는 다른 사진들도 있을 수 있다. '정보'라는 용어의 사용 차이가 분명히 드러날 때, 이 주장들의 진실은 (1), (2)와 무관함을 명백히 보여줄 것이다. 그렇다면 사진이 v-정보를 제공한다는 우리의 주장에 대한 비판으로 돌아가 보자.

사진이 묘사하는 대상에 대해 관람자들이 잘못된 믿음을 형성하도록 이끄는 경향이 있는 한, 그러한 몇몇 사진들이 오도되었다는 것은 사실이다. 많은 사진들은 특히 그들이 묘사하는 대상의 시각적으로 감지 가능한 속성들을 오도한다. 집(혹은 말) 사진은 실제 그것보다 작아 보이게 만들 것이다. 당신의 할아버지 사진은 그를 실제보다 더 잘생겨 보이게 만들 것이다. 그리고 형편없이 인화된(또한 노출이 맞지 않는) 당신의 도보여행 사진은 당신이 그곳에 있었을 때보다 그 광경을 더 푸르게 만들 것이다. 하지만 이 논란의 여지가 없는 진실들은 '정보'에 대한 우리의 기술적인 이해를 고려해볼 때, 그런 사진들이 v-정보를 제공하느냐 하지 않느냐에 관한 질문과는 무관하다. 만약 말이 더 작았다면, 이미지는 달랐을 것이다. 만약 당신의 할아버지가 더 잘생겼다면, 사진도 달라 보였을 것이다. 따라서 이 사례들에서 필요한 정보적 관계는 여전히 현존한다. 이 사례들은 대상들의 사진 이미지에 기초하여 갖게 되는 믿음, 즉 그것들의 시각적으로 감지 가능한 속성들에 대한 믿음을 형성하는 과정은 완벽하게 신뢰할 만한 것이 아님을 보여준다. v-정보를 제공한다는 것은 진실한 믿음을 생산하는 데 충분하지 않다. 누가 달리 생각했겠는가? 분명히 우리는 아니다.

(v-정보를 제공하지 않는 다른 종류의 사진들이 있을 것이다. 예를 들어, 만약 비-묘사적인 사진이 있다면 그런 사진은 v-정보를 제공하지 않는다. 하지만 이것은 우리가 제기하는 어떠한 관점에도 타격을 주지 않는다. 우리의 목적은 묘사적인 재현의 유형으로서 사진의 특징적인 인식론적 지위를 설명하는 데 있었다. 그렇다면 우리가 고려하는 사진의 분류는 묘사적인 재현의 분류에 적절하게 들어가 있다. 그러므로 비-묘사적인 사진은 우리가 설명하고자 하는 목표물의 범위 밖에 있다.)

사진이 e-정보를 제공하지 않는다는 우리의 주장 (2)에 대한 비판은 어떠한가? 이 주장에 의문을 갖는 한 가지 이유는 사진이 "다른 원천들에서 나온 정보와 더불어 자기중심적 정보를 추론하는 데 기여할 수 있다."[22]는 생각에서 기인했을 것이다. 예를 들어, 잘 알려진 랜드마크 [일례로, 미국 텍사스 주 러벅(Lubbock)에 있는 버디 홀리(Buddy Holly) 상] 사진을 생각해보자. 만약 행위자가 그런 사진과 마주치게 되고, 그가 자신의 위치와 랜드마크의 위치를 둘 다 안다면, 그가 자신의 현 위치와 관련해서 묘사된 대상의 위치를 계산하는 것은 가능할 것이다. 그렇더라도 우리는 문제의 그 사진은 e-정보를 전달하는 데 실패한다고 주장한다. 어쨌든 만약 행위자가 사진을 가지고 이동한다면 랜드마크의 자기중심적 위치는 변하지만, 사진 이미지는 변하지 않기 때문이다. 사진 그 자체는 e-정보를 전달하지 않는다.[23] (물론 행위자는 사진을 가지고 이동한 다음에도 묘사된 대상의 자기중심적 위치를 다시 계산할 수 있다. 하지만 이는 현재의 이슈와는 상관없다.[24])

사진이 e-정보를 전달하지 않는다는 우리의 주장을 의심하는 두 번째 이유는 켄달 월턴에 의해 (사적인 편지로) 제시되었다. 월턴은 사진이 e-정보를 제공하거나, (올바른 조건하에서) 할 수 있는 사례들의 범위를 제공했다. 그는 우선 우리에게 빠른 속도로 현상되고, 튀어나오고, 해체disintegrate되는 폴라로이드 사진을 생각해보라고 요구했다. (그런 사진은 그것이 제공하는 어떠한 정보도 중요한 조건이 딸려 있기 때문에 증거로서 그리 유용하지는 않을 것임에 주목하라!) 그는 이런 사진들은 그들이 묘사하는 대상이 인근에 있다는 공간적 정보

22) Currie, *Image and Mind*, 66쪽.

23) 커리는 사진이 — 이따금씩 앞서 언급한 식의 추론에서 역할을 함에도 불구하고 — e-정보를 전달하지 않는다고 인정했음을 주목해야 한다.

24) 만약 당신이 우연히 전화기가 어디 있는지, 그리고 그것과의 관계에서 당신이 어디에 있는지를 알아서 전화기로 당신에게 말하고 있는 사람의 자기중심적 위치를 계산할 수 있는 것과 비교해 보라. 여전히 당신이 듣는 소리는 당신이 말하고 있는 그 사람에 대한 e-정보를 전달하지 않는다. 사진의 경우에도 추론은 똑같다.

를 제공한다고 그럴듯하게 말할 것이라 한다. 또한 그는 현재의 사진들과 특히 망원렌즈와 우주여행이 개발되기 전에 만들어진 몇몇 사진은 적어도 하나의 중요한 e-정보를 제공하는 것 같다고 말하는데, 이 정보란 사진에 묘사된 대상이 그 사진의 관람자가 살던 곳과 동일한 행성에서 발견된다는 정보이다.

우리는 월턴의 사례들은 사실 e-정보를 제공하는 사진들이 아니라고 — 적어도 우리가 관심을 갖고 있는 그런 종류는 아니라고 — 주장한다. 이 사례들은 그보다는 커리가 위에서 묘사한 것들과 유사하다. 즉 묘사하는 대상의 자기중심적 위치에 대한 진실한 믿음을 형성하기 위해 추론적으로 사용되었을 사진들(그리고 그들이 전달하는 정보)에 관한 사례들이다.

우선 해체되는 폴라로이드를 생각해보자. 일반적인 경우 우리가 그런 사진 이미지에서 그 대상이 인근에 있었다는 믿을 만한 추론을 할 수 있다는 것은 사실이지만, 필요한 정보적 연결을 갖고 있지 않다. 그 사진이 그렇게 극미하지는 않은non-infinitesimal 수명을 가진 한, 이것은 대상이 다른 자기중심적 위치에 있다면 이미지가 달라졌을 그런 경우의 것은 아니다. 얼마나 짧은 시간 동안 사진이 지속되는지와 관계없이, 여전히 그 대상이나 사진이 이미지에 변화를 주지 않은 채 움직이는 것이 가능하다. 따라서 그 사진은 e-정보를 전달하지 않는다.

월턴의 세계-경계 내의-사진world-bound-photograph 사례와 관련해서 무엇이 사진의 일반적인 관람자로 하여금 묘사된 대상이 같은 행성에 있다는 것을 알게 해주는지 생각해보는 것은 유익할 것이다. 분명히 이와 관련된 대부분의 문제는 단지 사진의 인공성에 관련된 것이다. 짐작컨대, 우주여행에 앞서 발견된 인공물이 그 사람이 살고 있는 행성과 같은 행성에서 만들어졌다고 추론하는 것은 합리적이다. 따라서 우주여행 이전에 그가 발견한 어떠한 사진도 이 행성에서 만들어졌다고 믿는 것은 합리적일 것이다. 오늘날 우리는 이 행성에서 온 것이 아닌 사진과 다른 인공물들(예를 들면 그들은 우주에서 만들어졌다)을 가지고는 있지만, 그것들은 여전히 비교적 드문 편이다. 우리가 태양계 밖의 사진을 볼 것 같은 상황(예를 들어 천체지질학 원고)에 있지 않는 한, 우리는 우리가 조우하는 사진은 이 행성에서 만들어진 것이라고 가정할 수 있다.

이제 그 사진이 망원렌즈가 발전되기 전에 찍힌 것이 아니라고 해도 그런 사진에 묘사된 대상이 이 행성에 산다는 결과가 뒤따르지 않는다. 지구-내의earth-bound 사진은 분명히 망원렌즈 없이도 천문학적 현상을 재현할 수 있다. 하지만 아마도 월턴의 지적은 비-천문학적 대상들에 대한 사진에만 적용되어 이해되어야 할 것이다. "자, 긴 망원렌즈가 고안되기 이전의 사진을 생각해보라. 대상이 같은 행성에서 촬영되었는지 아닌지 사진의 특성으로부터 명확히 알던 그때를 말이다."[25]

그럼에도 어떤 종류의 e-정보를 제공하는 것은 사진이 아니다. 아마도 사람들은 사진의 모습에서 그것이 이 행성에 있는 어떤 것을 묘사하고 있음을 추론할 것이다. 하지만 정보적 연결이 있는지 없는지를 평가하는 것과 관련된 조건법적 서술은 여전히 사진이 공간적으로 불가지하다고 말한다. 아마도 이 사례가 사진에 의해 e-정보가 전달되는 것으로 보이도록 만드는 것은 P 행성에서 보여진 사진과 P 행성에 있는 묘사된 대상 사이에 **사실상의** 연관성일 것이다. 하지만 우리가 폐쇄회로 비디오 사례에서 지적했듯이, **사실상의** 연관성은 정보적 관계가 있음을 수반하지 않는다. 만약 사실과 반대로 사람들이 다른 행성으로 옮겨갈 수 있다 해도 사진 이미지는 변하지 않을 것이다.

25) 월턴의 개인적 서신.

자기중심적Egocentric / 타인중심적allocentric 재고再考하기

사진의 인식론적 지위에 대한 우리의 설명은 대체로 사진이 e-정보의 전달 없이 v-정보를 전달한다는 주장에 기대고 있다. 하지만 왜 이 지적을 타인중심적 위치(관람자와는 독립된 준거 틀과 관련된 묘사물의 위치에 대한 정보)보다 **자기중심적** 위치(관람자와 관련된 묘사물의 위치에 대한 정보)에 대한 불가지론 측면에서 진술할까? 이전의 논문에서 이 문제를 생각했을 때, 우리는 자기중심적 진술을 밀고 나가기로 결정했다. 왜냐하면 이것이 더 이상의 논쟁적 이슈들을 피하면서 우리가 만들기 원하는 구분을 나타낼 수 있도록 해주기 때문이었다. 우리는 그때 이렇게 말했다.

> 누군가가 묘사물의 절대적 혹은 타인중심적 위치로 사진을 특징짓기 원한다고 가정해보자. 그러면 만약 조건법적 서술들이 **데 딕토**(**대언적, de dicto**)로 읽히면, 사진은 묘사물의 타인중심적 위치에 대한 정보를 대수롭지 않게 전달할 것이다(왜냐하면 관련된 조건법적 서술들은 공허하게 사실로 드러날 것이기 때문이다). 하지만 그것은 절대적 혹은 타인중심적인 위치적 정보의 관점에서 명시된 요구가 한편으로는 사진을 보는 시각적 과정과 다른 한편으로는 인공적prosthetic 혹은 비-인공적 시각에 대한 논란의 여지가 없는 사례를 서로 구분하지 못할 것임을 의미한다. 만약 우리가 문제가 되고 있는 개별적 기준을 배제하고자 한다거나, 조건법적 서술들을 **데 레**(**대물적, de re**)로 읽기를 선택한다면, 우리의 요구가 타인중심적/절대적으로 해석되는 것을 막을 수 있을 것이라고 가정하지만, 그보다는 할 수만 있다면 그런 과격한 문제들에서 어느 한쪽 편을 들지 않는 것을 선호한다. 대조적으로(그러나 당신은 조건법적 서술들을 읽는다) 사진의 묘사물의 타인중심적 위치로 사진을 개별화하는 것은 사진이 그들 묘사물의 자

기중심적 위치에 대한 정보를 전달하는 사례로 만들지 않는다.[26)]

우리는 이제 이것이 이 문제에 접근하는 잘못된 방식이었다고 생각한다. 특히 우리가 정보적 관계가 있는지 검사하기 위해 — 다양한 상황들에서 주효했던 검사 — 여기서 사용한 조건법적 질문은 이런 종류의 사례들에는 적용 불가능한 것처럼 보인다. [비록 많은 철학자들이 30여 년 이상 지난 후에 드레츠키(Dretske)에게서 이 발상을 얻어왔지만[27)]] 본래 1948년에 섀넌Shannon[28)]에게서 나온 적절한 정보 개념은 엔트로피entropy(예측불허)나 불확실성의 축소에 해당한다. 따라서 만약 몇몇 결과outcome가 분명하다면 축소될 수 있는 그 결과에 대한 엔트로피는 없으며, 어떤 것도 그 결과에 대한 정보를 전달할 수 없다. 이것은 섀넌의 설정에, 만약 임의의 가변적인 *p*가 오직 0이 아닌 확률non-zero probability을 갖는 단일한 결과만을 갖는다면 그 변수에 해당하는 엔트로피는 이미 0이며, 따라서 축소될 수 없다는 점을 지적하면서 표현되어 있다. 이는 *p*와 다른 어떠한 임의의 변수 사이의 최대상호정보maximum mutual information는 반드시 0이라는 것이 뒤따른다. 따라서 이 설정에서는 어떤 것도 *p*에 대한 정보를 전달할 수 없다. 드레츠키의 (약간 다른) 설정도 같은 결과를 제공한다. 즉 그에게 신호 *r*은 *r*을 고려한 (그리고 *r*의 수신인의 지식인 *k*를 고려한) *p*의 조건적 확률conditional probaility이 1인(하지만 *k*만을 고려하면 1보다 적은) 경우에 한해서 *p*에 대한 정보를 전달한다.[29)] 하지만 만약 *p*를 대신할 만한 결과가 없다면, *k*만을 고려한 *p*의 조건적 확률은 1이다. 따라서 이 정의에서는 역시 어떤 것도 *p*에 대한 정보를 전달할 수

26) Cohen and Meskin, "On the Epistemic Value of Photographs," 201-2쪽.

27) Dretske, *Knowledge and the Flow of Information.*

28) C. Shannon, "A Mathematical Theory of Communication," *Bell System Technical Journal* 27 (1948): 379-423쪽, 623-56쪽.

29) *Ibid.*, 65쪽.

없다.[30)]

물론 정보적 관계들은 조건법적 서술들을 뒷받침해준다. 그렇기 때문에 이 조건법적 서술에 대해 물어봄으로써 *p*와 *q* 사이에 정보적 관계가 있는지를 검사해볼 수 있다. 만약 *q*가 다르다면, *p*도 다를 것이다. 그러나 앞서 말한 내용은 *q*가 필수적인 사례에서는 오류로 이끌 것임을 가르쳐준다. 위에서 설명한 바와 같이, 만약 *q*가 필수적이라면 어떤 것도 (하물며 *p*는) *q*에 대한 정보를 전달할 수 없다. 하지만 일반적인 의미론은 공허하게도 사실로 밝혀지는 조건법적 서술을 갖는다. 따라서 조건법적 서술 검사는 그런 사례들에는 정보적 관계가 있다는 잘못된 결론을 산출하며, 그러므로 이 검사는 이 사례들에서는 신뢰할 수 없다.[31)] (우리가 볼 수 있는 한, 조건법적 서술 검사는 다른 사례들에서는 괜찮다. 따라서 우리는 이 논문에서 계속해서 이 검사에 관심을 가질 것이다.)

그러나 우리가 2004년도 논문에서 타인중심적 위치보다는 자기중심적 위치의 측면에서 진술된 조건을 택하기 위해 제시했던 이유는 결정적으로 정보적 관계 검사가 잘못될 상황들에서 이 조건법적 서술을 그 검사에 사용하는 데 있다. 우리는 타인중심적 진술이 달갑지 않다고 말했는데, 왜냐하면 이것은 (우리가 피하고자 했던 논란의 여지가 많은 조건들을 제외하고) 무엇도 원치 않는 곳에서 정보적 관계를 향하기 때문이다. 또한 타인중심적 진술이 공허하게도 사실인 조건법적 서술을 야기하기 때문에 그

---

30) 정보이론에 대해 도움을 준 Eric Thomson에게 감사한다.

31) 동일한 어려움을 갖는 특히나 힘든 사례는 자기 자신의 사진을 보는 것에 관한 것이다. 만약 사진의 묘사물과 관람자가 일치한다면, 관람자와 관련된 묘사물의 자기중심적 위치는 필연적으로 그 기원에 고정되어 있다. 결과적으로 정보적 관계의 유무를 테스트하기 위해 일반적으로 사용된 조건법적 서술은 공허하게도 사실로 드러난다. 다시, 만약 우리가 이것을 x에 대한 사진이 *x*에 의해 관람될 때 e-정보를 전달한다는 것을 보여주기 위해 받아들인다면, 우리의 해석은 *x*의 사진이 *x*가 볼 때 투명하다는 것을 받아들여야 한다(하지만 $x \neq y$이면서, *y*가 보는 때는 아니다). 우리는 이 결론을 받아들이지 않는다. 그보다 우리는 이 결과를 조건법적 서술들이 공허하게 사실인 사례들에서 정보적 관계의 조건법적 서술 검사의 적용 불가능한 또 다른 설명으로 받아들인다.

렇게 말했다. 이제 조건법적 서술 검사가 그런 경우들(예를 들면, 조건법적 서술이 공허하게도 사실로 드러나는 사례들)에 있어서 잘못된 결론을 가져오고, 사실 그런 사례들에서 정보적 관계는 맺어질 수 없다는 것을 보았다. 우리가 원했던 대로 타인중심적 진술이 (우리가 피하고 싶은 논란의 여지가 많은 조건들은 제외하고) 정보적 연결을 불가능하게 한다는 것은 명확하다. 그러므로 타인중심적 진술을 선호할 이유는 사라졌다는 것이 우리가 얻은 결과이다.

따라서 이제 우리는 다시 이렇게 물을 수 있다. 타인중심적 위치에 대한 정보(a-정보)보다 자기중심적 위치에 대한 정보(e-정보)의 측면에서 진술된 조건을 선호할 어떠한 이유가 있는가?

a-정보보다 e-정보의 측면에서 사진의 인식론적 지위의 진술을 선호하는 한 가지 이유는 대상을 봄을 구성하는 과정들을 대상을 봄을 허락하지 않으면서 v-정보를 제공하는 과정들과 구분하려는 우리의 목적을 상기시킨다. 일상적인, 보조물 없이 대상을 봄 과정을 생각해보라. 이 처리과정 유형의 징표들은 종종 보여진 대상에 대한 a-정보를 전달하지만, 그렇지 않은 동일한 처리과정 유형의 징표들도 있을 법하다. 예를 들어 어떤 보이는 대상들은 관찰자와 일치하여 움직인다(예를 들어 손가락에 끼워져 있는 반지나 콧잔등에 걸쳐 있는 안경). 내가 나의 안경을 들고 타인중심적 공간에서 움직이면, 비록 안경에 대한 나의 시각적 이미지는 변하지 않았더라도 안경은 그들의 a-위치를 바꾼다. 이것은 우리가 보이는 대상들에 대한 a-정보를 전달하는 데 실패하는 대상 보기의 예로 받아들이고 싶은 어떤 처리과정 징표들을 제안한다. 하지만 우리가 사진을 통해 v-정보를 얻는 과정과 대상을 봄을 통해 v-정보를 얻는 과정을 그런 과정들에 의해 전달되는 위치적 정보에 호소함으로써 구분하고 싶어 했던 것을 상기해보자. 제시된 설명은 만약 '위치적 정보'가 a-정보의 측면에서 이해된다면, 우리의 목적과는 다르게 처리과정 유형들은 그들이 전달하는 위치적 정보에서는 서로 유사함을 보여준다. 반대로 만약 '위치적 정보'

가 e-정보의 측면에서 이해된다면, 우리가 원했던 대로 두 처리과정 유형들은 서로 분리된다.

〈욕망Blow-Up〉에서 〈필사의 추적Blow Out〉까지: 녹음의 인식론적 지위[32)]

우리는 사진의 독특한 인식론적 지위가 범주적으로는 두드러지고, 공간적으로 불가지한 정보의 근원이라는 사실에 놓여 있다고 주장해왔다. 이제 다른 기술을 생각해보자. 이것은 녹음 기술인데, 이 기술은 사진과 이러한 특징들을 공유하는 것으로 드러난다. 녹음이 단지 이런 특징들을 공유하기 때문에 우리의 분석은 이것이 사진과 유사한 인식론적 지위를 가질 것이라고 예측하며, 아래에서 논증하겠지만, 실제로 그러하다.

녹음은 정보의 중요한 근원이다. 물론 그들은 일반적으로 그들이 재현하는 대상의 시각적으로 감지할 수 있는 속성들에 대한 정보를 제공하지 않는다.[33)] 그보다 녹음은 일반적으로 그들이 재현하는 대상의 귀로 감지 가능한 속성들에 대한 정보를 제공한다(즉, 그들은 우리가 's-정보'라고 불러야 할 것을 제공한다). 이에 대한 증거는 일반적인 조건법적 서술에서 볼 수

---

32) Michelangelo Antonioni의 1966년 명작, 〈Blow-Up〉은 우연히 살인 사건을 촬영했다는 것을 발견한 사진가를 다룬다. Brian DePalma의 1981년 스릴러 〈Blow Out〉은 Antonioni의 영화에서 영감을 받았는데, 이것은 우연히 대통령 후보의 살인 사건을 녹음한 것을 다룬다. 두 영화는 모두 공간적으로 불가지한 정보의 독특한 인식론적 지위를 이용한다.

33) 여기서 우리는 시각과 사진처럼 청취와 녹음이 각각의 대상을 재현한다고 가정한다. 아마도 대안적 선택은 청취와 녹음이 개별적 대상보다는 사건을 재현한다고 말하는 것이 될 것이다. (우리는 이론상 시각과 사진에서도 같은 선택이 가능하다고 생각하지만, 이런 재현의 형태들은 청취와 녹음에 비해서 덜 유혹적인 듯 보인다.) 우리는 공식적으로 이 쟁점에 대해 불가지하다. 따라서 만약 당신이 두 번째 방식으로 말하는 것을 더 선호한다면, 청취가 대상 *x*를 재현한다는 우리의 말을 청취가 *x*의 몇몇 관련된 속성을 예시하는 사건을 재현한다는 이야기의 약칭으로 받아들여도 무관하다.

있다. 만약 음악가가 피아노에서 다른 음을 연주했다면(그로 인해 공연이 달라졌다면), 음악 녹음도 다른 소리를 낼 것이다. 만약 연설가가 다른 말을 했다면(즉 만약 연설이 달랐다면), 강연의 녹음도 다른 소리를 낼 것이다. 하지만 녹음은 사진처럼 e-정보를 제공하지 않는다. 다시 말해, 이것의 증거는 관련된 조건법적 서술의 허위성 안에서 찾아볼 수 있다. 이는 만약 워크맨을 가진 청취자가 (녹음된) 청각 대상과 관련하여 자신의 위치를 바꾸면, 그녀가 뭔가 다른 것을 들을 수 있는 그런 사례가 아니다.

따라서 녹음은 공간적으로 불가지한 정보이다. 그들은 e-정보를 제공하지 않은 채 s-정보를 제공한다. 그리고 이는 사진이 일상적인 보기와 구분되는 것과 똑같은 방식으로 일상적인 듣기 — 그리고 보청기 같은 일반적인 청각 보조물 — 로부터 자신을 구분한다. 왜냐하면 일상적인 듣기는 우리에게 e-정보를 제공하기 때문이다. 일상적 대화를 생각해보라. 당신의 대화 상대가 당신의 위치와 관련해서 움직인다면, 당신이 듣는 것도 달라진다. 예를 들어 그녀가 가까이에 있을수록 당신이 듣는 소리는 더 클 것이다. 게다가 일상적인 듣기는 s-정보의 공급이 e-정보의 공급에 의존하는 그런 것이다. 만약 당신이 일상적인 청취를 통해 대상에 대한 e-정보를 얻는 위치에 있지 않다면, 당신은 일반적으로 그것으로부터 대상에 대한 s-정보 역시 얻지 못할 것이다. 따라서 녹음은 일상적인 듣기와 관계를 맺는데, 이는 사진이 일상적인 봄과 맺는 관계와 유사하다. 사진이 e-정보가 불가능한 맥락에서 v-정보를 제공할 때, 녹음은 e-정보가 불가능한 맥락에서 s-정보를 제공한다.

사진과 녹음 사이의 분명한 하나의 차이는 범주적 두드러짐과 관련이 있다. 사진은 전형적으로 순수하게 시각적인 단서들에 기초해서 범주화되는 반면, 녹음은 이를테면 그들의 범주화가 그리 중요한 것이 아니다. 우리는 사진에 속아서 그것이 묘사하고 있는 것을 직접적으로 보고 있다는 생각에 거의 절대 빠지지 않지만, 녹음은 종종 우리를 혼란스럽게 만든다. 옆방에서 누가 이야기하는 것을 들었다고 생각했는데, 그저 녹음이었다는 것이 밝혀진 경우가 얼마나 많은가? 여전히 녹음의 범주가 두드러진 문맥에서 그들은 독특한 인식론적 지위가 있는 것처럼 다뤄진다.

따라서 우리는 녹음을 사진처럼 범주적으로 두드러지고 공간적으로 불가지한 정보라고 주장한다. 그러므로 우리의 이론은 녹음이 특별한 인식론적 지위를 갖는다고 예견하며, 사실이 그러하다. 사진이 형식적인 증거와 비형식적인 증거 둘 다에 쓰이는 것과 마찬가지로 녹음도 그렇다. 법적인 맥락에서 첩보원은 범죄자의 악행 증거를 얻기 위해 도청용 마이크를 장착한다. 전화 통화도 유사한 목적으로 도청된다. 오래된 부족 음악 공연의 녹음 기록은 민족음악학자들에게 증거를 제공한다. 그리고 우리가 사랑했던 사람의 녹음 기록은 그들의 목소리가 어떠했는지 비형식적인 증거를 제공한다.

어떤 사람들은 녹음의 독특한 인식론적 지위를 몇몇 투명성 이론의 청각 버전(예를 들어 녹음은 문자 그대로 우리로 하여금 녹음된 대상을 들을 수 있게 해준다는 관점)과 관련해서 설명하려고 하지만, 우리는 그런 관점을 선택할 이유가 없다고 믿는다. 녹음의 독특한 증거적 역할을 설명하는 것은 범주적으로 두드러지고 공간적으로 불가지한 정보원으로서 녹음의 지위다.[34]

---

34) 이 논문은 철저히 공동작업의 결과물이며, 저자들의 이름은 알파벳 순서대로 적었다.

4

사진에서의 진실

스콧 월든
Scott Walden

또한 그가 다른 사람이 지식을 가지고 있는 것에 대해 바른 의견을 가지고 있는 한 — 비록 그가 참된 생각을 하되 지혜를 갖추지는 못하였지만 — 그는 참됨을 아는 사람(지혜를 갖춘 사람)에 못지않은 훌륭한 안내자일 것이다.

- 플라톤, 『메논』

우리의 상식은 사진 이미지와 진실 사이에는 혈족관계 같은 것이 있음을 제안한다. 여러 해 전에 〈LA타임스〉 사진 저널리스트 브라이언 월스키Brian Walski는 그 신문의 1면을 장식한 한 장의 사진이 사실은 디지털 기술로 두 장의 이미지를 하나로 결합한 것이었으며, 따라서 오도하는 이미지를 만들었음을 시인했고, 그 자리에서 해고되었다. 만약 사진과 진실성 사이에 어떤 연결이 있지 않다면, 무엇 때문에 그 야단이었는지 알기 어려울 것이다. 마찬가지로 쿠바 미사일 위기 때 악명 높은 유엔안전보장이사회 회의에서 아들라이 스티븐슨Adlai Stevenson이 발레리안 조린Valerian Zorin에게 들이민 것은 공중 감시 사진이었다. 뒤이은 논쟁은 그 사진들이 진실하다는 것으로 끝났는데(조린은 날조된 것들이라고 주장했다), 이 사안은 만약 사진 매체의 진실성에 대한 가정이 없었다면 발발하지 않았을 것이다.

그리고 진실함이 필수적으로 중요한 목표가 아닌 문맥에서조차 사진은 우리가 그 안에 묘사된 사물들에 대해 배우도록 도와주는 경향 때문에 자신의 가치를 증대시킬 수 있다. 일례로 1930년대에 미국 농업안정국을 위해 일한 사진가들이 찍은 이미지들의 가치 중 일부는 그 당시의 옷 입는 방식, 농사짓는 스타일, 집 안의 가구들에 대한 진실한 믿음을 형성하도록 우리를 돕는 사진의 능력에 있다.

이런 상식에도 불구하고 사진적 진실에 대한 생각은 지난 몇십 년 동안 좀 거친 취급을 당했다. 1970년대에 수전 손탁은 사진을 "예술과 진실 사이에서 발생하는 대체적으로 수상한 거래에 있어서 일반적인 예외가 없는" 생산 작업으로 묘사했다. 1980년대에 앨런 세쿨라Allan Sekula는 "사진적 진실의 확고한 신화"를 말했다. 1990년대에는 프레드 리친Fred Ritchin이 "사진과 현실과의 관계는 다른 매체들과 현실의 관계처럼 미약한 것이다."라고 주장했다. 보다 최근에는 비키 골드버그Vicki Goldberg가 "너무나 오랫동안 빈사상태에 있어서 이제는 애도하기도 어려운 사진의 진실성에 대한 또 하나의 일격"[1]이라고 말했다. 또한 우리는 사진이 기만적일 수 있다고 말하는 데 있어서 학계나 언론계가 필요하지 않다. 광고에 나오는 스냅 샷이나 사진에 대한 약간의 경험이면 사진을 갖는 것이 반드시 진실을 갖는 것은 아니라고 우리를 납득시키기에 충분하다.

그렇다면 우리는 이러한 명백하게 모순된 상황을 어떻게 헤쳐 나가야 할까? 어떻게 우리는 확실히 세상에 대해 배울 수 있게 도와주는 사진의 유용성을 역시나 사진이 가지고 있는 확실한 능력인 속이기와 조화시킬 수 있을까? 나는 적절한 답변의 요소들 대부분이 이미 문헌들에 있다고 믿는다. 하지만 그들은 이질적인 분야들 — 심리철학, 미학, 인식론 — 에 흩어져 있으므로 이들을 합쳐서 특히 사진에 적용되도록 제시할 필요가 있다. 나는 여기서 이 작업을 할 것을 제안한다. 나는 시지각을 두 단계 추론 과정으로 본 제리 포더Jerry Fodor의 정의에서 출발하여 이미지를 시각적 보조물로 본 도미니크 로페스Dominic Lopes의 정의와 주목할 만하게 사진가의 심리 상태를 배제하는 켄달 월턴Kendall L. Walton의 사진적 과정에 대한 이해를 덧붙이고, 그리고 적어도 플라톤 이후로 인

1) Susan Sontag, *On Photography* (New York: Picador, 2001), 6쪽; Allan Sekula, *Photography Against the Grain: Essays and Photo Works, 1973-1983* (Halifax, NS: Press of the Nova Scotia College of Art and Design, 1984), 5쪽; Fred Ritchin, *In Our Own Image: The Coming Revolution in Photography* (New York: The Aperture Foundation, 1999), 1쪽; Vicki Goldberg, *The New York Times*, October 21, 2001.

식론적 문헌의 일부가 되어온 몇몇 아이디어들을 이 혼합물에 주입할 것이다. 내 생각에 이것의 결과는 왜 사진과 진실을 둘러싼 역설이 부상했는지를 분명하게 해줄 것이다. 하지만 동시에 사진을 통해 배우는 것이 단순하게 세상을 향한 또 다른 지각적 접근 방식이고, 보통은 종종 신뢰할 수 있지만 가끔은 아닌 그런 방식으로 보일 것이라고 할 것이다. 이 새로운 관점은 또한 디지털 이미지 기술의 광범위한 사용이 사진의 진실성에 대한 우리의 확신에 영향을 주는 정도와 관련된 다양한 암시들로 인도하고, 나는 그에 맞춰 그런 암시를 분명하게 제시하는 종결부를 덧붙였다.

논의의 한계들

동시대의 심리철학 연구는 정신 작용의 **현상적** 측면과 **의도적** 측면을 구분한다. 전자는 경험에 대한 원초적인 느낌들 — 예를 들면 고통과 쾌락 — 과 우리가 세계를 날마다의 지각 속에서 경험함에 따라 우리 마음 속에 형성되는 이미지를 포함한다. 반면 후자는 그 본질로써 명제적 내용propositional contents으로 가지고 있는데, 이 내용은 진실-평가가 가능하다. 이것들의 전형은 즉시 우리를 둘러싸는 세계에 대해 우리 각자가 갖는 **믿음**이다. 일반적으로 각각의 이러한 믿음들은 진실인 명제 내용을 가지고 있다. 하지만 데카르트의 『성찰*Meditations*』 서장에서 잘 그려내고 있듯이, 각각 거짓인 내용을 갖는 것이 가능하다.

앞으로의 논의는 우리의 정신적 삶의 현상적 측면을 완전히 무시하는 한 제한적이다. 이는 심각한 생략으로 보일 것이다. 분명히 사진 이미지에 대한 우리 감상의 상당 부분은 그것들을 보는 결과로 생겨난 풍부한 현상학에 기반하고 있기 때문에 그러한 감상의 종합적인 모든 이해를 돕기 위해 현상학에 대한 논의가 요구될 것이다. 하지만 앞으로의 논의는 종합성을 열망하지 않는다. 그보다는 오직 진실과의 관계에 있어 이 매체에 대한 이해를 열망한다. 이것이 진실과 직접적인 거래가 있는 정신 작용의 의도적 측면임을 고려할 때, 사진을 보는 것과 그것이 발생시킨 의도적 상태 사이의 관계에 초점을 맞추는 것은 자연스럽다. 아마도 차후의 논의는 의도적 상태가 사진을 보는 현상학에 영향을 미치는 방식에 대해 연구할 것이지만, 지나치게 복잡한 임무는 여기서는 착수하지 않을 것이다.

나는 진실 그 자체의 본질에 대해서는 그다지 할 말이 없기에 이 또한 논의에서 제한한다. 어쩌면 이 역시 심각한 생략으로 보일 것이다. 진실의 본질은 논란의 여지가 많으며, 사진에 나타난 진실은 포괄적인 개념을 둘러싼 논란이 해결될 때까지는 현명하게 논의될 수 없다고 주장될 것이다.

그러나 그런 방법론적 태도는 쓸데없이 망쳐놓을 것이다. 어째서 그런지 알고 싶으면, 우선 의도적 정신 상태와 그것들과 관련된 진실-평가가 가능한 명제 내용들이 인간에 대한 우리의 개념에 매우 중요한 심리학 이론의 요소라는 것을 생각해보라. 우리가 우리 자신을 이해하는 상식에 따르면, 우리는 대체로 우리의 의도적 정신 상태에 기초해서, 전형적으로는 우리의 욕망과 믿음에 기초해서 행동한다. 예를 들어, 나는 에펠탑을 보고 싶은 나의 욕망과 만약 내가 파리에 간다면 그것을 볼 수 있다는 믿음 때문에 나는 파리로 여행을 떠날 것이다. 이러한 인간성에 대한 이해의 상식은 이전 세기 동안 반복해서 도전받았다[행동주의(behaviorism), 제거주의(eliminativism), 그리고 몇몇 인지과학 이론들조차 우리가 일반적으로 진실-평가가 가능한 의도적 정신 상태에 기초해서 행동한다는 생각에 의문을 제기했다]. 그러나 믿음-욕망 심리학은 호머 시대에 그랬던 것처럼 오늘날 인간이 된다는 것은 무엇인지에 대한 우리 이해의 상당 부분에 남아 있다. 이것이 그런 시련 속에서 살아남았다는 것을 고려해볼 때, 이것은 미래에도 우리와 함께할 것임이 확실하며, 그런 확고함은 믿음-욕망 심리학과 그것에 박혀 있는 진실에 대한 개념을 오늘날의 분석에서 원초적인 기능에 잘 맞도록 한다. 나의 목표는 사진에서 중심이 되는 의도적 정신 상태의 진실 혹은 거짓의 측면에서 사진의 진실성을 둘러싼 몇몇 논쟁들을 해결하는 데 있다. 인정컨대, 명제 내용이 세상을 구성하는 물리적 혹은 사회적 사실에 부합하는(혹은 부합하는 데 실패한) 의도적 정신적 상태와 어떻게 연관되는지에 대해 말해주는 완전히 투명한 이야기를 그 누구도 가지고 있지 않기 때문에 이 작업의 성공은 진실 일반에 대한 우리의 이해를 증가시키지는 않을 것이다. 하지만 내가 생각하기에 그런 분석은 사진에 대한 우리의 이해에 중요한 발전을 가져올 것이며, 분석되지 않은 잔여물들은 적어도 "인간이 된다는 것은 무엇인가?"에 대해 널리 받아들여진 — 아마도 불가결한 — 이해의 일부가 될 것이다.

마지막으로 이 논의는 오직 묘사된 사람들과 대상들의 시각적 속성들에 대한 진실의 이해를 제공하는 것으로 제한될 것이다. 사진을 볼 때 우리는 일반적으로 종종 구상적인 단계까지 이르는 광범위한 단계에서 드러나는 진실에 관심을 갖기 때문에 그렇게 문자 그대로에 얽매이는 것은 심각한 걸림돌처럼 보일 것이다. 예를 들어 셰리 레빈Sherrie Levine의 〈워커 에반스를 따라서After Walker Evans〉 시리즈(그녀는 에반스의 유명한 이미지들을 재촬영하고서 본인의 이름으로 그 결과물들을 전시했다)를 감상할 때, 여기서 흥미로운 것은 사진 찍힌 소작인의 옷 입는 방식이나 집 안 가구에 대한 진실성이 아니다. 확실히 그러한 문제들과 관련된 진실성에 배타적으로 초점을 맞추는 것은 이 기획의 핵심을 놓치는 것으로 생각될 것이다.

하지만 여기서 이용되는 가정은 그림에 대한 우리의 감상을 이해하는 가장 좋은 방법론이다. 이 방법론은 우선 그것들의 가장 기본적인 측면에 대한 이해를 발전시킨 후, 이런 비교적 단순한 것들의 측면에서 더 복잡한 면에 대한 이해로 나아간다. 이 점과 관련하여 이미지에 대한 연구는 언어에 대한 연구와는 다르지 않다. 언어에 대한 연구에서 우리는 은유나 아이러니 같이 보다 복잡한 언어 현상을 이해하려 시도하기 전에 어떻게 문자 그대로 해석하는지, 현재형 시제, 평서문이 작동되는지를 이해하려 한다. 만약 우리가 묘사된 사람들과 대상들의 시각적 속성 같은 단순한 묘사물과 관련된 진실을 이해한다면, 이것들과 그림의 관람을 좌우하는 몇몇 다른 — 아직 분명치 않은 — 원리들의 측면에서 저널리즘, 광고, 일러스트레이션, 예술 등에서의 이미지 사용에 대해 훨씬 종합적인 이해에 도달할 수 있을 것이라 믿는다.[2)]

시지각

믿음은 환경에 대한 우리의 재현을 구성하고, 욕망 및 여러 다른 의도적 정신 상태 유형들과 함께 행동을 낳는 기능을 한다. 일반적으로 우리 믿음의 내용은 진실이며, 뒤따르는 행동은 우리의 욕망을 만족시킨다는 측면에서 성공적이다. 파리로 떠난 나의 상상 여행이 포함된 앞의 예시에서, 그곳에 가면 에펠탑을 볼 수 있다는 나의 믿음은 진실이고, 에펠탑을 보고자 하는 나의 욕망은 예상대로 만족되었다. 하지만 믿음은 거짓일 수도 있고, 그럴 때 그 믿음이 낳은 행동은 거의 항상 부적절한 것이 된다. 내가 모르는 사이에 에펠탑을 런던으로 옮겼다고 가정해보자. 그

2) 비록 내가 언어 연구와 관련해서 이러한 방법론적 비유를 언급했지만, 추후의 일반적인 논의 방향은 언어를 이해하는 방식과 유사하게 이미지를 이해하는 것과는 상반된다. 밝혀지겠지만, 그림에서 진실은 관람자의 마음에 생긴 의도적 상태의 내용과 관련된 특성이다. 반면 언어에서의 진실은 문장 그 자체의 내용과 관련된 특성이다. (비록 후자는 일반적으로 결국 청중이나 독자의 마음에서 의도적 상태를 형성하게 되지만 말이다.)

럼 파리에 가면 그것을 볼 수 있다는 나의 믿음은 거짓이 된다. 만약 내가 이 믿음에 따라 행동하면, 에펠탑을 보고자 하는 나의 욕망은 충족되지 못하고, 적어도 내가 나의 믿음을 수정하여 다시 한 번 환경을 정확하게 재현할 수 있을 때까지 그렇게 남아 있을 것이다.

이 예에서 나의 부적절한 행동은 근본적으로는 무해하며, 그 대가는 나의 여행에 대한 욕망의 측면에서 약간의 실망으로 제한된다. 하지만 종종 부적절한 행동의 대가는 훨씬 더 혹독한데, 부상이나 죽음에까지 이르기도 한다. 예를 들어 내가 길을 막 건너려고 할 때, 오고 있는 차가 없다는 나의 거짓된 믿음을 생각해보라. 이를 고려해볼 때, 사람들은 우리에게 당면한 환경과 관련된 신속하고 매우 신뢰할 수 있는 믿음 형성 메커니즘을 기대할 것이다. 사실 이것이 우리가 찾는 것이다. 우리의 오감 양식은 과거나 미래에 대한 믿음을 형성하는 데 그다지 도움을 주지 않으며, 또한 그 너머에 놓인 문제들에 대한 믿음을 형성하는 데도 도움이 되지 않는다. 하지만 그것들은 우리가 빨리, 그리고 정확하게 우리 각각이 존재하는 작은 공간적-시간적 영역의 중대한 측면을 재현하도록 하는 데 매우 효과적이다. 내가 건너고자 하는 길에 다가갈 때, 매우 높은 수준의 신뢰도를 가지고 서둘러 힐끗 좌우를 살피는 것은 나로 하여금 만약 차량이 오고 있다면 그것이 온다고 믿도록 만들고, 오지 않는다면 안 온다고 믿도록 만든다.

그런 지각적 능력은 지난 70여 년 동안 많은 주목을 받으며 연구되었다. 특히 시지각에 관해서 그 처리과정은 어떤 환경 속에 있는 대상이 반사하는 빛으로 시작되어, 그 대상을 보는 사람들의 마음속에 지각적 믿음을 형성하는 것으로 끝난다고 알려져 있다. 하지만 이는 시각 처리 과정의 특징과 관련해서 논쟁이 없다는 것을 의미하는 것은 아니다. 사실, 오히려 그 반대다. 아마도 가장 의견 대립을 일으켜온 문제는 시지각이 어느 정도까지 **추론에 의한** 것인지에 대한 질문과 관련 있다. 추론이 아니라는 가장 극단적인 주장에 의하면, 지각적 믿음이 형성되는 과정은 관람자가 바라보는 때에 가져오는 거대한 배경 믿음으로부터 완전히 격리된다. 이 주장에 따르면, 관람자는 자신이 위치하는 환경의 특징과 관련된 다양한 기대를 갖겠지만, 이 기대는 시각 시스템이 생산한 재현의 내용물에 영향을 주지 않는다. 이를테면, 각각의 시지각 작용은 새로 시작하거나, 혹은 미술사적 용어를 빌리자면, 우리는 순수한 눈으로 세상을 바라본다.

반대 주장, 즉 완전히 추론적이라는 가장 극단적인 주장에 의하면, 실제로 관람자가 바라볼 때 생기는 **어떠한** 믿음도 시각 자극의 특징과 결합하여 시각 시스템이 생산한 지각적 믿음을 확정하는 데 도움이 되도록 할 수 있다. 이 주장에서는 순수한 눈 같은 것은 없다. 우리는 각각의 상황에서 우리가 알고 있는 방식으로, 어쩌면 보다 나은 쪽으로, 또 어쩌면 나쁜 쪽으로 세상을 본다.

제리 포더의 매우 영향력 있는 시각 처리과정에 대한 해석은 이 두 극단 사이의 절충안이다. 포더에 의하면 시지각은 두 단계의 과정으로 되어 있다. 첫 단계에서는 시각 자극을 받아들이고, 배경 믿음들의 **범위를 정하고서** 환경의 재현을 만들기 위한 추론적 메커니즘을 사용한다. 이 예비적 재현들은 내용을 가지고는 있지만, 행동을 유발하는 욕망과 다른 정신적 상태들과 상호작용하지 않았기 때문에 아직 믿음이 아니다. 대신 이 **원-믿음**proto-beliefs은 시각 처리 시스템의 두 번째 단계를 위한 인풋input으로 기능한다. 이 단계에서는 그것들을 환경의 특징에 대한 추론을 하기 위해 관람자가 가지고 있는 **많은** 배경 믿음들과 **이리저리** 결합하는 데 사용하는데, 이때의 추론은 시각 시스템의 아웃풋output이 되는 완전히 운용적인 지각적 믿음을 구성하는 추론이다.[3]

3) 이 아이디어에 대한 포더의 가장 포괄적인 설명은 *The Modularity of Mind* (Cambridge, MA: The

해가 쨍쨍한 날 멀리 떨어져 있는 도로 끝에 물이 고여 있는 것 같아 보이는 익숙한 환영을 생각해보자. 일반적인 관람자는 그것을 볼 때 그런 조건에서는 도로에 물이 있을 것 같지 않다는 확고한 믿음을 끌고 오지만, 시각 시스템은 계속해서 물이 있는 것처럼 세계를 재현한다. 그뿐만 아니라, 시스템이 이런 식으로 계속하는 동안 재현 결과는 관람자의 심리 안에서 완전히 유효하지 않다. 즉 운전자는 속도를 줄이거나, 방향을 바꾸거나, 앞에 있는 도로에 물이 있다는 완전한 믿음에 따른 전형적인 어떤 다른 행동도 하지 않는다. 결국 드러난 모습에도 불구하고 관람자는 앞에 있는 도로에 물이 있다는 지각적 믿음을 발달시키지 않는다. 이 모든 것은 포더의 정의로 설명할 수 있다. 환영의 지속은 관람자가 가지고 있는 배경 믿음, 가장 적절하게는 그런 상황 하에서는 물이 있을 수 없다는 믿음을 포함한 더 광범위한 배경 믿음에 접근하지 못한 첫 번째 단계의 불능으로 설명될 수 있다. 환영의 상대적인 무력함은 그것이 최초의 믿음, 즉 관람자의 심리에서 충분히 제대로 기능하지 않는(도로 저 앞쪽에 물이 있다는) 명제 내용을 가진 진술이라고 가정함으로써 설명된다. 그리고 도로에 물이 있다는 지각적 믿음을 형성하는 데 근본적으로 실패한 것은 두 번째 단계가 가지고 있는 배경 믿음으로의 접근으로 설명된다("물이 있을 것 같지 않고, 이런 유의 환영은 이런 상황에서 종종 발생하는 것이다."라는 등의 믿음). 시각은 무지한unknowing 눈이 그들의 순진한 환영을 고집하기 때문에 순수하기도 함과 동시에 지식이 있는 시각 시스템이 결국 속지 않기 때문에 분별하기도knowing 한다.

첫 번째 단계가 접근하는 배경 믿음들의 제한된 설정과 두 번째 단

MIT Press, 1983)를 보라. 또한 *A Theory of Content and Other Essays* (Cambridge, MA: The MIT Press, 1990)에 있는 "Observation Reconsidered"를 보라. 포더는 시각 시스템의 첫 단계 아웃풋에 대한 일반적인 용어를 가지고 있지 않다. 그래서 나는 차후의 논의에서 유용하다고 드러날 것이기에 '원-믿음proto-belief'을 제시한다.

계가 접근하는 더 광범위한 믿음들 사이의 분할은 독단적이지 않다. 제한된 설정을 구성하는 재현은 환경의 매우 일반적이고 안정된 특성들과 관련된 내용을 가지므로 거짓이 될 것 같지 않다. (포더의 시각에 따르면, 모두일 필요는 없지만 이것들 중 상당수가 본유적이다.[4]) 두 번째 단계가 접근하는 재현은 환경의 훨씬 구체적이고 가변적인 측면과 관련된 내용을 가지므로 거짓이 될 더 큰 위험을 가진다. 이 방식의 세부사항과 관련해서, 특히 그 환경의 특성에 대한 사람의 기대가 거짓인 상황에서 어떻게 그것이 진실한 믿음을 낳는 체계의 기회들을 최대화할 수 있는지에 대하여 할 말이 많다. 하지만 그런 논의는 현재의 목적에서 너무 멀리 나아간 것이다. 대신 여기서 우리는 포더의 주장 — 아니면 적어도 그와 비슷한 주장 — 이 옳다는 가정을 다룰 수는 있다. 그리고 일반적이고 안정적인 특성에 대한 재현에 접근하는 것과 특별하고 가변적인 문제에 대한 재현에 접근하는 것 사이의 구분이 그림을 볼 때 진실한 지각적 믿음의 형성에 미친 영향을 조사할 수 있다.

시지각과 그림

최근의 철학 경향은 회화적 능숙함을 일반적으로 우리의 시지각 능력의 측면에서 이해한다. 가장 기본적인 측면에서 그림은 표면에 있는 흔적들의 배열로 간주되는데, 이것은 우리의 시각 시스템에 제시되었을 때 그것을 그림이 아니라 그 그림이 무엇에 대한 그림인지에 직면한 것 같이 다양한 방식으로 작동되도록 만든다. 이러한 작동의 유사성은 방금 설명한 것 같은 종류의 지각적-믿음perceptual-belief 형성 행위를 포함한다.

4) 더 많은 논의는 "Observation Reconsidered," esp. 247-8쪽을 보라.

내가 엠파이어스테이트 빌딩의 동쪽 전망대에 서서 이스트리버, 퀸스, 브루클린 그리고 저 멀리 롱아일랜드를 보고 있다고 가정해보자. 이때 무수히 많은 진실한 지각적 믿음들이 생긴다. 다리 위로 들어오는 차들은 많은데 나가는 차는 적다, 강에서 예인선이 바지선을 끌고 다니고, 비행기가 남쪽에서 JFK 공항으로 다가오고 있다 등등. 이번에는 내가 뉴욕에서 멀리 떨어진 갤러리에서 동시에 같은 시점에서 만들어진 포토리얼리스트 회화를 보고 있다고 가정해보자. 그 그림들이 매우 세밀하게 도시 기반 시설들의 이미지, 특히 종종 뉴욕에 있는 시설들의 이미지를 그리는 랙스트로 다운스Rackstraw Downes의 것이었다고 생각해보자. 적절한 조건 하에서는 매우 동일한 지각적 믿음들이 생길 것인데, 나는 그들이 같은 시점에 있기에 다리 위의 교통 상태, 강 위의 보트, 하늘의 비행기 상태에 대해 마찬가지로 진실한 믿음을 가질 것이다.

위에서 언급했듯 우리의 지각적 메커니즘은 일반적으로 공간적 · 시간적으로 근접한 문제들에 대한 믿음의 형성에 제한되어 있다. 하지만 여기에 공간적 · 시간적으로 꽤 먼 문제들에 대한 지각적 믿음의 형성에 관하여 친숙한 예가 있다. 어떻게 이런 일이 생길 수 있을까? 거칠게 답하자면, 일반적인 지각에서 먼 대상이 반사하는 빛에서 시작되어 망막에 대한 이미지 투사로 계속되고, 결국 지각적 믿음이 형성되는 인과적 발생 고리는 쉽게 확장될 수 있는데, 특히 먼 대상과 망막에 맺히는 이미지 사이에서 그러하다.

보안 목적으로 사용되는 CCTV는 이 믿음의 아주 친숙한 예다. 출입문을 지켜보기 위해 경비원을 문 가까이 세워놓는 것보다 카메라를 충분히 가까이 놓을 수 있고, 복잡한 전자 기술의 도움으로 모니터에 이미지가 나오게 함으로써 경비원이 멀리 떨어진 곳에서 지켜볼 수 있게 한다. 모니터는 관람자의 망막에 이미지가 맺히도록 설계되었다. 이것은 (다소) 늘 하던 방식대로 관람자가 대상을 직접 보았을 때 지각적 믿음 형성 과정이 가능하도록 망막에 맺히는 것과 아주 비슷하다. 이런 식으로 경비원은 독단적으로 굉장한 공간이 제거된 상태에서 문제들에 대한 지각적 믿음을 형성할 수 있고, 비슷하게 비디오 녹화 장비들의 도움으로 시간이 제거된 상태에서 문제들에 대한 지각적 믿음을 형성할 수 있다.

전반적인 기능에 대한 측면에서 오리지널 장면과 다른 도움을 받지 않는 시각 시스템을 사용하는 사람이 보는 이미지의 창작물 사이에서 **전자기기**의 중재에는 별로 특별할 것이 없다. 이러한 기능적 측면에서 문제가 되는 것은 **어떤** 종류의 시스템은 이미지를 구성하는 선과 색조의 배열을 오리지널한 장면의 시각적 특징과 연관되게 하는데, 이는 관람자가 오리지널한 장면을 직접 보았을 때 시각적 시스템이 자극받는 것만큼 그것을 볼 때도 자극받도록 하는 방식으로 한다. 물론 재능 있는 화가나 스케처sketcher는 그런 시스템의 좋은 사례가 된다.

멀리 떨어져 있는 갤러리에서 뉴욕의 그림을 보는 예시로 다시 돌아가 보자. 다운스의 기술이 그가 이미지를 만들 때 뉴욕에 무슨 일이 일어나고 있는지에 대한 시각적 측면과 캔버스에 오일을 배열하는 것 사이의 적절한 연관성을 보증하는 한, 우리는 다운스 자신을 CCTV가 작동하는 것처럼 순수하게 기능적 측면에서 생각할 수 있다. 그가 이 기능을 충족시킨다고 했을 때, 그의 캔버스를 보면서 나의 시각 시스템은 내가 실제로 그 장면을 보았으면 자극받았을 것과 아주 유사한 방식으로 자극받아서, 내가 그곳에 있었더라면 가졌을 것과 동일한 지각적 믿음을 형성하도록 한다.

이런 방식으로 이미지는 사람들이 형성할 수 있는 지각적 믿음에 대한 문제의 범위를 극적으로 확장할 수 있다. 도미니크 로페스가 언급했듯이, 그림 — 정지된 것이건 움직이는 것이건 — 은 우리의 시각 시스템을 사용해서 배울 수 있는 것의 공간적-시간적 영역을 확장하는 시

각적 보조물로서 기능할 수 있다.[5)6)]

골격만 이해하는 이러한 회화적 능숙함을 적절히 구체화하기 위해서는 반드시 세밀함이 필요하다. 하나의 예를 들면, 그림에 의해 망막에 새겨진 이미지는 일반적으로 직접적인 보기에 의해 새겨진 이미지와는 매우 다른데, 오일, 아크릴, 젤라틴 실버 입자의 반사 빛은 묘사된 사람이나 대상의 반사 빛과 상당히 다른 특성을 갖는다. 그래서 그런 차이들에도 불구하고 어떻게 시각 시스템이 지각적 믿음 형성의 발생을 받아들이도록 충분히 유연해졌는지에 대한 설득력 있는 이야기가 있어야 한다.[7)] 하지만 현재의 목적을 위해 필요한 것은 그림을 보는 데 있어서 공간성 혹은 시간성이 제거된 상태에서 문제에 대한 지각적 믿음을 형성할 수 있고, 또 종종 그렇게 한다는 일반적인 생각이다.

물론 그림을 보는 모든 사례들이 믿음의 형성으로 이끌리지는 않는다. 만화, 낙서, 가상적 장면에 대한 스케치들은 관람자의 마음속에 진실한 믿음을 형성하려는 것과는 아주 다른 목적을 가지고 만들어진다. 사

---

5) 그의 *Understanding Pictures* (Oxford: Oxford University Press, 1996), 특히 191-3쪽을 보라. 로페스는 지각적 믿음의 형성 관점에서 말하지는 않는다. 그보다는 시공간적으로 멀리 떨어져 있는 사람과 사물을 알아볼 수 있게 하는 그림의 능력을 강조한다. 하지만 나는 믿음의 형성은 종종 그런 인식의 결과라고 가정한다.

6) 코헨과 메스킨은 "사진적 이미지는 이런 식으로 관람자가 공간적으로 떨어져 있는 대상의 시각적 속성에 대한 지각적 믿음을 형성하는 데 도움을 줄 수 있지만, 그들은 일반적으로 관람자가 자신의 신체와 관련하여 그런 대상의 공간적 위치에 대한 믿음을 형성하도록 하지는 못한다." 고 말한다(이 책 제3장과 "On the Epistemic Value of Photographs," *Journal of Aesthetics and Art Criticism* 62: 2 [Spring 2004]). 나는 이 점에 대해서는 그들이 옳다고 생각하지만, 이는 사진만이 아니라 모든 정보 제공적 그림들에 적용된다고 강조할만하다. 일반적으로 이미지들은 만약 그것들이 관람객에게 공간적으로(혹은 시간적으로) 떨어져 있는 대상에 대한 믿음을 형성할 수 있다면, '공간적으로 불가지한'(혹은 시간적으로 불가지한) 방식으로 그렇게 한다.

7) 내가 알고 있는 가장 종합적인 논의는 Lopes의 *Understanding Pictures*에 있다. 또한 Arthur Danto, "Seeing and Showing," *Journal of Aesthetics and Art Criticism* 59: 1 (Winter 2001): 1-9, 그리고 순수한 눈에 대한 예술사적 개념과 지각에 대한 Fordor 스타일의 묘사 간의 연결에 대한 단토의 논의 "Animals as Art Historians," *Beyond the Brillo Box: The Visual Arts in Post Historical Perspective* (Berkeley, CA: University of California Press, 1992)를 보라.

실 우리 사회에서 그림들이 가지고 있는 아주 다양한 역할은 그 안에 묘사된 사물들에 대한 믿음의 형성이 하나의 원칙이기보다는 이례적인 것임을 의미한다. 어떻게 믿음을 형성하는 기능을 하는 지각적 능력의 측면에서 이미지의 이해가 이미지의 실제 기능에 대한 사실을 넘어설 수 있을까?

답은 위에서 제시한 2단계의 추론적 지각 처리과정에 대한 숙고에서 나온다. 시각 시스템의 첫 단계에서 발생하는 추론은 그 순간의 특정한 문제들에 기초해서라기보다는 그 환경의 매우 일반적이고 고정적인 특징들에 대한 배경 믿음에 기초해서 발생한다는 것을 기억해보라. 우리가 그림을 볼 때, 일반적으로 우리는 그림을 보고 있다고 **믿는다**[예를 들면 트롱프 뢰유trompe l'oeil(역자 주- 사람들이 현실로 착각하도록 만든 그림) 같은 것을 보는 특별한 경우들은 예외로 하고]. 이것은 특정한 문제에 대한 믿음일 뿐 환경의 일반적인 특징에 대한 믿음이 아니다. 따라서 그림을 보고 있다고 믿는 것은 첫 단계에서 접근할 수 있는 것이 아니며, 그래서 첫 단계는 그것의 관례적인 태도로 기능하는 데 아무런 제약을 받지 않는다. 이는 곧 원-믿음들을 발생시킬 것임을 의미한다. 하지만 일상적인 시각 사례들과는 달리, 우리가 본 것은 그림이라는 믿음을 통과한 시각 시스템의 두 번째 단계가 추론을 막기 쉽기 때문에 종종 이러한 원-믿음들은 완전한 지각적 믿음이 되지 못한다. 2단계로 이뤄진 시각 처리과정의 특징은 이런 식으로 명제적 내용물을 가진 상태의 형성을 가능하게 함과 동시에 그런 상태들이 종종 관람자의 심리에서 완전히 가동적이지 않은 사실에 대해서도 설명해준다. 그림은 이런 식으로 환경에 대한 진실한 믿음을 형성하는 전반적인 기능 체계에 편승한다.

그림을 보고 있다는 믿음은 분명히 이 판단에서 중요한 구성요소다. 하지만 이것이 전부일 수는 없다. 왜냐하면 종종 사람들은 그림을 보고 또 자신이 보고 있다고 믿는 데 있어서 어쨌든 간에 묘사된 것에 대해 완전한 믿음을 형성한 사례가 있기 때문이다. 그런 사례에는 분명히 두 번째 단계에 의해 제기된 추가적인 전제가 있을 것인데, 이 전제는 추론을 믿음에까지 이르게 해준다. 이것이 무엇일지를 밝혀내기 위해서는 그림의 형성 조건을 고려하고, 더 구체적으로는 손으로 만든 그림의 형성 조건과 사진의 조건 사이에서 종종 존재하는 차이를 고려하는 것이 필요하다.

사진과 진실

사진적 이미지는 일반적으로 앞서 논의한 방식으로 작동되는 그런 종류의 이미지다. 사진적 기술은 시각 시스템의 첫 번째 단계가 작동되는 방식으로 표면에 흔적을 내는 수단이므로 원-믿음들의 형성과 임의의 많은 배경 믿음들에 기초한 차후의 평가를 이끈다. 하지만 사진의 경우에도 차이가 있을까? 사진은 **진실한** 지각적 믿음의 형성에 있어 수공 이미지를 넘어서는 이점, 즉 처음부터 언급했던 진실과 사진에 대한 역설적인 태도를 이해할 수 있도록 도와줄 이점을 제공할까? 답은 우리가 생각하는 것보다 훨씬 복잡하다.

당연하게 떠오르는 첫 번째 생각은 사진 이미지를 보는 것과 진실한 믿음의 형성 사이에는 직접적인 연관이 있으며, 이 연관성은 수공 이미지를 보는 경우에는 없거나 적어도 덜 확연하다는 것이다. 하지만 의외로 그럴듯하게 진실인 것처럼 보이는 그런 연관성의 본질에 대해 명확하게 말하는 것은 어렵다. 매우 강력한 해석에서는 사진을 보는 것은 **항상** 진실한 믿음을 생산하지만, 수공 이미지는 때로는 진실한 믿음을, 때로는 거짓된 믿음을 생산한다고 한다. 하지만 이것은 물론 거짓이다. 처음부터 언급했듯이, 사진을 보는 것은 종종 거짓 믿음의 형성으로 이끈다는 데 모두 동의했다.

이미지를 봄으로써 형성된 모든 지각적 믿음의 연관성에 대한 약한 해석은 수공 이미지를 봄으로써 형성된 믿음보다 사진 이미지를 봄으로써 형성된 믿음이 수적으로 더 많이 진실이었다고 주장한다. 하지만 만약 사실이라면, 그 주장은 어느 한쪽의 평가와 관련된 분명한 문제들이 필연적으로 사진과 진실 사이에 연관성이 있다는 직감의 본질을 반영하지 않는다고 해석된다. 만약 이것이 사실이라면, 이는 그저 사진이 수동 이미지보다 많이 존재하기 때문에(만약 현존하는 모든 스냅 샷들까지 고려한다면 특히 더 분명하다) 그리고 그것들을 보는 사람이 훨씬 많기 때문일 가능성이 높다. 많은 사진을 보는 많은 사람들의 합계는 단순한 산술의 결과 많은 진실한 믿음이 된 것일 뿐 — 그리고 의심의 여지없이 많은 거짓 믿음들도 그러하다 — 사진 매체의 어떤 특별한 원리 체계의 결과가 아니다.

그 주장에 대한 더욱 흥미로운 설명에서는 각 이미지에 기초한 상관관계를 해석하고, 조건법적 측면에서 평가한다. 그 아이디어는 우리가 어떤 한 종류의 이미지를 보았을 때 일반적인 관람자의 마음속에 생기는 진실한 믿음의 숫자를 세어보고, 이 숫자를 다른 종류의 이미지를 본 동일한 관람자의 마음속에 형성된 숫자와 비교하는 것이다. 예를 들면, 우리가 위에서 상상한 엠파이어스테이트 빌딩에서 본 것을 묘사하는 그림과 같은 시점에서 촬영된 사진을 비교하고 나서 "일반적인 관람자가 전자를 보는 것보다 후자를 봤을 때 더 많은 진실한 지각적 믿음을 형성할까?"에 대해 묻는 것이다.

처음에 우리를 솔깃하게 만드는 것은 관람자가 후자를 봤을 때 더 그럴 것이라는 생각이다. 매우 상세하고 기계적으로 생산된 사진은 분명히 개략적인 수공 이미지보다 더 많은 진실한 믿음을 산출할 것이라고 말하는 것이 자연스러워 보인다. 하지만 조건법적 서술을 평가하는 데 있어서는 조심해야 한다. 조건법적 서술의 진리 조건을 밝히는 프로젝트가 다루기 어려운 철학적 영역임은 악명 높은 사실이다. 하지만 만약 합의가 있다면 — 조건법적 서술을 평가할 때 우선 단언을 조건법적 서술로 만들기 위하여 요구된 변화들과 일치하는 — 가능한 한 실제 세계와 유사한 '가능 세계'로 주의를 국한시켜야 한다는 것이다. 이런 태도에서의 질문은 "관람자가 덜 세밀한 수공 이미지보다 세밀한 사진을 볼 때 더 진실한 믿음을 형성할까?"가 아니라, "세밀한 사진을 보는 것이 **동일하게 세밀한** 수공 이미지를 보는 것보다 더 진실한 믿음을 형성할까?"이다.

대답이 "네"가 될지는 분명치 않다. 랙스트로 다운스가 스테이튼 아일랜드Staten Island에 있는 스너그 하버Snug Harbor 단지를 매우 세밀하게 그린 실제 캔버스를 생각해보라(그림 4.1). 이 이미지를 조사함에 있어서 관람자는 다운스가 그림을 그릴 때 그 앞에 있던 배관, 벽돌, 바닥재, 전기 시스템에 대해 무수히 많은 진실한 믿음들을 형성하게 된다. 동일한 시점에서 만들어진 사진 — 대형 카메라로 촬영된 것일지라도 — 이 이 점과 관련하여 훨씬 잘해낼지는 상상하기 어렵다.

그렇다면 진실과 수공 이미지 사이보다는 진실과 사진 사이에 더 높은 연관성이 있다는 주장을 어떻게 설명해야 할지 이해하기 어렵다는 것을 고려해볼 때, 전반적으로 이 이슈와 관련해서는 그저 불가지론자로 남는 것이 최선이다. 하지만 그런 불가지론이 사진에서 진실을 찾는 일을 헛되게 만들지는 않는다. 왜냐하면 만약 사진을 통해 세상에 대해 배우는 것과 수공 이미지를 통해 배우는 것 간의 본질적인 차이를 발견할 수 없다면, 그 차이는 사진 같은 종류의 이미지를 볼 때 형성되는 믿음에 전형적으로 수반되는 훨씬 더 깊은 **신뢰**에서 찾을 수 있기 때문이다. 사진과 관련된 중요한 인식론적 이점은 믿음에 **대한** 믿음의 메타 레벨에 놓여 있다. 사진을 본 결과 형성된 1차 지각적 믿음에 대한 2차 믿음은 종종 1차 믿음들이 진실이라는 것을 자신의 내용으로 갖는다. 그

그림 4.1 랙스트로 다운스, 〈스너그 하버, 음악당 지하의 배관〉, 2000.
ⓒ 랙스트로 다운스, 뉴욕 배티 커닝햄 갤러리 제공.

리고 적어도 플라톤 이래로 철학자들이 말해왔듯이 진실한 믿음을 갖는 데는 굉장한 가치가 있지만, 진실한 믿음을 갖는 것과 그 진실한 믿음들이 진실이라고 믿는 이유를 갖는 데는 더 큰 가치가 있다.[8)]

믿음의 진실성에서 확신의 원천에 대한 논의는 일반적으로 인식론에서 계속 반복되는 주제인 믿음의 정당화에 관한 이슈에 못지않기 때문에 여기서 완전히 처리될 것은 아니다. 하지만 내 생각에는 우리가 일반적으로 수공 이미지를 봄으로써 발생하는 믿음에 대해서보다 사진 이미지를 봄으로써 발생한 믿음을 받아들이기 위한 더 좋은 이유를 가지고 있음을 타당하게 하기 위해 위에서 제시된 두 단계의 시각 처리과정에 대한 생각과 켄달 월턴에 기인한 사진에 대한 설명을 종합해보는 식으로 충분히 논해질 수 있다.

사진, 객관성 그리고 믿음의 이유들

월턴의 설명은 대부분 사진 기술이 발명된 이래로 다양하고 모호한 방식으로 널리 알려져온 것이지만, 내가 알고 있는 한 '투명한 그림: 사진적 사실성의 본질에 대하여'(이 책 제1장에 실려 있다)라는 그의 글이 나오기 전까지는 명확하게 진술되지 않았다. 묘사될 장면과 생산된 그림의 선과

---

8) 우리가 갖는 믿음에 대해 판단하는 우리의 능력에 수반되는 가치의 근원을 숙고해볼 필요가 있다. 그런 많은 근원들이 있다는 데는 의심의 여지가 없지만, 핵심적인 것은 우리 믿음의 유지와 관련이 있어야 한다. 우리는 우리가 가지고 있는 믿음이 진실인지 아닌지 궁금해할 수 있고, 그 결과 그것을 받아들이는 데 있어 우리가 갖는 이유에 대해 생각해볼 수 있다. 만약 그런 이유가 타당하지 않다고 밝혀지면 우리는 그 믿음을 거부할 수 있고, 따라서 우리의 환경에서 부적절하게 행동할 위험을 줄인다. 역으로, 만약 우리가 반성의 결과 그런 이유들이 타당함을 알아내면, 우리는 확신을 가지고 그 믿음에 근거하여 행동할 수 있다. 경험의 흐름이 특징적으로 제공하는 모순된 모습들에 직면해서 더 뛰어난 복원력을 가지고. 고차원적인 생각 능력이 결여된 다른 생물들은 자신들의 잘못된 믿음을 노예처럼 계속하거나, 특수한 감각적 접촉 요구로부터 발생하는 제한된 증거로서 하나의 믿음에서 다른 믿음으로 달리는데, 두 경우 모두 종종 그것들의 위험을 감수한다.

색조의 배열 사이로 뻗어 있는 인과적 연결causal path을 생각해보라. 수공 이미지의 경우, 이 연결은 이미지 생산자 앞에 놓여 있는 상면에 대한 그의 지각적 믿음을 포함한 수많은 정신 상태를 포함한다. 한편 대조적으로 사진 이미지의 경우에는 그런 상태들이 똑같이 제시될 수는 있지만, 그것들은 인과적 연결의 바깥에 놓여 있다(단순하게 하기 위해 사진 이미지는 즉석 사진기로 생산되었다고 생각하자). 이것의 한 가지 결과는 서로 다른 조건법적 서술들이 두 종류의 이미지에 해당한다는 것이다. 만약 화가의 정신 상태가 달랐다면 이미지상의 선과 색조의 배열도 달랐을 것이다. 하지만 유사한 조건법적 서술이 사진에서는 사실이 아니다. 사진가가 자신 앞에 놓인 장면에 대해 극도로 환각을 느낄 수 있지만, 그가 생산하는 이미지는 — 사진의 형성 메커니즘은 그의 혼란스러운 마음을 우회한다 — 동일하게 남아 있을 것이다.

전형적으로 두 유형의 매체 간에 발생하는 차이에 대한 이런 식의 이해에 반대하는 중요한 몇 가지 주장들이 있다: 차이는 오직 사진 이미지가 즉석 사진기에 의해 생산되었을 때만 발생하는데, 전통적인 네거티브-포지티브 처리과정이 고려되면 이 차이는 증발해버린다; 어떤 종류의 필름을 사용할지, 렌즈 앞에 어떤 필터를 설치할지, 어디를 찍을지, 언제 셔터를 누를지 등에 대한 사진가의 판단은 구분을 약화시키는 일종의 정신-상태의 개입을 구성한다; 그리고 정신-상태 개입의 결여는 사진 처리과정의 필수적인 특성이 아니다. 이러한 이의들은 각각 세심하게 숙고할 가치가 있고, 설득력 있는 답변을 필요로 한다. 나는 다른 글에서 그런 답변을 했다고 생각하며, 그것을 알고자 하는 독자는 그 글에서 찾아보기 바란다.[9] 이 글에서는 월턴이 올바른 방향에 있다고 가정

9) 나의 "Objectivity in Photography," *British Journal of Aesthetics* 45: 3 (July 2005), 특히 이미지의 형성을 이끄는 과정에서 정신-상태 개입의 **1차**, **2차** 모드 사이의 구분과 관련해서는 IV장을 보라.

하고, 두 종류의 이미지의 형이상학에 관한 그의 관찰이 당면한 논의에서 역할을 하는 정도를 살필 것이다.

우선 용어상의 규정을 살펴보는 것은 도움이 될 것이다. '객관성'이라는 용어는 종종 기준으로 사용되었으나, 어떤 면에서는 정신적 상태를 배제하는 과정을 의미하는 용어로 사용되었다. 예를 들어 교육 평가에서 객관적 기준은 특정한 교사가 학생에 대해 가지고 있는 생각을 건너뛰고, 대신 표준화된 시험에 기초해서 평가한다. 마찬가지로 기관의 권위를 가진 개인에 의해 채택된 객관적인 의사 결정 과정은 그의 개인적인 흥미를 우회하고, 대신에 일반적인 원리(그 결정에 영향을 받는 모두에게 가장 좋을 듯한 원리)로 작동한다. 이런 일상적인 언어 사용을 고려해볼 때, 이 용어를 월턴이 묘사하는 사진 처리과정을 표시하는 것으로 채택하는 것은 자연스럽다. 원본의 특징을 그 이미지의 특징과 연관 짓는 과정에서 이미지 생산자의 정신 상태를 배제하는 사진은 객관적인 과정이다. 반면 이 과정에서 이미지 생산자의 정신 상태를 포함하는 회화와 스케치는 주관적인 과정이다.[10)]

월턴의 아이디어를 위에서 말한 2단계의 시각 처리과정과 종합하면, "객관적으로 형성된 이미지가 그것이 낳은 원-믿음을 받아들이는 데 있어서 주관적으로 형성된 이미지에 의한 것을 받아들이는 것보다 더 좋은 이유를 제공하는가?"를 묻게 된다. 여기서는 엄격히 말해서, 과정 그 자체에는 이유를 제공할 수 없다. 이유를 제공하는 것은 그보다는 관람자들이 그런 과정에 대해 가지고 있는 **믿음**이다. 따라서 반드시 고려되어야 할 것은 두 종류의 이미지를 볼 때 관람자가 가지고 오는 배경 믿음이다.

---

10) 사진에 대한 글에서는 객관성과 진실성을 동일시하는 경향이 있다. 나는 희망컨대, 이 글에서의 논의는 두 개념들이 사실상 중요하게 연관되어 있지만, 그렇더라도 그들은 개념적으로 상당히 구분되는 것임을 분명히 할 것이다.

가설에 의한 그런 믿음들의 내용은 사진의 경우에는 이미지가 객관적으로 형성되었다는 것이고, 수공품의 경우엔 주관적으로 형성되었다는 것이다. 이는 둘 다 환경의 일반적인 특징보다는 특정한 문제에 대한 믿음들이다. 따라서 그들은 시각 시스템의 첫 단계에 접근할 수 없을 것이므로 원-믿음 생산에 영향을 끼치지 못할 것이다. 사진과 회화는 적어도 시각 과정의 첫 단계에서는 동등하게 순수한 눈에 직면할 것이다. 하지만 두 번째 단계에 접근 가능하며, 이 단계에서는 이론상 정신 상태의 직접적인 개입(말하자면, 광학적 혹은 화학적 상태와는 대조적으로)에 대한 믿음들이 발생된 원-믿음들을 받아들일 이유를 약화시킬 까닭이 없지만, 다른 배경 믿음들과 함께 작동되는 그런 믿음들은 저항의 이유를 가져올 수 있다.

예를 들어 어떤 장면을 보는 사람들은 특별한 이유가 없는 한 그 장면의 세밀한 부분에 주의를 기울이지 않는다는 흔한 믿음을 생각해보자. 그런 믿음으로 무장하고서 주관적으로 형성된 이미지를 보는 관람자는 이미지 생산자가 그 장면의 어떤 특정한 세부 — 말하자면, 가로등 기둥에 그려진 어떤 그래피티 작가가 해놓은 표시 같은 — 를 보지 못하기 때문에 이미지에 그 세부가 표현되지 않았을 것을 우려한다. 그런 이미지를 봄으로써, 그리고 그런 표시가 없다는 식의 생각을 가지고 형성된 원-믿음은 결과적으로 의혹을 가지고 다뤄질 것이다. 객관적으로 형성되었다고 믿는 이미지의 경우에는 그러한 우려가 발생하지 않는다. 사진가가 화가처럼 주의 깊지 않았을 수도 있지만, 사진의 형성 과정은 사진가의 정신 상태 목록을 무시하기 때문에 만약 사진이 제시되었다면 그 이미지는 어쨌든 그 세부를 포함하고 있을 것이다.

이미지 관람자들이 흔히 가지고 있고, 유사하게 기능하는 다른 많은 배경 믿음들이 있다. 사람들이 만드는 이미지는 때로 난시나 색맹 같은 지각적 약점에 영향을 받으며, 노동에 달려 있고, 종종 관람자의 마음에 진실한 믿음을 야기하는 것과는 동떨어진 목적을 갖는다는 등등이 그것이다. 이 모든 것은 화가에게서처럼 사진가에게서도 사실이지만, 사진가들은 자신이 보고 있는 이미지가 객관적으로 형성되었다고 믿는 관람자의 마음속에서는 일반적으로 무기력하게 남아 있을 것이다.

물론 여기에 확실함은 없다. 많은 것들이 잘못될 수도 있다. 우선 이미지의 형성 조건에 대한 고차적 믿음들higher-order beliefs 자체가 거짓일 수 있다. 개인들은 사실은 그렇지 않은데도 자신이 객관적으로 형성된 이미지를 보고 있다고 믿을 수 있다(이 가능성에 관한 더 많은 것은 아래에 서술한 디지털 사진에 대한 논의를 보라). 또 다른 하나는 만약 형성 과정의 객관성과 관련된 고차적 믿음들이 진실일지라도 그 장면의 특색을 이미지와 연결시키는 메커니즘이 기대하지 않았던 방식으로 작동될 수도 있다. 예를 들어 어떤 장면에서 녹색이었던 것을 이미지에서 암적색으로 보여줄 수도 있고, 그에 따라 부주의한 관람자가 본래의 장면에 있는 대상의 색깔과 관련하여 거짓된 원-믿음을 받아들이도록 한다. 그리고 잘못될 수 있는 이런 방법의 목록들은 쉽게 확장될 수 있다. 사진은 진실한 지각적 믿음의 단계**와** 그런 믿음에 대한 확신이라는 두 가지 단계 모두에서 그것의 인식적 이점의 아우라에 부응하는 데 실패할 수도 있다. 하지만 이것을 기반으로 객관적인, 사진의 지각적-보조 기술과 관련된 인식적 이점은 없다는 결론을 내리는 것은 잘못된 것이다. 그런 기술은 아마도 진실한 믿음의 개수 측면에서, 그리고 종종 우리가 그런 믿음들에 대하여 가지고 있는 확신이라는 측면에서 **상대적인** 인식적 이점을 제공한다. 그리고 앞에서도 말했다시피, 이러한 이점들은 이런 차원들과 함께 막대한 가치를 낳는다.[11]

---

11) 유사하게 우리의 다른 감각 유형을 위한 보조기구로서의 역할을 하는 기술들이 있다. Cohen과 Meskin이 언급했듯이, 오디오 녹음은 시공간적으로 떨어져 있는 곳에서 발생한 청각적 속성에 대한 지각적 믿음을 형성하도록 해주기 때문에 그런 종류에 해당한다(이 책의 제3장 '증거로서의 사진'을 보라). 하지만 그들은 이것이 그런 인식적 이점에 해당하는 과정의 객관성이라는 것에는

역설, 다시 생각해보기

이런 구분을 통해 우리는 처음에 언급한 사진을 둘러싼 모순적인 느낌을 다시 생각해볼 수 있다. 한편으로 사진은 언제나 우리가 세상에 대한 진실한 믿음을 형성하도록 돕는 데 쓰여왔고, 계속해서 그렇게 사용될 것이다. 다른 한편으로 경험은 우리에게 그렇게 형성된 믿음들은 종종 진실이 아니고, 그에 대한 우리의 신뢰는 종종 잘못되었음을 알려준다. 이런 상반된 태도에 대한 이유는 이제 분명히 밝혀질 것이다. 많은 사진들은 이것이 없다면 인식적으로 미미한 우리의 지각적 능력 범위 밖에서 발생하는 것에 대한 진실한 믿음을 형성하게 해주는 시각적 보조물로서 기능한다. 따라서 사진은 가치가 있다(하지만 **오직** '따라서'가 아니라 **언제나** '따라서'다). 그림들의 이 부분집합의 더 작은 부분집합들이 객관적인 방식으로 형성되었고, 이것들은 종종 우리에게 진실한 믿음을 형성하도록 해줄 뿐만 아니라, 우리에게 이러한 믿음들에 대한 확신을 갖게 해준다. 따라서 객관적 방식으로 형성된 더 작은 부분집합은 추가적인 가치를 갖는다(하지만 다시 한 번 말하지만, **오직** '따라서'가 아니라 **언제나** '따라서'다). 이 더 작은 부분집합이 **사실상** 사진과 더욱 연관되어 있음을 고려해볼 때, 사진은 종종 우리에게 특별한 가치를 갖는다. 하지만 주관적으로 형성된 이미지와 객관적으로 형성된 이미지는 둘 다 우리의 지각 능력의 단순한 확장으로 남아 있고, 우리의 지각적 능력이 절대 틀리지 않는다고 가정할 때, 그것들의 단순한 확장 역시 결코 틀리지 않는다. 그림을 본 결과 형성된 믿음들은 때때로 진실이고, 때로는 거짓일 것이다. 나아가 특징적으로 객관적인 사진 처리과정은 사진 이미지를 보고 형성된 믿음에 확신을 증가시키는 존재적 초석을 마련하지만, 그런 초석은 확신에까지는 미치

동의하지 않을 것이다("On the Epistemic Value of Photographs," n. 37쪽을 보라).

지 못하는 인식론적 배열을 마주한다. 따라서 사진을 포함한 어떠한 그림들을 통해 형성된 믿음들에 관한 한 조심할 필요가 있다.

디지털 사진과 진실

초반에 언급한 역설을 되풀이하자면, 근자에 포토저널리즘에서 만연한 디지털 이미지 기술, 그리고 확신에 찬 진실한 믿음 형성이 중요한 목표인 다른 활동들과 연관된 역설이 있다. 한편으로는 새로운 기술이 주는 손쉬운 이미지 조작은 그런 방식으로 형성된 객관적인 이미지에 대한 우리의 확신과 결과적으로 그것들을 봄으로써 형성된 믿음에 대한 확신을 약화시킬 수 있다. 다른 한편으로, 오늘날 디지털 기술의 사용은 이제 일반적인 것이 되었지만, 포토저널리즘 이미지를 봄으로써 형성된 믿음에 대한 확신은 대체로 약화되지 않고 아직 남아 있다. 그런데 확신을 위한 기반은 그렇게 급격하게 약화되는데, 확신 그 자체는 어떻게 남아 있을 수 있을까?

걱정스러운 답변은 "그저 순진해서 단순한 인식적 관성으로 인해 계속해서 우리가 보는 이미지가 객관적으로 형성되었다고 믿는 경향이 있기 때문에 우리는 그들이 산출하는 믿음에 확신을 가질 수 있다."는 것이다. 만약 이런 경우라면 우리는 새롭고 인식론적으로 훨씬 위험한 언론 환경에 부합하도록 그런 이미지를 볼 때 끌어오는 우리의 배경 믿음을 수정해야 한다.

하지만 이는 우리의 현재 상황이 아니며, 다양한 제도적 압력이 사진적 객관성을 저해하는 새로운 기술의 사용을 억제하도록 영향을 미쳤다고 — 그리고 지속적으로 미칠 것이라고 — 믿을 만한 이유가 있다. 우리는 진실한 믿음을 형성하는 능력뿐만 아니라, 진실성에 대한 확신을 심어주는 그 믿음들의 원인을 추론하는 능력과 연관된 중요한 가치가 있음을 언급했다. 이것은 일상적인 지각의 경우로서 공간적 · 시간적으로 우리 환경의 직접적인 측면에 대해 형성된 믿음과 전형적으로 포토저널리즘의 경우로서 공간적 · 시간적으로 떨어져 있는 측면에 대한 믿음 둘 다에 적용된다. 이를 고려해볼 때, 그리고 디지털 이미지 기술이 쉽게 그런 확신을 마주하는 객관성을 전복시키는 데 사용될 수 있다는 점을 고려해볼 때, 적어도 어떤 맥락에서는 그런 기술들의 실행에 저항하는 것은 우리의 집단적 관심에 있다.

객관성을 저해하는 기술을 사용한 몇몇 사진가를 처벌함으로써 사실 그런 집단적 관심을 표현하는 제도적 구조를 발전시켰다는 것을 보여주는 예시들을 찾아볼 수 있다. 앞서 언급한 브라이언 웰스키의 예시를 생각해보라. 포토저널리스트는 자신의 이미지를 선명하게 하거나, '감마'(역자 주- 이미지의 중간 톤)를 조정하거나, 색 조정을 위해 디지털 이미지 기술을 자주 사용한다. 하지만 이것들은 그저 인간 지각의 다양한 정신물리학적 특이함을 보상하는 기능을 하며(그것들이 없으면 이미지는 희미하고 흐릿하거나 다른 색으로 물들어 보인다), 우리에게 문제가 되는 것들과 관련하여 우리가 형성하는 믿음에 대한 확신의 이유를 마주하는 형성 과정 측면의 객관성을 저해하지 않는다. 그러나 웰스키는 두 이미지를 결합하여 제3의 이미지를 만드는 데 있어, 군인의 총이 아기를 안고 있는 시민을 향하게 함으로써 그 이미지를 보는 관람자가 방향에 대한 거짓 믿음을 형성하도록 했다. 확실히 그 신문을 정독한 사람들은 관심과 흥미가 생겼다. 나아가 그는 형성 과정의 객관성에 대한 거짓된 관람자의 배경 믿음을 만들고, 그렇게 함으로써 (다시 한 번, 관람자가 모르게) 그들이 형성한 지각적 믿음에 대한 확신의 근거를 제거했다. 그렇게 해서 그는 값진 과정을 손상시켰다. 그런 손상에 대해 정당하게 염려한 신문사 내 행정처의 반응은 재빠르고 가혹했다. 조작이 발견되자마자 신문은 편집자 노트를 발행하여 어떤 일이 벌어졌는지 설명하였으며, 원본과 합성 이미지를 싣고 월스키가 해고되었음을 알렸다.[12)] 이로써 그때까지 쌓아온 월스키의 성공적인 경력이 엉망이 되었다.

이는 이미지의 관람자가 형성한 어떤 특별한 거짓 믿음이 아니라고, 혹은 그런 특별한 믿음들에서 확신의 근거를 저해하는 단일한 예가 아니라고 강조할 만한 가치가 있다. 이러한 두 가지 사건이 발생한 것은 유감스러운 일이지만, 종합해서 생각해보면 그들은 아마도 경력을 끝내는 것을 정당화하지 못할 것이다. 가혹한 처벌 이유를 구성하는 것은 그보다는 이러한 고립된 행동이 저널의 맥락에서 제시된 사진을 볼 때, 자신 있게 진실한 믿음을 형성하는 **일반적인 관례**에 의문을 제기한다는 위협이었다. 만약 월스키 같은 예가 여기저기서 발견되었는데도 확실하게 처벌받지 않았다면, 형성 과정의 객관성과 포토저널리즘 이미지 관람자가 가진 배경 믿음에 대한 확신은 무너지고, 결과적으로 그런 배경 믿음들은 거부되었을 것이다. 그 결과는 신문에 실린 사진을 봄으로써 형성된 지각적 믿음에 대한 확신의 상실로 이어질 것이고, 나아가 우리에게 엄청난 가치를 갖는 일반적 관례의 상실이 될 것이다.[13)]

이 글을 마치며, 나는 주된 목적이 진실한 믿음을 형성하는 데 확신을 갖는 것과는 동떨어진 사진이 많은 사용되고 있다는 것을 언급하고자 한다. 다양한 예술적 실행에서 사용되는 사진은 그런 많은 예시의 자료를 구성한다. 만약 사진 처리과정의 객관성을 유지하는 유일한 이유

12) *Los Angeles Times*, April 2, 2004. 신문은 이 이미지들의 복제 권리를 허락하지 않았지만, 인터넷에서 쉽게 볼 수 있다.

13) 나는 다시 한 번 이러한 주장은 사진을 통해 세상에 대해 배우는 것이 진실한 믿음의 형성이나 그것들에 대한 확신을 보장하는 것이 아님에 주목한다. 적어도 흄 이래로 언급되어왔듯이, 지각적 믿음은 절대로 완전한 확신을 수반하지 않는다. 일반적인 지각적 믿음의 한 종으로서, 사진을 통해 형성된 지각적 믿음도 마찬가지로 절대로 전적인 확신을 누리지 않는다. 하지만 그렇더라도 — 아마도 진실의 측면, 그리고 종종 확신의 측면에서 — 주관적으로 형성된 이미지를 통해 세상에 대해 배우는 것보다는 사진을 통해 세상을 배우는 것이 낫다. 이점은 상대적이다.

가 진실한 믿음을 형성하는 것과 관련된 역할에서 발생한다면, 우리는 그런 역할의 맥락에서는 객관성을 유지할 제도적 압력이 없다고 추정할 수 있다. 그런 압력 없이 과연 그러한 맥락에서 작업하는 사진가들이 객관성을 버릴까? 만약 그렇다면, 그들이 결부된 소통적 관례에 해가 될지 어떨지는 미결 문제다.[14][15]

14) 그런 탐구에 대한 뛰어난 예는 Barbara Savedoff, *Transforming Images: How Photography Complicates the Picture* (Ithaca, NY: The Cornell University Press, 2000), 202-9쪽과 이 책에 실린 Savadoff의 글을 보라.

15) 2004 American Society for Aesthetics Meeting (Eastern Division) 참석자들은 이 글에 많은 제안을 해주었다. 또한 이 주제에 대한 나의 생각들은 John Matturri와의 많은 대화에서 도움을 얻었다.

5

다큐멘터리 권위와 사진예술

바바라 사베도프
Barbara Savedoff

사진가들과 이론가들은 사진보다 더 주관적이고 조작 가능한 매체인 드로잉과 회화를 사진과 대조하면서, 오래도록 사진 처리과정이 가진 특별한 객관성이나 다큐멘터리 권위를 주장해왔다.[1] 그런 특별한 객관성이 실제로 존재할까? 만약 그렇다면 사진에 대한 많은 철학적인 글들을 점령하고 있는 특별한 객관성을 어떻게 특징지을 수 있을까? 하지만 이 쟁점은 예술적 탐구에서도 흥미로운 문제였다. 특히 최근의 예술은 사진의 객관성과 권위의 개념을 활용하거나, 그에 도전했으며, 사진기로 생산된 이미지와 '손'으로 생산된 이미지 사이의 구분에 의문을 나타냈다.

이러한 도전들은 사진의 가장 본질인 부분들이 변하고 있을 때 등장했다. 디지털 사진의 도래와 보급 증가와 함께 변경과 날조의 기회가 확대되었다. 디지털 도구들이 동시대의 사진을 주관적인 드로잉과 회화에 근접하게 옮겨놓음에 따라 이제 사진이 가진 특별한 권위의 개념은 과거의 사진에 엮여 있는 듯 하다.

이 글에서 나는 사진이 일반적으로 가졌던 다큐멘터리 권위와 그 권위가 사진을 사용하는 데 있어서, 그리고 예술작품으로서의 사진에 대한 관심에 있어 맡아온 중요한 역할을 논할 것이다. 나는 이러한 권위가 사진을 다른 종류의 이미지들과 분리해온 독특한 요인이라는 것과 이것이 사진예술에 대한 우리의 감상에 핵심이 되어왔다는 것을 주장할 것이다. 또한 이러한 권위가 예술의 틀 안에서 약화되었다는 점, 특히 변화하는 환경과 디지털 시대의 관습과 관련하여 도전받았음도 살펴볼 것이다.

---

1) 이 글의 일부는 "Abstract Photography: Identifying the Subject," *Exposure* 37: 2 (2004): 25-34쪽에 먼저 기재되었다.
나는 이 글과 이 글의 초기 버전에 논평을 해주신 분들, 특히 Carl Chiarenza와 George McKnight에게 감사의 마음을 표현하고 싶다. 또한 Scott Walden과 Susan Feagin의 논평과 훌륭한 조언에 감사한다. 이 글은 어느 정도 Professional Staff Congress of the City University of New York의 지원을 받았다.

사진적 권위

사진 이미지가 특별한 권위, 객관성 혹은 투명성을 가지고 있다는 생각은 여러 이론가들에 의해 서로 다른 형태로 제시되었다. 앙드레 바쟁André Bazin, 지그프리트 크라카우어Siegfried Kracauer, 루돌프 아른하임Rudolf Arnheim, 수전 손탁Susan Sontag, 켄달 L. 월턴Kendall L. Walton이 그런 이론가들이다. 적어도 전통적으로 사진에 특별한 다큐멘터리 권위나 객관성을 부여한 것은 다양한 범주의 예시들을 살펴봄으로써 알 수 있다. 재판에서 사진 증거에 특별한 무게를 두는 것, 협박할 때 사진의 효과, 과학이나 역사 연구에서 사진의 역할, 보험회사에서 사진의 사용, 여권이나 신분증에서 사진의 사용이 그 예들이다. 이러한 권위는 사진을 사용하는 방식에서만 눈에 띄는 것이 아니라 예술작품으로서 사진이 갖는 독특한 힘에서도 발견될 수 있다.

아널드 뉴먼Arnold Newman이 1962년에 찍은 마릴린 먼로의 사진을 보자. 사진은 먼로를 생생하게 존재하도록 한다. 우리는 그녀를 성가시게 한 복잡한 삶 속에서 그녀 자신을 마주한 것처럼 느낀다. 이 사진은 자유분방한 관능미의 파사드를 보여주던 그녀의 화려한 사진과는 대조된다. 뉴먼의 초상사진은 슬픈 아름다움을 느끼게 하는데, 그것의 강렬함은 적어도 부분적으로는 다큐멘터리 힘에서, 즉 이 사진이 삶이 너무나 비극적으로 끝나려는 이 불행한 여성에 대한 어떤 것을 드러내고 있다는 우리의 느낌에서 온다.

또 한 장의 사진 앤셀 애덤스Ansel Adams의 〈달과 하프 돔〉(1960)을 생각해보자. 구성의 아름다움은 이 사진의 힘을 오직 부분적으로만 설명한다. 〈달과 하프 돔〉이 사진이고 세계의 다큐멘트임을 아는 것은 우리가 이 사진을 감상하는 데 있어, 그리고 우리가 이 사진을 보는 방식에 큰 역할을 한다. 마치 멋진 여행 엽서를 보듯이 사진을 통해 대상 — 유명한 화강암 형성물 — 까지 본다고 주장하는 것은 아니다. 그보다는 극적인 구성적 가치들에 대한 우리의 감상은 고립된 것이 아니라 세상의 일부를 찍은 사진을 보고 있다는 우리의 앎이 제공한 정보에 의한 것이라고 주장하는 것이다. 만약 달, 절벽의 윤곽 혹은 그림자가 '포토샵'으로 처리되었다고 생각해보자. 그러면 구성은 여전히 아름답겠지만, 우리가 그 이미지에서 가졌던 흥미는 바뀔 것이다. 그것은 사진기를 통해 전달되고 해석된 자연의 장엄함에 대한 즐거움이라기보다는 예술가의 창의적인 구성에 대한 즐거움일 것이다.

익명의 사진가가 찍은 재미있는 신랑신부 사진이 주는 충격도 다큐멘터리 권위에 기대고 있다(그림 5.1). 예상치 못한 돌풍이 면사포를 날려 신랑의 얼굴을 감싸버렸고, 신부의 장식 띠와 드레스 자락이 신랑의 다리를 가로지른다. 신랑이 처한 곤경은 얼핏 보면 불길하게 보일 수도 있지만, 신부의 어리벙벙한 반응과 신랑의 어색한 제스처, 그리고 하얀 면사포 사이로 희미하게 보이는 그의 웃는 얼굴이 그런 우려를 제거한다. 희극적인 효과는 신부의 팔이 옷의 물결들 속에서 보이지 않기 때문에 장식 띠와 면사포가 신랑을 꼭 붙잡은 팔을 대신하는 것처럼 보이는 사실에 의해 강화된다. 만약 이 이미지가 드로잉이었다면 유머는 느꼈겠지만, 과장된 것으로 보였을 것이다. 그러나 사진으로서의 유머는 실제로 일어난 어떤 일의 이미지라는 깨달음에 의해, 그리고 행복한 사고와 그 순간의 이미지를 잡아낸 사진기의 능력에 대한 즐거움에 의해 강화된다.

끝으로 마거릿 버크화이트Margaret Bourke-White의 〈루이빌 홍수 피해자들Louisville Flood Victims〉(1937, 그림 5.2)을 보자. 이 사진은 모두 아프리카계 미국인인 루이빌 거주자들이 '세상에서 가장 높은 생활수준'이라고 선언하는 광고판 앞에서 식량배급을 기다리고 있는 모습을 보여준다. 광고판은 자동차 앞 유리를 통해 보이듯이 즐거운 백인 중산층 가족이 드라이브를 하러 가는 모습을 보여준다. 광고판은 자동차 옆에 자랑스럽게

그림 5.1 작자 미상, 20세기, 〈결혼식〉, n.d. 젤라틴 실버 프린트, 14 3/16×10 1/16″(SC2006.58). 뉴욕 현대미술관, 뉴욕, 미국. 디지털 이미지. © 뉴욕 현대미술관/SCALA/Art Resource, 뉴욕 제공.

그림 5.2 마거릿 버크화이트, 〈루이빌 홍수 피해자들〉, 1937.
타임 & 라이프 픽처스/게티 이미지.

'미국식 만한 것은 없다There's no way like the American Way'라고 써놓았다. 거대한 광고판은 배급을 받기 위해 줄을 선 사람들을 압도하고, 쾌활하고, 아무것도 의식하지 못하는 탑승자들을 태운 자동차는 참으로 인내심을 가지고 음식을 기다리는 홍수 피해자들 위로 곧 돌진할 것만 같다.[2] 이 이미지에서 버크화이트는 프로파간다와 현실 사이의 괴리, 흑인과 백인 사이의 괴리, '세상에서 가장 높은 생활수준'을 즐기는 사람들과 궁핍에 고통 받는 사람들의 취약성 사이의 괴리를 노출한다.

이것이 세상의 일부를 기록한 것이라는 점은 버크화이트 이미지의 효과에서 매우 중요하다. 그것은 배급 줄이 정말로 이 광고판 앞을 지나갔다는 것과 그런 역설이 인위적으로 구성된 것이 아니라 발견된 것이라는 사실을 우리에게 보여준다. 사진은 광고판 메시지의 잔인한 안주를 드러내지만, 그저 단순히 거기서 보이는 것을 기록한 것이기 때문에 격렬하게 주장하는 것처럼 보이지 않는다. 만약 버크화이트가 이 이미지를 몽타주나 다른 방식으로 모아놓은 것이라면 그처럼 관통하는 효과를 거두지 못했을 것이다.

외관appearance과 권위

위에서 논한 이미지들은 사진이 미적인 충격에서 중요한 역할을 하는 특별한 다큐멘터리 권위를 가지고 있다는 개념을 지지한다. 하지만 이 생각과 모순되는듯 보이는 이상하고 불가사의한 사진 이미지 — 관례적인 다큐멘터리 리얼리즘에서 벗어난 흥미로운 방식 때문에 그 가치가

2) William Kunstler는 Marvin Heiferman, Carole Kismaric, eds., *Talking Pictures: People Speak about the Photographs that Speak to Them* (San Francisco: Chronicle Books, 1994), 45쪽에 있는 자신의 글에서 이를 주장한다.

평가되기 어렵고, 초현실적이거나 추상적인 이미지들 — 는 어떠한가? 나는 이 사진들의 힘과 관심도 다큐멘터리 권위 개념에 의지하고 있다고 주장할 것이다.

내가 여기서 사용하는 사진의 '권위'는 사진이 사진기 앞에 존재하는 것의 증거를 제공한다는 아이디어에 의해 야기된다. 우리는 사진과 사진 찍힌 대상 사이에서 일반적으로 획득되는 인과관계 때문에 어느 여자의 사진을 그 여자가 존재했음의 증거로 본다. (사진은 그저 사진가의 상상에 대한 기록이 아니다. 이러한 권위에 대한 아이디어는 사진이 정확히 외관을 복사한다는 아이디어와 혼동해서는 안 된다.) 그 여자는 사진 속에서 매우 다르게 보일 수도 있고 이미지가 흐릿할 수도 있지만, 사진은 훨씬 정확하게 세밀한 회화가 제공할 수 없는 증거를 제공한다.

비록 다큐멘터리 권위와 외관의 정확한 복사는 별개의 문제이지만, 그 둘은 사진에 대한 우리의 사고 속에서 종종 뒤얽힌다. 우리는 사진을 세계에 존재하는 사물의 기록이라고 생각하며, 이는 사진이 세계 속 사물의 **외관**을 기록하는 것이라는 생각으로 우리를 이끈다. 대상의 외관을 전달하는 데 있어 가능한 한 매우 높은 정확성, 그리고 사진을 대체로 식별, 서류, 기록, 기념으로 사용하는 것을 보면 이러한 절차를 따르는 경향은 당연하다. 하지만 사진을 외관의 신뢰할 만한 기록으로 생각하는 경향은 우리가 사진에서 보는 것과 충돌할 수 있다. 사진에서 사물들은 우리가 직접 보는 것과는 다르게 보인다. 사진은 2차원이고, 경계가 있으며, 스틸 이미지이고, 종종 흑백이다. 그리고 여러 가지 중에서 렌즈, 노출, 각도, 콘트라스트의 선택은 모두 결과에 깊은 영향을 준다. 사진을 통해 외관은 철저히 변형될 수 있다.

우리가 사진을 으레 외관의 객관적인 기록으로 생각하는 것과 사진에서의 실제적인 변형 사이의 충돌은 전혀 문제가 되지 않고, 오히려 사진 예술을 위한 비옥한 토양을 가능하게 한다. 사진의 변형은 창조적 파격 혹은 상상적인 환상의 산물로 쉽게 일축되지 않는다. 그것들은 매력적이고 강렬한데, 왜냐하면 우리는 사진을 우리가 사는 세상의 외관을 기록한 것이라고 생각하기 때문이다. 사진은 우리에게 낯설게 만든 세상을 보여준다.

예를 들어 에드워드 웨스턴Edward Weston의 〈양배추 잎〉(1931)을 보자. 웨스턴의 조명과 세심하게 선택한 각도, 그리고 프레이밍은 우아하고, 부드러우며, 육감적이고, 화려하게 조각된 대상을 만든다. 이것은 양배추 잎에 대한 우리의 기대에 반하는 것이다. 물론 우리는 매우 유사하게 양배추 잎을 묘사하는 화가를 상상할 수 있고, 육감적이거나 우아한 대상으로 그려진 잎을 보는 것에 흥미를 가질 것이다. 하지만 그런 경우에 우리는 구태여 화가가 잎 그 자체에 관한 어떤 것을 드러내고 있다고 생각할 필요가 없다. 그러나 사진에서는 양배추 잎이 이런 식으로 보일 수 있다는 놀라움이 있다. 우리는 실제 잎이나 적어도 변형된 그것의 외관을 보는 것 같다.

사진의 다큐멘터리 권위와 그것의 실제 변형의 결합은 또 다른 현상에도 기여한다. 우리는 '낯설게 만들어진 세상'의 이미지에 현혹되기만 하는 것이 아니라, 어떠한 모호함을 풀거나 제시된 헷갈리는 요소들을 식별해내야 할 것처럼 느낀다. 만약 사진의 변형이 없다면 그렇게 많은 시각적 모호성이 있지 않을 것이고, 그렇게 많은 당황스러운 요소들을 마주치지 않을 것이다. 또한 만약 다큐멘터리 아우라가 아니면, 우리는 이러한 모호성이나 식별의 혼동을 해결해야 한다고 그렇게까지 강요받듯 느끼지 않을 것이다.

예를 들어 카르티에 브레송의 〈발렌시아〉(1933, 그림 5.3)는 헷갈리고 이상해 보이는 공간을 보여준다. 사진의 오른쪽에서 사진기와의 거리가 가까워서 잘려버린, 투우장으로 들어가는 나무문의 오른쪽 부분을 볼 수 있다. 동그란 안경을 쓴 남자가 그 문 안에서 네모난 작은 창문을 통

그림 5.3 앙리 카르티에 브레송, 〈발렌시아〉, 스페인, 1933. 젤라틴 실버 프린트. 앙리 카르티에 브레송/매그넘 포토, Inc., 뉴욕.

해 보고 있고, 하얗게 된 그의 오른쪽 렌즈는 햇빛을 반사하고 있다. 그 남자의 뒤편 가까이에는 벽돌로 된 벽이 있다. 이미지의 왼편, 문의 가장자리 너머 가까운 곳에 한 소년의 그림자가 보인다.

그 남자와 소년은 모두 문 뒤에 있지만, 한 명은 빛 속에 있고, 다른 한 명은 그늘 안에 있다. 한 명은 얕은 공간을, 다른 한 명은 훨씬 깊은 공간을 차지하고 있는 듯 보인다. 왼쪽은 그늘 속으로 멀어지고 있는 반면, 오른쪽의 구성은 너무 얕고 밝다. 그리고 양쪽 이미지를 아우르는 건축적 구조에 대한 이해나 남자, 문, 소년 그리고 벽을 붙드는 통일된 공간에 대한 어떠한 설명이 없기 때문에 이 사진은 공간의 콜라주처럼 보인다. 콜라주처럼 보이지만 〈발렌시아〉는 스트레이트 사진이기 때문에 우리는 이 사진이 우리에게 통일된 공간, 실제 장면을 보여준다고 추정한다. 결과적으로 우리는 그 공간을 이해하고 그것의 다양한 부분들 사이의 관계를 알아내는 것이 가능하다고 확신하면서 그것을 이해하고 알아내는 데 사로잡히게 된다.

하지만 만약 우리가 〈발렌시아〉가 회화라고 상상하거나, 예를 들어 마그리트Magritte나 에셔Escher, 혹은 마네Manet 같은 작가들에 의한 회화나 드로잉에서 발견될 수 있는 공간적 모호성이나 역설들을 생각해본다면 애매성이나 혼동을 해결하는 것에 대한 우리의 확신은 사라진다. 왜냐하면 우리는 회화나 드로잉에서는 그들이 세상의 외관을 충실히 본떴다고 기대할 필요가 없기 때문이다.

이러한 분석을 바탕으로 나는 사진과 회화에서 추상과 초현실 작품을 보는 방식을 고려할 것이다. 나의 주장은 사진의 변형과 결합된 다큐멘터리 권위가 추상사진과 초현실 사진에 대한 특이한 관심을 해명한다는 것이다. 이 관심은 비슷한 장르의 회화에 대한 것과는 매우 다르다.[3]

---

3) 어떻게 외관의 변형과 결합된 사진의 다큐멘터리 권위가 우연함과 애매함에 대한 우리의 관심을

사진에서는 추상 혹은 초현실적인 구성에 대한 감상이 때로 이미지를 이루는 실제 세계의 요소들을 식별하고 풀어내는 데 실패하는 것과 공존하기도 하고, 그 실패에 의해 강화되기도 한다.[4)]

추상사진/추상회화

'추상회화'는 대상을 해체하는 큐비스트부터 비구상의 색면회화 작업 그 너머까지 상당히 광범위한 양식을 포함하는 데 사용되는 용어다. '추상사진'이라는 용어는 그보다는 덜 사용되고, 범위도 덜 명확하다. 대체로 이 용어는 마이너 화이트Minor White와 아론 시스킨드Aaron Siskind 같은 작가들의 사진에 사용되었는데, 이 사진들은 클로즈업, 크로핑cropping 또는 다른 방식들을 통해 쉽게 인식할 수 있는 대상이 제시하는 그 너머에 있는 형식적 구성이나 선, 텍스처를 강조한다. 우리는 추상회화와 추상사진에서 비슷한 흥미나 비슷한 이미지를 찾을 수 있지만, 회화와 사진에서 어떻게 이미지가 발생하는지에 대한 우리의 지식은 각 예술 형태의 추상 이미지에서 우리가 취하는 흥미의 유형에 영향을 미친다.

예를 들어 1940, 50년대 추상회화에서의 구성은 물감의 조성과 제스처에서 생겨났다. 우리는 잭슨 폴록Jackson Pollock, 프란츠 클라인Franz Kline이나 클리퍼드 스틸Clyfford Still의 작업에서 회화의 형태와 선이 물감의 떨어짐drip, 붓 혹은 팔레트 나이프를 통해 구성되는 것을 보면서 이는 우리가 그 구성을 어떻게 읽을 것인지에 중요한 역할을 한다. 폴록은 자신의

설명하는 데 도움이 되는지에 대한 더 깊은 논의는 나의 책 *Transforming Images: How Photography Complicates the Picture* (Ithaca: Cornell, 2000), ch. 2를 보라.

4) 다음('식별에 저항하는 대상들' 부분)에서 논의하겠지만, 이런 식의 실패는 미적 덕목이 될 수도 있다.

작업에서 제스처와 분리할 수 없는 듯 보인다. 그리고 스틸의 작업은 처리된 표면 말고는 목적도 없고 별것 아닌 듯 보이지만, 제스처가 그 형태에 의미를 부여한다. 하지만 사진에서 우리가 다른 것에 주목한다. 화이트와 시스킨드의 사진뿐 아니라 몇 가지 예를 들자면 추상적 경향이 있는 폴 스트랜드Paul Strand, 이모젠 커닝엄Imogen Cunningham, 에드워드 브렛 웨스턴Edward Brett Weston의 이미지도 선, 형태, 텍스처, 색(흑백의 상호작용)에 대해 강조한다. 하지만 이 사진들의 경우 추상적 구성은 세계의 일부(돌, 창문, 벽, 식물 등)에 기반하고 있다. 그리고 이러한 대상 속에 있는 추상적 패턴 기반이 관심의 주요 초점이 된다.

사진은 우리에게 시각적 세계를 탐구하도록 해준다. 일반적으로 우리는 사진이 무엇을 보여주는지, 우리에게 세상에 대해 무엇을 드러내줄 수 있는지를 보기 위해 사진을 관찰한다. 이 작업에서 가장 기본적인 것은 식별 작업이다. (이는 우리가 오직 식별에만 관심이 있다고 말하려는 것이 아니라, 식별이나 그에 대한 시도는 거의 언제나 우리 반응의 기저를 이룬다는 점이다.) 무엇보다 사진을 볼 때 우리는 그것이 (세계 속의) 무엇을 보여주는지 알고 싶어 한다. 종종 이것은 적어도 표면상으로는 전형적인 가족사진에서처럼 문제가 없을 수도 있다. 하지만 때때로 이 작업은 〈발렌시아〉와 커닝엄의 〈나뭇잎 패턴Leaf Pattern〉(1929)에서처럼 훨씬 도전적이 될 수도 있고, 예를 들면 화이트의 〈캐피틀 리프Capitol Reef〉(1962, 그림 5.4)처럼 때로는 매우 이해하기 어려울 수도 있다.

사진의 대상을 식별하려는 충동은 식별하기 어려운 작업이나 추상 작업에 맞닥뜨렸다고 해서 사라지지 않는다. 사실 식별하기 어렵고 도전적일수록 우리는 그것에 더 집중하는 자신을 발견할 것이다. 이는 우리가 회화와 사진의 추상에 반응하는 중요한 차이를 보여준다. 추상회화에서 "이것은 무엇인가?"(실제 세계의 대상을 식별하는 의미에서)라는 질문은 종종 잘못된 것인 반면, 사진에서 이 질문은 언제나 옳다. 매우 드물

그림 5.4 마이너 화이트, 〈캐피틀 리프〉, 유타, 1962. 젤라틴 실버 프린트. 프린스턴 대학교 미술관, 마이너 화이트 아카이브의 허가를 받아 복사. 프린스턴 대학교 이사회 저작권.

그림 5.5 아론 시스킨드, 〈시카고〉, 1949. 젤라틴 실버 프린트. © The Estate of Aaron Siskind, 조지 이스트만 하우스, 로체스터, 뉴욕 제공.

게 예외가 있지만, 아마도 앨빈 랭던 코번Alvin Langdon Coburn의 보토그라프vortograph(역자 주- 만화경을 이용한 추상사진)와 같이 렌즈, 거울, 빛을 이용해 작업한 아주 신비로운 실험들을 제외하고는 사진기로 찍힌 모든 사진은(그리고 때로는 사진기 없이 찍힌 것조차) 어떤 것의 사진이다. 추상사진(혹은 포토그램)에 대한 최초의 관심은 이러한 식별의 난해함일 것이다.

예를 들어 시스킨드의 〈시카고Chicago〉(1949, 그림 5.5)와 클라인의 〈마호닝Mahoning〉(1956)은 둘 다 흑백이 대조되는 강하고 단순한 형식적 구성을 제시하지만, 두 작품 모두에서 형식적 표현은 작품을 이해하는 데 있어 일부가 될 뿐이다. 클라인 회화의 경우는 겹침layering이나 제스처가 중요한 요소다. 시스킨드의 사진에서 중요한 것은 식별이다. 〈시카고〉를 보면서 우리는 이 사진이 아마도 옆으로 돌아간 글자 부분인 어떤 기호 부분을 보여줌으로써 이미지가 이중의 본성 혹은 정체성(잘린 기호/추상적 형태)을 갖는다고 재빨리 알아차린다. 또한 제시된 기호에서 사진의 얕은 심도나 부드러운 표면과 대비되는 긁힌 자국과 구멍이 있지만, 대체로는 평평한 표면을 갖는다. 만약 시스킨드가 사진기 없이 이미지를 만들었다면, 이런 대비와 긴장은 없었을 것이다. 그리고 일상적인 사물 세계 속에서 강렬한 추상적 구성을 발견하는 기쁨 또한 없었을 것이다.

이것은 피카소의 정물화 같이 대상의 추상회화에서 발견할 수 있는 종류의 것이 아님은 강조할 가치가 있다. 회화의 경우 형태는 병, 탁자, 그릇 같은 대상을 **참조**한다. 사진의 경우 형태는 대상**이다**(혹은 좀 더 정확하게 말하자면, 형태는 렌즈 앞의 대상이다): 그 이미지는 대상의 기록**이며** 추상의 기록이기도 하다.[5] 여기에는 우리가 변형된 대상을 본다는 의미가 있다.

초현실주의

추상사진과 초현실주의 사진은 서로 다른 효과를 목표로 하지만, 둘 다 일상적 대상의 변형에 관심을 갖는다. 그래서 우리는 회화에서 쉽게 찾을 수 없는 추상과 초현실주의 사이의 관련성을 사진에서는 볼 수 있다. 사실 회화에서는 두 경향이 종종 아주 다르다. 스틸과 폴록 같은 추상표현주의자들은 표면, 물감, 제스처를 강조한 반면, 마그리트Magritte, 달리

---

5) 지그프리트 크라카우어(Siegfried Kracauer)는 스스로 추상사진의 '모호성'이라고 부른 것을 동경했다. 한편으로 그것은 존재하는 대상을 기록하면서, 다른 한편으로는 자유로운 구성으로 우리에게 영향을 미친다. 하지만 나는 이는 잘못된 것이라고 주장한다. 사진 구성은 거의 절대로 우리에게 진정으로 자유롭게 영향을 미치지 않는다. 추상적 구성을 동경하더라도 우리는 언제나 실제로 존재하는 대상의 세계에 구성의 근거가 있음을 어느 정도 인식한다. Kracauer, "Photography," in Alan Trachtenberg, ed., *Classic Essays of Photography* (New Haven: Leet's Island Books, 1980), 245-468쪽을 보라. 추상에 대한 논의는 262쪽에 있다.

Dali, 데 키리코de Chirico 같은 초현실주의자들은 사실주의 양식을 받아들이고, 물감과 표면에 대한 관심을 덜 강조했다. 1960년대와 그 이후의 추상화가들은 초현실주의와 그다지 연관이 없었다. 추상회화는 대상의 재현으로부터 멀어지고, 3차원 공간과도 멀어짐에 따라 세상의 역설이나 낯선 변형을 제시하는 회화와는 거의 관계가 없다.[6)]

반면 추상사진은 역시 이 세상의 변형과 연관이 있기 때문에 초현실주의와 자연스러운 관련성을 갖는다. 추상의 경우 바위, 그림자, 식물 혹은 벽의 작은 조각은 추상적 형태인 패턴이 된다. 하지만 초현실주의에서의 변형은 초자연적이거나 역설적인 효과를 위한 것이다.

외젠 앗제Eugène Atget, 빌 브란트Bill Brandt, 로버트 프랭크Robert Frank 등 다양한 사진가들에 의한 이미지들은 초현실적인 측면을 갖고 있다. 앗제의 〈마가진, 고블랭 거리Magasin, avenue des Gobelins〉(1925)에서 상점의 창가에서 있는 마네킹은 기묘하게 생기 있어 보인다. 프랭크의 〈시카고〉(1955-7)에서 수자폰 연주자는 머리가 있어야 할 곳에 호른 나팔을 가지고 있는 것처럼 보인다. 브란트의 〈이스트 서섹스East Sussex〉(1957)에서는 엄청나게 커다란 귀가 들쭉날쭉한 해안 경치 앞에 어렴풋이 나타나는 듯 보인다. 이 이미지들에서 세상의 일상적인 대상과 경치는 프레이밍과 2차원성에 의해 변형되었고, 흑백의 이미지는 낯설며, 역설적이고 묘한 이미지로 변형되었다. 대상이 일상적인 것이 아닐 때조차 클레런스 존 로플린Clarence John Laughlin의 〈우리의 곪은 손이 모든 것을 망친다Our Festering Hands Ruin All...〉(1949, 그림 5.6)에서처럼 구성된 인물이 (스트레이트) 사진을 통해 변형된다. 로플린은 모습을 가린 인물, 마치 손인 것처럼 망토에서 나오는 울퉁불퉁한 나무를 보여준다. 우리는 직접 대면하여 반응하는 것과는 매

---

6) 이는 회화가 절대로 두 경향을 결합하지 않는다는 의미가 아니다. 예를 들어 후안 미로의 몇몇 작품은 초현실로도, 추상으로도 보일 것이다.

그림 5.6 클레런스 존 로플린, 〈우리의 굶은 손이 모든 것을 망친다〉, 1949. 젤라틴 실버 프린트.
ⓒ 히스토릭 뉴올리언스 컬렉션.

우 다르게 사진 속 인물에 반응한다. 사진에서 나무는 오직 직접 대면해서 제시할 수 있는 방식으로, 그리고 오직 회화에 의해서만 묘사될 수 있는 방식으로 손이 된다. (사진가들에 의해 이중노출, 포토몽타주 혹은 다른 특별한 효과들이 사용되었을 때 다큐멘터리 권위는 위태로워 보이고, 그 이미지들은 회화보다 훨씬 예술가의 시각을 묘사한 듯 읽히는 경향이 있다.)

효과적인 측면에서 초현실 회화와 초현실 사진 간의 차이점은 마그리트의 사진 연구에서 가장 열렬히 지지되는데, 이는 그에 대응하는 회화보다는 종종 훨씬 흥미롭다. 예를 들어 그의 사진 〈여덟 번째 날의 신God on the Eighth Day〉(1937)은 그의 회화 〈치료사The Therapist〉(1937)와 매우 유사하다.[7] 둘 다 몸통과 머리가 공간으로 대체된 앉아 있는 형체를 보여준다. 〈치료사〉에서 머리와 몸통은 두 마리 새가 들어 있는 새장으로 대체되었다. 천이 새장 위에 드리워져 있고, 그 위에 모자가 있다. 사진 연구에서 빈 공간의 효과는 남자의 무릎에 괴어놓은 그림(조잡하게 그려진 풍경화)으로, 남자의 몸과 머리를 가리는 그림을 통해 획득된다. 그림의 가장자리는 그 위에 드리워진 담요로 숨겼고, 그 위에 모자가 놓여 있다. 사진은 사라진 몸통에 대한 환영을 만들어냄과 동시에 실제 사람을 기록하고 있다. 사진에서 우리는 '실제'임과 동시에 실제 같지 않은 이미지를 마주한 자신을 발견하고, 이 모순은 그것이 얼마나 도발적이건 상관없이 그저 생각의 삽화인 것보다 훨씬 우리를 사로잡는다.

초현실주의와 추상 둘 다에서 대상은 사진기에 의해 변형되고, 형태와 선에 대한 강조를 통해서건 낯섦과 모순(혹은 둘 다)에 대한 강조를 통해서건 대상의 정체성은 문제시된다. 따라서 우리는 초현실주의와 추상 둘 다에서 작업함과 동시에 추상적이고 초현실적으로 보일 수 있는 이

---

7) 이 예시들은 나의 글 *Transforming Images* 96-7쪽에 재사용되었다. (또한 그 글 205쪽에서 재사용한 Pedro Meyor의 이미지는 마지막 장인 '디지털의 도전'에서 논의할 것이다.)

미지를 만드는 사진가들을 발견했다고 해서 놀라지 말아야 한다. [로플린의 〈빛의 언어(The Language of Light)〉(1952)는 커튼을 통해 빛이 여과되는 이미지인데, 이것은 만 레이의 많은 레이오그라프들이 그러하듯이 여기에 꼭 들어맞는다.]

식별에 저항하는 대상들

하지만 식별에서 우리의 시도를 좌절시키는 추상사진 — 즉 그 사진이 우리에게 세상의 일부를 보여준다는 것은 알지만, 인식하거나 의미를 이해하기는 어려운 사진 — 은 어떠한가?

시스킨드의 사진에서라면 우리는 세상의 일부, 벽, 기호가 추상 구성으로 변형된 것을 본다. 그런데 식별하는 데 좌절을 겪어 그 추상적 구성의 근본에 무엇이 있는지 표현하기 어려운 화이트의 〈캐피틀 리프〉(그림 5.4)에 대해서는 뭐라고 할 수 있을까? 존 자코우스키John Szarkowski는 이 이미지에 대해 다음과 같이 말한다.

> 아주 정확한 사진적 묘사에도 불구하고 우리는 어떤 대상이 묘사된 것인지 제대로 확신할 수 없다. 바위, 얼음, 고대 뼛조각, 말린 잎, 화석화된 나무, 그것도 아니면 무엇일까? 또한 우리의 시점을 확신할 수도 없다. 이 풍경이 우리의 발아래 놓여 있는 것인지, 아니면 우리가 타고 있는 비행기의 수천 야드 아래에 있는 것인지, 그것도 아니라면 우리 앞에 있는 벽 속에 있는 것인지? 무엇이든 간에 분명한 것은 우리가 자연의 진실하고도 무서운 사실을 보고 있다는 것, 즉 이 세계의 표면을 만들어내는 되돌릴 수 없고, 조정할 수 없는 충돌을 보고 있다는 것이다.[8]

8) John Szarkowski, *Looking at Photography* (New York: MOMA, 1973), 174쪽.

비록 무엇이 변형된 것인지, "바위, 아니면 얼음, 그것도 아니면 고대 뼛조각"인지 정확하게는 말할 수 없더라도 이것을 스트레이트 사진으로 본다는 사실은 우리가 식별 활동 속으로 말려 들어감을 의미한다. 우리는 그 이미지의 형태를 이해하기 위한 노력으로 계속해서(우리가 그것을 어떤 새로운 것의 드러남 — 마치 그것이 달의 풍경인 것처럼 — 으로 보기 시작할 때까지 계속해서) 이미지의 조사와 재조사로 돌아간다. 추상적 구성의 아름다움은 여전히 세상에 묶여 있다. 식별의 어려움은 그저 우리를 사진 속으로 더 깊이 끌고 갈 뿐이다.

브렛 웨스턴의 〈조각난 플라스틱Shattered Plastic〉과 프레더릭 좀머Frederick Sommer의 〈그을린 셀로판Smoke on Cellophane #1〉(1961)에서는 그 대상이 무엇인지 우리에게 알려줬지만, 그 효과는 〈캐피틀 리프〉와 거의 비슷하다. 우리가 웨스턴의 이미지를 연약한 깃털로 감상하더라도 우리는 그것이 플라스틱으로 식별되는 것을 받아들여야 하고, 플라스틱을 봄과 동시에 추상적 구성을 감상하도록 노력해야 한다. 웨스턴의 '깃털'과 좀머의 생물 형태를 그 제목들과 함께 받아들이면 각 이미지에 대한 우리의 집중은 예리해지고, 형식적 구성에 대한 우리의 감상은 주제의 식별에 관여하는 어려움과 폭로에 의해 도전적이 되고 풍부해진다.

추상적 구성

사진 찍힐 대상이 특히 사진을 위해 구성되었을 때조차 그 이미지는 세상의 일부가 패턴이나 형식으로 변형된 것으로 이해될 수 있다. 예를 들어 칼 키아렌자Carl Chiarenza의 콜라주 사진은 추상인 구성을 제시하면서 사물의 기록을 제시하기도 하는데, 이는 펜이나 붓 혹은 콜라주 그 자체에 의한 유사한 구성에는 없는 복잡한 층위를 추가한다.

거칠고 쪼글쪼글한 훌륭한 질감, 환한 빛, 깊은 어둠의 '풍경'인 〈무제 트립틱Untitled Triptych 195/190/188〉(1994, 그림 5.7)을 보자. 질감과 톤의 대비 안에 즐거움이 있지만, 우리는 여기에 쓰인 것이 무늬가 있는 종이인지, 구겨진 금속박편인지 식별하도록 애쓰는 것을 막을 수 없다. 또한 보다 덜 쉽게 인식되는 물질들에 대해 궁금해하는 것 역시 참을 수 없다. 키아렌자는 다음과 같이 말한다.

> 내 작업에서의 문제는 알지 못함에 대한 최초의 좌절이나 '이것이 무엇인지' 판독할 수 없음을 넘어 관람자의 관심을 붙잡는 것이다. 문제는 일반적으로 관람자가 잘못 가지고 있던 사진은 유리창과 같다는 믿음에서 벗어나도록 하는 것이고, 이미 발생한 것의 재현이 아닌 새로운 경험으로 열려 있는 창문을 통해 나가도록 하는 것이다.[9)]

하지만 사진에서 콜라주 구성을 보고 있음을 알아차렸을 때조차 우리는 창문 같은 것을 통해 보고 있다. 이것이 키아렌자의 사진을 그것의 대상으로서의 역할을 하는 콜라주와 다르게 만드는 것이다. 키아렌자는 콜라주를 (그 최종 형태는 조명, 각도, 크로핑, 콘트라스트 등에 의존하는) 이미지의 시작점으로 사용함으로써 제시된 대로 그 콜라주가 이 세계에 존재하지 않도록 한다. 나아가 사진을 찍는 데 있어서 키아렌자는 물질에 대한 우리의 식별을 약화시킨다. 콜라주로 직접 제시될 때 우리는 훨씬 쉽게 가장자리와 층위를 파악할 수 있고, 다른 물질들을 알아볼 수 있다. 사진에서는 형태들이 다른 정체성을 갖도록 자유로워지면 (찢어진 종이는 강바닥, 구름, 풍경이 될 수도 있다) 이런 인식과 식별이 문제시된다. 사진으로 찍히지 않은 추

---

9) Carl Chiarenza, 1994년에 강연을 위한 출판되지 않은 원고. *Carl Chiarenza: Passages and Transformations*, 전시 팸플릿, George Eastman House (Rochester, NY, 1995)에 인용됨.

그림 5.7 칼 키아렌자, 〈무제 트립틱 195/190/188〉, 크기 약 18″×42″. 1994. © 칼 키아렌자.

상 콜라주 그 자체도 이런 참조물들을 취할 수는 있지만, 그것의 정체성으로서는 아니다.

다른 말로 추상 콜라주 그 자체를 볼 때 산과의 관련을 볼 수 있지만, 우리는 그 형태가 실제로 그들이 아닌 다른 것 — 즉 종이가 아니라 실제로 산 — 이라고 생각하지 않는다. 콜라주에서 정체성에 대한 혼란은 대체로 덜 급진적이다. 옷감을 종이로 착각하거나 그려진 요소를 콜라주된 것으로 착각하는 정도다. 하지만 콜라주나 구성물이 사진으로 찍히면, 우리는 종종 급진적 혼란과 많은 모호함을 갖게 되며, 이는 추상 작업에만 해당하는 것이 아니다.

다른 정체성들

정체성에 대한 혼란은 빅 뮤니츠Vik Muniz의 작업에서도 찾을 수 있다. 뮤니츠는 사진이 실제로 보여주는 것과는 다른 어떤 것을 보고 있는 것 같은 환영을 창조하는 사진을 만든다. 구름 사진은 실제로는 목화 사진인 것으로 드러나고, 달 착륙 사진은 스케치 사진으로 밝혀진다.

뮤니츠의 〈설탕 어린이들Sugar Children〉 시리즈는 세인트킷츠Saint Kitts 섬에 있는 설탕 농장에서 일하는 부모와 조부모를 둔 아이들을 찍은 흑백 사진 이미지들이다(그림 5.8). 하지만 이 사진들은 어린이들 자신이 아니다. 이 사진들은 초상화를 '그리기' 위해 사용된 설탕의 사진들이고, 폴라로이드 이미지를 모델로 사용했다. 우리가 어린 소녀의 다소 거친 사진으로 식별하는 것은 사실 검은 종이 위에 꼼꼼하게 배열된 설탕 알갱이들, 즉 설탕으로 만든 포토리얼리스트 드로잉 사진이다. 설탕 드로잉 자체는 목탄화나 수채화처럼 어린 소녀를 제시하기 때문에 어떤 혼란을 야기하지 않는다. 하지만 이 드로잉이 사진으로 찍히면, 매체는 모호해

그림 5.8 빅 뮤니츠, (《설탕 어린이들》 시리즈 중) 〈발렌티나, 가장 빠른 아이〉, 1996. 젤라틴 실버 프린트, 14″×11″. ⓒ 빅 뮤니츠 / VAGA, 뉴욕 허가, 브렌트 시캐마 NYC 제공.

지고 이 이미지에서 다른 종류의 기원과 정체성이 추정된다. 이 추정은 뮤니츠의 처리공정에 의해 전복된 것이다. 뮤니츠는 대상을 식별하려는 우리의 시도를 약화시킴으로써 사진에 대한 우리의 추정을 약화시킨다.

사진적 권위의 약화

초현실과 추상 이미지 사진은 외관에 충실하다는 우리의 가정에 도전하지만, 그것들은 여전히 자신들의 영향력에서 다큐멘터리 권위에 대한 우리의 가정에 크게 의존한다. 이러한 가정이 변형된 외관을 매우 흥미롭게 만드는 것이고, 특이한 이미지를 '무엇'에 대한 기록으로 이해하게 만드는 발견 활동으로 우리를 끌고 가기 때문이다.

뮤니츠는 한 발짝 더 나아간 기대의 붕괴를 가져오는데, 이는 뮤니츠의 작품을 통해 그저 희한하게 달라 보이도록 만들어진 대상을 갖는 것이 아니라, 우리가 보는 것에 대한 급진적인 착오를 하게 되기 때문이다. 즉(다름 아닌 설탕 혹은 시럽을 가지고) 손으로 만든 재현이 대상 그 자체로 받아들여진다. 우리는 설탕 알갱이 사진이 어떻게 그토록 소녀 사진처럼 보일 수 있는지 묻도록 유도된다. 그리고 만약 우리가 소녀의 사진과 소녀의 재현을 찍은 사진 사이의 차이점을 말할 수 없다면, 어떻게 사진이 드로잉보다 훨씬 뛰어난 다큐멘터리 권위를 가진 것으로 생각될 수 있는지 의문을 갖도록 유도된다. 뮤니츠의 작업은 다큐멘터리 권위에 대한 엄청난 도전을 제공한다.

다큐멘터리 권위에 대한 또 다른 도전들로 우리는 화가들, 특히 포토리얼리스트 화가들을 볼 것이다. 포토리얼리즘 효과 중 하나는 다큐멘터리 권위와 외관의 정확한 복사라는 두 관념을 구분하기 시작하도록 만든 것이고, 이 두 관념에 대한 사진의 특별한 주장에 의문을 던지기 시작한 것이다.

리처드 에스테스Richard Estes, 척 클로스Chuck Close 등의 포토리얼리스트 회화들은 사진의 모습을 그것의 존재론으로부터 분리시킨다. 따라서 사진적 권위의 근원뿐만 아니라 그것의 궁극적인 적법성에 대해서까지 의문을 제기한다. 포토리얼리스트 회화는 사진의 모습을 띠고 있지만, 직접 보면 쉽게 회화로 식별할 수 있다. 한편 그것은 회화가 사진의 다큐멘터리 권위를 빌려온 것으로 보일 수 있고, 다른 한편으로는 그것의 인과적 기반으로부터 '모습'을 분리시킴으로써 그 권위에 도전하는 것으로 보일 수도 있다.

예컨대 〈로버트Robert〉(1973-4) 같은 클로스의 초기 초상화들은 특히나 흥미로운 사례들을 제시한다. 대부분의 포토리얼리스트 회화들에서 크기는 중요하지만, 클로스의 초상화에서 크기가 미치는 영향은 두드러진다. 클로스의 커다란 초상화는 그 효과 면에서 엄청난데, 평범한 사람을 그로테스크하게 만들고, 모든 구멍, 잡티, 주름을 엄청나게 과장한다.

또한 이미지의 크기는 사진적 왜곡을 강조하는데, 이 왜곡은 스냅샷 사이즈 이미지에서는 알아차릴 수 있지만, 대체로 무시된다. 예를 들어 전형적인 사진초상이 그렇게 거대한 크기로 재생산될 때 얼굴이 납작해지는 것은 명백한데, 이 현상은 우리가 사진의 지각적 특징을 정확하게 인지하도록 만든다.

클로스의 특징적인 그리드는 이미지를 화폭으로 옮기는 데 사용되었고, 우리의 의식에도 기여한다. 그리드는 공들인 이미지의 정확함, 그것의 원천인 사진에 대한 충실함의 증거를 제공하지만, 나아가 그 이미지의 수작업 본질을 착각하게 만들어서 그것에 내재하는 '주관성'까지 착각하도록 한다.

이러한 주관성은 클로스의 후기 작업들에서 더욱 강화된다. 초기 초상화에서는 각각의 그리드 셀들이 망점이나 픽셀로 기능한 반면, 좀 더 최근의 작품에서는 이 셀들이 작은 액션페인팅 같아서 그것들의 풍부한 주관성이 사진적으로 파생된 이미지가 빌려준 권위와 충돌한다.

합성 이미지들

〈자화상/합성/16 분할Self-Portrait/Composite/Sixteen Parts〉(1987, 그림 5.9) 같은 클로스의 사진도 사진적 권위에 대한 개념에 도전한다. 이 인상적인 자화상은 16개의 큰(23″×19″) 흑백 폴라로이드를 종합했다. (클로스는 안경을 통해 관람자를 응시하며, 안경의 렌즈 각각은 관람자의 머리만큼이나 크다.) 그의 회화에서처럼 크기, 왜곡 그리고 그리드가 중요하지만, 여기서는 그것들이 새로운 기능을 가진다. 여기서 크기는 오직 사진적 왜곡을 확대할 뿐만 아니라, 확대한 프린트가 아닌 폴라로이드를 다루고 있기 때문에 사진의 권위를 더욱 강화시킨다. 각 부분의 크기는 엄청난 세밀함과 해상도를 의미한다.

거대한 크기의 폴라로이드를 사용하는 것은 권위적인 다큐멘터리에 대한 생각을 강화시킨다. 이는 이미지의 놀라운 해상도 때문이기도 하지만, 이 매체가 훨씬 관례적인 사진 처리과정이 거치는 식의 변경을 허락하지 않기 때문이기도 하다. 하지만 부분들이 조립될 때, 선들과 딱 맞지 않는 형태들 때문에 우리가 가지고 있던 '사물 그 자체'라는 생각은 무너진다. 그 대신 우리는 근사치에 다가가는 과정, 집중의 과정, 조립의 과정을 거친다.

그리드 또한 새로운 중요성을 갖는다. 우리는 부드럽게 그리고 세밀하게 분할된 그리드 대신 거대한 16조각이 대충 맞춰진 모자이크 이미지를 보게 된다. 매우 가시적인 이음매는 우리가 표면을 보고 있음을 강력하게 상기시키면서 이미지의 현존을 부정하는 것 같다. 하지만 그에 더해서 이음매와의 부조화는 우리로 하여금 이 구성이 다른 많은 가능한

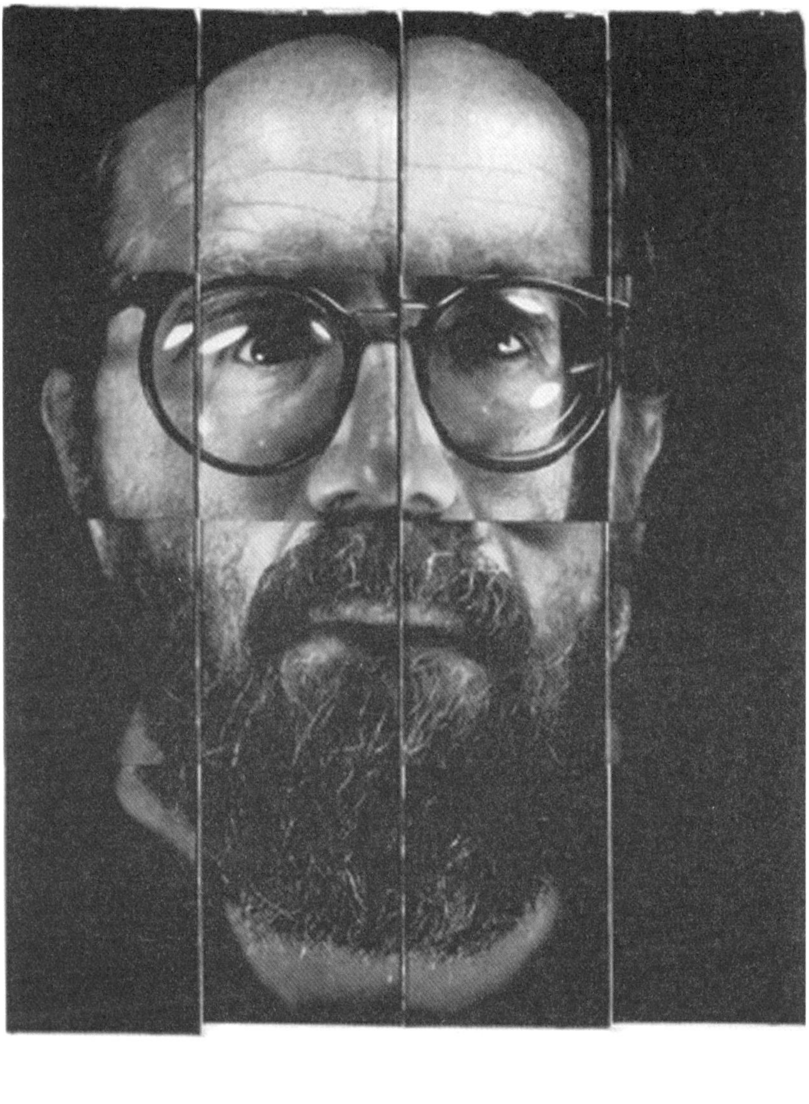

그림 5.9 척 클로스, 〈자화상/합성/16 분할〉, 1987. 실버 젤라틴 트랜스퍼 프린트, 92″×76″. 페이스맥길 갤러리, 뉴욕 제공.

구성들 중의 하나일 뿐인 잠정적인 것이라고 느끼게 한다. 그것들은 또 한 과정, 일시적 기록, 그 시간 속에서의 연속을 보듯이 느끼게 한다.

합성 이미지가 잠정성을 암시할 필요는 없다. 바이킹 위성Viking Orbiter 2호가 수집한 디지털 이미지들을 생각해보자. 그것들은 〈춘분점일 때 화성의 남쪽 지역〉(1977)에 대한 포괄적인 기록을 제공하기 위해 종합되었다. 우리는 화성의 사진을 보지만, 이미지는 하나가 아니라 NASA로 전송되어 조합된 많은 이미지들로 구성된 것이다. 우리는 정확하게 배치한, "스트레이트" 이미지들로 구성된 사진을 갖는다. 비록 우리는 전체에 대한 어떤 인상이나 흔적을 갖고 있지 않지만(오직 다른 시간에 기록된 다양한 부분들에 대한 것만 갖고 있다), 전체 다큐멘터리 권위에 대한 우리의 믿음은 과학적 맥락과 최종 이미지의 꼼꼼함에 의해 보존된다. 하지만 복합 이미지가 일단 이런 과학적으로 정밀한 분위기를 떠나고 나면 그들은 이제 의심과 불확실성에 취약해질 수 있다.

바이킹 2호의 조각 이미지는 〈배꽃이 핀 고속도로Pearblossom Highway 11-18, 1986년 4월 #2〉 같은 데이비드 호크니David Hockney의 포토 콜라주에서 반복되었다. 하지만 호크니의 작업에서 과학적 정밀성과 위성의 규칙적인 콜라주는 불규칙적인 공간과 각도로 짜인 정신없는 퀼트로 바뀌었다. 호크니의 이미지는 수백 장의 컬러 프린트를 합친 것인데, 이것을 종합하면 쓰레기와 도로 표지판들로 어수선하고, 도로변에 뭉뚝한 선인장들이 늘어선 캘리포니아 사막의 고속도로를 보여준다. 사진기는 고속도로의 노란 선이 수직으로 이미지의 위를 향해 가면서 저 먼 곳의 밝은 파란색 속으로 사라지도록 배치되었다. 각 부분들은 '조마조마한' 효과를 만들어내기 위해 때로는 뚜렷하게, 때로는 살짝 겹치는 방식으로 조합되었다. 나아가 이미지는 일정 기간에 걸쳐 촬영했기 때문에 거기엔 다른 빛, 색, 하늘이 있고, 또한 대상과 선의 혼란이 있다. 호크니의 작업은 우리가 그 각각을 특정한 공간과 시간의 다큐멘트로 받아들이는 사진으로 구성되어 있다. 하지만 종합하면, 그것들은 허구적인 공간과 장면, 그리고 그런 식으로는 절대 존재하지 않을 것을 창조한다.

클로스의 자화상도 같은 역설을 제시한다. 부분의 권위는 전체의 불확실하고 잠정적인 본성과 상충하지만, 호크니의 사진보다는 긴장감이 훨씬 미묘하며, 아마도 더욱 강력하다. 왜냐하면 구성단위들이 훨씬 커지고, 경계의 부조화가 덜 극심하며, 개인의 얼굴 전체가 우리에게 어떤 충실함을 보장하기 때문이다. 그럼에도 폴라로이드 이미지의 생생한 제시는 권위에 대한 이슈를 강화하고, 스스로의 답변에 대해 덜 확신하도록 만든다.

구성은 좀 더 단순하지만, 그 효과는 더욱 특이한 또 다른 합성 이미지 그룹을 생각해보자. 스베트라나 코피스티안스키Svetlana Kopystiansky의 1990년대 풍경 이미지들은 처음 보면 상태가 좋지 않은 것처럼 보이지만, 더욱 면밀히 볼수록 그 이유가 분명해진다. 각각의 작품은 사진을 [코로(Corot)의 풍경화 같은] 예술 엽서와 결합하였다. 그 둘은 이음매 없이 매끄러운 것과는 거리가 멀게 결합되었지만, 이상한 지속성을 제공한다. 이 작업들은 우리가 사진을 보는 것과 회화를 보는 것 사이의 차이점을 생생하게 보여준다. 두 이미지의 병치와 연결은 그 둘의 서로 부딪히는 관람 습관의 극명한 차이를 이용하고, 드러내는 정체성의 위기를 만들어낸다.[10)]하지만 사진이 엽서의 허구적 공간의 연장인 한, 그것의 다큐멘터리 권위는 손상된다.

10) 코피스티안스키는 실제 회화가 아닌 회화의 사진을 이용하지만, 나는 다른 곳(*Transforming Image*, 4장)에서 그들이 제시하고 있는 본래의 회화에서 갈라지는 많은 중요한 방법들이 있음에도 사진적 재생산은 어느 정도 투명하게 기능한다고 주장하였다. 우리는 우리가 회화를 보는 것과 동일한 방식으로 그런 사진을 보는 경향이 있다.

디지털의 도전

호크니와 클로스의 '사진-모자이크'에 의해 제기된 사진적 권위에 대한 도전은 디지털 이미지가 제기한 한층 광범위한 도전과 유사하다. 디지털 사진에서 픽셀 배열의 유동성은 회화적 가능성을 확장하면서 다큐멘터리 권위가 가진 환영을 파괴하려 협박한다. 가장 주목할 만한 것으로 프레드 리친Fred Ritchin[11)]을 비롯한 몇몇 사람들은 저널과 법적인 영역의 사진 사용에서 디지털 이미지의 충격에 주목했다. 여기서 나는 사진 미학에서 목격한 충격에 대해 논할 것이다.

페드로 마이어Pedro Meyer의 〈멕시코 이민 노동자들Mexican Migrant Workers/캘리포니아 고속도로Highway in California〉(1986/90)는 '당신의 모텔에서부터 (시저스까지) 고급 무료 서비스'라고 광고하는 광고판 앞에서 농작물 위로 허리를 굽히고 있는 이민 노동자들을 보여준다. 광고판은 메시지 옆에 로마 군인처럼 차려입은 남자가 잘 꾸며진 밴의 문을 열고 있는 모습을 보여준다. 광고판이 약속하는 호화로움은 이민 노동자들 위에 머묾으로써 몹시 어울리지 않으며, 이 맥락에서 로마 군인은 수행원이라기보다는 감독관처럼 보이기 때문에 이 병치는 거슬린다.

마이어의 이미지는 앞서 논의한 버크화이트의 홍수 피해자 사진에서 발견할 수 있는 유사한 아이러니를 가지고 있다. 하지만 여기에는 중요한 차이점이 있다. 버크화이트는 홍수 피해자들이 실제로 세상에서 가장 높은 삶의 질을 내세우는 광고판 앞에 서 있는 것을 우연히 발견한 반면, 마이어의 이미지는 사실 두 개의 다른 사진을 디지털로 결합한 것이다. 이민 노동자들은 그 특정한 광고판 앞에서 농작물을 수확하지 않

11) Fred Ritchin, *In Our Own Image: The Coming Revolution in Photography* (New York: Aperture, 1990).

았다. 이 병치는 마이어에 의해 만들어졌다. 마이어의 이미지는 생생하고 도발적이지만, 제시된 아이러니는 인위적인 구성이며, 아이디어의 아이러니일 뿐 상황의 아이러니가 아니다. 이에 대한 우리의 지식은 이 아이러니를 덜 날카롭고, 덜 강렬하게 만든다.

하지만 버크화이트의 홍수 피해자 이미지는 어떠한가? 디지털 도구들이 점점 더 공감을 불러일으키는 병치들을 발견하기보다는 구축하도록 만들고, 이음매 없는 아쌍블라주와 몽타주에 익숙해짐에 따라 스트레이트 이미지의 깊이와 강력한 증거로서의 힘을 덜 인식하게 될까? 디지털 이미지의 보급이 우리가 마주하는 사진에 대해 가지고 있던 가정을 변화시킴에 따라 우리는 이러한 변화가 동시대 사진뿐만 아니라 과거 사진을 접할 때조차 영향을 준다는 것을 발견할 것이다. 이는 사회적 발언을 하는 사진 뿐만 아니라, 모든 종류의 사진에 영향을 줄 가능성을 가진 문제점이다.

우리가 보았듯이, 사진의 대상을 식별하려는 이끌림과 그러한 이끌림을 이용하는 것, 복잡하게 하는 것, 방해하는 것은 모두 사진의 많은 작업들 — 즉 추상, 초현실, 개념 사진 — 을 가로지르는 가닥들이다. 결과적으로 이런 움직임은 회화에서보다 훨씬 밀접하게 연합되고, 그 경계는 훨씬 잘 변한다.

하지만 디지털 이미지와 조작이 출현하면서 널리 퍼진 디지털화로 인해 사진과 세계와의 연결이 미약해짐에 따라 우리는 사진을 볼 때 이런 측면에 흥미를 덜 가지기 시작할 것이다. 식별에 대한 이끌림은 디지털 조작의 가능성에 직면하여 약해지고, 사진에 대한 우리의 이해와 처리가 회화와 가까워지는 것을 발견하게 될 것이다.

안드레아스 거스키Andreas Gursky의 벽만 한 크기의 이미지 〈라인 강 Rhine II〉(1999)를 보자. 이것은 동시에 하천 풍경의 요소이기도 한 회색, 녹색, 은색의 수평 띠를 보여준다. 추상과 재현이 섬세하게 균형을 이루고 있다. 거스키가 디지털 작업으로 강둑에서 건물들을 없애는 조작을 했다는 것을 알았을 때, 이 이미지에 대한 우리의 반응은 변할까? 물론 이 정보는 이미지가 어떻게 보이는지를 변화시키지 않는다. 사진의 색이나 비율이 보여주는 아름다움과 고요함은 그대로 남아 있다. 하지만 일단 이 빼어난 추상이 이 세상에서 가져온 것이 아니라 컴퓨터에서 공들여 만든 것임을 알고 나면 추상 이미지와 재현된 풍경의 일치는 덜 매혹적이고, 덜 흥미로우며, 더 부자연스럽게, 즉 더 '회화적으로' 보일 것이다.

하지만 질문은 "우리가 디지털로 개조된 사진 추상을 순수 추상과 다르게 보는가?"만이 아니다. 이런 질문은 "우리가 관례적으로 개조된 추상을 다르게 보는가?" 하고 묻는 것과 다를 바가 없다. 우리가 물어야 할 것은 그보다 "개조되었건 아니건 **모든** 사진을 보는 방식에 디지털 문화가 영향을 주는가, 그리고 어떻게 그러한가?"이다. 모든 사진은 우리가 그저 보는 것만으로는 그 이미지가 (디지털로) 개조된 것인지 아닌지 확실히 말할 수 없기 때문에 문제가 된다. 그리고 별도의 언급이 없으면 (아니면 개조가 명백하지 않는 한) 이미지는 스트레이트하다는 것이지만, 이 가정은 디지털로 변형된 이미지가 널리 퍼지면 퍼질수록 바뀌게 될 것이다.

사진가들은 언제나 허구를 창조하기 위해 자신들의 이미지를 조작할 수 있는 능력을 가지고 있었다. 하지만 관례적인 개조(크로핑, 수정, 조합 인화)는 스트레이트 사진이 지배하던 세계에서도 일어났다. 타블로이드 신문의 조작된 이미지나 광고의 수정된 이미지가 있을 때, 가족 스냅 샷, 신분증, 신문 사진과 같은 스트레이트 이미지들은 무수히 많이 있었다. 하지만 디지털 조작의 광범위한 가능성과 사용의 증가는 이런 균형을 깨뜨렸다.

디지털 조작은 소프트웨어의 발달로 인해 모든 사람들에게 비교적 빠르고 쉬워졌으며, 개조 범위도 사실상 무한하다. 마음대로 형태나 모양, 위치를 바꿀 수도 있고, 없애버릴 수도 있다. 다른 자료에서 가져온 이미지들이 결합되거나 섞일 수도 있고, 솜씨 좋게 다루기만 하면 사실상 감쪽같이 개조할 수 있다. 결과적으로 우리는 어떤 식으로든 개조된 이미지에 둘러싸여 있는 자신을 발견하게 될 뿐만 아니라, 어떤 이미지가 스트레이트한 것이고, 어떤 것이 개조된 것인지 분간하기조차 불가능해진다. 디지털화되고 개조된 이미지의 숫자가 계속해서 증가할수록 점점 더 많은 사람들이 집에 있는 컴퓨터로 자신의 스냅 샷을 가지고 놀수록 사진을 마주했을 때 우리의 기대는 바뀔 가능성이 크다.

디지털 조작(디지털 콜라주)이 일반화된 세상에서 우리는 만약 그 사진이 스트레이트한 것이라고 보기 어려우면 조작된 것이라고 간단히 가정하게 될 것이다. 그런 세상에서 우리는 〈발렌시아〉 같은 이미지의 공간적 모호성이나 혼란을 풀기 위한 압박을 느끼지 못할 것이다. 우리는 그저 단순하게 합성 이미지를 보고 있다고 가정할 것이다. 따라서 통일된 공간으로 이미지를 이해하려는 탐구는 약화되고, 그에 대한 흥미도 많이 사라질 것이다.

이와 유사한 상실이 모든 종류의 사진을 기다리고 있을 것이다. '결정적 순간'이라는 아이디어는 행복한 우연과 우연한 사고가 디지털로 만들어질 수 있는 세상에서는 그 힘을 잃을 것이다. 우리는 아마도 여전히 강한 바람에 휩쓸린 신랑신부의 사진에 즐거워할 것이지만, 즉흥성과 우연을 능숙하게 위조한 이미지와 강력하거나 그저 웃긴 순간의 모습을 디지털로 조작한 이미지에 일단 익숙해지고 나면 그 이미지는 덜 매력적이 될 것이다. 디지털 조작이 일반화된 세상에서도 우리는 여전히 그 아름다움에 있어 〈양배추 잎〉을 동경할 것이지만, 그것의 부드러운 질감과 관능적인 곡선이 디지털로 재작업된 이미지를 배경으로 보이는 이상 그 아름다움은 덜 흥미롭고 역설적이 될 것이다. 그런 맥락은 그 이미지를 놀라운 것으로, 이 세상에서 기대하지 못한 어떤 것을 카메라가 드러낸 것으로 보기 어렵게 만든다. 그리고 디지털 조작에 점점 길들여질수록 우리는 여전히 〈캐피틀 리프〉를 동경하겠지만, 더 이상 사진이 실제 세계의 어떤 것에 대응하는 것이라고 가정하지 않기 때문에 그 정체에 대한 수수께끼는 더 이상 생겨나지 않는다. 이는 그런 이미지 자체가 우리에게 흥미를 주지 않는다는 것이 아니라, 그 흥미가 더 이상 우리 세계에 있는 대상을 낯설게 하는 것에 매료되지 않는다는 것이다. (아마도 그 대신 우리를 흥미롭게 하는 것은 우리가 허구적 구성으로 감지하는 것의 분명한 실제성, 명백함일 것이다.)

물론 이런 숙고가 "그저 동시대 작업이 조작에 대한 기대로 말미암아 식별에 대한 이끌림은 약화되었지만, 과거의 작업에 대한 우리의 감동은 그대로 남아 있는 그런 변화된 세계를 마주하고 있음을 보여준다."는 의견에는 반대가 있을 것이다. 하지만 우리는 디지털 문화가 과거의 사진을 보는 방식에까지 변화를 주고 있음을 발견할 것이다. 사진 이미지가 유동성 있고 조작 가능한 것으로 보는 시대에서 성장한 사람들은 전통적 사진을 둘러싼 다큐멘터리 아우라를 감상할 수 없을 것이다. 미래 세대는 사진의 변형을 우리 세계의 묘한 어떤 것을 드러내주는 것이라기보다는 구축이나 허구로 보게 될 것이다.

6

사진과 재현

로저 스크루턴
Roger Scruton

비평가들과 철학자들은 이따금 "과연 영화가 독립된 예술 형태인가?"라는 질문 때문에 곤란을 겪었다. 여기서 독립이란 너무나 많은 관례들을 빌려오는 연극으로부터의 독립을 말한다.[1] 이 질문은 "사진이 어떤 것을 재현하는 것이 가능한가, 아닌가?"라는 훨씬 더 기본적인 질문으로 거슬러 올라갈 수 있다. 나는 "가능하지 않으며, 영화에서 재현이 있는 한 그것의 기원은 사진적이지 않다."고 주장할 것이다. 영화는 연극적인 재현의 사진이다; 그것은 그럴 수 없기 때문에 사진적 재현이 아니다. 이는 만약 〈산딸기Wild Strawberries〉와 〈게임의 규칙La Règle du jeu〉 같은 명작 영화가 있다면 이는 우선 연극적인 명작이기 때문이라는 것을 수반한다.

사진이 재현의 방식이 아니라고 말하는 것은 이상하게 보일 수도 있다. 왜냐하면 사진은 회화와 마찬가지로 세상을 재현한다는 속성과 어떤 의미에서는 대상의 외관을 공유한다는 속성을 가지고 있다고 여겨지기 때문이다. 사실 사진이 전형적인 회화보다 대상의 외관을 더 효율적으로 공유하기에 사진이 훨씬 좋은 재현 방법이라고 생각되기도 한다. 사진은 시각적 재현 방법으로서는 회화를 **대체했다고** 여겨지기도 했다. 화가들은 만약 회화의 진정한 목적이 사물의 외관을 재생산하는 것이라면 외관을 훨씬 정확하게 재생산할 수 있는 수단이라면 무엇이든 지간에 그것을 대체한 것이라고 느끼기까지 했다. 따라서 회화는 대상을 관찰하는 경험(인상)을 포착하기 위해서만 그것의 외관을 기록하는 것을 목적으로 하고, 외관의 정확한 복사는 대체로 이런 목적과 상충한다고 말한다. 여기에서 표현주의의 씨앗과 회화는 그것이 추상적이거나 예술로서의 본질에 근접할 때 더욱 순수하다고 보는 시각의 기원을 갖

---

1) 예를 들어 Allardyce Nicoll, *Film and Theatre* (London, 1936; New York, 1972)에서의 논의를 보라. 이 글은 Roger Scruton, *The Aesthetic Understanding: Essays in the Philosophy of Art and Culture* (London and New York: Methuen)의 재판에 실렸다.

는다. (이 시각은 잘못된 판단일 뿐만 아니라 현대 미술사에서 형편없는 관점으로 판명 났다.)

우선 '재현'이라는 단어를 풀어보자. 물론 이 단어는 사진에 적용될 수 있다. 우리는 회화와 사진에 공통되는 어떤 특성, 즉 '재현'이라고 적절하게 불릴 만한 그런 특성이 있는지를 알기 원한다. 또한 우리는 그 특성이 재현에 대해서뿐만 아니라 재현적 예술에 대해서도 말할 수 있도록 각각의 경우에 비교할 만한 미적 가치를 가지고 있는지도 알기를 원한다. (음악과 분수에는 '소리'라는 중요한 공통된 특성이 있지만, 오직 전자만이 예술적 소리라고 설명할 만하다.)

1

사진이 재현적 예술이 아니라는 나의 주장을 이해하기 위해서는 회화와 사진을 최대한 분리하는 것이 중요한데, 이는 실제 회화와 실제 사진을 논의하는 것이 아니라 그들 사이의 본질적인 차이를 보여주는 각각의 이상적 형태를 논의하기 위해서다. 이상적인 회화가 실제 회화와 다르듯이, 이상적인 사진은 실제 사진과 다르다. 실제 사진은 회화의 목적과 방법을 가지고 자신들의 이상적인 기술을 오염시키는 사진가들의 시도에 의한 결과다.

내가 말하는 '이상'은 논리적인 이상을 의미한다. 사진의 이상은 사진이 목표로 하거나 목표로 해야 하는 것의 이상이 아니다. 그와는 반대로 단지 사진적 관계에서, 그리고 그에 대한 우리의 관심에서 독특한 점을 포착하기 위해 설계된 논리적 허구다. 이 논의를 통해 내가 의미하는 이상적인 사진이라는 것은 존재할 필요가 없고, 만약 내가 과장되거나 거짓되게 보이는 측면에서 사진을 묘사하는 것으로 시작한다고 해서 독자들은 단념하지 말아야 함이 분명해질 것이다.

이상적인 회화는 대상과의 어떤 '의도적인' 관계에 있다.[2)] 다른 말로 하면, 만약 회화가 어떤 대상을 재현한다고 해서 그 대상이 존재한다는 것이나, 혹은 그것이 존재하더라도 그 회화가 대상이 있는 그대로를 재현하는 것을 수반하지 않는다. 나아가 만약 x가 어떤 사람의 그림이라면, x가 그림인 어떤 **특정한** 사람이 있음을 수반하지 않는다. 그뿐만 아니라 회화는 재현적인 행위나 예술가의 행위 때문에 그 대상과 이런 의도적인 관계에서 존재하고, 우리가 역시나 예술가의 의도라고 말하는 그림과 그 대상 간의 관계를 특징짓는 데에서 존재한다. 그러한 의도의 성공적인 달성은 어떻게든 관객이 그 대상을 알아볼 수 있도록 이끄는 외관의 창조에 놓여 있다.

이상적인 사진 또한 대상과 어떤 관계에 있다: 사진은 어떤 것**의** 사진이다. 하지만 여기서의 관계는 인과적일 뿐 의도적이 아니다.[3)] 다른 말로, 만약 사진이 어떤 대상의 사진이라면 이것은 대상이 존재하고, 만약 x가 어떤 사람의 사진이라면 x가 사진인 특정한 사람이 있음을 수반한다. 비록 다른 이유 때문이지만, 이것은 또한 거칠게 말해서 그 대상이 사진에 드러난 것과 같음을 수반한다. 이상적인 사진과 그것의 대상 간의 관계를 특징짓는 데 있어서 그것은 의도가 아니라 인과 과정에 의해 특징지어지고, 대체로 의도적인 행위가 결부되더라도 그것은 사진적 관계에서 필수적인 부분이 아니다. 이상적 사진은 외관을 산출하지만, 이 외관은 의도의 인식으로서가 아니라 실제 대상이 어떻게 보이는지에 대한 기록으로서 흥미로운 것이다.

---

2) Franz Clemens Brentano, *Psychology from an Empirical Standpoint*, ed. Linda McAlister (London and New York, 1973); Roderick M. Chisholm, *Perceiving* (London and Ithaca, NY, 1957), 11장; G. E. M. Anscombe, "The Intentionality of Sensation," R. J. Butler (ed.), *Analytical Philosophy*, Second Series (Oxford, 1965)를 보라.

3) 내가 생각하기에 이 주장의 인과관계가 비-확장적이라는 어떠한 주장에도 영향을 받지 않도록 비확장성(내포성)과 의도성은 예리하게 구별되어야 한다.

두 과정의 종료점이 너무나 유사하기에, 혹은 유사할 수 있기에 완성품에 있어서는 관계의 의도성과 관계의 인과성이 상당히 무관하다고 생각하는 것은 유혹적이다. 두 경우 모두에서 재현에 대한 중요한 요소는 관람자가 그림 **안에서** 대상을 볼 수 있다는 데 있는 것처럼 보인다. 아주 특별한 의미에서, 사진에 대한 감상과 회화에 대한 감상은 모두 어떤 이는 믿지 않으면서 *x*를 *y*로 보거나, *x*는 *y*라고 믿도록 매혹당하는 그런 '~로서 보는' 능력의 훈련을 포함한다.

2

이제 '재현'을 규정하는 것은 간단한 문제인데, 오직 *x*가 *y*에 대한 생각을 표현하거나, *x*가 *y* 중 하나를 상기시키기 위해 설계되었을 때에만 "*x*가 *y*를 재현한다."가 진실이 되며, **그저** 인과관계에 있는 경우(어떤 생각, 의도 혹은 다른 정신 활동과 관련해서 특징지어진 것이 아닌 관계)는 재현으로 충분하지 못하다. 하지만 우리는 왜 다른 방식이 아니라 이런 식으로 재현을 규정하려고 하는지 분명히 해야 한다. 이 결정에 무엇이 달려 있는가? 특히 사진과 대상과의 관계는 그저 인과관계인 반면, 회화와 그 대상 간의 관계는 의도적 관계라는 것이 왜 중요한가? 따라서 나는 회화에 대한 우리의 경험, 그리고 회화와 그 대상 간 관계의 의도성을 경험하는 것의 영향을 살펴보는 것으로 시작하겠다.

회화를 재현으로 감상할 때, 나는 그것을 그것이 재현하는 것으로 본다. 하지만 나는 그 회화를 그것이 재현하는 것으로 받아들이지는 않는다. 또한 나는 회화에 재현된 것이 존재한다고 믿을 필요도 없고, 설사 그것이 존재하더라도 내가 회화**에서** 보는 대상의 외관을 가지고 있을 것이라고 믿을 필요도 없다. 어떤 그림이 전사를 재현하고 있다고 가정해보자. 그런데 사실 나는 그 그림을 전사가 아니라 신이라고 본다. 여기에는 세 가지 관심의 '대상'이 구별될 것이다.

1. 보이는 것의 의도적 대상: 신(나의 경험에 의해 규정된 것)
2. 재현된 대상: 전사(다소 거칠게 말하자면, 화가의 의도에 의해 규정된 것)[4)]
3. 보이는 것의 물질적 대상: 회화 작품[5)]

1과 2의 구별은 보이는 것처럼 명백하진 않다. 그것은 그 회화가 지니고 있다고 생각되는 의도에서 회화의 '순수한 외관'을 분리할 수 있을 때에만 명백해진다. 하지만 우리는 그렇게 할 수 없는데, 이는 비단 의도에 대한 우리의 이해로부터 인간 활동에 대한 우리의 경험을 절대 분리할 수 없기 때문이 아니라, 회화에서는 명백히 생각의 표현인 대상을 다루고 있기 때문이다. 그래서 우리는 그 그림이 어떻게 보이도록 의도되었는지에 대한 증거를 찾고, ('~로서 보는' 것은 본성이므로) 무엇이 의도되었는지에 대한 우리의 감각은 무엇이 거기에 있는지에 대한 우리의 경험을 결정할 것이다.

지각의 '추론' 관점, 즉 우리가 **기본적으로** 보는(감각정보 등) 어떤 것이 있고, 그것에서 우리가 다른 것의 존재를 추론한다는 관점은 심리철학적으로도, 인식론적으로도 잘못되었다. 전자는 데이터와 추론을 구분할 기준이 없기 때문이고, 후자는 경험에 대한 지식을 가질 수 있는 것은 오직 때때로 '추론된' 독립체에 대한 지식을 갖는 때이기 때문이다.[6)] 이 점은 의도에도 적용된다. 즉 우리는 다른 사람의 행동이나 움직임을 본 후

4) 나는 여기서는 감상 의도를 선택하고 설명하는 문제를 제외시킨다.
5) 나는 물질적/의도적 차이에 대해서는 Anscombe에게 의지하고 있다.
6) 이 결론에 대한 가장 유명한 논의는 칸트의 『순수이성 비판』(특히 '선험적 연역' 부분)과 비트겐슈타인의 『철학적 탐구』 I장에 있다.

그것들에서 의도의 존재를 추론하지 않는다. 그 대신에 행동을 의도로 본다는 것이 우리가 보는 것에 대한 올바른 표현이다. 하지만 물론 우리는 의도의 현시로 볼 것만 골라서 볼 수는 없다. 의도를 보는 것은 특징적으로 인간적인 행동으로 해석하는 우리의 능력에 달려 있으며, 여기서는 재현 예술의 경우 매체의 차원과 관례에 대한 우리의 이해도 포함한다. 예술은 문화에 대한 '상식'을 드러낸다.[7] 즉, E. H. 곰브리치가 명확히 했듯이 예술을 이해하는 것은 매체에 의해 부과된 제약과 익숙해지는 것이고, 어떤 것이 매체에 의한 것인지, 어떤 것이 사람에 의한 것인지를 분리할 수 있게 된다. 그런 사실들은 우리에게 재현적 회화를 이해하거나 오해하도록 이끈다.

비록 여기에 관련된 '이해'의 개념에 대해 세세히 논의할 지면은 없지만, 다음과 같은 점을 언급할 가치는 있다. 회화를 이해하는 것은 생각의 이해를 포함한다. 이 생각들은 어느 정도 회화에 의해 소통된다. 그 생각들은 화가가 의도한 바의 기저를 이룸과 동시에 그 화폭을 보는 우리의 방식에 영향을 미친다. 그런 생각들은 이해를 통해 보는 사람의 지각을 결정하는데, 적어도 부분적으로 반드시 우리가 그림에서 보는 것을 묘사해야 한다는 생각에 대한 우리의 이해 측면에서 그러하다. 우리는 말 위의 사람만을 보는 것이 아니라 어떤 특성과 태도를 가진 사람을 본다. 그리고 우리가 보는 것은 대상의 독립적인 속성에 의해서가 아니라 그 그림에 대한 우리의 이해에 의해 결정된다. 그것이 바로 권위감을 주는 눈이 그려진 방식이며, 거만한 성격을 드러내는 팔의 자세 등이 그려진 방식이다. 다른 말로, 매체의 속성은 우리가 그림에서 보는 것뿐만 아니라 그것이 보이는 방식에까지 영향을 미친다. 나아가 그것은 우리

7) '상식'의 중요성, 현상으로서 그것의 복잡성, 그리고 관례와 그것의 자연스러운 공존은 언어철학에서 인지되었다. 이에 대한 흥미로운 논의는 David K. Lewis, *Convention: a Philosophical Study* (Cambridge, MA, 1969: Oxford, 1972)를 보라.

에게 우리 자신이 아니라 다른 사람의 시각을 제시한다. 즉 우리는 스스로 예술가의 시각을 공유하는 사람으로 생각하며, 의도의 편재는 우리의 경험을 개인적인 것에서 공유된 어떤 것으로 바꾼다. 그림은 우리에게 그저 어떤 사람의 지각을 제시하는 것이 아니라 그 사람에 대한 생각, 지각 형태로 구현된 생각을 제시한다.[8] 그리고 프레게가 언급했듯이 언어의 경우처럼 생각도 객관성과 공공성을 갖는다.[9] 정확히 우리가 대상에 대한 생각의 소통을 가지고 있을 때 비로소 재현에 대한 개념이 적용될 수 있다. 따라서 같은 식으로 문학과 회화는 재현적이다.

3

이상적 회화는 그것의 대상과 관련하여 특별히 외관에 대한 식별을 필요로 하지 않는다. 화가는 웰링턴 공작에 대한 시각적 설명을 제시하기 위해 공작의 모습에 대한 정확한 복사물을 제시하려고 애쓸 필요가 없다.[10] 사실 여기서는 회화를 그 대상에 대한 의미론적 관계(참조의 관계)를 대신하는, 오직 참조적 기능을 충족시키는 수단으로만 시각적 외관을 제시하는 관례적 혹은 준-언어적 행위로 이해하기 위해 외관의 개념을 완전히 생략하고 싶기도 하다. 그런 시각은 예술에 대한 이해에서 의도의 역할을 재현에 대한 모든 경쟁 이론들보다 훨씬 잘 설명할 것이다.[11]

---

8) 지각에서 생각의 '구현'을 통해 무엇을 의미하는지에 대해 다른 곳에서 논의한 적이 있다. 나의 책 *Art and Imagination: A Study in the Philosophy of Mind* (London, 1974), 7장과 8장을 보라.

9) G. Frege, *Translations from the Philosophical Writings*, ed. Peter Geach and Max Black (Oxford, 1980), 79쪽.

10) 여기서는 '외관의 식별'에 대해 문제가 좀 있는데, 이 책 222-223쪽에서 다시 다룬다.

11) 예술의 의미론에서 가장 중요한 주창자인 Nelson Goodman은 자신의 접근방식을 사진을 재현으로 보는 시각과 조화시키려 했다. 그의 책 *Languages of Art: An Approach to a Theory of Symbols*

나는 시각 예술에 대한 우리의 이해에서 관례의 역할을 강조한 곰브리치의 주장에 영향을 받은 철학자들이 어느 정도 언어와의 유사점을 찾으려 했는지는 알지 못한다. 예를 들어 어떤 색이 그들의 보완물로 재현되는(빨간 대상은 녹색으로, 노란 대상은 파란색으로) 데 따른 관례가 그런 철학자들에게 상상할 수 있는 것인지 아닌지, 즉 회화적 재현 방식으로 상상할 수 있는 것인지 아닌지 알지 못한다. 하지만 그런 회화의 관례를 이해한 사람들에게는 원본의 색을 복사한 다른 회화만큼이나 그 대상에 대한 많은 정보를 전달할 것이라는 것은 부정할 수 없다. 더욱 특이한 관례들도 상상해볼 수 있다. 예를 들어 회화가 시각 코드 문법에 따라 배열된 대시 기호와 원으로만 구성될 수도 있다. 올바른 관례라고 고려해볼 때, 그런 그림은 참고한 이론에 따라 그 대상의 매우 신뢰할만한 재현으로 여겨질 수 있다. 그것이 무엇을 말하고 있는지 이해하기 위해서는 해독되어야 하는 뒤섞인 메시지 같은 것으로 읽힐 것이다.

하지만 우리는 회화와 그 대상 간의 시각적 연결을 전적으로 우연한 문제, 즉 회화가 보여주는 모든 재현 과정에서 우연한 것으로 다룰 수 없다. 재현적 회화가 주로 그 대상과의 시각적 연결 때문에 우리에게 흥미를 준다는 것을 부인할 수 없기 때문이다. 우리는 회화와 대상 간의 시각적 관계에 흥미를 갖는데, 회화가 재현하는 것은 이러한 관계 덕분이다. 예술가는 우리에게 그의 대상을 보는 방식(그 대상에 대해 생각하는 아무 방식이 아니라)을 제시한다. (따라서 카라바지오와 조르주 드 라 투르 같은 화가들의 혁명적인 특징도 그러하다.) 이러한 시각적 관계에 대해서는 설명이 필요한 것 같다. 우리는 회화의 시각적 측면과 관계없이 회화적 재현을 설명할 수 없고, 회화와 그 주제 사이의 시각적 관계에 대한 문제 해결의 실마리를 던져주기 위해서는 여전히 우리의 설명을 기대한다. 그럼에도 이 관계는 안목 있는 관객에 의

(London, 1969), 9n쪽을 보라.

해서만 이해된다.

그 반대는 물론 결정적이지 않다. 이는 예술의 의미론(참조의 측면에서 재현을 보는 이론)은 반드시 필연적으로 언어학 이론이기도 하다고 추정하는 것 같아 보인다. 분명히 언어의 관례를 반영하지 않는 참조의 관계가 있을 수 있고, 본질적으로 시각적 측면에서 이해되어야 하는 관계도 있을 수 있다. 그렇다면 그런 참조의 개념이 어떤 것일지 생각해보자.

언어가 문법을 가지고 있다는 것은 우연이 아니다. 문법의 존재는 언어에서, 그리고 언어와 진실의 지극히 중요한 연결에서 필수적인 부분이다. 하지만 적어도 오늘날 받아들여지는 방식에서 볼 때 문법에는 더 중요한 것이 있다. 동시대 논리학자들에게 문법은 주로 한정된 언어적 부분들로부터 복잡한 문장을 만드는 수단인 '생성' 기능을 한다. 해석 이론과의 결합을 받아들이면, 제대로 된 문법은 언어의 발화자가 오직 한정된 단어들에 대한 이해에 기초하여 무한한 문장을 이해하는지 설명할 것이다.[12] 이런 방법으로 우리는 문장의 진실 혹은 거짓이 그 문장 부분들의 참조에 어떻게 의존하는지, 그리고 언어에서 참조의 개념이 문장의 진리조건을 끌어내는 단어의 참조에서 나온 생각과 어떤 불가분하고도 밀접한 관련이 있는지를 보여줄 수 있다. 참조와 진리 사이의 이 '생성적 연결'은 언어의 모든 발화자에게 일반적인 참조에 대한 직감적 이해의 일부다.

내가 생각하기에 언어와 회화 간의 두드러진 차이를 찾을 수 있는 곳은 바로 여기다. 회화에는 레퍼토리와 관례들이 있는 반면, 문법을 이해할 때 문법에 접근하는 방법은 특별히 없다. 한 가지 이유는 유한성의 요구가 분명히 충족되지 않기 때문이다. 예를 들어 카르파초Carpaccio 작품의 재현적 의미는 부분들의 재현적 의미를 이해함으로써 이해한다는

12) 나는 여기서 Donald Davidson이 "Truth and Meaning"에서 주장한 Frege에게서 유래된 이론이자, Alfred Tarski의 진리론에서 완전한 수학적 정교화를 이룬, 이제는 익숙해진 논의에 의지한다.

것은 분명히 사실이다. 하지만 그 부분들 자체는 **정확히 같은 방식으로** 이해되는데, 즉 그것들도 역시 부분을 갖고 있으며, 이것이 무한정 반복된다. 더군다나 회화를 문법적으로 의미 있는 부분들로 나눌 수 있는 방법은 없는 것처럼 보인다. 즉 특정한 의미론적 역할을 가진 회화의 부분들을 고립시키는 구문론을 제공할 수 있는 방법은 없어 보인다. 회화를 보기에 앞서 핵심을 결정하는 법칙을 가지고 있지 않기 때문에 구문론적 혹은 의미론적 법칙에 대한 생각은 적용할 수 없다. 따라서 재현 전체를 이해하는 방법은 부분들을 이해하는 방법과 동일하다. 이해는 법칙이나 관례에 의해 보증된 것이 아니라, 반대로 정상적인 눈의 자연스러운 기능인 것처럼 보인다. 우리가 회화의 의미를 보듯이, 그것의 부분들의 의미를 본다. 이것은 언어에서 참조의 경우와 뚜렷이 대비된다. 언어에서 우리는 그것의 부분들의 참조로부터 문장의 의미를 **구축**하고, 부분들 그 자체는 본질적으로 관례적인 방식으로 참조를 갖는다.

그렇다면 참조의 측면에서는 재현을 생각할 타당한 이유가 없는 것처럼 보인다. 하지만 우리는 참조에 대한 설명이 이해에 대한 설명도 된다고 생각하도록 이끄는 특징을 가진 '참조'를 제거함으로써만 회화와 대상의 관계가 하나의 참조가 된다고 주장할 수 있다. 하나의 참조로 단어와 사물 간의 관련성을 말하는 것은 우리가 어떻게 단어를 이해하는지를 보여준다. 이는 단어를 함유하는 문장의 진리조건이 어떻게 결정되는지 보여주는 것이기 때문이다. 따라서 만약 회화를 묘사하는 데 있어 참조를 말한다면, 그 때문에 재현의 **이해**에 어떠한 실마리를 던진다고 생각해서는 안 된다. 재현이 무엇인지는 그것을 어떻게 이해하는지, 그리고 그것이 어떻게 영향을 끼치는지를 밝히는 것이다. 이 질문들은 변함없이 모호하게 남아 있는 것 같다. 참조 적용을 지지하기 위해 남아 있는 유일한 것은 회화가 진실일 수도 거짓일 수도 있다는 사실이다. 이것이 바로 지금부터 반드시 밝혀야 할 사실이다.

4

회화가 진실일 수도 거짓일 수도 있다는 사실은 시각적 감상에서는 필수적인 역할을 한다. 예를 들어 우리는 진실에 대한 개념을 언급하지 않는 한 회화에서건 문학에서건 사실주의에 대해 설명할 수 없다. 또한 우리는 반드시 화가의 작품에 대한 우리의 이해에서 정보(그리고 참조의 개념)를 강조해야 한다. 아니면 적어도 우리는 참조를 대신할 수 있는지, 그리고 어떻게 진실과의 관계가 형성되었는지를 보여줄 회화의 어떤 특성을 찾을 수밖에 없다.

사실 그런 특성은 이미 설명하였다. 우리는 아마도 회화**에서** 무엇을 보는지의 측면에서 사실주의를 설명할 것이다. 그러므로 진실을 회화와 세상과의 관계가 아니라 그 작품에서 보는 것과 세상과의 관계에서 분석한다. 웰링턴 공작을 그린 고야의 초상화는 그 그림에서 우리가 보는 인물이 웰링턴 공작을 닮았기 때문에 사실적이다.[13] 회화의 진실은 관람자가 지각하는 진실과 같다. 다른 말로 하면, '보이는 것의 의도적 대상'은 그 대상의 본성과 일치한다. 우리가 이해를 가지고 사실적 회화를 볼 때, 우리의 지각을 활성화하는 그런 생각들은 진실인 생각들이다.[14] 진실은 직접적인 방식으로는 문장의 속성이지만, 회화의 속성은 아니다. 그리고 회화의 진실을 단정할 가능성은, 예를 들면 구름의 의미론이나 양상들이 보이는 다른 현상들의 의미론에 길을 열지 않는 것처럼 예술의 의미론에 그 길을 열지 않는다.

비록 진실인 회화와 거짓인 회화 사이의 구별은 있지만, 미적인 감상은 그 대상의 진실과 무관하게 남아 있다. 『오디세이』에 미적인 흥미

13) 즉, 그 그림은 웰링턴 공작과는 관계없이 규정된다.

14) 위의 책 n. 8을 보라.

를 가진 사람은 그 이야기의 문자 그대로의 진실에 무관심하다. 물론 그에게 『오디세이』가 실제 같은지는 중요하지만, 오디세우스의 존재와 묘사된 장면의 사실성은 미적 무관심의 문제다. 사실 재현에서 대부분의 대상들은 가상적이라는 것이 미적 관심의 특징이다. 가상의 것을 재현하는 것이 가능하지 않다면, 재현은 우리에게 그리 중요한 것이 되지 못할 것이다. 이는 우리가 오직 관조적인 태도만 갖는 장면과 인물들의 제시를 가능하게 해주기 때문에 중요하다. 여기서 장면과 인물들은 실재하지 않기에 우리의 실질적인 본성이 엮이지 않고 남아 있을 수 있도록 해준다.

만약 재현의 개념이 미적 중요성의 개념이 된다면, 분명 재현에서 미적 관심을 설명하는 것이 가능할 것이다. 오직 미적 관심의 대상으로서의 재현을 가진 미적 관심이 있을 때에만 재현적 예술이 존재할 수 있다(우연히 재현적이 된 예술이 아니라). 흔히 어떤 것에서 미적 관심은 '그 자체를 위한, 그것 안에서의 관심'이라고 말한다. 즉, 대상은 다른 것을 위한 대용물로 다뤄지지 않는다. 그것은 그 자체로 주목받는 중요한 대상이다. 이는 그림에서 재현적 속성에 대한 미적 관심은 그저 재현된 사물만이 아니라 그 그림에 대한 관심도 반드시 포함한다는 결론을 가져온다.[15]

그림에 대한 미적 관심과 대상의 대체물로서 그림에 대한 관심 사이의 **한 가지** 차이는 관심에 주어진 이유에 있다. (그리고 관심에 이유를 제공하는 것은 그것의 의도적 대상에 대한 설명을 제공하는 것이기 때문에 관심 그 자체에 대한 설명이 된다.) 만약 내가 어떤 사람에게 왜 그림을 보느냐고 묻는다면 그 사람이 내놓을 답에는 여러 가지가 있다. 한 예로 그의 이유는 그저 묘사된 대상에 대한 관심 때문일 것이다. 즉, 그 이유들은 그림을 흥미롭게 만드는 대상의 속성들을 묘사할 것이다. 여기서 그림에 대한 관심은 파생적이다. 그 관심

15) 따라서 칸트로부터 시작하는 철학 전통에 따르면 재현은 예술의 자율성을 위협한다.

은 그림이 대상의 속성들을 드러내고 있다는 사실에 놓여 있다. 그림은 그 대상에 접근하기 위한 수단으로 다뤄져왔기 때문에 그것은 쉽게 접할 더 나은 수단(대상 그 자체라고 하자)이 있는 한 불필요하다. 이런 경우 우리는 두 경우를 대조할 것이다. 첫째, 어떤 사람의 이유가 오직 그림의 속성, 즉 색, 형태, 선 같은 회화적 속성들하고만 관련이 있고 대상은 언급하지 않는 경우가 있을 것이다. 그런 사람에게 그 그림은 추상적 형태로서만 관심이 있고, 그것의 재현적 본성은 그에게 완전히 무관하다. 둘째로 비록 그림이 대상에 대한 본질적인 참조를 만들고, 그 대상에 대한 참조를 이해하는 사람에 의해서만 이해될 수 있지만, 이유가 **그림**(그림이 보이는 방식)에 대한 관심인 경우가 있다. 예를 들어 보는 사람은 어떤 인물의 특정한 몸짓과 대상의 특성을 드러냄으로써 그 몸짓을 그리는 특정한 방식을 언급할 것이다(예를 들면 마네의 〈폴리 베르제르의 바〉에서 카운터에 놓인 여성 바텐더의 손). 명백히 그것은 그림을 보았을 때만 이해될 수 있는 어떤 것에 대한 관심의 이유를 제공하기 때문에 대상에 대한 관심뿐만 아니라 (주로) 그림에 대한 관심의 이유이기도 하다. 그런 관심은 자연스럽게 또 다른 것, 즉 매체의 사용에 대한 관심 — 회화가 자신의 대상을 제시하는 방식과 그 대상이 화가에게 보이는 방식에 대한 관심 — 으로 이끈다. 여기서 회화는 그 대상의 대체물로 취급되었다고 말할 수 없다. 그것은 그 **자체**로 관심의 대상이고 묘사된 대상에 의해 대체될 수 없다. 관심은 그 대상을 위한 재현에 있는 것이 아니라, 재현 그 자체에 있다. 그리고 이것은 회화에 대한 미적 경험에서 핵심을 형성하는 그런 관심이며, 좀 더 자세히 분석한다면 그런 경험의 가치만이 아니라 경험의 대상인 예술의 본질과 가치 또한 설명해준다. 우리는 그런 관심이 그림의 문자 그대로의 진실에 대한 관심이 아니며, 그럴 수도 없다는 것을 충분히 알고 있다.

5

만약 내가 그림에서 본 것을 설명하려 한다면, 반드시 대상의 시각적 속성만이 아니라 그것을 보는 방식인, 대상에 대한 해석도 제공해야 할 것이다. 대상이 보이는 방식에 대한 설명은 내가 그림을 이해한 것에 관한 전체적인 생각에 의해 주어진다. 초상화법의 경우에 이런 해석적 생각은 대상의 찰나적인 외관에 대한 생각일 필요가 없다. 즉 "그는 그렇게 생겼었다."라는 생각일 필요가 없다. 그 생각은 대상과 관련이 있겠지만, 어떤 순간에 그가 어떻게 드러났는지가 아니라 그가 어떠한지 아니면 그보다는 예술가가 그를 어떻게 보았는지와 관련된다. 외관은 오직 관람자에 의해 이해(혹은 오해)되는 실제를 구현하기 때문에 제시된다.

사진과 전통적으로 행해진 초상화 사이의 가장 중요한 차이점 중 하나는 시간과 맺는 관계에 있다. 대상과의 인과적 관계로 이해되는 것은 사진의 특징이며, 사진은 그 대상에 대한 순간적인 어떤 것, 즉 그것이 어떤 순간에 어떻게 보였는지를 드러낸다고 생각된다. 그리고 곧 명백하게 밝힐 이유들 때문에 순간의 감각은 사진에서 거의 놓치지 않는다. 하지만 초상화는 시간의 감각을 포착하고, 그 대상을 그것이 존재한 특정한 순간을 드러내는 과정에서조차 시간 안에서 연장된 것으로 재현하는 것을 목표로 한다. 초상화는 순간의 예술이 아니며, 그저 잠깐의 외관을 포착하는 것이 목적이 아니다. 회화의 목적은 통찰력을 주는 것이고, 외관의 창조는 대체로 생각의 표현으로서 중요한 것이다. 인과관계가 사건들 간의 관계임에도 생각의 주제에 대해 그런 좁은 제한은 없다. 이는 아마도 참된 초상화는 사진의 출현과 함께 죽었고, 여전히 재현적 예술을 사실주의의 이상으로 추구하는 한 사실주의자가 시간의 흐름을

포착하는 것은 불가능하다는 지적을 일부 설명해줄 것이다.[16)]

물론 사진가는 대상의 특성에 대해 가장 신뢰할 만한 암시를 주는 순간의 외관 포착을 목적으로 삼을 수 있다. 그는 어쩌면 순간적인 것 속에서 영구한 어떤 표시를 찾으려 시도할 수도 있다. 하지만 영원한 어떤 것의 표시인 이미지와 그것의 표현인 이미지 사이에는 큰 차이점이 있다. 영구성을 표현하는 것은 그것의 본성에 대한 생각에 목소리를 주는 것이다. 영구성의 표시를 주는 것은 추론된 그것의 속성들로부터 어떤 것을 창조해내는 것이다. 자신의 친구를 옹호하라고 요구받은 사람은 침묵을 지킬 수 있고, 그 침묵 속에서 나는 그 친구의 유죄를 추론한다. 하지만 그 사람은 물론 자신의 친구가 유죄라는 생각을 표현하지 않았다. 유사하게 사진은 영구성을 표현하지 못한다는 사실에도 불구하고 영구한 것을 표시해준다.

6

앞서 언급했듯이 이상적인 사진은 대상과 인과관계에 있고, 그것의 외관을 재생산함으로써 그 대상을 '재현'한다. 어떤 것을 이상적인 사진으로 이해하는 데 있어 우리는 이러한 인과 과정을 예시하는 것으로, 즉 '재현된' 대상에서 유래된 과정이면서 그 종결점으로서 외관의 복사물을 갖는 것으로 이해한다. 외관의 '복사'라는 말로 나는 정상적인 눈과 (시야에 있는 의도적 대상에 대한) 이해를 가진 사람에 의해 그 사물 안에서 보인 것이, 그런 사람이 그것의 역사 속 어떤 지점의 어떤 각도에서 대상 그

16) 나는 '사진적' 사실주의에서 Ken Danby와 Alex Colville 같은 화가들에 의한 최근의 활동들을 생각해본다. 훨씬 전통적인 사실주의 양식도 사진 학파의 꾸밈없는 선들과 추상표현주의의 내용 없는 이미지 둘 다에 대한 열린 반대 속에서 나왔다.

자체를 관찰할 때 보인 것과 가능한 한 거의 닮음을 의미한다. 이상적인 사진을 연구하는 사람은 '어떻게, 무엇이 보이는가?'에 대해 매우 좋은 생각을 갖고 있다. 결과적으로, 사진을 연구함으로써 그는 실제로 그것을 보았다면 그것에 대해 알았을 방식으로 그것이 어떻게 보일지 알게 될 것이다.

이상적인 사진에서는 사진가의 의도가 어떻게 사진이 보이는지를 결정하는 데 있어 심각한 요인으로 들어가지도 않고, 그럴 수도 없다. 그것이 무엇인지는 실제에 대한 해석으로서가 아니라 '어떻게, 무엇이 보이는가?'에 대한 제시로서 즉시 인식된다. 어떤 의미에서 사진을 보는 것은 사물 그 자체를 보는 것을 대체한다. 예를 들어 모든 사진 매체에서 가장 '실제적인' 텔레비전을 생각해보자. 텔레비전에서 누군가를 보았다고 말하는 것, 즉 텔레비전을 보다가 그를 보았다고 말하는 것은 그를 거울에서 보았다고 말하는 것보다 더 논쟁적이지 않아 보인다. 텔레비전은 거울과 같다. 그것은 시각적 인식의 자연스러운 과정인 정교한 인과 사슬을 꾸며 파괴하지도 않는다.

물론 사진의 대상은 다른 방식으로도 식별될 수 있기 때문에 그것을 이 인과 과정에서 규정할 필요는 없다. 하지만 x가 y의 사진이라고 말할 때, 우리는 이 인과관계에 회부하고 있으며, 사진의 대상이 일반적으로 이해되는 것은 이러한 인과관계의 측면에서라는 사실은 남아 있다. 적어도 대상은 나의 사진의 논리적 이상에 잘 규정된다고 하자: 나의 논의에서 요구되는 것은 이 전제가 전부다.

첫째로 이상적 사진의 대상은 반드시 존재하며, 둘째로 대상은 그것이 사진에 드러나는 거의 그대로 사진에 나타나며, 셋째로 사진에 있는 그 외관은 그것이 존재하던 어떤 특정한 순간의 외관이라는 것이 따라온다.

이 특징 중 첫 번째 것은 사진과 그것의 대상 간의 관계가 인과관계라는 사실의 즉각적인 결과다. 만약 *a*가 *b*의 원인이라면 *b*의 존재는 *a*의 존재를 나타내기에 충분하다. 사진은 회화의 특징인 '의도적 비현존'의 특성을 가지고 있지 않다. 따라서 이상적인 사진은 실재하지 않는 것을 재현할 수 없다. 만약 어떤 사람의 사진이라면 사진 찍힌 특정한 사람이 있는 것이다.

물론 옷을 슬쩍 걸친 누드를 찍고는 〈비너스〉라고 부를 수 있다. 하지만 이것을 허구적인 활동이라고 이해할 수 있는 한 이것은 비너스의 사진적 재현이 아니라 비너스 재현의 사진이라고 생각되어야 한다. 다른 말로 하면, 허구적 재현의 과정은 사진에서 발생하는 것이 아니라 그 대상에서 발생한다. 즉 비너스를 재현하는 것은 그 대상이며, 사진은 다른 사람들에게 그것의 시각적 특징을 퍼뜨리는 것뿐이다. 이는 그 모델이 (그녀가 모르게) 비너스를 연기하고 있다는 의미는 아니다. 비너스를 재현하는 것은 그녀가 아니라, 자신의 재현에서 그녀를 이용하는 사진가다. 하지만 재현적 사고를 구현하는 재현 행위는 사진이 찍히기 전에 완성된다. 나중에 살펴보겠지만, 이러한 사진의 허구적 무능은 우리가 영화를 이해하는 데 있어 매우 중요하다; 하지만 이것은 사진에서 '재현'의 미적 의의를 심하게 제한하지는 않는다. 앞서 보았듯이 예술에서의 재현은 우리가 그것의 진실함에 대해 무관심하거나 의식하지 않은 채 (그것의 내용을 이해하는 의미에서) 그것을 이해할 가능성 때문에 특별한 의의를 갖는다. 이것이 바로 허구적 재현이 재현 예술의 그저 중요한 형태일 뿐만 아니라 사실은 그것의 최초의 형태, 즉 미적 이해가 그것의 주된 표현의 방식을 찾는 최초의 형태인 이유다.

내가 든 예가 특별한 것이고, 분명히 본질적으로 사진적인 허구적 재현을 만드는 다른 방식이 있다고 주장하고 싶은 사람도 있을 것이다. 다른 말로 하자면, 자기 사진을 허구적으로 만들기 위해 사진가가 독립적인 재현을 만들지 않아도 된다고 말이다. 그가 술 취한 부랑자의 사진을 찍어서 〈실레노스〉라고 이름 붙이려 한다고 가정해보자. 이것은 술 취한 부랑자를 모델로 사용한 회화와 비교할만한 허구적 사진인가?

리처드 월하임에게서 빌려온 이 예는 흥미롭기는 하지만, 그것이 주장하는 바를 확고히 하지는 못한다. 유사한 사례로 길거리에서 술 취한 부랑자를 찾아 그 사람을 가리켜 '실레노스'라고 한다고 가정해보자. 나의 몸짓이 그 부랑자를 재현으로 만든다고 주장할 수 있다. 만약 그렇다면 내가 그를 그런 식으로 생각하도록 요청하기 때문이다. 나는 이 사람을 실레노스라고 상상하는 재현적인 생각을 표현했다. 그리고 나는 그 꾸벅거리는 대상을 향해 실물 지시적인 정의를 내리는 행위를 함으로써 그 생각을 완성했다. 이 실물 지시적인 정의 행위는 어떤 경우에는 사진기(아니면 액자 틀, 거울 혹은 보이는 것을 고립시키는 다른 장치들)에 의해 성취될 수 있다.

이때 사진기는 어떤 것을 재현하기 위해 쓰인 것이 아니라 그것을 가리키기 위해 사용된다. 일단 위치 지워지면 대상은 재현의 독립적인 과정에서 그것만의 특별한 부분을 담당한다. 사진기는 그 과정에서 필수적인 것이 아니다. 가리키는 손가락도 같은 기능을 담당했다. 만약 이 예시가 사진도 재현될 수 있음을 보여준다면, 이것은 손가락에 대해서도 같은 것을 보여준다. 이 결론을 받아들이는 것은 재현적 생각을 표현하는 데 있어 우연적인 것과 필수적인 것 사이의 구분에 실패하는 것이다. 이는 생각의 표현에서 어떤 역할을 하는 모든 것은 그 자체로 재현이라는 이론을 향해 길을 여는 것이다. 그런 관점은 재현의 미적 의의를 설명해주지 않는다. 하지만 이는 훨씬 심각하게 재현 예술과 비재현 예술 사이에 구분이 없다는 것을 암시한다. 내가 상정하는 재현의 개념은 그런 구분을 만들며, 매우 좋은 근거들을 가지고 그렇게 만든다. 그런 미심쩍은 예시들로 나의 재현 개념을 버릴 유혹을 느끼지 않는다. 어떤 사람은 아마도 문장처럼 회화가 그것이 담고 있는 생각에 대한 **완전한** 표현이라고 지적할 것이다. 회화는 재현적 생각의 충분한 매개체이며, 회화가 표현하는 것보다 더 좋은 방법은 없을 것이다. 이것이 바로 재현이 회화 일부를 구성하는 어떤 과정의 속성으로서가 아니라, 회화의 본질적 속성으로서 생각될 수 있는 이유다.

위에서 언급한 두 번째 속성도 생각해보자. 이상적인 사진의 대상은 반드시 거의 사진과 같이 나타난다. 본질적으로 사진은 오직 닮음을 통해서만 '재현'할 수 있다. 우리가 사진이 그 대상을 재현한다고 말하고 싶어 하는 것은 오직 사진이 대상의 시각적 상기물로서의 역할을 하기 때문이다. 만약 닮음이 아니라면, 사진의 시각적 측면에 관한 어떠한 흥미와도 관계가 없는 과학적 지식의 도움을 제외하고는 사진에서 대상이 어떻게 드러나는지를 보는 것은 불가능할 것이다. 결정체의 원자 구조의 코드화된 기호를 색종이 테이프 위에 찍어내는 전자현미경의 사례와 대조해보자. 이것은 원자 구조의 재현인가? 만약 그렇다면 우리는 왜 그 결과물의 속성들로부터 원인의 본질을 추론할 수 있게 해주는 인과 관계는 그 결과물에서 원인의 재현을 제공한다고 말하지 않는가? 그런 재현의 개념은 사실 흥미롭지 못할 것이다. 따라서 이상적인 사진은 대상이 역사 속 어느 순간에 어떻게 나타났는지를 보여주지 않는 채 대상을 재현 한다는 것은 불가능하며, 여전히 이상적인 사진이 무엇을 재현하는 방식으로 **재현한다**. 어떻게 우리는 이상적인 사진이 그 대상을 그것이 드러나는 것 외에 다른 것으로 재현한다고 이해할 수 있을까? 우리는 오직 사진은 때때로 그것이 드러나는 대로 그 대상을 재현한다고 말할 수 있을 때에만 이해할 수 있다. 즉 '~로서의 재현'이라고 말할 수 있을 때에만 그렇다. 하지만 이 문장을 생각해보자: *x*는 *z*로서 *y*의 이상적 사진이다. 이 때문에 우리는 '*z*'에 대한 설명을 작성할 방법이 없는 듯이 보인다. 즉 그것을 선행하거나 뒤따르는 어떤 독립적인 재현 행위가 아니라 오직 사진적 과정하고만 관계가 있는 것으로 작성할 방법은 없는 듯하다. 누군가는 아마도 사진 매체를 통해 우리가 무엇을 보는지 제시할 수 있지만, 그것을 어떻게 봐야 하는지는 알려주지 않기 때문에 모든 중요성을 잃었다고 말할 것이다.

만약 사진의 특징적 효과를 인식하고자 한다면 **반드시** 위에서 언급한 세 가지 특징을 알아야 한다. 이상적인 사진을 볼 때, 우리는 실제로 발생한 어떤 것을 보고 있다는 것과 그것이 나타났던 대로 보고 있다는 것을 안다. 따라서 전형적으로 사진에 대한 우리의 태도는 일종의 호기심인데, 이는 사진에 대한 호기심이라기보다는 그 대상에 대한 호기심이다. 사진은 세상에 대한 지식, 사물을 어떻게 보는지 혹은 사물이 어떻게 보이는지에 대한 지식을 향한 우리의 욕망을 다룬다. 사진은 그것의 대상을 보기 위한 수단이다; 한편 회화에서 대상은 그 자신의 재현을 위한 수단이다. 사진은 그 대상에 대하여 투명하다. 그리고 만약 그것이 우리의 관심을 끈다면 이는 그것이 보여주는 사물의 대리물로서의 역할을 하기 때문이다. 따라서 만약 어떤 사진이 아름답다고 생각한다면 그 이유는 그 대상에서 어떤 아름다운 것을 찾았기 때문이다. 반면 회화는 못생긴 것을 재현할 때조차 아름다울 수 있다.

7

어떤 사람들은 내가 지적한 미적인 관심과 호기심 간의 일반적인 차이를 받아들일 것이고, 그저 대상의 대리물로서 있는 것이 아니라 그 대상의 참조를 전달할 수 있을 때에만 재현이라는 것도 받아들일 것이다. 하지만 여전히 사진**으로서의** 사진에 관심이 있을 수 있고, 그것의 대상만이 아니라 그 사진 자체를 아름답다고 생각할 수도 있다고 주장할 수 있다.

그러나 사진으로서 사진에 관심이 생기는 이유는 무엇일까? 물론 누군가는 사진에 대하여 순수하게 추상적인 미적 관심, 즉 선과 형태의 조합으로서 사진에 대한 관심(예를 들어 만 레이의 레이오그램을 감상할 때처럼)을 가질 수 있다. 누군가는 무엇에든 순수하게 추상적인 미적 관심을 가질 수 있다. 만약 사진적 '재현'으로서 사진에 대한 우리의 관심이 미적 관심의 일종이라면 사진은 단지 재현적 예술일 뿐이다.

회화에서의 재현에 대한 앞의 논의로 돌아가 보자. 사물 그 자체에 관심이 있다고 말하는 것과 다른 어떤 것의 재현으로서 그것에 관심이 있다고 말하는 것 사이에는 일단 모순이 있는 것 같다. 이 두 관심을 조화시키려는 시도에서는 우선 진실의 위치를 미적 관심에 한정시킬 필요가 있다. 오직 '실상에 대한 진실'보다는 제시된 상황에 대한 진실로 이해되는 범위 내에서만 미적으로 관련된다. 미적 관심의 관점에서 볼 때 재현된 대상인 특별한 대상이 있다는 것이나, 만약 그런 대상이 있다면 묘사된 대로 존재해야 한다는 것은 언제나 무관하다. 물론 미적 관심이 일반적으로 그들이 보이는 것과 비슷할 것을 요구하지 않는다고 말하려는 것은 아니다. 하지만 이는 또 다른 문제다.

이미 말했듯이, 이것은 우리가 사진에 관심을 갖는 전형적인 방식과 충돌한다. 우리가 사진에 대해 알면 적어도 그것이 실상에 대해 진실하기 때문에, 그리고 주제에 대해 유용한 것들을 말해주기 때문에 우리가 사진에 관심을 가져야 한다는 것은 자연스럽다. 따라서 사진의 감정적 혹은 '미적' 성질은 그것이 '재현'하는 것의 성질에서 직접 얻어지는 경향이 있어 보인다. 만약 사진이 슬프다면 그것은 대체로 그 대상이 슬프기 때문이고, 만약 사진이 감동적이라면 이는 그 대상이 감동적이기 때문이다. 왜 끔찍하지 않은 순교 사진은 있을 수 없는지 곰곰이 생각해 볼 만하다. 여기서 어떤 사람의 호기심은 행위 그 자체에 대한 그 사람의 호기심과 차이가 없을 것이다. 그래서 그것이 실제 상황에 미적 관심을 갖는 것만큼이나 사진에 미적 관심을 갖기란 어려울 것(또한 아마도 틀릴 것)이다. 그에 반해 루브르 박물관에 있는 만테냐의 〈십자가형〉에서처럼 순교에 관한 그림은 평온할 수 있다. 회화는 그 주제의 성질을 무시하는 감정적 성질을 갖는다. 예를 들어 어떤 사건의 피해자 사진을 생각해볼 때, 사진의 경우에는 상황에 대한 지식에 의해 관람자의 태도가 결정된다. 관람자의 태도는 사진과 대상 사이의 인과적 관계에 대한 지식에 의해 실제적이 된다. 이는 사진이 극심한 고통이나 죽음의 장면을 묘사할 때조차 관람자가 사진의 대상과 적절한 거리를 유지하면서 사진 그 자체에 관심이 있을 수 있음을 부정하는 것은 아니다. 하지만 진짜 질문은 "우리가 대상에 대해 똑같은 관심을 갖지 않으면서 사진에 그런 관심을 가질 수 있는가?"이다. 죽어가는 군인의 사진을 보고 그 군인의 죽음에 미적 관심을 가질 수 있는가? 아니면 관심의 분리를 유지하면서도 여전히 사진의 '재현적' 측면에 관심이 있을 수 있는가? 만약 우리가 오직 사진의 대상과 거리를 두기 위해 그 사진과 거리를 두는 것이라면, 내가 강조하고 싶은 재현에 대한 관심과 대상에 대한 관심 사이의 중요한 차이는 여전히 만들어지지 않을 것이다. 사진은 심각한 회화에서는 어디에서나 나타나는 관심의 뚜렷한 분리를 (스스로) 만들 **수 있다는 것**을 보여줄 필요가 있어 보인다. 옛 런던의 사진도 한 번 생각해보자. 어떻게 그 당시 런던의 아름다움에 대한 관심으로부터 그 사진의 아름다움에 대한 관심을 분리하는 것이 가능한가? 여기서 사진에 대한 적절한 반응은 안타까움이다(이것이 카날레토의 작품에 대한 적절한 반응은 아닌 만큼, 아니면 적어도 일반적으로 적절한 반응이 아닌 만큼). "그것은 바로 이렇게 보였구나!"가 관람자가 갖는 감정의 중심 지표다.

그렇다면 "왜 당신은 그것을 바라보는가?"라는 질문에 대한 답변에 주어진 이유를 생각해보자. 사진에서 우리는 대상의 특징을 언급하고, 회화에서는 오직 그 그림에 포착된 관찰할 수 있는 측면들만 언급한다. 이는 근본적으로 재현 그 자체에 대한 관심으로부터 대리물로서의 재현에 대한 관심을 구별해주는 것이다. 이제 어떤 사람이 사진을 이상적인 사진조차 내가 묘사한 것처럼 다루는 것이 불가피한 것은 **아니라고** 주장한다고 가정해보자. 그런 태도의 결과가 무엇인지 살펴보자.

8

우리가 회화를 다루는 것과 똑같은 방식으로 사진을 재현으로 다뤄서 그들의 재현적 본성이 그 스스로 미적 관심이 된다고 상상해보자. 만약 우리가 사진의 대상이 실제로 존재하든지 말든지, 혹은 우리가 사진에서 보는 것과 실제로 닮았든지 아니든지 상관없는 방식으로 사진을 연구한다면 그 결과는 어떨까? 여기서 우리는 대상이 아니라 그것의 제시 방법에 관심이 있다. 만약 사진에 대한 그런 관심이 있을 **수 있다**면, 사진은 단순히 그 대상의 복제품이 아니라 때로는 재현적 생각의 표현이 될 수 있음을 시사한다.

대상 그 자체, 전체로서의 대상에 대한 관심은 반드시 세부에 대한 관심까지 망라해야 한다. 종종 논쟁이 있어왔듯이 만약 대상을 무심하게 응시한다면 그것을 보기에 앞서 어떤 것이 우리의 관심과 관련된 특징들인지, 그리고 어떤 것이 관련되지 않은 특징들인지 알아낼 방법이 없기 때문이다.[17] 이것이 바로 우리가 자연에 만족하고 있을 수 없고, 반드시 미적 판단의 대상으로서 예술작품을 가져야 하는 이유다. 예술은 인간의 의도에 투명한 매체를 제공해준다. 이 매체는 때로는 대답할 수 없음을 증명하더라도 모든 관찰 가능한 특징에 대한 "왜?"라는 질문을

17) 예를 들어 Stuart Hampshire, "Logic and Appreciation," in William Elton (ed.), *Aesthetics and Language* (Oxford, 1954; New Jersey, 1970)를 보라.

위한 매체다. 예술은 미적 관심에서 배출구를 찾는 합리적 충동의 표현이다. 따라서 이것은 그러한 관심을 완전히 만족시키는 유일한 도구다.

그렇다면 미적으로 의미 있는 재현을 목적으로 하는 사진가는 반드시 세부의 통제도 목적으로 해야 한다. 여기서 '세부'는 '모든 관찰 가능한 사실이나 특징'이라는 광범위한 의미로 이해된다. 하지만 여기에는 새로운 어려움이 있다. 사진가는 거의 모든 세부를 사진가의 통제 바깥에 놓는 인과 과정의 피해자다. 사진가가 대상이 입은 옷의 모든 주름을 의도적으로 배열하고, 스튜디오 사진가들이 자주 그랬듯이 꼼꼼하게 적절한 각본을 구성하였다고 하더라도 그런 의도를 사진에서 드러낼 방법은 거의 없어 보이기 때문에 여전히 거의 의미가 없다. 우선 첫째로 사진에서는 양식의 거대하기만 한 특성들을 제외하고는 모든 것이 부족하다. 그렇다 하더라도 이러한 양식은 "왜 저것이 아니고 이것인가?"라는 질문이 회화의 경우에서는 유익한 탐구가 되도록 해준다고 우리를 납득시킨다. 양식은 우리가 미적으로 무관하거나, 아니면 보인 것에서 **나타나**지 않는 특징들보다는 오로지 회화의 측면들과 관련해서 그 질문에 답할 수 있게 해준다.[18] 따라서 사진에서 의미를 찾는 일은 축소되거나 좌절된다. 즉 세부가 보여줄 수 있는 것이 없으면 세부에 대한 관심에는 아무런 의미가 없다. 사진 그 자체처럼 세부는 그 대상에 대해 투명하다. 만약 사진이 흥미롭다면 이는 오직 그것이 보여주는 것이 흥미롭기 때문일 뿐 그 묘사가 영향 받은 방식 때문이 아니다.

하지만 사진가가 의도적으로 다른 재현 예술에서 발휘된 그런 통제를 자신의 이미지에 가할 수 있다고 가정해보자. 질문은 "이 통제가 얼마나 확장될 수 있는가?"이다. 물론 그의 통제 밖에 놓여 있는 무한한 것

18) Richard Wollheim의 재미있는 논의 "Style now," in Bernard William Smith (ed.), *Concerning Contemporary Art* (Oxford and New York, 1975)를 보라.

들이 있을 것이다. 소매에 묻은 먼지, 얼굴의 주근깨, 손의 주름 같은 세부사항들은 언제나 우선 대상이 가진 사전 상황에 달려 있다. 사진가는 사진의 건판을 볼 때, 아마도 여기서는 이 색만 고르고, 피부에서는 딱 저만큼의 주름만, 혹은 딱 저 질감만 고르면서 자신의 통제력을 주장하고 싶어 할 것이다. 그는 색을 칠해 지우거나 덧붙일 수도, 수정하거나 고칠 수도, 아니면 자기가 좋아하는 대로 모방할 수도 있다. 물론 그는 재현을 심각하게 받아들임으로써 화가가 된 것이다. 사진은 그가 여기저기 칠을 하는 일종의 틀로 축소되었는데, 이 틀은 그에게 대체로 불필요한 제약을 부과한다.[19)]

다른 말로 하면, 사진가가 재현 예술을 향해 분투할 때, 그는 필연적으로 내가 설명했던 이상적인 사진에서 이상적인 회화로 옮겨가는 것 같다. 만약 사진이 완전히 재현 예술인 경우, 즉 단순한 복사물과 구별해주고 그것이 자신의 독특한 미적 매력을 가지고 있다고 생각되는 재현의 모든 측면들을 드러내는 경우를 생각해본다면 가장 분명하게 보일 것이다. 사진이 그 기원부터 스스로 예술적 이상을 세우고, 자신을 재현적 예술로 설정하려 시도했음은 누구도 부정할 수 없다. (헨리 피치 로빈슨의 〈가을〉 같은 사진에서 볼 수 있는) 이 과정의 정점은 초현실주의자들과 미래주의자들(특히 모홀리-나기와 한나 회흐 같은 작가들)이 사용한 포토몽타주 기술에서 찾을 수 있다. 여기서 결과에 대한 우리의 관심은 본래 대상의 존재와 본성에 대해서는 완전히 무관심할 수 있다. 하지만 이는 사진 형상들이 너무 많이 조각나고, 최종 산물에서 재배열되어 일반적으로 그 대상을 찍은 **사진**이라고 말할 수 없기 때문이다. 사진에서 제인, 필립, 폴의 형상을 가져오려고 그들의 모습을 잘라내어 몽타주로 배열하고, 수정하고 내 마음에 들 때까지 마지막 결과물을 조정했다고 가정해보자. 최종 결과물은 연인들의 다

19) 이 주장은 B. Croce, *Estetica*, 10th edn (Bari, 1958), 20쪽에 넌지시 언급되어 있다.

툼을 재현한다고 말할 수 있다. 하지만 이것은 어떤 하나의 사진이 아니다. 이것은 다툼에 대해 회화가 보여주는 것 같은 바로 그 의도적 관계에 있기 때문에 다툼을 재현한다. 사실 이것은 형상의 유래에서 사진적 기술들을 이용했다는 점을 제외하면 모든 의도와 목적에서 회화나 다름없다. 형상이 여전히 사진이라고 여겨지는 한 그것은 제인, 필립, 폴의 사진일 뿐 연인들의 다툼에 관한 사진이 아니다. (물론 그것들이 사진**이라는** 사실은 미적으로 중요하다. 예를 들어 몇몇 아이러니한 논평들은 아마도 대중 생산 매체에서 잘라낸 형상들을 사용하는 데 의도되어 있을 것이다.)

사진 예술의 역사는 사진가가 갇혀 있던 인과적 고리를 끊으려는 — 대상과 외관 사이에 인간의 의도를 부과하여 대상이 그 의도에 의해 규정될 수도 있고, 그것의 측면에서 볼 수 있도록 하는 — 성공적인 시도들이다.[20] 이것은 단순한 시뮬라크롬을 재현적 생각의 표현으로 바꾸려는 시도의 역사이며, 사실은 이미 알려져 있던 기술들(인쇄물의 조합에서부터 연초점 렌즈까지)을 통해 발견해내는 시도의 역사다.[21] 때로 사진가가 사진을 통해 완전히 허구적인 장면을 만들려 시도하고, 재현적 의미를 가진 내러티브 장면을 만들기 위해 마치 무대 위에 있는 것처럼 모델과 주변을 배치한 것은 사실이다. 하지만 앞에서도 말했듯이, 사진 결과물은 재현이 아니다. 재현 과정은 사진이 찍히기 전에 영향을 받은 것이다. 재현 사진은 어떤 사람의 사진이 그 사람이 아닌 것과 마찬가지로 재현이 아니다.

---

20) 예를 들어 Aaron Scharf, *Creative Photography* (London, 1975)와 Rudolf Arnheim, *Film as Art* (California, 1957; London, 1958)를 보라.

21) 특히 Henry Peach Robinson, *The Elements of a Pictorial Photograph* (London, 1896)를 보라.

9

사진이 재현적 의미를 얻을 수 있는 오직 한 가지 방법, 즉 필연적으로 사진이 그 자신을 회화의 목적에 종속되도록 끌고 가는 방법만을 허락하는 질문을 하도록 만들었다고 느낄 수 있을 것이다. 누군가는 사진가가 대상을 무작위로 고르는 것이 아니며, 어느 관점에서 그것을 찍어야 할지 또는 그것의 구성에 대해서도 무관심하지 않다고 주장할 것이다. 사진을 찍는 행위는 그림을 그리는 행위만큼이나 미적 의도로 제한된 행위일 것이다. 사진은 특정한 빛에서, 특정한 관점에서 그 대상을 보여준다. 그리고 일반적으로 관찰하지 않고, 아마도 사진이 아니라면 그렇게 관찰하지 않았을 방식으로 그 대상을 드러내도록 고안될 것이다. 그러한 기획은 사진 예술에 완전히 적합한 효과로 이끌어 세상을 보여주는 자신만의 특유한 방식을 갖는다. 왜 이것만으로 사진에 재현 예술의 지위를 주기에 불충분한가?

나는 그런 반대가 내 주장의 수정을 필요로 한다고 생각하지는 않는다. 완전히 같은 의견이 거울에 대해서도 제기될 수 있기 때문이다. 거울로 어떤 사람을 볼 때 그를 보는 것이지 그의 재현을 보는 것이 아니다. 이것은 거울이 왜곡된 것이더라도, 거울이 의도적으로 어떤 장소에 놓였더라도 여전히 남아 있다. 이러한 의도는 사진에서의 의도와 비슷할 것이다. 즉 대상에 대한 독특하고 놀라운 관점, 그렇지 않았다면 발견되지 않은 채 사라졌을 대상에 대한 '진실'을 드러내는 관점을 부여하려는 의도다. 거울예술도 상상할 수 있는데, 이 예술은 거울을 높이 듦으로써 거울에 보인 것이 흥미롭거나 아름답게 만들어지는 것을 포함한다.

거울 예술은 사진예술처럼 때로는 아마도 재현을 포함할 것이다. 예를 들어 앞서 본 '허구적' 사진의 두 유형과 같은 방식으로 비너스나 실레노스의 재현을 포함할 수 있다. 하지만 재현은 **거울**의 속성이 되지는 않을 것이다. 내가 단순히 어떤 사람 앞에 거울을 들고 있다고 해서 그를 자신의 재현으로 만드는 것은 불가능하나. 결국 내가 그를 보건, 아니면 거울을 보건 내가 보는 것은 **그 사람**이다. 만약 거울이 재현적 생각의 표현이 되고자 한다면, 그것 역시 반드시 본성을 바꾸어야 한다. 즉 포토몽타주처럼 반드시 그것과 그 대상을 연결하는 인과적 고리에서 벗어나야 한다. 어떤 사람은 다게레오타입이 '기억을 가진 거울'이라는 올리버 윈델 홈스의 설명에서 진실을 보기 시작할 수도 있다.[22] 램턴 경의 몰락을 이끈 것은 그런 거울이었다.

따라서 얼마나 많은 미적 의도들이 사진 행위에 놓여 있는지는 문제가 되지 않는다. 대상, 그것의 환경, 활동 혹은 빛이 모두 의식적으로 배치되었는지도 문제가 되지 않는다. 진짜 질문은 "결과적인 이미지를 재현으로 만들려면 무엇을 해야 하는가?"이다. 재현인 이미지(회화)가 있고, 그렇지 않은 이미지(거울)가 있다. 사진은 이 중 어느 부류에 속하는가? 나는 사진이 자연스럽게 후자에 속한다고 주장했다. 사진을 재현적 사고의 주된 수단으로 만듦으로써 전자에 속하도록 **만들** 수도 있다. 하지만 그러면 우리는 반드시 사진과 대상 간의 관계를 방해하여 더 이상 그 대상의 **사진**이기를 멈춘다. 나의 이상적인 사진만이 재현의 방식이 되는 데 실패한 것이 아니라, 재현도 사진만을 가지고는 절대 획득될 수 없음을 보여주기에 이것은 불충분한가?

마지막 비교: 나는 어느 길에 대한 특정한 시각을 얻을 수 있는 지점에 표시를 한다. 그러고서 그 지점 앞에 틀을 갖다놓는다. 선택된 지점에서 보면 다른 면은 잘려 나가고 오직 길의 어떤 부분만 보이도록 틀을 옮긴다. 틀 안에 보이는 것이 아주 만족스럽도록 가능한 한 모든 기술을 가지고 이 작업을 한다. 예를 들어 틀 안의 건물들은 조화로워 보이고,

---

22) Beaumont Newhall, *History of Photography* (New York, 1964, London, 1972), 22쪽에서 인용.

거리를 점령하고 있는 흉측한 탑은 시각에서 잘라버리고, 구성의 중앙에는 알아차리지 못하고 지나갔을 수도 있는 두 고전적인 파사드 사이에 좁은 길을 놓는 등의 작업을 한다. 여기서 나는 일반적인 사진가들의 경험 안에 있는 것들만큼 미적 의도에 의해 제한되는 활동들을 서술했다. 하지만 틀 안에서 본 것이 길 그 자체가 아니라 길의 재현이라고 주장될 수 있는가? 이 주장은 터무니없다.

10

여기서 누군가는 재현이란 결국 회화의 본질적 속성도, 묘사의 본질적 속성도 아니라고 반대할 것이다. 재현은 관계다. 즉 대상은 오직 다른 사람에게 무엇을 제시하는 데 그것을 사용할 때에만 재현으로 설명될 수 있다. 이 관점에서 '재현된 것'이라는 건 없다. 여기에는 오직 '재현적 사용을 갖는 것'만 있을 뿐이다. 그리고 만약 그렇다면 나의 주장은 허사가 된다. 사진은 회화, 몸짓, 거울, 상표 그리고 소통의 과정에서 역할을 할 수 있는 다른 모든 것들만큼이나 매우 재현적이기도 하고 그다지 재현적이 아니기도 하다.

반대는 더욱 심각하고 의미 이론에서 잘 알려진 논쟁을 반영한다. 어떤 사람들은 말하기를 의미는 문장의 속성이라고 한다. 반면 H. 폴 그리스 같은 몇몇 사람들은 의미란 주로 발언과 화자 간의 관계라고 주장한다.[23] 이제 그리스에게조차 분명하게 표현된 발언과 그렇지 않은 발언 간의 구분이 남아 있다. 문장은 머리를 끄덕이는 것과 구별되는데, 이것은 문법에 참여하고, 문법의 전형적인 예가 되며, 문법을 통해 그것이 사

23) "Meaning," Philosophical Review, LXVI (1957), 377-88쪽.

용된 문맥과는 독립적으로 이해될 수 있다. 분명하게 표현됨으로써 문장은 생각의 주된 표현으로서 홀로 서 있을 수 있다. 여기에는 소통의 행위에 직접적으로 개입되는 어떠한 것으로부터도 독립적인 문장(그리고 그것의 내용)에 대한 관심이 발생한다. 의미는 문장 **안에서** 읽힐 수 있고, 주변 상황에서 추론될 필요가 없다.

마찬가지로 완전히 명확하게 표현된 회화도 생각의 과정에 대한 주된 표현으로서 관심을 끌 수 있다. 이는 그것이 창조된 특별한 상황에서 고립되어 이해될 수 있는데, 이는 회화의 각 형상들 그리고 모든 형상들은 의도적 행위의 결과임과 동시에 의도적 대상의 창조일 수 있기 때문이다. 의도적 대상에 대한 관심은 그것이 전달하는 생각에 대한 관심이 된다. 화가는 작가가 자신의 글을 채우는 것과 같은 방식으로 캔버스에 의미를 채울 수 있다. 이것이 바로 회화와 문학을 재현 예술로 만드는 것이다. 즉 그것들은 그 자체로 감상될 수 있음과 동시에 분명하게 표현하는 서술적 생각의 측면에서 이해될 수도 있다.

사진에서 우리는 의도적인 이미지의 창조를 가질 수 있다. 나아가 사진을 재현으로 사용할 수도 있다. 일례로 나는 꽉 쥔 주먹이나 감자 혹은 히틀러 사진을 사용했을 방식대로 레닌의 사진을 그의 재현으로 사용할 수도 있다. 질문은 "무엇이 이미지 그 **자체**를 재현적 사고의 주된 수단으로 만드는가?"이다. 나는 이미지가 제대로 분명하게 표현되지 않았더라도 의도적이 될 수 있다고 주장하고자 한다. 이미지는 (1) 이미지 생산자가 이미지만 가지고 생각을 소통하는 작업에 진지하게 착수할 수 있을 때, (2) 관람자가 이미지를 그것이 표현하는 생각의 과정 측면에서 보고 이해할 수 있을 때 비로소 분명하게 표현된다. (1)을 만족시키기 위해서는 세부에 대한 회화적 접근이 필요하고, (2)를 위해서는 반드시 사진의 독특한 특징인 인과관계에 대한 관람자의 관심을 끊어야 한다. 어느 쪽이든 그 관계의 지속, 즉 다른 말로 하자면 **사진적** 이미지의 지속은 재현을 방해하기만 할 수도 있다. 이것은 그것의 성과에 어떠한 것도 공헌할 수 없다. 이는 아마도 제임스 조이스가 1904년 파리 노트에 다음과 같은 글을 적었을 때 의미한 바일 것이다.

> 질문: 사진이 예술작품이 될 수 있는가?
>
> 답변: 사진은 감지적 문제의 것이며, 미적 목적에 이용될 수도 있다. 하지만 사진에서 감지적 문제는 인간이 처리한 것이 아니다. 따라서 사진은 예술작품이 아니다.

만약 조이스의 '예술작품'이 내가 말한 '재현'을 의미한다면, 그는 분명히 같은 지적을 한 것이다. 내가 특징지었듯 재현의 속성은 의도적 행동의 복잡한 양식의 결과물이며, 매우 특화된 반응들의 대상이다. 어떻게 사진은 그 속성을 획득할 수 있는가? 나의 답변은 "사진을 회화와 구별시켜주는 특징들을 변화시킴으로써만 그럴 수 있다."는 것이다. 사진가가 진지하게 생각과 관람객의 반응에 전념할 수 있는 것은 오직 사진이 그런 특징들을 변화시킬 때뿐이기 때문이다. 따라서 사진이 재현적 사고의 적절한 수단이 되는 것은 오직 그때뿐이다.

11

사진은 재현이 아니다. 또한 영화에 사용될 때에도 역시 재현이 아니다. 영화는 극적인 재현의 사진이다. 그리고 어떤 재현적 속성이 그것에 속하건 극적인 연기의 결과인 재현, 즉 영화 속 배우의 말과 행동에 속하게 된다. 〈폭군 이반Ivan the Terrible〉은 이반의 삶을 재현하지만, 카메라가 **그를** 겨냥했기 때문이 아니라 이반 **역을 연기한** 배우를 겨냥했기 때문이다.

물론 제작사가 무대에서 맡은 역할이 있지만, 카메라도 연기를 제시하는 데 있어 자신의 역할이 있다. 그것은 관객의 주의를 이것 혹은 저것으로 안내하고, 그것만의 특이한 분위기도 만든다. 카메라의 적절한 사용은 무대에서는 보여줄 수 없는 상황에 대한 관심을 만들어낼 것이다. 따라서 재현적 예술이 아닌 음악이 바그너로 하여금 장대한 주제의 연극적 재현을 처음 만들어낼 수 있도록 했듯이, 사진은 이전에는 불가능했던 영역으로까지 극적 재현의 범위가 확장되는 것을 가능케 했다.[24)] [예를 들어 잉마르 베리만(Bergman)의 〈페르소나(Persona)〉에서 전혀 말을 하지 않는 두 인물 사이의 극적인 상황을 만드는 데 사용된 카메라를 생각해보자. 그런 장악은 아마도 드물지만, 영화 초기부터 이상으로 존재해왔다.] 그렇더라도 사진의 과정은 그렇게 할 수 없기 때문에 재현을 **창조**할 수 없다. 따라서 다큐멘터리 필름은 결코 그 주제의 재현이 아니다. [이는 그것이 정교한 미적 아이디어의 실현을 포함할 수 없다고 말하려는 것이 아니다. 베를린 올림픽에 대한 레니 리펜슈탈(Leni Riefenstahl)의 영화를 굳이 언급할 필요도 없을 것이다.] 어떤 사건에 대한 영화적 기록은 콘서트의 녹음이 그 소리의 재현이 아닌 것처럼 그 사건의 재현이 아니다. 누구나 동의하듯 연극이 연기를 포함하는 것과 마찬가지로 영화에서 재현은 **연기**를 포함한다. 촬영된 인물이 적절한 미적 관심의 주제이기는 하지만 자신의 것이 아닌 모험, 행동, 감정을 표현하려고 시도하고 있음을 관객이 알아차릴 때에야 연기가 이해된다. 이는 영화가 예술의 형태로서 반드시 따라야 하는 근본적 제약(재현 예술로서 필수적으로 가장 본질적인 제약)은 인물과 연기의 재현을 포함하는 극적인 요소들이라는 결론이 나온다. (여기서 '극적'이라는 것은 '연극적'인 것을 의미하는 것이 아니라, 헨리 제임스가 소설을 극적 예술의 형태라고 했을 때의 그 의미를 암시한다.) 영화로서 성공하기 위해서는 반드시 진실한 등장인물을 가지고 있어야 하며, 그들에게 반드

24) 나의 글 "Representation in Music," *The Aesthetic of Understanding* (London and New York, 1983)을 보라.

시 진실해야 한다. 즉 감독은 처벌받지 않음을 소설가나 극작가가 할 수 있는 것보다 더 감상적으로 다룬다. 물론 대부분 영화에서 악(惡)의 진짜 근원은 사진의 뚜렷한 무관함이 극적 목적의 감상성을 모호하게 만든다는 사실에 놓여 있다.

사진은 극적인 재현을 더 쉽게 만드는 것과 거리가 있을 뿐만 아니라, 실은 더 어렵게 만든다. 사실 영화에서 극적 성공의 가능성은 두 가지 이유 때문에 희박하다. 첫 번째 이유이자 다소 피상적인 이유는 바로 영화감독이 실제 세계의 일부이기도 하고, 또 일부라고 주장하기도 하는 어떤 것을 찍는다는 데 있다. 이는 감독이 관객에게 세부에 대한 적절한 감각을 전달하는 데 있어 큰 어려움을 겪어야만 성공할 수 있다는 결론이 따라온다. 일반적으로 관객에게는 타당성의 기준, 즉 무엇에 반드시 주의를 기울여야 하는지 결정하는 기준이 주어지지 않는다. 관객은 길모퉁이에 있는 사람, 눈썹의 움직임, 매킨토시의 색, 자동차의 만듦새 등을 주목할 생각이었을까? 모든 영화 이미지에서 셀 수도 없이 많은 이런 질문들이 답변되지 않은 채 남아 있다. 여기에는 다양한 이유가 있다. 우선 영화는 그것의 모든 세부에 대하여 준비되어 있다; 비록 극적 재현이라도 이것은 하나의 연기 이상의 것에서 존재할 수는 없다. 따라서 해석의 특성은 연기의 특성과 분리될 수 없다: 아예 이런 구분은 없다. 내가 무엇에 주의를 기울여야 하는가를 알 수 있게 되는 것은 오직 전체로서 재현을 이해할 때다. 그뿐만 아니라 카메라맨은 연기에 대한 시각적 논평을 만드는 데 있어 영구한 어려움 속에서 작업한다. 이 어려움은 해결될 수 있지만, 그 해법은 훨씬 간단한 무대 장치와 비교해볼 때 부득이하게 거칠다. 이것은 반드시 무관한 것들을 만들어냄과 동시에 우리에게 그것을 무시하라고 설득해야 하기 때문에 거칠다. [예를 들어 〈푸른 천사(Der blaue Engel)〉나 〈칼리가리 박사의 밀실(The Cabinet of Doctor Caligari)〉의 의례화된 표현주의를 생각해 보자. 프리츠 랑(Fritz Lang)의 〈지그프리트(Siegfried)〉 조차 **코메디아 델라르테**(comedia dell'arte) (역자

주- 16세기 중엽 이탈리아에서 성행한 즉흥 가면 희극) 매너리즘의 추억을 담고 있는데, 이로써 배우는 관객의 주의를 수많은 무관한 세부사항들에서부터 전체의 극적인 의미로 돌리려 시도한다. 물론 좀 더 최근의 감독들은 표현주의의 연극적 제약으로부터 스스로를 해방시켰다. 결과적으로 그들은 그 문제를 해결할 수 없을지라도 적어도 그 문제를 무시하는 데 기쁨을 느꼈다.]

극장에서는 상황이 좀 다르다. 희곡은 공연과 독립적으로 존재한다는 사실에서 나온 무대의 불가피한 제약과 무대 공연의 관습은 극적 행위가 여과되어 나오는 강한 재현적 매체를 제공한다. 관습에 대한 지식을 가진 어떤 사람은 즉각 무엇이 관련 있고, 무엇이 관련 없는지 알 것이다. 따라서 극장에서의 상징주의는 명확하고 즉각적인 반면, 스크린에서의 상징주의는 종종 너무도 모호하고, 거창하며, 심리적으로 동떨어져 있다. 예를 들어 〈태양은 외로워L'Eclisse〉를 보자. 여기서 발언하기 위해 계속해서 분투하는 카메라는 등장인물들의 감정에 비해 지나치게 주변 자료의 중요성을 부풀리는 데만 성공했다. 그 효과는 마음을 사로잡는 이미지를 게시했지만, 그와 동시에 심리적 부분을 저하시켰다.

이런 이유 때문에 영화에서 종종 사진적 발언으로 통하는 것은 사진적 효과로 더욱 제대로 묘사되어야 한다. 카메라는 어떤 분위기를 만들지만(이것은 표현의 도구일 것이다), 그것이 보여주는 것에 대해 정확하거나 설득력 있는 분석을 만들 수는 없다. 러시아 사람들이 큰 효과를 위해 사용한 몽타주 기술을 생각해보자. 에이젠슈타인은 몽타주 기술과 운문의 순차적 구조 사이에는 매우 유사한 점이 있다고 주장했다.[25] 예를 들어 밀턴이 다음 구절에서 제시하는 각각의 이미지는 정확하고 명료한 장면과 부합한다.

25) Sergei Eisenstein, "Word and Image," *The Film Sense* (London, 1943; New York, 1969)를 보라.

……마침내
북쪽 지평선 저 멀리에 나타난 것은
끝에서 끝까지가 불 같은 곳이,
전투태세로 펼쳐져 있어, 가까이서 보면
무수하게 많은 굳센 창의 꼿꼿한 자루들이
들어찼고, 가득한 투구와 각양각색의 방패들이,
자랑스러운 꼴을 보이고 있으니,
악마가 결속한 세력들이 무시무시한 원정을
서두르고 있는 것이었다……

(누군가는 아마도 영화적 장치인 '가까이서 보면'과 그 뒤를 따라오는 매우 에이젠슈타인적인 이미지 특성에 주목할 것이다.) 밀턴의 이미지 각각에서 우리는 어떻게든 '같은 것을 말하는' 영화적 장면을 찾을 것이라는 바, 즉 밀턴의 구절처럼 전체적인 몽타주는 정확히 같은 의미에서, 같은 이유로 극적인 통합을 형성한다고 주장한다. 감독은 시와 유사한 어떤 것을 할 것이다. 즉 그는 지배적인 분위기에 대한 통합된 표현을 만들 목적으로 신중하게 선택된 세부에 초점을 맞출 것이다.

하지만 몽타주의 각 장면은 집중을 위한 대상으로 설계되지 않은 무한히 많은 세부를 제시한다는 것을 주목해야 한다. '가득한 투구'에 대응하는 장면은 다른 것들 사이에서 그 아이디어를 포착해내겠지만, 무관한 많은 것들도 이야기할 것이다. 예를 들면 헬멧의 재료, 크기, 모양 같은 헬멧의 **부분들을** 보여주는 것을 피할 수 없을 것이다. 그렇게 생각을 구체화시킴으로써 카메라는 상상력에 아무것도 남기지 않는다. 결과적으로 정말 중요한 세부, 즉 가득한 악마 같은 헬멧은 잃어버릴 위험에 처해 있다. 이런 이유 때문에 에이젠슈타인은 관객의 집중을 더욱 효과적으로 조정하기 위한 대조와 구성 기법을 발전시켰다. 〈폭군 이반〉의

시가 뒤이은 감독들에게 거의 재발견되지 않은 것은 그의 천재성을 증언한다. 하지만 에이젠슈타인에게도 발언은 이미지를 통해서보다는 주로 드라마를 통해서 왔다. 사진의 모든 노력은 표현과 효과에 놓여 있다. 그리고 매우 흥미롭게도 영화에서 사진적 발언의 가장 명확한 예시들은 또다시 이미지와 대상 간의 인과관계가 의도적 관계로 대체될 때에야 일어난다. 〈전함 포템킨The Battleship Potemkin〉에 나오는 일련의 장면들을 생각해보자.

1. 제목: 「그리고 반란군의 전함이 독재자의 잔인함에 마을에 포탄을 떨어뜨리는 것으로 답했다」
2. 천천히 그리고 신중하게 포탑을 돌린다.
3. 제목: 「목표 — 오데사 극장」
4. 극장 건물 꼭대기의 대리석 무리
5. 제목: 「총사령부에서」
6. 총 쪽에서의 장면
7. 건물 게이트 위에 있는 대리석 큐피드 형상의 매우 짧은 두 장면.
8. 거대한 폭발; 게이트가 흔들거린다.
9. 세 개의 짧은 장면들: 잠들어 있는 사자 상, 눈을 뜬 사자 상, 뒷발로 일어선 사자 상
10. 새로운 폭발, 산산이 부서지는 게이트[26)]

여기서 우리는 에이젠슈타인의 가장 빼어난 시각적 은유 중 한 가지를 보게 된다. 사자 상이 뒷발로 일어서서 포효한다. 이 놀라운 이미지(그런데 무언의 스크린의 제약 밖에서는 불가능한)는 우리로 하여금 그 아래 깔려 있는

---

26) V. I. Pudovkin, *Writings*, trans. I. Montagu (London, 1954), 88쪽에서 논의되었다.

생각을 인식하여 놀라게 함으로써 제국의 장려함의 무기력에 대한 강력한 발언으로 작용한다. 하지만 우리는 이것이 포효하는 사자 상의 사진일 수 없다는 것을 안다. 이것은 연결되지 않은 이미지들의 의도적인 병치다. 우리가 보는 것은 의도이며, 이것은 시퀀스에 대한 우리의 이해를 결정한다. 물론 그런 예술이 스스로 이 대본의 제목에서 드러난 무의미한 신화 제작을 겪어야 한다는 것은 유감스럽다. 만약 여기에 예술이 있다면 그것은 근본적으로 사진적인 예술이라는 사실을 바꾸지 않는다.

내가 언급하고자 하는 두 번째이자 좀 더 심도 깊은 이유는 동시대의 분석 철학자들에게 용인될 만한 측면으로 표현하기는 매우 어려운 일이다. 하지만 나는 그 점 때문에 지나치게 좌절하지 않도록 노력할 것이다.[27] 사진은 그것을 재현할 수 없고, 기껏해야 왜곡이나 할 수 있기 때문에 환영의 창조와 세상에 있는 사물의 실물 같은 외관의 창조에 피할 수 없이 엮인 채 남는다. 밀랍 예술작품처럼 그런 예술은 공상을 위해 준비된 희열을 제공하며, 그럼으로써 예술적 표현 목표를 무산시킨다. 극적 예술은 오직 그것이 어느 정도 실제적일 때에만 의의를 가질 수 있다. 하지만 실제적이 되기 위해서는 반드시 먼저 신중하지 못한 습관들의 표현을 금지해야 하며, 우리의 삶에서 중요한 역할 수행을 바라야 한다. 그렇게 하지 못한다면 그리스의 비극, 라신의 비극, 그리고 셰익스피어의 비극에서 목격하는 것 같은 드라마의 가장 큰 효과는 허락되지 않을 것이다. 예술은 근본적으로 진지하다. 즉 예술은 공상의 희열에 만족하고 있을 수도 없고, 그것이 의미하는 바에 대한 질문을 완전히 피하면서 우리를 사로잡는 것에 연연할 수도 없다. 프로이트가 다른 맥락에서 지적했듯이, 예술은 공상에서 현실로 돌아오는 길을 제공한다. 비현

27) 나의 글 "Fantasy, Imagination and the Screen," *The Aesthetic of Understanding*, 10장에서 이 점에 대해 훨씬 길고 엄밀하게 논하였다.

실적인 어떤 것의 재현을 창조함으로써 그것은 일상생활의 위기 속에서 우리가 피하고자 하는 강한 동기를 갖는 현실의 그런 측면들에 대해 다시 생각해보도록 설득한다.[28)]

프로이트가 살펴보았듯이, 예술에서의 관례는 공상의 위대한 파괴자였다. 그것은 우리를 매혹시키는 장면에 대한 준비된 **깨달음**을 막고, 반성적 사고의 정교함이 단순한 유사의 창조를 대신하게 되는 것을 막는다.

영화는 그 출발부터 공상의 창조에 몰두했다. 그것은 우리의 세상과 너무나 같은 세상을 그들의 아주 작은 세부들 속에 창조해내고, 우리는 그들의 현실을 받아들여 안심하게 되고, 그들이 재현하는 상황 속에서 시시하거나 기괴하고, 저속한 모든 것들을 못 본 체하도록 설득 당했다. 영화는 단순한 인식의 수준에서 매우 설득력 있음을 증명했기 때문에 그것의 대상에 대한 의의를 탐구할 동기를 그다지 갖고 있지 않았다. 진지한 문학 비평가조차 〈선셋 대로Sunset Boulevard〉 같은 영화가 그저 관객의 정형화된 공상을 노리고 있다고 생각하는 대신에, 미적 아이디어를 표현하고 있다고 생각하도록 속을 수 있는 것은 전적으로 영화의 직접성 속에 있는 묘한 매력 때문이다.

더군다나 영화는 밀랍 작업처럼 우리를 사로잡는 상황을 인식하는 준비된 수단을 제공한다. 그것은 생각의 어떠한 중간 과정에도 의지하지 않은 채 우리의 공상을 직접 다룬다. 바로 이것이 영화에서는 너무나 일반적인 폭력 장면을 연극에서 관례화된 죽음의 고통과 구별해주는 것이다. 그리고 사진이 에로틱한 예술이 되는 것을 불가능하게 만든다. 사진은 우리에게 욕망의 상징보다는 욕망의 대상을 제시한다. 따라서 그

---

28) *The Standard Edition of the Complete Psychological Works of Sigmund Freud*, ed. James Strachey, 24 vols. (London, 1953-74; New York, 1976), IX, 153쪽; XI, 50쪽; XII, 224쪽; XIII 187-8쪽; XIV, 375-7쪽; XX, 64쪽을 보라.

사실을 이해하거나 표현하는 데 성공하기 훨씬 이전에 욕구의 환상을 충족시킨다. 사진 매체는 내재적으로 포르노그래픽하다고 할 수 있다.[29)]

---

29) 나는 Richard Wollheim, Mart Platts, John Casey, Peter Suschitzky, Rudy Meager의 논의들뿐만 아니라, Robert A. Sharpe, Rickie Dammann의 비평, 그리고 Bristol에서 Stephan Krner가 조직한 컨퍼런스의 토론 참석자들(사진의 본성에 대해 깊이 생각할 기회를 준 이들에게 감사한다)에게서 많은 도움을 얻었다.

7

사진은 어떻게 '나타내는가'

스크루턴에게 보내는 카르티에 브레송의 '답변'

데이비드 데이비스
David Davies

1

『국가론』 10권의 악명 높은 구절에서 플라톤은 "세상에 대한 예술적 재현이라는 것은 거울처럼 그저 사물의 외관을 담아내기만 하기 때문에 우리에게 아무런 가치가 없다."고 주장한다. 우리가 "거울에 비친 대상이나 그림에 재현된 대상이 참된 지식의 대상인 진정으로 실재하는 독립체의 흐릿한 모방에 불과하다."는 플라톤적 형이상학을 받아들이지 않더라도 예술적 재현이 가치를 결여했다는 비난은 답변을 요구한다. 하지만 답변을 얻기는 어려워 보이지 않는다. 여기에 어떻게 재현 예술이 우리에게 가치가 있을 수 있는지에 대한 간단한 모델이 있다.

1. 재현 예술작품이 현존하게 되는 과정에서 예술가는 세상과 세상의 예술적 재현 사이를 중재하는 역할을 하는데, 후자는 그려지는 대상에 대한 예술가의 사고방식을 구현하는 그런 중재다.
2. 예술적 재현은 특정한 물질적 관점에서 단순히 세상을 반영하지 않는다. 그것은 세상 혹은 재현된 주제에 대한 특정한 의식적 이해의 관점인 인지적 관점을 구현한다.

하지만 예술적 재현에 대한 이 단순한 모델을 고려해볼 때, 왜 사진에 대한 예술적 주장이 그 시작부터 저항에 시달려왔는지를 쉽게 이해할 수 있다. 이 주장이 받는 비난은 세상에 의해 사진 이미지가 생산되는 과정은 '인과적'이거나 '기계적'이며, 이미지의 발생에서 예술가의 조형적 능력에 중요한 역할을 주지 않는다는 것이다. 이 때문에 사진적 재현은 조형미술에서 재현에 대한 적절한 예술적 관심을 갖도록 해주는 인지적 차원이 결여되었다고 한다. 아마도 이 주장에 대한 가장 정교한 설명은 로저 스크루턴의 (이 책 6장에 있는) '사진과 재현'에 있을 것이다.

2

사진에 대한 앙리 카르티에 브레송의 생각들은 이런 식의 추론에 대한 답변을 찾을 만한 곳이 아닌 듯 보인다. 카르티에 브레송은 종종 '다큐멘터리' 사진가나 '포토저널리스트'로 특징지어지는데, 언제나 자기 사진에 대한 신념을 '르포르타주'라고 주장했다. 그리고 세계에 대해 '보도'하는 사진 이미지의 능력은 이미지 생산자의 중재력에 의해 편향되지 않은 기록을 제공하는 사진의 능력에 의존하는 듯 보인다. 나아가 카메라는 '스케치북, 직관과 자발성의 도구'로, 사진가는 대상을 포착하기 위해 '결정적 순간'을 붙잡는 사람으로 보는 카르티에 브레송 자신의 '사진 철학'[1)]은 앞서 말한 재현적 예술에 대한 변호가 호소하는 인지적 '반영'의 순간을 부인하는 것으로 생각된다.

하지만 나는 카르티에 브레송에게서 가져온 다음의 짧은 구절이 내가 방금 언급한 것에 대해 논의하는 사진 비평가들에게 답을 줄 것이라 생각한다. 이유들은 곧 명백해질 것이기에 원서 그대로 문구를 인용하겠다.

> 세계를 '의미화'하기 위해서는 카메라 파인더에 잡히는 것 속에 스스로가 포함되어 있다고 느껴야 한다. 이런 태도는 집중력과 감수성, 그리고 기하학적 감각을 요구한다. 표현의 단순성에 도달하기 위해서는 기법을 절제해야 하고, 무엇보다 스스로를 잊을 수 있어야 한다. ……
>
> 사진을 찍는다는 것, 그것은 사실자체와 함께, 그 사실을 표현하고 의미화하는 시각적 지각형태의 정밀한 구성을 동시에, 그리고 단번에 포착하는 것이다.

---

1) Henry Cartier-Bresson, *The Mind's Eye* (New York: Aperture, 1999), 15쪽.

(원문) Pour "signifier" le monde, il faut se sentir inpliqué dans ce que l'on découpe à travers le viseur. Cette attitude exige de la concentration, da la sensibilité, un sens de la géométrie. C'est par une économie de moyens et surtout un oubli de soi-même que l'on arrive à la simplicité d'expression....

Potographier: c'est dans un même instant et en une fraction de seconde reconnaître un fait et l'organisation rigoureuse des formes perçues visuellement qui expriment et signifient ce fait.[2)]

언뜻 보기에 여기서 문제가 되는 것은 "사진가가 어떻게 세상의 사실을 '포착'할 수 있는가?", 즉 "어떻게 그런 사실들을 '보도'할 수 있도록 카메라를 이용할 수 있는가?"처럼 보인다. 따라서 난해한 것은 "'기하학 감각'('un sens de la géométrie')과 '시각적으로 지각된 형태의 철저한 조직'('l'organisation rigoureuse des formes perçues visuellement')을 인식하는 능력이 하는 역할은 무엇인가?"이다. 타당해 보이지 않는 현상계에 대한 플라톤적 개념을 가지고 있지 않는 한, 세상에 대한 사실을 포착하는 것이 어떻게 '기하학적 구조를 올바로 파악하는 것'을 요구하는지 분명하지 않다. 아마도 우리는 '기하학 감각'을 사진적 '르포르타주'를 위해 카르티에 브레송이 요구한 또 다른 것, 즉 '자기 인식의 망각('un oubli de soi-même')[3)]과 연결시키려

---

2) 이 구절은 본래 "L'imaginaire d'apès nature"이라는 제목으로 1976년에 쓴 글의 일부이고, 프랑스어로는 같은 이름으로 1996년 모음집(Paris: Editions Fata Morgana)에, 영어로는 1999년 *The Mind's Eye*에 실렸다. 영어 번역은 카르티에 브레송 자신이 했다.
세상에 '의미를 주기' 위해 사진가는 카메라 파인더를 통해 틀을 짓는 것에 스스로 결부되어 있다고 느껴야 한다. 이 태도는 집중, 마음 수련, 예민함 그리고 기하학적 감각이 요구된다. 사진가가 표현의 단순함에 도달하는 것은 수단의 절약을 통해서다…….
사진을 찍는다는 것은 동시에 그리고 순식간에 사실 그 자체와 의미를 주는 시각적으로 지각된 형태의 정밀한 구성을 인식하는 것을 의미한다. (*The Mind's Eye*, 15-16쪽)

3) 이상하게도 1976년에 쓰인 이 글의 (카르티에 브레송 자신에 의한) 1999년 영어 번역 『The

할 것이다. '기하학 감각'은 효과적인 '르포르타주'를 위해 요구되는 자기 인식의 망각을 생산하기 위해 필요하다고 주장될 것이다. 즉 사진가가 여기서 요구되는 자신의 망각 상태를 획득하는 것은 스스로 뷰파인더에 보이는 것의 형식적 속성에 즉각 반응하기 때문이다. 그러한 독해는 '초현실주의'나 몇몇 평론가들이 접근한 카르티에 브레송에 대한 불교적 해석에도 잘 맞을 것이다. 이런 해석들은 그의 사진 기술과 양궁에서 선Zen의 연습이나 브르통이 지지하는 '자동 기술'을 비교하는 데 있어서 카르티에 브레송의 전기적 사실, 즉 예를 들면 불교에 대한 그의 관심과 1930년대 초반 앙드레 브르통André Breton과의 유대를 강조한다.[4)]

카르티에 브레송의 발언에 대한 나 자신의 독해를 제의한 후에 다시 이 문제로 돌아오겠다. 하지만 우리는 '기하학 감각'과 관련하여 제안된 독해에서 두 가지 어려움에 즉각 주목해야 한다. 첫째, 자기 인식의 망각이 자신이 생산하는 이미지에서 '세상에 의미를 주는('signifie[ ]' le monde)' 사진가의 능력과 관련되는지에 대한 설명은 여전히 결여되어 있다. 둘째, 카르티에 브레송의 글은 사진가의 '기하학 감각'의 관여와 그에 따른 '세상에 의미를 주는' 능력이 자신을 잊는 능력에 달려 있을 뿐 그 역은 아니다. 인용구의 두 번째 부분을 명확하게 하는 것은 어떻게든

Mind's Eye』에서는 표현의 단순함을 위한 주된 필요조건으로서 확인된 'oubli de soi-même'에 대해 어떠한 언급도 생략했다. 앞의 각주에서 말했듯이 이 의문의 문장은 "사진가가 표현의 단순함에 도달하는 것은 수단의 절약을 통해서다."라고 번역되어 있다. (*Ibid.*, 15-16쪽) (역자 주- 이 글에서는 각주가 아닌 본문에 직접 실렸다.)

4) 예를 들어 Yves Bonnefoy, "Foreword," in *Henri Cartier-Bresson: Photographer* (Paris: Delpire, 1979), Gérard Macé, "Preface: The Lightest Baggage," in Cartier-Bresson, *The Mind's Eye*, 8-11쪽은 카르티에 브레송에게 미친 불교적 사고의 영향을 주장한다. 반면 Colin Westerbeck and Joel Meyerowitz, *Bystander: A History of Street Photography* (Boston: Little Brown, 1994), 153-9쪽, Ian Walker, *City Gorged with Dreams: Surrealism and Documentary Photography in Interwar Paris* (Manchester: Manchester University Press, 2002)는 브르통이 카르티에 브레송의 사진에 대한 개념에 영향을 끼쳤다고 주장한다. 위에 인용된 카르티에 브레송의 구절을 초현실주의적으로 독해할 수 있는 가능성에 관심을 갖게 해준 Scott Walden에게 감사한다.

'그 사실을 표현하고 의미하는(expriment et signifient ce fait)' 이미지의 형식적 속성일 뿐 그 사실에 대해 사진가가 갖는 관심의 유리된 본성이 아니다.

카르티에 브레송이 한 말에 대해 보다 명확한 의미를 파악하기 위해 우리는 사진가를 '세상에 의미를 주는' 것이 목표인 사람으로 특징지을 때 무엇이 그의 마음속에 있었는지, 혹은 사진가가 포착하려고 애쓰는 사실을 '표현하고 의미한' 이미지의 형식적 속성들에 대한 태도를 완전히 이해할 필요가 있다. 첫째, 'signifier'는 명시적 의미에서는 '외연하다denote' 혹은 '제시하다represent'와 동일한 영어인 '나타내다signify'와 같은 의미를 갖지 않는다. 동사 'signifier'의 대상은 보통 표현이나 몸짓에 의해 **의미되거**나 (이차적인 의미에서) 발화자(혹은 발화자의 몸짓)가 '알게 만드는' 혹은 '분명하게 만드는' 것이다.[5] 둘째, 'signifier'의 '따옴표' 사용은 이것이 프랑스어 용법에서 표준적인 사용이 아님을 경고한다. 이는 우리가 사진의 목적으로 제안된 '세계로 의미화하기signifier le monde'를 '세상에 의미를 주는'[6] 어떤 것, 혹은 '세상을 명확하게 해주는' 어떤 것으로 번역할 것을 제안한다.

사진이 세상을 '폭로'하거나 '드러낸다'고 암시하는 후자의 독해는 '르포르타주'로서의 사진 개념에 가장 부합하지만, '사실을 드러내는' 데 있어 형태와 기하학의 역할을 꽤나 불가사의하게 남겨놓는다. 전자의 독해는 더욱 수수께끼 같은데, 이것은 어떻게 형식적 혹은 기하학적 속성들이 사진에 재현된 세상에 의미를 부여하는 데 있어 필수적인 역할을 할 수 있는지에 관한 물음에 덜 유망해 보인다. 그럼에도 나는 첫 번째 독해, 즉 사진가가 세상에 '의미를 준다'는 것이 카르티에 브레송의 말에서 중요한 부분이며, 일단 이해되고 나면 사진가가 '세상을 명확하

---

5) 예를 들어 *Le Petit Robert* (Paris: SNL, 1981) 1814쪽을 보라.

6) 각주 2에 적었듯이 카르티에 브레송 자신이 1999년 영어로 "The Mind's Eye"를 번역할 때 "pour 'signifier' le monde"를 이렇게 번역했다.

게 만든다'는 두 번째 독해와 상당히 양립할 수 있다고 생각한다. 만약 우리가 명확하게 만들어진 것을 세상이 가질 수 있는 의미로 받아들인다면 말이다.

3

읽어 나가면서 더 다듬고 변호하겠지만, 사실 카르티에 브레송은 위에서 언급된 사진의 예술적 허세에 대한 전통적 도전에서 더욱 발전된 변종 중 하나에 답변을 제공하는 것으로 해석될 수 있다. 카르티에 브레송의 발언은 이 도전에 대항하여 사진의 가장 솔직담백한 변호 중 하나를 보완하고 지지한다. 첫째로 스크루턴이 「사진과 재현」에서 제시하고 있듯이, 사진에 불리한 사례를 설명해보겠다.

스크루턴은 만약 어떤 사진들이 흥미로운 형식적 속성들을 가지고 있다 하더라도 조형예술의 재현적 속성에 내재하는 것과 유사한 예술적 가치를 갖는 사진의 재현적 속성은 있을 수 없다고 주장한다. 이 주장은 때로 그것의 세부에 있어, 그리고 의도된 결론에 있어 불분명하며[7], 스크루턴에 의해 발전된 사진에 관한 두 개의 뚜렷한 주장들 간의 관계에는 분명히 모순이 있다.

(T1) 사진적 재현이란 있을 수 없다.

(T2) 우리는 사진 이미지의 '내용'에서 미적 관심이나 적절한 예술적 관심을 가질 수 없다. 그런 관심은 우리에게 대상에 대한 생각을

7) 스크루턴의 주장에 대해 좀 다른 독해를 원한다면, Dominic Lopes, "The Aesthetics of photographic Transparency," *Mind* 112 (2003): 433-48쪽을 보라.

'지각적 형태로 구현'하는 것으로 이미지를 받아들일 것을 요구하기 때문이다.

혼란스러운 것은 스크루턴이 사진이 예술적으로 관련 있는 의미에서 그 대상을 '재현'한다는 것을 부정(T1)하기 위한 이유로, 우리가 사진 이미지의 '내용'에서 적절한 예술적 관심을 가질 수 없다고 보는 것(T2)이다. "재현의 개념이 적용될 수 있는 때는 대상에 대한 생각을 소통할 때다. 따라서 문학과 회화는 그런 의미에서 재현적이다."[8] 하지만 (T2)가 거짓일 가능성을 생각해보면, 즉 사진 이미지에서 사진가가 찍을 대상을 고르고 사진의 구성을 선택하는 방식으로 대상에 대한 자신의 생각을 구현한 것으로 간주**할 수** 있다면, 스크루턴은 사진 이미지에서 재현의 지위를 부정하기 위해 상당히 독자적인 근거를 제공하는 것이다. 스크루턴은 사진이 거울이나 자연을 비추는 텅 빈 틀처럼 그 안에 있는 이미지를 **재현**하지 않는다고 주장한다.[9]

하지만 스크루턴의 해설이나 '재현'이라는 용어의 의미론으로 더 깊이 들어가기보다는 그의 논문에서 가장 흥미롭고 도전적인 추론 구절, 즉 (T2)를 지지하기 위한 추론 구절로 받아들이는 부분을 발췌할 것이다.[10] 이 추론 구절은 화가에 의해 생산된 이미지와 사진가에 의해 생산

---

8) Roger Scruton, "Photography and Representation," in *The Aesthetic Understanding* (London: Methuen, 1983). Alex Neil and Aaron Ridley, *Arguing about Art* (New York: McGraw-Hill, 1995) 89-113쪽에 재인쇄. 이 책 제6장에도 재인쇄되어 있다. 여기서 괄호 안에 적힌 쪽 번호는 Neil and Ridley 책의 쪽 번호다.

9) *Ibid.*, 106-7(143)쪽.

10) 또한 이것이 스크루턴의 주장과 의견의 전체적인 형태를 고려해볼 때, 그의 논문 서문에서 중요한 지점을 가장 잘 대변한다고 생각할 수 있는 이유인데, 이는 쟁점이 우리가 사진을 '재현'이라고 **부를** 수 있는지가 아니라 "회화와 사진에 공통적인 어떤 특징, 즉 재현이라고 부를 수 있는 것이 있는지 없는지, (그리고) 그 특징이 각각의 경우에 비교할만한 미적 가치를 가지고 있어서 우리가 재현이라고 할 뿐만 아니라 재현적 예술이라고도 부를 수 있는지 없는지"이기 때문이다.

된 이미지 사이의 근본적인 차이로 받아들여지는 것을 특징짓는 것으로 시작한다. 회화의 경우 그 이미지가 무엇인지는 결정적으로 그것을 만든 사람의 재현적 의도에 대한 성공적 인식에 의존한다. 한편 사진 이미지는 전적으로 이미지를 생산하는 인과 과정의 기능이다. 즉 그 이미지는 단색 혹은 다색의 배열을 생산하는 광선의 패턴이 만들어낸 것이다.

그 차이는 아마도 재현이나 예술로서 사진 이미지의 지위와는 별 관계가 없는 듯이 보인다. 사진을 찍는 것은 그림을 그리는 것만큼 의도적인 행위라고 할 수 있기 때문이다. 하지만 스크루턴은 사진을 찍는 데 포함되는 의도적 행위나 관심은 우리가 사진에서 무엇을 **보는지**에 필수적으로 관련되지 않는 반면, 그런 의도가 회화와의 관계에서는 적절한 예술적 재현으로 기능하기 위한 중요한 능력으로 포함된다고 주장한다.[11] 따라서 그는 첫째, "우리가 회화를 보는 방식은 생산자에 의한 재현적 행동의 산물이라는 것에 대한 우리의 인식에 깊이 영향을 받는다."고 주장한다. 우리는 이미지의 드러난 속성들을 예술가가 의도적으로 그것에 부여한 것으로 받아들이며, 그래서 회화를 대상에 대한 생각의 표현으로 간주한다. 이는 우리를 그림에 대한 두 가지 방식으로 엮는다. 첫째, 우리는 화폭을 **통해** 그것이 무엇을 재현하는지를 보지 않는다. 그보다는 그것의 재현적 내용을 오직 그려진 표현 그 자체에 대한 세심한 집중을 통해서만 확인할 수 있는 것으로 받아들인다. 둘째, 우리는 어떻게 대상이 만들어졌는지에 주의를 기울이고, 따라서 회화를 "지각적 형태로 구현된[그것의 대상에 대한] 생각"으로 다룬다.[12]

---

11) Scott Walden이 매우 잘 구분해놓은 바에 의하면, 스크루턴은 (a) 사진 이미지의 생산에서 정신 상태가 부차적으로 개입되더라도 그것은 주요하게 개입된 것이 아니며, (b) 주된 개입은 이미지에서 적절한 예술적 재현을 위한 필수조건이라고 주장한다. Scott Walden, "Objectivity in Photography," *British Journal of Aesthetics* 45: 3 (2005): 258-72쪽을 보라. 아래에 개괄된 스크루턴에 대한 아른하임적 답변은 전자는 인정하지만 후자는 부정한다.

12) Scruton, "Photography and Representation," 93쪽(142).

스크루턴에게 이는 우리가 회화의 재현적 내용에서 갖게되는 미적 · 예술적 관심에 있어 중요하며, 따라서 그런 작품들에서 재현의 예술적 가치에 있어서도 중요하다. 그는 주장하기를, 어떤 것에 대한 미적 관심은 반드시 '그 자체를 위한' 관심이며, 재현적 회화에 대한 미적 관심은 반드시 재현된 사물에 대한 숨은 관심이라기보다는 **재현**의 내재적 속성에 대한 관심이다. 회화의 재현적 내용은 그것의 예술적 가치에 대한 우리의 평가로 들어가는데, 재현적 회화에 대한 적절한 예술적 관심은 언제나 **어떻게** 재현이 대상에 두 개의 구별되는 의미를 주는지에 대한 관심이기 때문이다.[13] 첫째로, 이것은 대상에 대해 표현된 생각에 대한 관심이다. 이를 재현의 '생각-내용'이라고 한다. 둘째로, 이 생각-내용이 매체의 조작을 통해 표현되는 방식에 대한 관심이다. 이를 '재현 매체의 내용 표현'이라고 한다.

하지만 스크루턴에 의하면 그런 설명이 사진 이미지에 대한 우리와의 관계에는 적용될 수 없다. 왜냐하면 후자는 최대한 좋게 봐줘도 사진가가 대상에 대하여 생각하는 방식의 '표시sign'일 뿐, 절대로 생각에 대한 **예술적 표현**으로는 볼 수 없기 때문이다.[14] 따라서 그는 이런 측면에서 볼 때 회화와 사진 사이에는 두 개의 중요한 차이가 있다고 주장하는데, 둘 다 사진 이미지가 만들어지는 근본적으로 인과적인 과정의 본성에서 파생된다. 첫째로, 우리는 사진 이미지로 찍힌 것은 그 이미지가 만들어질 때 반드시 카메라 앞에 존재했어야 함을 알기에 이미지를 통해 그것의 대상을 보도록 이끌리고, 대상의 존재와 사진에 의해 드러난 것에 대한 진실에 관심을 갖도록 이끌린다는 점에서 사진에 대한 우리의

---

13) 비록 나는 스크루턴도 자신의 주장을 훨씬 강화시켜주는 것처럼 보이는 두 번째 의미를 지지한다고 생각하지만, 그의 글에서는 오직 이 중 첫 번째 의미만 분명하다.

14) Scruton, "Photography and Representation," 98쪽(149).

태도는 '실제적이 된다'.[15] 그러므로 사진은 우리가 사진 그 자체에 관심을 갖는 대상이기보다는, 사진의 대상에 대한 우리의 관심에 기생하고 있는 우리의 감추어진 관심을 갖는 독립체다.

비록 이것이 사실이라 하더라도 이는 단지 인간 심리에 대한 흥미로운 사실에 지나지 않는 것처럼 보인다. 따라서 만약 우리가 원한다면 우리는 사진에서 어떻게 대상이 재현되었는지에 대한 미적 관심을 가질 **수 있다고** 주장하는 데 아무런 장애가 없다. 하지만 그래서 스크루턴은 사진을 좀 더 면밀히 바라봄으로써 (위에서 말한 의미들 둘 다에서) 어떻게 대상이 재현되었는지를 **볼** 수 없기 때문에 그러한 미적관심이 불가능하다고 더욱 강하게 공격한다. 회화의 경우 그림의 섬세한 세부에 대한 우리의 관심은 생각-내용과 매체 표현 둘 다의 측면에서 어떻게 대상이 재현되었는지에 대한 더욱 뛰어난 감상에 의해 보상받는다. 이것은 예술가의 능숙함을 가정해본다면, 그 그림의 모든 세부사항들을 예술가의 의도적 행위로 회부할 수 있기 때문에 가능하다. 이 때문에 스크루턴은 "회화가 우리에게 인간의 의도에 투명한 매체를 제공한다."고 계속 주장한다.[16] 즉 대상에 대한 예술가의 생각-내용은 색칠된 표면에 물감이 발라진 방식에서 엿볼 수 있다. 하지만 사진 이미지의 경우 이미지가 생산되는 인과 과정을 고려해볼 때, 그 많은 세부사항들은 **세상**에 의해 결정된 것이기 때문에 이것이 바로 사진 이미지에서 우리가 결여하고 있는 것이다. 사진가가 대상의 세부를 배열할 수 있고, 사실 무엇을 찍을지, 그리고 사진이 찍히는 것의 지각적 형태를 고를 수 있는 반면, 스크루턴에 의하면 이 중 어느 것도 그 이미지를 더욱 면밀히 살피는 관람자에 의해 결정될 수 없다. 위에서 언급했듯이, 최선은 관람자가 그 이미지를 어떤 재현적

15) *Ibid.*, 103쪽(153).
16) *Ibid.*, 104쪽(155).

의도가 암시된 표시로 받아들이는 것이다. 사진에서 매체는 "그것의 모든 중요성을 잃었다. 즉 그것은 우리에게 모는 것을 제시해줄 수는 있지만, 그것을 어떻게 봐야 하는지는 말해줄 수 없다."[17)]

4

우리는 카르티에 브레송이 이 논쟁의 답변을 제공하는 것으로 독해할 수 있는지 보기 위해 문학에서 찾은 스크루턴에 대한 가장 포괄적인 '답변'으로 평가될 것을 반드시 숙고해봐야 하는데, 이 글은 스크루턴의 글이 등장하기 50여 년 전에 작성된 '답변'이다! 루돌프 아른하임은 사진예술과 영화예술에 대한 생각을 옹호하는 1930년대 초의 글에서 스크루턴에 의해 확대된 문제의 초기 형태에 답한다. 그의 관심은 다음과 같은 것을 주장하는 사람들에게 있었다.

> "영화는 예술이 될 수 없다. 그것은 기계적으로 현실을 재생산하는 것 이외에 아무것도 하지 않기 때문이다." 이 관점을 옹호하는 사람들은 회화와의 유추를 통해 추론한다. 회화는 예술가의 눈과 신경체계, 그의 손 그리고 마지막으로 화폭에 획을 긋는 붓을 거쳐 현실에서 그림으로 펼쳐진다. 이 과정은 사진같이 기계적이지 않다. 사진은 대상에서 반사된 광선을 렌즈 시스템을 통해 모으고, 화학반응을 일으키는 감광판으로 직행한다.[18)]

---

17) *Ibid.*, 101쪽(152).

18) Rudolf Arnheim, *Film as Art* (Berkeley: University of California Press, 1957), 8쪽. 아른하임은 누구를 염두에 두고 있는지 밝히지 않는다. 하지만 그런 논의의 초기 지지자들, 예를 들어 P. H. Emerson 같은 지지자의 생생한 비판적 논의를 알고 싶다면 Patrick Maynard, *The Engine of*

하지만 아른하임이 주장한 추론의 핵심 요지는 스크루턴의 주장에 대한 답변으로 대등하게 적절해 보이며, 사실 어떤 구절들은 마치 스크루턴을 받아치기 위해 쓰인 것처럼 보인다.

아른하임에게 예술은 표현의 문제다. 하지만 예술작품에 의해 표현된 것은 느낌으로서의 생각이 아니라, 작품에 그려진 대상에 대해 생각하는 방식으로서의 생각이다.[19] 따라서 둘 다 지각적 형태로 대상에 대한 생각을 구현한 이미지를 포함한다는 점에서 아른하임에 의해 이해된 '표현'은 스크루턴에 의해 이해된 '예술적 재현'과 유사하다. 나아가 곧 살펴보겠지만, 아른하임은 자신의 입장을 변호하기 위해 스크루턴이 정리한 두 주장에 대한 답변을 제공한다. 그 두 가지 주장은 (a) 사진에 대한 우리의 관심은 언제나 대상이 묘사된 방식보다는 이미지의 인과적 원인이 되는 대상에 있다는 것, (b) 우리가 이미지의 세부에 면밀히 주의를 기울이더라도 사진의 생각-내용은 알아낼 수 없다는 것이다.

아른하임의 주장에는 두 단계가 있다.[20] 첫째, 사진 이미지가 현실의 '기계적 재생산/기록'이 되는 데서 필연적으로 벗어나는 몇몇 측면을 확인한다. 그런 다음 그는 기계적 재생산으로부터의 벗어남이 사진가에게 매체의 표현적 사용을 가능하게 해주는 방책을 제공하는 덕분에 사진예술이 가능하다고 주장한다. 이 주장을 이해하기 위해 우리는 우선 반드시 현실의 '기계적 재생산'이 무엇을 의미하는지 분명히 해야 한다. 노엘 캐럴이 아른하임에 대한 비판적 논의에서 현실의 측면에 대한 '기계적 기록'은 상상력이 부족한 것이거나, 대상의 양적 측면을 강조한

Visualization: Thinking Through Photography (Ithaca: Cornell University Press, 1997), 269-77, 290-3쪽을 보라. 또한 Noël Carroll, *Philosophical Problems of Classical Film Theory* (Princeton: Princeton University Press, 1988), 20-9쪽을 보라.

19) Rudolf Arnheim, *Art and Visual Perception* (Berkeley: University of California Press, 1954), 제X장.

20) 이 논문의 주제를 고려해볼 때, 아른하임의 주장 중에서 영화까지 확장되는 것은 제외하고, 사진에 적용되는 것에만 한정짓는다.

것, 혹은 사람들이 일상적인 지각에서 알아차리는 대상의 측면들에 초점을 맞춘 것이라고 비판한 논문은 두 번째 주장과 관련된다.[21] 그래서 아른하임은 사진이 기계적이 되는 것을 피함으로써 표현적 매체로 기능할 수 있다고 주장하고 있는 것으로 받아들여지며, 표현은 일상적이지 않은 관점에서 대상을 찍는 것에 의존하거나 대상의 익숙하지 않은 측면에 초점을 맞추는 것으로 이해된다.[22] 캐럴은 일상적인 것이나 양적인 것에 초점을 맞추는 사진은 바로 그 사실을 보여줄 수 있다고 답한다.[23]

캐럴은 '기계적 기록'에 대한 아른하임의 주장에서 일관성의 결여를 올바로 지적하지만,[24] 그가 유일한 대안으로 보는 것과 이 용어를 대조함으로써 이 용어에 대한 자신의 해석을 옹호한다. 이러한 대안은 아른하임이 가장 자주 말하고 있는 것 같아 보이긴 하지만, 캐럴을 이것을 비논리적인 것으로 받아들였다. 대안적 독해란 바로 '기계적 기록'은 사물이 일반적으로 지각되는 방식으로 포착한다는 것인데, 이는 관찰하는 데 있어 일반적인 조건 하에서 평범한 지각자에게 대상이 보이는 방식으로 재생산한다는 의미다. 캐럴에 의하면 이런 독해는 우리의 지각에는 사진적이거나 영화적인 기록이란 있을 수 없기 때문에 비논리적이다. "아른하임은 예술이 반드시 일반적인 지각의 기계적 기록으로부터 벗어나야 함을 의미할 수 없다. 누구도 나의 지각을 기계적으로 복사할 수는 없다. 예를 들어 나의 지각은 셀룰로이드(역자 주- 영화필름을 뜻한다)에 무엇도 새기지 않는다."[25]

내가 생각하기에 캐럴이 여기서 놓치고 있는 것은 사진이 '우리가

---

21) Carroll, *Philosophical Problems*, 76쪽.
22) *Ibid.*, 36ff., 77쪽.
23) *Ibid.*, 78쪽.
24) *Ibid.*, 31-2쪽.
25) *Ibid.*, 76쪽.

지각하는 것'을 그저 기록하거나 재생산한다는 것에는 또 다른 의미가 있을 것이라는 점이다. 그리고 이것이 바로 아른하임이 '그저 기계적인 기록'과 **아무** 사진 이미지와 비교하려 시도한 데서 그가 '그저 기계적인 기록'이라고 말하는 대부분의 경우에 포착하려 노력한 것이다.[26] 그의 주장은 사진적이거나 영화적인 이미지는 그것이 어떤 체계적인 방식으로 일반적인 지각 경험에 **주어진 것을** 기록하거나 재생산하는 데 실패한다는 점에서 그것의 가장 본질에 의하면 비기계적이라는 것인데, 그런 경험에서 시각체계와 신경체계에 의한 과정이 만드는 세상에 대한 시각적인 정보와 다른 정보들이 발생한다. 『예술로서의 영화』 제1부에 있는 아른하임의 요약을 생각해보자. 여기서 그는 사진 이미지의 '기계적인' 본성이라고 알려진 것을 비판적으로 평가한다. 아른하임은 "물질적 세계에 대해 우리가 받아들이는 이미지들은 영화 스크린에 있는 것들과는 다르다."고 주장한다.[27] 사진의 표현적 잠재력을 위한 종합적인 주장에 대한 차후의 요약에서 아른하임은 다음과 같은 방식으로 이것을 끼워 넣는다.

> 영화를 싫어하는 사람들이 즐겨하는 주장, 즉 영화는 그저 기계적인 재생산에 불과하므로 예술이 아니라는 주장 때문에 우리는 영화적 재

---

26) 나는 그가 말하는 **대부분**이라고 했는데, 왜냐하면 아른하임이 때로는 캐럴이 명시한 의미에서 '기계적'이라는 용어를 사용한다는 것을 부정할 수 없기 때문이다. 예를 들어 '평면에 투사된 입체'나 '시공 연속체의 부재'에 대한 그의 논의에서 그러하다. 하지만 '깊이의 축소', '이미지의 한계', 그리고 '감각의 비시각적 세계의 부재' 같은 사진 매체의 다른 특징들에 대한 논의에서는 사진은 대체로 기계적 태도에 의해 추진될 수 있는 어떤 것이기보다는 그것의 가장 본질에 의하면 비기계적이라는 주장이 분명하다. 하지만 아래에 적고 있듯이 문제들은 복잡한데, 왜냐하면 아른하임은 또한 (캐럴의 의미에서) 비기계적인 이미지들을 제공함으로써 사진가는 관람자에게 사진 매체의 (나의 의미에서) 비기계적인 본성의 의미 있는 사용을 두드러져 보이게 만들 수 있다고 믿기 때문이다.

27) Arnheim, *Film as Art*, 34쪽.

현의 다양한 측면을 상세하게 조사했고, 가장 초보적인 단계에서조차 인간의 눈이 보는 것과 카메라가 현실에 대해 만들어내는 이미지 사이에서 중요한 차이를 발견했다.[28)]

“물질적 세계에 대해 우리가 받아들이는 이미지”라는 아른하임의 이야기는 우리가 받아들이는 것이 이미지가 아니라 정보이기 때문에 쓸모가 없다. 하지만 이 부적당한 말을 수정하면, 아른하임에게는 ‘그저 기계적인 기록’을 그 장면에 대한 지각 경험을 낳는 시각체계와 신경체계에 의한 과정에서 만들어진 주어진 장면에 대한 모든 정보를 보존하고 우리에게 유효하게 만들어주는 것으로 특징지을 수 있다. 만약 사진이 사실은 그러한 기록이라면, 마치 우리가 녹음된 음악을 들으면서 그 음악회를 직접 들은 사람의 청각 경험을 그대로 복제하고 있다고 상상하듯이, 사진을 볼 때 우리는 사진 찍힌 장면을 직접 봄으로써 얻을 수 있는 시각 경험을 정확히 복제하기를 원할 것이다. 하지만 만약 사진이 기계적 기록으로 이해된다면, 어떤 대상의 사진은 그 대상에 대한 생각의 구현일 수 없고, 일반적으로 지각되었을 때 대상 그 자체일 수도 없다. 필연적으로 아른하임의 주장은 “사진은 오직 어떤 장면에서 발생된 시각적으로 처리할 수 있는 정보의 일부만을 보존할 수 있으며, 많은 경우 주어진 사진 이미지에 **어떤** 정보를 보존할지를 결정하는 것은 사진가에게 달려 있다.”는 것이다.

몇몇 예시들이 아른하임의 주장을 분명히 하는 데 도움을 줄 것이다. 첫째, 3차원의 실제를 2차원의 평면으로 투사하는 것으로서 X의 사진 이미지는 필연적으로 X에 대한 일상적인 지각에서 가능한 한 많은 깊이-단서들의 재생산에 실패하며, 결과적으로 깊이-감각의 기능을 하

---

28) *Ibid.*, 127쪽.

는 일상적 지각의 어떤 현상들, 특히 일정 거리 이상에 있는 대상의 형태와 크기의 불변성, 그리고 어떤 대상이 시각 장에서 다른 대상에 의해 겹쳐졌을 때 지속되는 그것에 대한 감각은 보존되지 않는다. 나아가 일상적인 지각에서 어떤 장면을 본 관점이나 각도는 목적과 의도의 측면에 대한 설명을 거의 인정하지 않는 반면, 대상이 사진에 제시되는 방식은 거의 언제나 어떤 이유로 그 장면을 그 관점에서 우리에게 보여주는 사진가의 선택과 관련된다. 둘째로 아른하임이 고려하는 사진 부류들과 많은 '예술' 사진들에서 우리는 다색의 풍경에 대한 단색 이미지를 마주하게 된다. 셋째, 일상적인 지각에서 우리는 관련된 사물의 주변 시야에서도 정보를 받고, 우리의 의지에 따라 눈과 몸의 움직임을 조정하여 주변 상황들을 받아들일 수 있는 반면, 사진 이미지는 사진에서 보여주는 공간에 엄격히 제한된다. 넷째, 우리의 지각 경험은 시각 단서들에만 의존하는 것이 아니라 다른 감각 자극들에도 의존한다. 우리는 구체화된 지각자로서 세상을 지각적으로 마주하지만, 일상적 지각의 그런 측면들을 알려주는 정보들은 사진 이미지에 보존될 수 없다.

아른하임의 두 번째 주장은 사진 매체를 가지고 작업하는 사람들은 필연적으로 현실의 기계적 기록에서 벗어나기 때문에 사진이 표현적 매체로서 쓰일 수 있다는 것이다.[29] 사진이 기계적 기록으로서 부족하다는 이런 모든 측면은 사진가가 어떤 선택을 하고, 관객에게 분명하게 보이는 그런 선택들을 함으로써 사진가는 사진의 대상에 대해 구체화된 생각을 이미지에 나타낼 수 있다는 것이 요구된다. 예를 들어 대상을 찍을 특정한 각도를 선택함으로써 사진가는 그 이미지를 연구하는 관람자를 그런 선택 아래 깔려 있는 의도로 이끈다.[30] 아른하임은 빛의 사용과 색

29) *Ibid.*, 9, 35쪽.

30) *Ibid.*, 47ff쪽.

의 분배, 단색의 덩어리들로 "[그들의] 예술적 의도를 전달"[31]하는 화가와 사진가의 능력을 다시 비교한다. 그리고 어떻게 이미지를 제한할지 선택하는 데 있어 사진가는 "자신의 관람객의 주의를 통제할 수 있는 거대한 가능성"[32]을 갖는다. 필연적으로 사진을 대상의 '기계적 기록'과 구별하는 사진 이미지의 그런 특징들을 숙련되게 처리함으로써 사진가는 화가처럼 관람자를 이미지에 대한 세밀한 검토에 관여하게 하는 방식으로 '대상에 대한 생각을 구현하는' 이미지를 생산할 수 있다. 그런 검토는 대상에 접근하는 수단으로 이미지를 사용하기보다는 이미지 그 자체에 집중하고, 독자들이 위에서 언급한 두 가지 의미 모두에서 어떻게 대상이 재현되었는지 감상할 수 있게 한다. 따라서 스크루턴의 비난과는 반대로, 사진은 회화와 마찬가지로 '인간의 의도를 전달하는 매체'가 될 수 있다.

5

아른하임은 사진적 · 영화적 표현에 대한 세밀하고 매우 흥미로운 자신의 논의에서, 사진 이미지의 비기계적 측면에서 사진가가 해야 하는 선택들이 표현적 목적에 기여할 수 있는 많은 예를 제시한다. 하지만 **어떻게** 사진가의 선택들이 관객에게 핵심적인 것이 될까? 아른하임이 흔치 않은 관점에서 사물을 찍는 것과 사물의 익숙하지 않은 측면에 초점을 맞추는 것에 대해 규정하는 것은 **이** 질문에 대한 답변 속에서다.[33] 캐

31) *Ibid.*, 66쪽.

32) *Ibid.*, 85쪽.

33) 예술작품을 만들기 위해서 사진작가는 반드시 "의식적으로 자신이 사용하는 매체의 특이점을 강조"해야 한다(*Ibid.*, 35쪽).

럴에게는 **미안한** 말이지만, '기계적 재생산'이 비상상적이고, 양적이며, 관례적인 것으로 인정되지 않는 반면, 아른하임에 의하면 사진가가 대상을 제시하는 상상적이고, 과장되거나 친숙하지 않은 방식을 통해 사진가는 사진 이미지를 촬영하는 데 포함되는 표현적 선택들을 핵심적인 것으로 만들 수 있다. 물론 캐럴이 아른하임의 이 건설적인 논문에 의문을 가지는 것은 맞지만, 그렇다면 표현적 특징에 대한 대안적인 설명이 요구된다. 내가 생각하기에 이 부분이 바로 사진가는 반드시 기하학적 감각을 연습해야 한다는 카르티에 브레송의 주장이 스크루턴적인 주장들에 대한 아른하임의 답변에 보충을 해줄 수 있는 부분이다.[34)]

첫째, 앞서의 논의를 고려해볼 때, '세상에 의미를 주는' 사진에 대한 카르티에 브레송의 이야기는 아른하임이 '표현'에 대해 말한 것, 그리고 스크루턴이 재현의 '미적/예술적' 가치에 대해 말한 것임에 주목해야 한다. 이 세 경우 모두에서 이슈가 되는 것은 재현적인 회화와 비슷한 방식으로 '지각적 형태로 생각을 구현하는' 사진의 능력이다. 카르티에 브레송이 사진을 통해 그런 '생각들'을 명확히 표현하고 소통하는 능력에 대해 관심을 가진 것, 그리고 이러한 능력이 '기하학'이나 사진의 구성에 결정적으로 의지하고 있다고 믿은 것은 「결정적 순간」과 「마음의 눈」에 나타나는 많은 관찰들에서 분명히 보인다. 예를 들어 앞에서는 프랑스어로 인용했지만 이제는 카르티에 브레송 자신의 영어 번역으로 제시하고 있는 '세계를 의미화하기pour signifier le monde'에 필요한 것에 대한 언급을 뒤따르는 다음의 구절을 보자. 이것을 보면 "사진을 찍는다는 것은

---

34) 이는 아른하임이 '기하학'과 '구성'의 중요성을 인식하지 못했다고 말하려는 것이 아니다. 예를 들어 Alexander Room의 사진 구성을 논의할 때 아른하임은 이 사진이 "관객의 주의를 안내하고, 방향을 주고, 관객이 대상에게 해야 하는 해석을 가리킨다."고 주장하며, 어떻게 "상황의 두 특징들 간의 관점에 의해 관계가 형성되는지"를 말한다(*Ibid.*, 49, 51쪽). 하지만 그는 또한 이것을 과장되고 특이한 사용으로 제한한다.

사실 그 자체와 그것에 의미를 주는 시각적으로 지각된 형태의 엄격한 구조 둘 다를 동시에 그리고 순식간에 인지하는 것이다."[35]라고 했다. 사진가는 자신의 사진에서 내용물로서 포착된 사실들을 제시하는데, 여기서 내용은 이미지의 '기하학적 구조'를 통해 주어진다. 「결정적 순간」에서 그는 이 점에 대하여 다음과 같이 말한다. "나에게 있어서 사진은 사건의 의의에 대해서뿐만 아니라, 그 사건에 적절한 표현을 주는 형태의 엄밀한 구조에 대해서도 순식간에 일어나는 동시적인 인식이다."[36] 게다가 사진가는 사진에 포착된 형태의 조직에 표현된 자신이 찾은 의의들을 소통하기 위해 자신의 이미지를 사용한다. 목표는 "밝혀지는 과정 속에 있는 어떤 사건의 내용을 묘사하고, 인상을 소통하는 것"이다.[37]

「결정적 순간」 곳곳에서 카르티에 브레송은 "사건의 의의가 시각적으로 이해되고 소통될 수 있는 것은 오직 이미지의 '기하학적' 혹은 구성적 측면을 통해서"라고 주장한다. "만약 사진이 대상의 모든 정도에서 대상에 대해 소통하고자 한다면, 형태의 관계는 반드시 엄밀하게 형성되어야 한다." "……나에게 있어 내용은 형태와 분리될 수 없다. 나에게 형태란 표면, 선 그리고 가치가 주고받는 상호작용의 엄밀한 조직을 의미한다. 우리의 개념과 감정이 구체화되고 소통 가능하게 되는 것은 오직 이 조직 안에서다."[38] 카르티에 브레송에게 있어 사진을 통해 소통될 의미와 그것의 '형태' 혹은 '구성' 사이의 필수적인 관계는 더욱 명백하게 "내용을 형태와 분리할 수 없기 때문에 우리는 마치 근본적인 대상 자료에 나중에 생각하여 덧붙인 것처럼 구성을 추가할 수 없다."고 주

---

35) Cartier-Bresson, *The Mind's Eye*, 16쪽.

36) *Ibid.*, 42쪽.

37) *Ibid.*, 24쪽.

38) *Ibid.*, 32, 42쪽.

장된다.[39] 나는 이 주장을 나중에 '지각적 형태로 구현되는 것'인 사진의 주제에 대한 '생각'이 이미지를 구성하는 요소들 간의 구성적 관계를 통해 표현된다고 말하는 것으로 받아들인다. 즉, 오직 이 요소들의 조직을 통해서만 생각이 표현되고, 오직 그 조직에 대한 관객의 이해를 통해서만 생각이 소통될 수 있다.

하지만 카르티에 브레송이 반복적으로 주장하듯이, 그에게 있어 구성은 표현적 목적을 위해 요소들이 구성되어야 하는 다른 방식들에 대한 선-이성적인 숙고의 결과가 아니다. 그보다 '의미'가 주어지는 세상은 스튜디오라는 인공적 세상보다는 '실제 사물들의 세상'인 곳이기 때문에, 사진가가 표현적 이미지를 구성할 수 있도록 해 주는 것은 의미에 대한 사진가의 세심함과 세상에서 벌어지는 사건에 대한 관심의 조화속에서 작업하는 사진가의 '눈', 직관 그리고 본능이다. 이런 종류의 사진은 "그 사람의 머리, 눈, 가슴을 같은 축에 놓아야 함"[40]이 요구된다.

> 구성은 우리가 계속해서 몰두하는 것 중 하나인데, 촬영을 하는 그 순간에 우리는 일시적인 순간을 포착하려고 애쓰지만 관련된 모든 상호관계는 옮겨 다니기 때문에 그것은 오직 우리의 직관에서 나온다. …… 사진에서 구성은 동시적인 연합의 결과, 눈에 보인 요소들의 유기적 조직화의 결과다. …… 시각적 조직은 오직 발달한 본능에서 나온다.[41]

사진가가 사진을 구성적 특징의 측면에서 분석할 수 있는 것은 오직 그가 완성된 사진을 볼 때뿐인데, 사진은 구성적 특징들 덕분에 표현

39) *Ibid.*, 32쪽.

40) *Ibid.*, 32, 16쪽.

41) *Ibid.*, 34쪽.

이 가능하기 때문이다. 즉 "어떠한 기하학적 분석, 사진을 도식으로 축소하는 것은 오직 (그것의 본성 때문에) 사진이 찍히고, 현상 · 인화되고 난 다음에야 가능하다."[42]

하지만 카르티에 브레송이 표현적 이미지의 발생에서 '직감'이나 '본능'에 부여하는 역할은 아마도 이미지의 필수적인 '기하학적 구조'에 관한 그의 이야기가 스크루턴에 대한 아른하임의 답변에 도움이 될 것이라는 나의 주장을 약화시킨다고 생각될 것이다. 구성 행위가 이성보다는 본능에 맡겨지는 곳에서 우리는 사진가가 대상에 대한 자신의 생각을 지각적으로 구현하기 위해 이미지의 기하학적 속성을 의식적으로 이용한다고 할 수는 없는 것 같다. 따라서 우리는 결과물로 나온 이미지에서 사진가가 어떤 특정한 방식으로 그 대상을 제시하는 사진가의 '선택들'을 제대로 볼 수 없다. 사실 카르티에 브레송의 실천에 대한 '초현실주의' 해석을 주장한 사람들은 그가 의식적인 설계를 지향하는 모든 것을 거부하고, 오직 기하학적으로 흥미로운 이미지를 생산할 수 있는 기회나 무의식적 과정에 열려 있어야 한다는 것만 가지고 있었다고 계속 주장할 것이다.[43]

하지만 이 반대는 사진가가 표현적 목적을 위해 "의식적으로 이미지의 기하학적 속성을 이용한다."고 말할 수 있는 두 가지 의미, 즉 우리가 '반영적 구성'과 '직감적 구성'이라고 칭할 수 있는 두 가지 의미를 구별하는 데 실패하는 것에 달려 있다. 위에 인용한 구절에 의하면 카르티에 브레송은 사진가의 목적을 아른하임의 의미에서 '표현'이라고 받아들이며, 이미지의 촬영은 이미지에 포착된 요소들의 조직에 의해 표현되고, 그 조직을 통해 소통될 수 있는 사건의 '의미'에 대한 인식에 이끌

42) *Ibid.*

43) 나는 이런 어려움에 대해 제기한 Scott Walden에게 고마움을 표한다.

린다는 것이 분명하다. 이미지의 (직감적) 구성 행위가 그런 식으로 이끌린다는 점을 고려하면, 우리는 당연히 그 사진을 **그** 구성으로 **그** 이미지를 찍은 사진가의 선택에 의한 표현으로 읽을 수 있다. 구성은 사진가가 스튜디오에서 작업할 때 관여하는 그런 의식적인 반영의 결과는 아니지만, 이것은 사진가가 작업하는 상황을 반영하며, 그의 이미지의 표현적 기능에 대해 의문을 제기할 수 없다.[44] 사실 맥락에 의해 허용되거나 사진가의 성향에 영향을 받았을 때, 우리는 카르티에 브레송의 설명을 이미지의 반영적 구성을 용납하도록 확장하지 않을 이유가 없다.[45]

카르티에 브레송이 사건에서 파악된 의미를 사진 이미지를 통해 표현하고 소통하는데 있어 필수적이라고 받아들이는 '기하학에 대한 감각'은 마음에 품었던 표현이 사진 매체에 나타날 수 있다는 생각에 반대하는 주장에서 스크루턴이 언급한 장애물과 직접적으로 관련된다. 첫째, 이미지에서 선과 덩어리들이 분포하는 직접적 혹은 간접적 기능으로서 사진의 기하학은 관람자가 그것을 대상에 대한 투명한 유리창으로 다루는 것을 방지하면서 이미지 그 자체에 집중하도록 한다. 이런 기하학적 속성들에 대한 감상이 그저 3차원 공간의 속성에 대한 우리의 인식에만 기대고 있는 것이 아니라, 그 공간이 2차원적 이미지에 표현되는 방식에 대한 우리의 인식에도 기대고 있기 때문에 이것은 3차원적 공간의 재현에 자신의 실재를 의존하고 있는 이미지의 기하학적 속성들에도 적용된다.

둘째, 이미지의 기하학적 속성들은 즉시 관객이 사진가의 의도적 중개와 회화적 구성에 나타나는 표현적 목적을 참조하게 한다. 그 속성

44) 사진을 구성하는 데 있어 사진가의 '눈' 역할에 대한 더욱 세밀하고 분명한 논의는 이 책 8장에 있는 Patrick Maynard의 글을 보라.

45) '기하학'과 '구성'에 대한 카르티에 브레송의 이야기와 그의 사진 실천에서 본능적인 본성에 대한 주장을 어떻게 조화시킬 수 있는지에 관한 우려에 대해 유사한 답변은 Bonnefoy, "Foreword"를 보라.

들은 사진가가 어떻게 그 사진이 보이도록 의도했는지, 눈이 따르도록 의도된 길, 대상이 보이도록 한 방식을 보여준다. 따라서 사진의 '기하학'은 그 사진의 의도적인 내용을 파악하는 이미지의 세밀한 검토를 위해 필연적인 자극제로서 기능하며, 관람자가 이미지의 세부사항들에 집중하는 특별한 방식으로 대상을 보도록 이끄는 이 세밀한 검토와 관련 맺는 데 있어서 필연적인 지침으로서 기능한다.

기하학이 어떻게 그런 세밀한 검토에서 우리를 안내할 수 있는지 살펴보기 위해 카르티에 브레송의 사진 중에서 1952년 이탈리아 아브루치에서 찍은 가장 '기하학적'인 사진(그림 7.1)을 보자. 이 이미지의 '기하학'은 두드러지고 복잡하다. 이것은 (만약 이미지를 뒤집는다면 너무나 명백한) 2차원적 설계로서의 이미지에 속한 속성들과 3차원적 공간의 재현으로서 그것이 가지고 있는 속성들(이미지의 오른쪽과 중앙으로 멀어지면서 꺾여 돌아가는 자갈길과 왼쪽 아래에서 점점 좁아지면서 내려가는 계단)을 통합시킨다. 아래 우측 구석에서 아래로 향한 난간은 시선을 계단 위에 있는 두 인물로 이끌고, 이미지의 왼쪽에서부터 뻗어 있는 사선의 울타리를 거쳐 배경이 되는 광장에 옹기종기 모여 있는 한 무리의 인물들로 이끈다. 하지만 그 광장을 유심히 보고 나면, 그 인물들 위에 있는 휘어진 아치는 오른쪽에 있는 교회 앞 한 무리의 인물들과 팔로 아치의 곡선을 흉내 내는 아이, 그리고 계단참에 있는 두 여자에게 걸려 있고 그때까지 알아차리지 못했던 얇은 아치의 곡선을 마주칠 때까지 우리를 처음 시작한 곳으로 다시 이끈다. 이제 우리는 두 개의 곡선을 사진 찍힌 사람들의 삶에서 중심이 되는 것으로 받아들일 친숙한 가톨릭 의식의 라틴어 명문 "우리를 위해 기도하라"와 더불어 교회 그 자체를 마주하도록 우리의 시선을 이끄는 계단참 위의 구조적 덮개 같은 것으로 보게 된다. 우리는 그 인물들을 그들의 존재를 보호해주고 조직하는 신성한 의지의 소극적 수용으로 자신들의 삶을 연기하는 것처럼 본다. 이 삶은 교회 문 앞의 어린이들이 이미 받아들인 관례

그림 7.1 앙리 카르티에 브레송, 〈아브루치, 아킬라 마을〉, 1951.
매그넘 포토.

와 의례들에 의해 강조된 삶이다. 이 사진에서 '지각적 형태로 구현된 생각'은 오직 이미지의 세부사항들에 대한 주의 깊은 집중, 이 사진의 '기하학'이 만들어낸 선의 배열과 구조에 의해 안내되는 집중을 통해서만 파악될 수 있다. 하지만 이런 세부사항들을 살펴보는 데 있어 우리는 인과적으로 이미지의 원인이 되는 장면을 이미지를 **통해서** 보지 않고, 그 장면에서 파악된 의의를 표현하는 이미지를 구성하는 행위와 관련시킨다. 카르티에 브레송의 '기하학적 감각'은 이미지의 구성을 통해 표현되고 소통 가능해지는 사진 찍힌 장면의 의의를 파악하는 데 있어 중요한 역할을 한다. 즉 '기하학'을 통해 이미지는 묘사된 세상에 '의미를 준다.'[46]

스크루턴에 대한 답변으로 제공되는 한 카르티에 브레송을 이렇게 독해하는 것에 대해 가능한 한 가지 반대를 논박해보자. 그것은 아마도 이렇게 주장할 것이다. 즉 사진의 관람자가 사진의 재현적인 내용에 기인하여 원칙에 입각한 방식으로 인도될 수 있다고 하더라도 사진에서는 그것에 회부되는 '대상에 대한 생각'이 회화의 경우에서처럼 지각적 형태로 생각에 대한 구현물을 갖는 방식으로 보이지는 않는다. 그보다는 어떠한 방식으로 재현된 대상은 사진에서 볼 수 있는 것을 기반으로 **추론되는** 어떤 것이라 말해질 수 있다. 따라서 스크루턴에 의한 구분으로 돌아가 보면, 사진은 생각의 **표시**sign로 기능할 수 있지만, 그 생각들의 표현적 대상으로서는 아니다.

---

46) 카르티에 브레송의 사진에서 어떻게 기하학이 '나타나는지(signifies)' 설명하는 유사한 전략은 〈Athens(1953)〉이라는 사진에 대한 Bonnefoy의 논의를 보라. "여기 노년과 유년, 기형과 미, 일상과 꿈의 병치가 있다. 이것은 카르티에 브레송이 시인이 되어 모든 것과 모든 다른 것 사이의 유기적 관계를 즉각 전달하는 병치다. 하지만 이 관계가 어떻게 하여 보이게 되는가? 주요한 기표들(조각상들과 그 아래의 여자들)의 2차 통합을 갖는 상당히 형식적인 긴장에 의해 그렇다. 따라서 형태는 문장을 독해 가능하게 해주는 통사론의 역할을 한다(*Ibid.*)." 아니면 〈Marseilles(1932)〉에서 잔디밭에 누워 있는 두 남성을 대화로 끌어들이는 데 있어 완벽한 삼각형 구성의 역할을 생각해보자. 여기서 한 명은 사색적이고 내향적이며, 다른 한 명은 아무렇게나 다리를 벌리고 누워 주변에서 일어나는 일에 무감각하다.

하지만 나에게 이 구분은 동기부여가 잘못된 것처럼 보인다. **회화**의 표현적 내용을 해석하는 과정은 분명히 시각적**이고** 추론적이다. 그리고 우리는 특정한 방식으로 화폭에 처리된 안료는 대상에 대한 생각을 특정한 방식으로 구현한 것이라고 받아들여질 수 있는 그런 미술사적 맥락으로부터 회화에서 관찰할 수 있는 세부사항들을 추정되는 제작의 역사에 연관 지을 것이 요구된다. 회화와 관련된 감상의 '미적' 본성에서 중요한 것은 그것이 자유로운 추론적 행위가 아니라, 우리의 추론이 항상 회화의 세부사항들에 근거하고, 나아가 그 세부사항들에 대한 우리의 지각에 영향을 미친다는 것이다. 하지만 이는 분명히 카르티에 브레송의 사진에 대한 위의 독해에서도 일어나고 있는 것이다. 나는 결론 내리기를, 후자는 재현적 회화가 그러한 만큼 아른하임의 의미에서 '표현적' 대상으로서 기능한다. 매체는 안료가 아니라 필름인 것, 네거티브 위의 빛이 의도적인 붓의 처리보다는 세상 속 물리적 과정에 의한 것이라는 사실이 예술적 재현이나 표현을 불가능하게 하지 않는다. 즉 이것은 단순히 그러한 표현을 위한 다른 형태를 제공하는 것뿐이다. 그리고 가장 기본적인 의미에서 사진의 대상이 실제이든지, 지어낸 것이든지 간에 화가가 고안한 의도적 대상이기보다는 이미지와 인과관계에 있는 존재라는 점이 사진에 대한 우리의 관심이 반드시 그것의 대상이어야 한다는 것을 수반하지 않는다. 회화에서 보이는 것과 마찬가지로 사진에 재현된 것은 이미지에서 보이는 것이 될 수 있고, 그 각각에 대한 우리의 감상적인 관심은 그저 대상 그 자체이기보다는 두 의미 모두에서 **어떻게** 대상이 제시되었는지에 대한 것일 수 있다.[47]

---

47) 이 논문의 초기 버전은 2002년 캐나다 철학협회의 연례 회의 중 사진의 철학 토론회에서 발표되었다. 나는 토론회 참석자였던 Karen Bardsley, Sherri Irvin, Dom Lopes와 관객에게 감사함을 표한다. 또한 이후의 원고를 읽고 매우 건설적인 비평을 해준 Scott Walden과 Berys Gaut에게도 고마움을 전한다.

8

사진에서 공간과 시간의 척도

"지각은 두 방향을 가리킨다"

패트릭 메이너드
Patrick Maynard

모든 예술에 관한 철학에서 근본적인 질문은 "어떻게 그것은 우리에게 그렇게 유의미할 수 있는가?"이다. 설명의 두 극단은 예술작품의 가치가 갖는 전적으로 자주적인 근원을 받아들이거나, 정 반대로 예술적 가치를 비예술적 의의로 축소시키려 시도한다.[1] 다양한 두 관점 어느 것도 만족스러워 보이지 않는다. 철학자들은 어떻게 예술적 유의미함이 기본적인 삶의 가치들과 불가분하고, 또한 바꿀 수도 없는지 설명하는 데 익숙하다. 이 논문은 다른 종류의 사진, 묘사 그리고 예술에 대한 일반화는 제쳐두고, 친숙한 길거리 스냅 샷과 철학적 조화를 시도한다.[2] 평가적 논의는 적절한 서술을 상정하고 있으므로 이 논문의 첫 부분에서 서술적 개념을 발전시키고, 두 번째 부분에서 회화적 구성을 강조하는 두 논의를 통해 우리의 핵심 논의를 다룰 수 있도록 하겠다.

---

1) 전자에 대해 가장 논의가 많이 된 사람은 Clive Bell이지만 Oscar Wild 또한 주목할 만하다. 관련된 발췌문은 Susan Feagin and Patrick Maynard, eds., *Aesthetics* (Oxford: Oxford University Press, 1997)를 보라. 반대되는 관점에 관한 예시들은 톨스토이의 이론이나(이 또한 *Aesthetics*에 있다), 통속적 사고, 문화 정책들에 아주 많이 있다. 최근의 예시는 Steven Pinker, *How the Mind Works* (New York: W. W. Norton & Co., 1997)를 보라. "더 단순화할 수 없을 뿐만 아니라 …… 불가분한" 생각, 하지만 예술작품의 역사적 '출현 조건'에 적용되는 생각은 Michael Podro, *The Critical Historians of Art* (London: Yale University Press, 1982), xviii쪽에 기인한다.

2) 이 논문은 아마도 Ben Lifson의 글 "Garry Winogrand's Art of The Actual," in Garry Winogrand, The Man in the Crowd: The Uneasy Streets of Garry Winogrand (San Francisco: Fraenkel Gallery, 1999)에서 나온 아이디어에 대한 탐구로 읽힐 것이다. "Winogrand 사진의 주요 건물 단지는 형태집단이다. 이것은 사진에 그것의 중심 형태를 부여한다; …… 정리되고, 명확하게 하고, 고요하지만 무질서를 바로잡지는 않는다."(159쪽), "그는 우리에게 공공장소에서 함께 행동함으로써 우리가 창조한 세상을 보도록 가르친다."(154쪽), "그는 카메라를 자신이 본 것을 표현하도록 다루지 않고, 자신이 본 것을 새롭고, 미적이며, 상상적인 세상으로 변화시킨 것을 표현하도록 다루었다."(158쪽), "세상에 대한 그의 시각은 재생의 요소들을 포함하고 있다."(157쪽) 또한 Lifson이 인용한 Winogrand의 다음 진술도 염두에 두어야 한다. "당신은 의미에 대해 이야기하고 있다. 나는 사진에 대하여 이야기하고 싶다."(157쪽), "우리의 열망과 성공은 쉽고 하찮은 것이 되었다. …… 그것들은 모두 환영과 환상 속에서 다루어진다……. 우리는 삶을 사랑하지 않았다."(154f쪽)

그림 8.1 패트릭 메이너드, 〈불확신〉, 2005.

공간과 시간의 척도

몇몇 공간과 시간 개념은 사진이 '시공간의 일부'를 제시한다는 우리의 일반적인 생각의 배경이 된다. 우리는 사진을 아주 짧은 노출, 즉 '순간'에 기초한 특정한 시간에 만들어진 것으로, 원근법에 따라 3차원의 상황에서 형성된 것으로 생각하는 경향이 있다. 그러나 우리는 이 모든 것에서 중요한 예외들을 안다. 즉 많은 사진들은 순간적으로 찍히지 않고, 사진을 생산하는 과정에는 여러 단계가 있으며, 익숙한 사진 기술들은 원근법 효과를 강하게 억제한다. 그럼에도 사물과 상황에 대한 묘사로 취급하는 사진의 대다수는(특히 스냅 샷들) 그것들에 결정적으로 영향을 미치는 카메라의 위치와 각도에 따라 원근법적 특징을 갖는다. 또한 그 사진들은 짧은 노출을 갖는데, 그래서 로베르 두아노Robert Doisneau의 거리 사진 모음집 제목은 『영겁의 3초*Three Seconds of Eternity*』이다. 논의를 위해 어느 6월 아침 맨해튼의 센트럴파크에서 찍은 그림 8.1은 적당한 예다. 이 사진을 공간과 시간의 관점에서 서술해보자.

원근법: 공간과 물체

이러한 사진의 원근법적 본질은 그 체계의 규정 속성에 따라 몇 가지 방식으로 보여준다. 우리는 다른 것 뒤에 또 다른 것을 놓는 대상들의 교합(겹침), 그리고 측면의 축소에 주목한다. 다른 재현적 체계와 교합, 축소를 공유하는 카메라 원근법은 심도와 관련이 있는 '증감률'(변화의 정도나 비율)의 설정에 의해 다른 모든 것들과 구분된다. 가장 잘 알려진 것은 원근법에 따른 면적의 감소인데, 즉 대상들은 그들이 멀리 있을수록 더 작은 이미지를 제공한다. 이것은 뚜렷함의 정도, 조직의 거칢 정도와 관련된다. 지속되는 것으로서 공간의 깊이감에서 중요한 것으로는 지면이 원근법에 의해 먼 곳이 단축되는 면에 따르는 효과인데, 이는 그 장면에 지속적인 '바닥'을 제공해준다. 무성한 봄풀들을 가로지르는 조직의 증감률은 거리에 따라 강함과 세밀함이 떨어진다. 이와 관련된 원근법적 특징은 수평선이다. 첫째, 우리는 대략적으로 위치지울 수 있는 어떤 것이 있음을 감지하고, 그것들의 '수평 비율'에 의해 대상들의 상대적 높이를 판단한다. 즉 그것들이 수평선의 아래에 있는지, 수평선에 있는지, 아니면 수평선 위에 있는지에 따라 높이의 비율이 어떤지 판단한다. 예를 들어 아이들의 게임을 감독하고 있는 모자를 쓴 '지도교사'는 비록 몸을 기울이고 있지만, 머리가 수평선 위에 있다(수평선은 남자의 눈높이에서 남자의 뒤에 보인다). 사진 속에 있는 모든 아이들의 형태는 전적으로 수평선 아래에 있고, 쇠난간과 왼쪽 아래에 있는 장식은 더 아래에 있다. 이 모든 요인들의 비교는 먼 곳에 있는 수직의 건물들을 따라 우리가 마주하는 수평면의 인상을 생산하는데, 우리의 시각은 살짝 오른쪽으로 기울어졌다. 따라서 공원에서처럼 사진에서 우리는 그저 장면을 보는 것이 아니라, 열거된 원근법적 요인들을 써서 그것을 본다. 그리고 우리는 이 사실을 알아차릴 수 있다. 더 지적할 지점들이 있는데, "우리는 마주한다", "우리의 관점"이 그것이다. 심리학자인 J. J. 깁슨이 말했듯이, 또한 이것이 우리에게 그 장면의 관점에 대한 강한 감각을 제공하기 때문에 이 지각적 정보는 "두 방향을 가리킨다." "세상을 인지하는 것은 자신을 함께 인지하는 것이다." 이것이 우리 자신의 신체를 위치짓는 방법이다. 깁슨은 계속해서 "세상의 인식과 우리와 세상과의 보족관계를 인식하는 것은 분리될 수 없다."[3] 고 말한다.

---

3) J. J. Gibson, *The Ecological Approach to Visual Perception* (Boston: Houghton Mifflin, 1979), 141쪽. Sheena Rogers, "Truth and Meaning in Pictorial Space," in H. Hecht et al., eds., *Looking into Pictures: An Interdisciplinary Approach to Pictorial Space* (Cambridge, MA: MIT Press, 2003), 302쪽에서 인용했다. Rogers의 논문은 수평 비율에 대한 분명한 설명을 제시한다. 하지만 우리의 주제를 고려할 때 자신의 논지에 영향을 주지는 않지만, 그녀가 Walton의 관점을 잘못 전달하고 있음을 독자에게 알리는 것이 적절하다.

원근법 속의 원근법: 공간적 척도

평평한 디자인인 그림 8.1과 같은 사진을 보면, 우리는 원근법에 의해 아주 잠시 공간에 대해 생각하게 된다. 하지만 우리는 이것이 어떤 종류의 체계인지 이해할 수 있도록 원근법을 충분히 '원근법 속에' 넣지 않았다. 또한 상대적인 크기를 제외하고, 우리는 사진 표면에 디자인된 형태들의 배치와 관련하여 구성적으로 중대한 문제를 등한시했다. 이는 비록 많은 이미지들이 관계를 깊이 거의 혹은 전혀 드러내지 않지만, 모든 것들은 반드시 자신의 형태를 2차원적 관계를 나타내는 표면 위에 분포시켜야 하기 때문에 중대한 문제다. 가장 자연스럽게 우리는 이 2차원적 관계를 상대적인 거리와 더불어 단순하게 좌/우, 상/하와 같은 방향의 측면에서 서술할 것이다. 예를 들어 왼쪽에 있는 작은 소녀의 이미지는 오른쪽에 뛰고 있는 소년과의 거리보다 지도교사와 가깝고, 이미지 역시 이것을 표현하고 있다. 즉 소녀는 대략 두 배는 더 가깝게 묘사된다. 왼쪽에 테두리가 되는 오크나무의 이미지와 작은 소녀 이미지 사이의 공간은 그녀의 이미지와 핵심 그룹의 이미지 사이의 공간보다 그저 약간 적고, 이는 뛰고 있는 소년이 속한 그룹의 이미지와 걷고 있는 소녀 이미지 사이의 공간과 비슷하며(이것은 결국 뒤의 그룹과 지도교사 그룹 사이의 절반 정도 된다), 우리는 묘사된 간격들 역시 이런 식으로 판단한다. 앞서 언급한 원근법적 심도면depth-plane들을 더하면 공간적 상황은 복잡해진다. 지도교사 이미지와 뒤에 서 있는 어른들 그룹 이미지 사이의 거리는 전자와 왼쪽에 있는 작은 소녀 이미지 사이의 거리보다 가깝지만, 원근법적 축소 효과 덕분에 묘사된 거리는 상당히 반대된다.

그런 공간적 판단은 다른 종류의 공간적 척도 분류를 통해 훨씬 광범위한 '원근법'에서 이해될 수 있다. 원근법적 심도와 표면 위의 배치 둘 다에서 우리는 이미 막연히 '**간격** 척도'라고 부를만한 것을 고려해보았다. 즉 이것은 어떤 것이 제3의 것에 비해 다른 것과 가깝게 있는(비록 개선이 필요하겠지만) 그런 것이다. 이러한 척도 비교는 우리가 개진한 다른 척도를 전제하는데, 이는 개별적 물체들뿐만 아니라 어린이들과 나뭇잎 덩어리 같은 그룹까지 포함하는 심도에서의 좌/우, 상/하, 전/후라는 '**일반적인**' 관계를 말한다. 심도에 있어서 어떤 기준이 되는 집단은 전경, 중경, 후경에 있는 사람들이다. 전경의 인물들은 실루엣의 연속으로 프리즈처럼 제시되었다. 그러고는 우리가 대략 직각으로 배열되고, 중간에 있는 나이든 사회 집단에 이를 때까지 사람 수의 격차가 있다. 후경에서 우리는 왼쪽에 있는 작은 소녀와 오른쪽에 있는 어린이들을 함께 묶는 검은 형체 한 쌍을 본다. 다른 길을 따라 왼쪽 놀이터 풍경 속에 있는 사람들에 대한 의식, 그러고는 그 너머에 있는 건물들에 대한 의식으로 나아간다. 종합적인 결과는 일반적인 '층'과 함께 뚜렷한 심도면의 설정이다.

이제 이 척도들을 일반화해보자. 식별의 기준(사람들 혹은 그룹)을 고르고, 각자 분명한 숫자를 부여받았다는 법칙에 따라 우리는 그들의 '명목' 계수nominal & count를 갖는다: 11명의 아이들과 1명의 어른이 전경에 있고, 11명의 어른들이 뒤에 있다.[4] 그다음으로 우리는 방금 센 그 대상들에게 순서를 주는 공간적 서수ordinal 배치를 갖는다. 하지만 여기서는 경주에서처럼 함께 묶는 것이 허용된다. 예를 들어 뛰고 있는 소년 뒤에는 아이가 하나 있는데, 비록 아이들을 세는 데 있어서 그 아이는 명목상 분명히 인식되지만, 그 아이는 그 소년과 같은 서수 배치를 가질 수 있다. 앞에 있는 지도교사를 어디에 넣어야 하는지와 같은 모호한 사례들이 있고, 다음으로 역시 공유되어야 할 가깝거나 먼 간격 배치가 있다. 이 각각의 배치는 앞서의 것을 전제한다. 만약 우리가 그들을 셀 수 없다면

4) 여기서 '명목상'이라고 한 것은 그것이 수직선상에 배열된 것이 아니기 때문에 진짜로 어떤 척도는 아니다.

그것들을 질서지울 수 없고, 그것들을 질서지울 수 없다면 그들이 떨어져 있는 거리를 비교할 수 없다.

명목, 서수, 간격이라는 세 가지 범위 외에 네 번째는 '절대성absolute'이다. 이 사진을 확대하기 위해 간격을 늘리려면 공약수로 모든 방향에서 치수를 증가시켜야 하는데, 이는 간격 질서를 유지하더라도 각각의 이미지에 같은 양을 더하는 것은 그것들의 크기 비율을 왜곡할 것이기 때문이다. 절대적 척도 개념은 카메라 원근법에 대해 더 잘 이해할 수 있도록 해주는데, 이것은 카메라의 위치인 영점zero point을 특징으로 내세움으로써 다른 재현 체계와의 대조를 통해 두드러진다. 절대적 척도는 증식을 포함하므로 심도 기능과 함께 앞서 언급한 원근법적 축소를 검토해보면, 대략 대상의 이미지는 그것이 후퇴하는 것과 반비례하여 축소된다고 할 수 있다.[5] 따라서 만약 물체가 두 배는 멀리 떨어져 있는 것으로 재현되려면, 그것의 이미지 높이와 너비는 반드시 그 절반으로 축소된다. 이 사진에서 지도교사가 가운데 플라타너스 옆 그룹 중앙에 있는 사람과 왼쪽에 있는 작은 소녀 뒤의 어두운 형체보다 아주 조금만 크다고 가정해보자. 어두운 형체의 이미지에 높이 1을 부과하면 다른 것들은 대략 2, 5 그리고 절반이 된다. 따라서 만약 지도교사가 16보 떨어져 있다고 한다면, 뒤에 있는 그룹은 45보 떨어져 있는 것이고, 어두운 형체는 대략 90보 떨어져 있다.

시간의 척도

우리는 시간 경험에 대한 친숙한 사실들을 통해 이 척도 집단(명목, 서수, 간격, 절대)의 일반론을 확인할 수 있다. 시간은 연속된 것이기에 순차적인

---

5) 더 명확하게 하면 시각 각도의 탄젠트 비율로 축소된다. 이 지적에 대해 나는 Keith Niall에게 감사를 표한다.

개념이다. 즉 전/후에 해당하는 선적인 것이고, 사건의 명목적인 구분이다. 사건의 동시성은 이것에 있어서는 매우 중요하다. 하지만 동시성을 포함한 순차성은 극히 중요한 시간의 간격 개념에 의해 어떤 일이 지속되는 기간으로 정제된다. 여기서 우리는 반드시 조심해야 한다. 사진의 노출은 우리가 '순간'이라고 부르는 것, 즉 순식간일 것이다. 그 점이 이것을 받아들이는 데 가장 중요한 사실이다: 달리는 지도교사가 여전히 어린이 그룹과 있는 순간, 그리고 오른쪽에 있는 (역시나 푸른 셔츠를 입은) 그의 축소판이 다른 그룹을 해산시키기 직전을 포착했다.

하지만 그것은 우리가 그 사진을 어떻게 경험할지를 위한 자동적인 시간 암시는 가지고 있지 않다. 틀림없이 동시성은 원근법처럼 장면의 틀을 짓지만, 사진들은 그것이 어떤 의미를 가지고 있는지에 관해서는 모두 다르다. 사진에서 주목해야 할 다른 차원이 있는데, 이는 달력과 관련이 있다. 때는 초여름이다; 시간이 지나면서 옷은 구식이 되겠지만, 그보다 더 강하게 과거의 느낌이 드러남에 따라 이것은 현존하는 것처럼 보인다. 이것은 서수와 간격의 연속물로서, 기묘하게 움직이는 절대적인 커서cursor로 표시되는 시간, 즉 '지금'에 관한 우리의 유명한 역설적인 감각을 일깨운다. 우리가 종종 주목하는 옛 사진의 날카로움은 아마도 그 사진을 볼 때 '지금'과 같이 주관적으로 경험되는 시간으로 감지하는 것을 말하는데, 이는 우리의 (현재!) '지금'은 언젠가 같은 방식으로 감지됨을 암시한다. 그 봄날에는 당연하게 받아들였던 우리의 어린 시절의 지평선이 사라지듯이 말이다.[6)]

6) 사진에서 다른 종류의 시간에 대한 생각은 Patrick Maynard, "The Time It Takes," in Jan Baetens, ed., *The Graphic Novel* (Leuven: Leuven University Press, 2001), 191-210쪽을 보라.

공간 띠: 개인적 · 행위 · 경치 공간

이제 공간과 시간의 척도에 대한 고찰이 우리의 지각 경험 척도 안에 견고히 자리 잡고 있다는 것이 분명해졌다. 이 사실은 지각을 이론화하는 데 있어 우리가 지각 그 자체에서 하듯이 할 수 있게 허락한다. 즉 인간적 척도를 더 강조하여, 다시 한 번 공간의 심도에 관한 질문을 하도록 한다. 우선은 관람자가, 그러고서는 제작자가 사진으로 끌려 들어옴에 따라 이것이 점차 이 논문의 진행 방향이 될 것이다. 만약 우리의 주제가 그런 사진에서 우리가 찾는 의미와 가치라면 반드시 그러하다.

시작하기에 앞서 우리는 전경, 중경, 후경을 살펴보았다. 하지만 제임스 커팅James Cutting이 지적했듯이 지각에 있어 세 개의 공간 띠 측면에서 만들어져야 하는 더욱 중요한 정신물리학적 분류가 있다. 개인적 공간, 행위 공간, 경치 공간, 즉 '여기, 저기, 거기'는 원근법적인 눈이나 시각만 가지고 측정하는 것이 아니라, 우리의 몸을 가지고도 측정한다.[7] 사실 "세상을 지각하는 것은 자기 자신을 함께 지각하는 것"이며, 눈만이 아니라 **신체** 자체는 원근법에 대한 많은 설명들을 가지고 있다. 개인적 공간은 아마도 한 발짝 나아간 후 우리가 도달할 수 있는 정도까지 확장되는데, 그렇지 않으면 다른 사람들이 쉽게 우리에게 닿을 수 있을 것이다. 이는 매우 중요하고 내적인 공간이며, 지각적으로는 두 눈의 불일치와 시차에서의 갑작스러운 변화들이 우리가 움직임에 따라 강한 3차원적 경험을 제공하는 범위다. 또한 개인적 공간은 친밀한 대화(속삭임까지)에 부합하고, 미묘한 얼굴 표현과 재빠른 행동의 인식에 부합한다. 사진 속의 낮은 난간은 관람자에게 개인적 공간에 가까운 유일한 요소다. 많은 사진들처럼 우리는 경치 공간의 배경에 대응하여 문자 그대로 암

---

7) James Cutting의 논문 중 이에 관한 것, 그리고 연관된 주제의 글들은("Reconceiving Perceptual Space," in Hecht, *Looking into Pictures*를 주목할 만하다) 그의 개인 웹사이트에서 pdf 형식으로 볼 수 있다. 〈http://people.psych.cornell.edu/~jec7/〉

시된 개인적 공간을 바라다보는 행동 공간에 중점적으로 관심을 갖는다. 행동 공간은 개인적 공간의 가장자리에서 나와 아마도 가운데 있는 나이든 그룹에 이르는 두 눈의 효과적인 시각적 깊이까지 이어진다.[8] 우리가 소리쳐서 누군가를 부르려 하는 거리가 있고, 어떤 것을 던지거나 발로 차려고 하는 가까운 거리도 있다. 얼굴의 특징들은 우리가 점점 큰 동작으로 소통해야 함에 따라 점차 그 거리를 가로질러 희미해진다. 원근법의 조야한 역기능 때문에 그 거리에서 어떤 차이들은 이미지 크기 차이의 비율에 따라 서로 가까워지므로 식별에 더 많은 노력이 필요하다. 반대로 행동 공간 중심에 있는 어린이 그룹은 우리에게 인과적으로, 그리고 지각적으로 즉각적이다. 우리는 이 공간에 있는 사람들과 쉽게 상호작용할 수 있는데, 즉 "순식간에 거기에 있다". 우리는 얼굴과 몸의 태도를 이해할 수 있고, 목소리를 들을 수도 있다. 이 거리가 관객의 고전적 위치인 경치 배경과 대조적으로 아마도 직접 참여하는 것보다 모든 상황을 더 잘 받아들일 수 있는 거리다.

묘사된 대상은 정신-물리학적 공간에서 감상될 필요가 있다. 지도교사와 그를 둘러싼 어린이들이 그리는 호는 개인적 공간들을 공유한다. 그에 반해, 왼쪽에 있는 작은 소녀가 고립되어 있는데, 이는 부분적으로 (그들이 등을 돌리고 있다는 것 외에도) 그 그룹이 그 소녀의 개인적 공간 밖에 있기 때문이다. 이 공간은 그녀가 더 작은 사람이기 때문에 더 작은 공간이다. 그녀가 방해물과 더불어 우리의 시야 밖에 있다는 것 역시 의미가 있다.

8) 여기에는 '효과적인' 신호에 대한 뚜렷한 경계는 없으며, 증거도 변화한다. 독자들은 아마도 자신의 시각으로 이 작업을 하는 것을 즐길 것이다.

장소로서의 공간

앞서 언급했듯, 마침내 무대와 같은 우리의 장면은 경치 공간의 배경막에 의해 닫히는데, 이것은 심도가 없는 것이 아니어도 지각적으로 평평하고, 물리적 상호작용 너머에 있으며, 지각적으로 불분명하고, 상대적으로 정적이면서 (왼쪽의 틀 짓는 나무와 함께) 장소, 즉 그 현장에 대해 거칠지만 실제로는 주관적인subjectual 공간적 경험을 닫을 수 있도록 도와준다.[9] 자르기가 강조됨에 따라 우리는 종종 배경 공간을 잘못 판단하거나 축소하며, 점점 거리를 가지고도 그렇게 한다. 따라서 이러한 사진의 구성은 프리즈들에서 개인적 공간을 암시하고, 가까운 그리고 먼 행위 공간을 보여주며, 그다음에 그들을 휩쓸고 지나가는 경치 공간을 풀이 무성한 경사진 바닥과 함께 보여준다. 이 구성은 우리의 지각적, 인식적, 사회적 그리고 인과적으로 상호작용하는 관계의 세 가지 주관적 띠에 대응한다. 그러한 지각적 구조에 대한 맞춤은 그 자체로 만족스러울 수 있다. 이것이 여러 회화적 전통의 기준인 것에는 의문의 여지가 없다.

형태로서의 공간

사진의 물리적 시각이 무엇이든 간에 그것의 종합적인 공간을 이해하는 우리의 능력은 물체들을 인식하고, 그에 따라 그것들의 이미지 크기를 조절하는 능력에 의존한다. 우리는 어떻게 이러한 크기 조절 능력이 우리 자신의 신체에 의해 형성되는지 주목하였다. 우리는 '눈이 날카로운 것'과는 거리가 멀다. 차라리 이쪽 풀밭에서 몇 블록 떨어져 앉아 있는 붉은꼬리말똥가리가 경치-공간 평가에 더 예리한 힘을 가지고 있다. 이제 개별적 대상의 **형태들**에 대해 생각함으로써 적어도 개인적 공간과

9) '주관적인'이라는 용어는 단순히 서 있는 지점을 가리키는데, 'subjective'보다 덜 오해된다. 이는 Peter Railton, "Subjective and Objective," *Ratio* 8 (1995): 259-76쪽에 의거한다.

행위 공간에서 크기를 조절할 수 있도록 해주는 물체-식별 인식적 능력에 대한 우리의 의견을 다듬어보자. 실제 환경에서처럼 우리는 사진에서 특유의 모양과 태도에 의한 물체의 식별을 향해 강하게 나아간다. 우리가 드로잉을 통해 알고 있듯이. 비록 스냅 샷이지만 그림 8.1 속의 아이들 대부분은 '얼어 있는' 듯이 보이지 않는다. 왼쪽에 있는 작은 소녀에서 시작하여 전경에 있는 대부분의 아이들은 분명한 실루엣을 제공하는데, 그들의 윤곽은 만약 그들이 장면과 분리되어 찍혔다면 우리가 이해했을 몸짓과 더불어 자세와 태도에서 그들을 규정짓는다. 다른 말로 하면, 그들은 개별적인 형체의 '드로잉'으로서 꽤나 잘 작동한다. 이 관점에서 놀라운 점은 말총머리를 하고 종 모양의 반투명한 (분홍색) 윗도리를 입은 소녀의 묘사적인 옆모습이다. '뛰어난 드로잉'은 먼 곳에 서 있는 세 명을 포함하여, 무리지어 놓은 형체들에도 적용된다. 다시, 얼마나 쉽게 우리가 중심 그룹의 태도를 포착할 수 있는지 알아내는 것은 만족스러운데, 인간의 신체는 지각적으로 형식의 인지 가능한 형태와 행동에서 메시지를 교환한다. 그에 반해 왼쪽 멀리 있는 구불구불한 검은 가지 아래의 어둠 속에서 한 팔을 올리고 있는 남자는 이상한 상형문자 같다.

위상학적Topological 형태

형태와 인물에 대한 인식은 또 다른 중요한 공간적 분류를 수반하는데, 이것은 종종 회화적 공간에 대한 설명에서 등한시되었다. 이것은 바로 위상학이다.[10] 물체의 식별을 고려해볼 때, 사진은 기본적인 위상학적 특징, 지속성 그리고 그와 연관된 것으로서 접촉contact을 모호하게 하는 것으로 알려져 있다. 우리는 가장 기본적인 공간적 범위는 기수(基數)로 사용한 명목상의 것nominal임을 살펴보았다(예를 들면 게임하는 어린이들을 세는

10) 여기서 '위상학'이라는 용어는 비수학적인 의미에서 매우 느슨하게 사용한다.

것). 이 가장 유의미한 분류 또한 종종 당연하게 받아들여진다. 이것은 완전한 독립체를 파악하는 좀 더 기본적인 공간적 지각 능력을 상정한다. 그런데 이 능력은 아이러니하게도 종종 강력한 심도-순서 지표인 교합occlusion에 의해 절충된다. 한 형체가 다른 것과 교합하면, 언제나 두 개의 반대되는 위상학적 문제들이 발생한다. 교합자와 교합된 것을 분리하는 것, 그리고 교합된 형체들의 부분들을 재결합시키는 것이 그 문제들이다. 사진은 '거짓 부착'의 모호함으로 잘 알려져 있다. 예를 들어 작은 소녀의 머리 뒤에 있는 (분홍색) 리본으로 나타나는 것은 경치 속에서 유모차를 끌고 있는 여자의 치마다. 두 번째로 흔한 형체 문제는 방해에 기인한다. 소녀가 뒷짐 지고 있는 소년을 스쳐 지나 핵심 그룹을 향해 성큼 되돌아가는 곳의 모든 것은 식별할 수 있다. 비록 오직 그 소녀의 오른쪽 발만 소년의 다리를 지나 나타나지만, 우리는 이 다리를 그에게 부과할 의도가 없다. 나아가 뛰어난 드로잉에서처럼 우리는 쉽게 그 형태를 그녀의 신체와 행동에 연관시킨다. 말총머리 왼쪽에 보이는 지도교사의 뒤꿈치는 그녀 뒤에 있는 소년으로부터 분리하고, 그가 뛰는 사선 형태를 강화하면서 어른들과 머무는 것이 명확하다. 사진에서 가장 약한 '드로잉'은 점프하고 있는 소년 뒤에 있는 두 형체인데, 이것은 거짓 부착 때문이 아니다. 한 소녀는 간신히 옆 실루엣과 흰 양말을 신은 두 발만 보이고, 다른 아이는 자세와 행동을 거의 해독할 수 없을 정도로 너무나 교합되어 있다. 여기에 시간-순서, 동시성이 침범한다. 점프하고 있는 소년이 그녀를 지나가기를 기다리는 것은 되돌아가고 있는 소녀의 독해 가능한 형태를 희생할 것이다. 이는 좀 더 살펴보겠지만, 전체 구성에 있어 매우 중요하다.[11] 아마도 카르티에 브레송은 이 모두를 갖고 있었을

11) 이런 고려 사항들에 대해 공간을 후퇴로 보는 우리의 초기 생각들과 결합해보면, 흥미로운 역설을 발견하게 된다. 인간의 시각에서 가장 강력한 심도-순서 지표인 형체들의 교합은 일련의 사태 중간에 배열된다. 하지만 만약 우리가 후자를 전자의 뒤에 있는 것으로 받아들이지 않는다면, 어

것이다.

복잡하게 얽혀 있지만 더 이상 단순화할 수 없는: 스냅 샷 작품에서의 예술적 가치

공간과 시간의 척도에 대한 우리의 고찰은 인간 주체와 관련된 정신물리학적 문제를 통해 시각적 · 수적 사실로부터 꾸준히 연구되었다. 이 고찰은 신체와 그룹의 완전성을 포함하여 부인할 수 없는 의미를 끌어내기 위함이었다. 이 서술들은 이것들 그리고 일반적으로 다른 삶의 가치들 가운데 예술적 가치를 두는 주된 프로젝트의 서문이다. 하지만 가치 프로젝트가 이 서술적인 것 때문에 더욱 복잡해졌을까? 다른 종류의 공간과 시간에 대한 이해가 장면에 대한 우리의 지각과 어떻게 협력하는지를 보는 데 있어, 그리고 이것들이 사진과 다른 그림들에 대한 지각에까지 어떻게 이어지는지를 보는 데 있어 우리는 사진을 예술로서 이해하는 근본적인 작업을 위험에 빠뜨렸을까? 즉, 사진은 주로 실제 시각의 대체물이고(이것이 사실 사람들이 사진을 묘사하는 방식이다), 따라서 그들의 가치는 전적으로 파생적이라고 제안하지는 않았는가?

이에 대한 나의 답변은 보통 '구성'이라고 불린 것으로 시작하여 두 부분으로 나뉜다. 사진예술의 옹호에 있어 구성 논쟁은 기준이 되지만, 그것은 언제나 다소 어렴풋하고 일반적으로 보인다.[12] 구성이 무엇인지,

---

떻게 한 형체가 다른 것을 교합하고 있다고 말할 수 있는가? 아마도 위상학적-지속 가설은 잠정적인 교합 배치를 앞선다. 그러면 후자가 순서를 확정하는 것을 가능하게 한다.

12) 구성 논쟁에 대한 견본은 Stieglitz, Weston, and Anonymous in Alan Trachtenberg, ed., *Classic Essays in Photography* (New Haven: Leet's Island Book, 1980) 그리고 Robert Adams, "Beauty in Photography," in *Beauty in Photography: Essays in Defense of Traditional Values* (New York, Aperture Foundation, 1996)에서 볼 수 있다.

그리고 그것이 우리에게 어떤 영향을 미치는지에 대해 더욱 명확히 살펴보자.

A: 구성

네거티브 스페이스(역자 주- 물체 둘레 혹은 사이에 생기는 공간을 말한다.)

사진에서 주제 다음으로는 아마도 구성이 가장 주목되는 측면일 것이다. 어쩌면 우리는 앞에서 살펴본 것 같이 지나치게 구성을 공간적 범주에서 이해하는 경향이 있었을 수도 있다. 예를 들어 이 사진의 구성은 삼각형들과 직사각형들을 담고 있는 직사각형 안의 엉성한 타원으로 간주될 수 있다. 이 사진은 네거티브 스페이스를 중심으로 찍혔다. 크로핑cropping이 그 중심을 지평선으로부터 살짝 아래로 옮겼지만, 여전히 두 어린이 그룹 사이에 있는 커다란 네거티브 스페이스 안에 있고, 그들과 그 옆의 어린이들 사이에 있는 한 쌍의 네거티브 스페이스 옆에 대칭적으로 있다. 네거티브 스페이스들은 2차원적이지만은 않다. 그 중심 공백은 우리가 상상할 수 있는 공간의 3차원적인 '방울' 안에 있다. 이 방울은 지도교사의 가슴, 나무들 속 어두운 구멍에 의해 만들어진 곡선, 그리고 지도교사에게 대응하고 있는 점프하는 소년의 휘어진 등에 의해 규정된다. 이 방울의 중심은 팔을 엇갈리고 있는 소년의 왼쪽 어깨를 살짝 벗어나 있고, 소녀는 그 안으로 걸어 들어가고 있다. 이 방울은 우리가 저 너머에 있는 세 그룹을 보는 일종의 '렌즈'다. 또한 이것은 왼쪽에 있는 작은 소녀를 '방울 밖'에 더욱 고립시키고, 그녀와 걷는 소녀와의 대조가 고조된다.

이와 유사한 암시된 공간들의 고립 특징은 구부러진 가지와 더불어 풍경 속의 두 검은 인물들과 막 행동 공간으로 들어가고 있는 두 개의 난간 장식(오크나무 몸통이 그녀의 울타리 왼쪽을 처리하기 때문에 그림 8.1에서 한 개의 장식은 잘렸다) 사이의 네거티브 스페이스에 의한 작은 소녀의 테두리다. 이 테두리는 사진 표면에서는 2차원적 형태로서, 그리고 소녀가 그 안에 서 있고 오직 잔디로만 점유된 심도-울타리로서 작동한다. 이것이 그녀가 고립되는 세 번째 방식이고, 우리가 '구성적으로'라고 부를 두 번째 것이다.

우리의 예술적 가치 질문을 고려해볼 때 회의론자들은 아마도 구성에 대한 이 모든 것들은 실제 장면에도 적용된다고 주장할 것이다. 사실 대부분은 사진가가 그곳에서 봤을 것이고, 이것이 바로 사진으로 들어오는 방법이다. 첫 번째 답변은 대부분 실제 장면에서 감지되었지만, 그 장면은 **회화적으로**(에드워드 웨스턴이 말했듯이 '사진적으로'조차), 즉 그것이 어떻게 사진에 나타날 것인가의 관점에서 목격되었다.[13] 하지만 활동으로서 그리고 가치로서 환경을 보는 것에서 회화적 보기를 완전히 분리하지 않는 것이 중요하기 때문에 이는 분명히 단지 답변의 일부일 것이다. 그렇더라도 이 주장에는 놀고 있는 아이들을 지켜보는 묘사된 공간적 형태와 같이 많은 사람들이 알아차리지 못할 것들이 남는다. 보다 면밀하게 이것을 조사해보자.

사진을 찍는 대부분의 사람들은 가장 눈에 띈 대상들이 하는 것, 즉 관심 대상의 상태나 움직임에 초점을 맞춘다. 우리는 적어도 중심와 시각을 가지고 들판, 바다, 하늘, 박무를 보지만 대부분은 경계가 있는 물체들을 본다. 많은 사람들은 자신들이 보는 것이 결과물에서 드러날 것

---

13) 따라서 Roger Scruton이 "Photography and Representation" 섹션 9(이 책의 6장)에서 제기한 '길거리에 대한 특정한 시각'을 제공하는 미적으로 통제된 크로핑-테두리는 사진과 동등하다는 반-구성적 제안은 무익한데, 그것은 길거리에 대한 미적 관점을 획득하지만 그것의 재현은 아니다. 스틸 사진과 구분될 수 없는 변화하는 장면에 대한 관점을 만드는 것의 불가능성 외에도 그 장면을 사진의 환영으로 만들려는 시도(회화를 가지고도 똑같은 것을 시도할 수 있다)는 가망 없는 노력이며, 그래서 논쟁은 되돌아간다.

을 기대하면서 카메라를 이것들에 향하기 때문에 포지티브 형태들에 거의 주의를 기울이지 않으며, 우리가 고민해온 네거티브 간격과 공간 형태들에 대해서는 더더욱 주의를 기울이지 않는다. 하지만 스튜디오 교사들이 주장하듯이 만약 그저 대상의 사진이 아니라 **사진**을 만들고 싶다면, 반드시 그런 공간을 알아채건 아니건 간에 여전히 그것들을 인식하고 있고 더욱 그렇게 될 수 있음에 주목해야 한다.[14] 교사들은 (출입구, 창문 등에 대한 현저한 제외와 더불어) 반복된 형태들을 가진 물체들이 아니기 때문에 그것들을 알아차리기 위한 법칙을 진술하는 것이 쉽지 않다는 어려움에 맞서 네거티브 스페이스에 대한 주목을 포함하여 형태들에 대한 그러한 주목을 발전시키는 기술을 이용한다.

이 형태들을 알아차리고 나면 이것을 가지고 무엇을 할까? 네거티브 스페이스에 대한 근본적인 진술에 자주 등장하는 두 가지 문제는 모호함과 편평함이다. 우리는 모호하게도 그런 균형이 무엇인지, 왜 그것

---

14) 드로잉의 사례는 복잡한데, 왜냐하면 사물의 드로잉은 그것을 구축하는(대체로 의식하지 못하는) 드로잉 법칙에 따라 만들어지기 때문이다. 단순히 말해서, 그리는 절차가 부족해서 우리가 그릴 수 없다는 것을 잘 알고 있는 많은 것들이 있다. (그런 법칙들의 필요성과 본성에 대한 체계적인 논쟁과 삽화가 곁들어진 설명은 John Willats, *Making Sense of Children's Drawings* [New Jersey: Lawrence Erlbaum, 2005]를 보라.)

비록 드로잉 법칙은 사진에도 상당히 적용되지만, 사진의 이점은 그 법칙 없이도 알아볼 수 있는 사진을 만들 수 있다는 것인데, 스냅 샷에서 나타나듯이 이것은 사진의 구성에서 특별한 역할을 하지 않는다. 초급 사진 강사들은 '삼등분의 법칙'(역자 주- 화면의 위에서 아래, 혹은 왼쪽에서 오른쪽으로 1/3지점에 피사체가 위치해야 한다는 화면 구도 법칙)을 포함하여 구성 법칙의 틀을 지으려 시도한다. 이는 수직과 수평으로 형식을 삼등분하는 두 쌍의 선들의 네 개의 교차에 비대칭적으로 주요 대상을 위치시키는 것이다. 이 법칙(디지털 편집 프로그램에도 들어갔다)은 객체-기반이 되는 경향이 있다. 그림 8.1에서 이 법칙을 위반한 것 말고도, 아마도 앙리 카르티에 브레송이 놀고 있는 아이들을 찍은 가장 유명한 사진(Seville, 1933)에서도 이 법칙은 위반된다. 사진가들 사이에서 구성의 본능적인 기하학으로 가장 유명한 브레송의 사진 백여 장을 연구하면, 일반적으로 삼등분의 법칙을 따르지 않았음이 드러난다. 브레송의 사진에서 찾은 삼등분 지점은 긴 수직 형태와 너비의 3분할의 우연한 일치 속에서였다. 브레송은 핵심 주제를 9분할 중 하나에 넣었고, 종종 중앙에 배치했다. 이것은 균형에 반대하는 '법칙'의 목적을 위반하는 것인데, 와인병을 들고 있는 소년 Michel Gabriel을 찍은 1952년의 유명한 사진에서 볼 수 있다. 언급했듯이 그림 8.1은 높이의 3분할 지점에 지평선을 놓았다.

이 좋은지 불분명하면서 포지티브 스페이스에 '균형'을 맞추는 네거티브 스페이스를 만들도록 지시받는다. 아마도 사진을 찍는 데 있어 직사각형 표면에 패턴을 생산하기 위한 지시를 받기 때문에 촬영자는 포지티브 · 네거티브 형식들을 포함하여 그 패턴을 흥미롭게 만들려고 시도할 것이라는 조언이 좀 나을 것이다. 편평함 문제는 이미 살펴보았듯이, 네거티브 스페이스는 그저 묘사되는 표면의 패턴만이 아니라 우리가 묘사된 장면에서 본다고 상상하는 3차원적으로 형성된 공간을 포함한다는 것이다. 우리는 어떻게 네거티브 스페이스가 물체들의 크기를 조정할 수 있는지, 그리고 그것들에 적용되는 분리, 연결, 억제에 대한 위상학적 개념들을 보았다. 따라서 시각적 상상력은 자극되고, 걷고 있는 소녀를 담고 있는 방울 뒤에서 경치 속에 있는 나무에 대한 시각 초입의 파동 치는 네거티브 형태를 보는데, 그것의 중앙에서 몸짓 하고 있는 플라타너스가 들어 있는 절반은 어둡고(그림 8.2), 더 어두운 실루엣에 의해 잘린 절반은 밝다.

역동들Dynamics

구성적으로 지금까지 공간에 근거한 이해에 있어 가장 심각한 결점은 움직임에 대한 우리의 감각뿐만 아니라 지각력에 대한 감각의 역동을 등한시했다는 것이다. 아마도 시각 예술을 예술적으로 이해하지 못하는 사람들이 포착하는 데 실패하는 것이 무엇인지에 대한 가장 단순한 설명이 지각적 '역동들'인 한 예술적으로 이는 형편없는 것일 수 있다.

따라서 주된 형태들보다 구성의 주된 역동들을 더 숙고할 필요가 있다. 우리가 예로 들고 있는 사진에서 하나의 역동은 걷고 있는 소녀 그룹과 점프하고 있는 소년 그룹 사이를 끌어당기는 힘이다. 왼쪽 두 어린이는 그들의 관심 방향, 즉 우측 그룹의 추진력을 소녀는 맞서고, 소년은

그림 8.2 패트릭 메이너드, 〈불확신〉(자르지 않은 사진).

가로지르는 방향으로 그 그룹에 대응한다.[15] 관련된 또 다른 역동은 둘러싸고 있는 방울 속에 있다. 점프하고 있는 소년이 그 역동의 우측 끝을 한정짓고 있을 뿐만 아니라, 그 소년의 등을 누르고 있는 그것을 상상할 것이다. 사진에서 매우 중요한 역동 요소는 전단 감각shearing sense인데, 이에 의해 한 형태가 다른 것으로 미끄러져 들어가는 것처럼 보인다. 화가는 이것을 '이동shifting'이라고 부른다. 이것은 걷고 있는 소녀와 그녀 앞으로 돌아서는 소년 사이에서 — 즉 그들의 형체 사이의 회전력 속에서 — 특히 그들의 머리에서 일어나는 회전력 속에서 일어난다. 따라서 이 사진에서 역동 발생기는 주요 주제인 것 같은 왼쪽에 있는 작은 소녀에서 나오는 것이 아니라, 우측의 두 그룹에서 나오는 듯 보인다. 점프하고 있는 소년 그룹을 덮으면서, 거울 대칭에 의해 작은 소녀와 걷는 소녀가 대립 관계에 놓임에 따라 걷는 소녀 그룹은 사진의 중심 네거티브 스페이스를 가로질러 핵심 어린이 그룹과 서로 당긴다. 우리는 적어도 네 개의 역동 관계를 찾았고, 이것들이 어떻게 상호작용하는지 보는 것은 흥미로운데, 곧 이 역동 관계들이 상호작용하는 방식은 지각 그 자체처럼 예술이 관계들에 대한 어떤 것임을 보여준다. 우리의 삶도 그러하다.

리듬과 반복

전형적으로 사진에서 역동과 상호작용하는 것은 단일체들의 반복 속에 있는 리듬, 종종 대칭되는 패턴들의 측면에서의 리듬이다. 팔을 몸에 붙이고(a) 있거나 벌리고(b) 있는 어린이들로 이루어진 중앙 전면 프리즈를 가로질러 우리는 리듬을 갖는데, 이 리듬은 하부 리듬과 더불어 a, b, a, b, (공간) a, b이다. (a) 그룹에서 리본을 맨 소녀는 돌아선 소년과 같은 태

---

15) 분리된 공간을 가로지르는 이동 감각은 사진의 더 높게 자른 구도, 즉 지평선을 중간선 가까이에 위치시킴으로써 강화된다. 그러면 나란한 수직선들과 그 너머의 밝은 벽들과 더불어 나무들의 어두운 부분은 사진을 통해 네거티브 스페이스의 수직적 균열에 대한 감각을 전달한다.

도로 기운다. 이 소년이 등 뒤로 쥐고 있는 손은 앞으로 손을 쥐고 있는 왼쪽의 작은 소녀의 반대되는 동작과 연결된다. 이때 조금 멀리 떨어진 곳에 금발머리 소녀의 어른 형태도 몸을 기울이고 있다. 지도교사와 점프하고 있는 소년은 강력하게 이어져 있고, 나무들도 그들을 따라 기운다. 다음으로 위에 있는 대각선 나뭇가지와 유사하게 어른 그룹 프리즈에서 쭉 뻗은 오른쪽 다리는 걷는 소녀의 가위 모양의 발걸음 형태를 반복하듯이(그리고 배경 속 형체는 그들의 걸음을 따라가는 것 같다), 우측 멀리 떨어져 있는 소년은 점프하고 있는 소년의 웅크림을 반향한다. 가운데 프리즈에 주목해보면, 우리는 네 개의 피라미드 그룹을 알아차릴 수 있는데, 그것은 높고, 낮고(가운데는 앉아 있다), 높고, 낮다.

B: 예술가의 행위들

예로 든 단순한 스냅 샷에 주목함으로써 사진적 시야가 일반적 시야에서 파생되어 나오기만 한 것이 아니라, 더 풍부한 의미를 위해 그 일반적 시야를 발전시키고, 전용하고, 변형시킬 수 있기 때문에 일반적 시야와 복잡하게 얽혀 있으면서도 일반적 시야로 더 이상 단순화할 수 없음을 더 잘 이해할 수 있기를 바란다.

이에 대한 증명은 여기서는 제시할 수 없는 어떤 것, 즉 사진 관람자의 지각적 경험의 변화에서 찾아야 한다. 어떤 확증은 그런 사진들의 생산 자체에 놓여 있는데, 사진가들은 그것들을 생산하기 위해 그들의 환경을 바라볼 수 있어야 한다. 그런데 이 주장은 또 다른 익숙한 이의를 끌어내기 쉽다. 방금 고려해본 것 같은 종류의 설명에서 발생하기 쉬운 질문은 "여기서 무엇이 우연적인 것이며, 무엇이 사진가에 의해 놓인 것인가?"이다. 물론 그중 몇몇은 오직 그런 효과들을 위한 크로핑에 의해 거기에 놓였거나, 적어도 거기에 있음을 더욱 분명하게 한다. 하지만 그 스냅 샷에 얼마만큼이나 놓였는지 우리는 어떻게 말할 수 있을까?

우리의 묘사적인 단어를 사용하여 묘사된 공간 척도, 역동 그리고 리듬에 대한 회의론으로 시작해보자. 사진에서 묘사한 것들을 보려면 연구가 필요한데, 스냅 사진가가 그 사진을 찍는 데 요구된 시간 안에서 모든 것을 인식할 수 있다고 받아들이기는 어렵지 않을까? 따라서 논의했듯이 만약 그런 것이 사진을 평가하는 측면들이라면, 예술적으로 흥미로운 것이 사진가에 의해 그 사진에 얼마나 놓일 수 있었는지는 불분명하지 않을까?

우리는 이러한 반론을 시야에 대한 몇몇 기본적인 사실들의 측면에서 마주칠 수 있다. 사진적 보기는 패턴을 통해 그것 스스로 작동하는, 사실은 움직이는 패턴의 예측인 환경적 보기의 발전이다. 우리는 이것을 교통 체증 속에서 운전을 하거나 복잡한 도로를 통과할 때뿐만 아니라 특히 스포츠를 포함한 많은 다른 상황들에서 인식한다. 비록 여기서는 일반적인 힘도 뛰어나지만, 우리는 스포츠에서 '신체의 비범한 재능'을 뽑아낸다. 예를 들어 역동에 대해 논하기 위해 웨인 그레츠키Wayne Gretzky의 "다른 사람들은 일반적으로 놓치는 미묘한 패턴 속에서 볼을 재빨리 주워 올리는 능력"을 말하자면, 하키 영웅에 의해 묘사된 것처럼 "모든 스포츠는 각도와 튕김인데, 이는 퍽이 움직이는 미묘한 패턴 속에서 그것이 어디로 방향을 바꿀지 계산하고, 모든 방해를 고려하여 그것을 집어내기 위한 똑바른 방향을 갖는 능력이기 때문이다."[16)]

앞서 원근법적 변화에서 살펴보았듯이, 개별적 물체 인식은 이러한 패턴의 변화 인식에 박혀 있다. 무한한 물결들의 패턴을 가로지르는 움직임들을 보는 것보다는 개별적인 나뭇잎들과 구별할 수 없는 상태에서

---

16) Malcolm Gladwell, "The Physical Genius," *The New Yorker* (June 2, 1999)를 보라.

여기 있는 나무들에서 나뭇잎의 용량감과 움직임(그림 8.2)을 이해하는 작업이 이와 유사하다. 암암리에 우리의 감각지각의 상당 부분은 패턴 인식을 위해 작동한다. 사실 패턴의 변화들, 그리고 패턴 속 변화의 패턴조차 종종 지각적으로 가장 중요하다. 가장 단순한 선율에서 우리는 변화만이 아니라 이 변화들의 패턴에 집중함으로써 개별 진동을 듣는 것이 아니라 그들의 (여러) 주파수를 듣는다. 같은 방식으로 연습을 통해 카메라 뷰파인더에서 공간, 역동, 리듬은 즉각적으로 반응될 뿐만 아니라 추적되기도 하고 예상되기도 한다. 이 사진에서 중요한 예는 점프하고 있는 소년 그룹 뒤에 있는 네거티브 스페이스는 기하학적 비율보다는 묘사된 역동에 더 많이 놓여 있는데, 만약 우리가 그 공간을 보려는 목적을 가지고 곧바로 그것을 본다면 그 네거티브 스페이스의 크기를 판단할 필요가 없다는 것이다. 이것은 반드시 패턴의 전개를 예측하는 주제 인식과 결합되어야 한다. 예를 들어 왼쪽의 작은 소녀는 문자 그대로 어디에도 가고 있지 않았다. 다시 중심와 시각이 그것의 주변부에 대하여 형식이 아니라 동작을 탐지하는 더 넓은 영역에 의해 배경이 되므로 이 모든 것은 시지각에 있어 정례적인 것이다. 시각 예술도 절대적으로 중심와가 아니다.

일반적인 설명으로는 충분하다고 할지라도 어떻게 우리는 특정한 사례들에서 사진가의 시각에 대해 말할 수 있을까? 예를 들어 사진가가 전체적인 구성을 파악함과 동시에 전경 그룹에 있는 인물들의 절반이라도 그 윤곽을 알아차렸을 것 같은가? 이 사진은 메트로폴리탄 미술관에서 멀지 않은 곳에서 촬영되었는데, 되돌아서는 소녀는 발튀스Balthus의 〈거울 앞의 누드Nude Before a Mirror〉와 비교될 수 있고, 연립주택들을 마주하면서 복잡한 도로를 가리는 수목이 울창한 공원은 대략 모네의 〈몽소 공원Parc Monceau〉(5번가가 아니라 쿠르셀 대로가 있는)과 비교될 수 있으며, 삼등분 지점에 수직적으로 구성된, 그리고 전체적으로는 퓌뷔 드 샤반Puvis de

Chavannes의 〈애국적 경기Patriotic Games〉(이 또한 수직, 수평으로 삼등분되어 있고, 두 개의 더 좁은 동일한 공간들을 옆에 둔 네거티브 스페이스에 집중되어 있다) 같은 인물-프리즈와 비교될 수 있다.[17] 뒤에 보이는 인물들의 표현을 신속히 파악하기 위한 증거들이 사진가에 의한 드로잉(그림 8.3)에도 약간 있다. (많은 전문가 수련법에서는 일반적인데) 그런 드로잉과 사진을 오랫동안 보면 사진을 찍을 때가 아니더라도 사진가가 장면들을 습관적으로 이런 식으로 본다는 것을 적어도 그럴듯하게 만든다. 따라서 지각의 특수한 속성들을 고려해볼 때, 회의주의에 대한 답변은 이 논문에 있는 대부분의 주장들 같은 모습을 띤다. 즉 잘 알려진 지각에 대한 일상적 사실들을 참조한다. 마이어 샤피로Meyer Schapiro는 "미적 지각은 다른 모든 지각들처럼 가설적이고, 다른 이들의 경험과의 비교를 초래한다"는 것을 우리에게 상기시킨다.[18] 다른 종류의 지각과 마찬가지로 사진에 대한 가설을 시험하기 위해 우리는 불변성을 찾는 일반적인 수단을 사용해야 한다. 우리는 묘사된 구성적 특징들을 그들 사이에서 얼마나 즉시 찾을 수 있는지 보기 위해 비슷한 상황의 스냅 샷들에 대한 경험들을 참고해야 한다. 또한 사진가들에 의한 다른 작업들도 살펴봐야 한다. 그것이 우리가 카르티에 브레송, 프랭크, 프리들랜더, 위지, 위노그랜드에 의한 개별 사진들을 더 잘 이해할 수 있게 되는 방법, 즉 예를 들면 브레송을 어윗과 구별하고 그 차이를 감상하기 위한 방법이다. 하지만 그런 것은 앨리게이터를 악어와 비교하는 능력의 개발하는 것 같은 상식과 관행에 불과하다.

17) 또한 오른쪽에 있는 나무들은 프릭 컬렉션을 가린다. 중앙의 네거티브 스페이스 모티프에 영감을 준 것은 세잔이다. 이것은 Patrick Maynard, *Drawing Distinctions: The Varieties of Graphic Expression* (Ithaca, NY: Cornell University Press, 2005)에서 논의되고 있다.

18) 추가적인 설명은 Meyer Schapiro, "On Perfection and Coherence in Art," in Feagin and Maynard, *Aesthetics*, 348f쪽.

그림 8.3 패트릭 메이너드, 〈로버트〉, 2005.

작업으로서의 예술작품

비록 순수 예술로서의 사진의 지위는 이 책의 주제가 아니지만, 구성에서 나온 논쟁의 일부로서 사진가들의 행위를 참조하는 것은 알프레드 스티글리츠, 웨스턴, 폴 스트랜드 같은 뛰어난 모던 사진가들이 쓴 글에서처럼 사진적 예술을 변호하는 기준이 된다.[19] 「사진적으로 보기」라는 글에서 웨스턴이 사진가의 '선택과 거부의 힘'이라고 일컫던 것은 "단일

19) Trachtenberg, *Classic Essays in Photography*. 또한 134-40쪽에 있는 '익명'에 의한 글도 참조하라.

한 비유동적인 대상[조차]과 더불어 무한한 수의 다양한 구성들"[20]을 아우른다고 주장하지만, 이것이 우리의 주제에 무엇을 암시하는지는 분명하지 않다. 사진이 예술이건 아니건 그런 '무한함'이 사진에 있어 특별한 구성과 요소들을 통해 사진적으로 보는 것의 가치에 무엇을 암시하는지에 관한 질문은 남아 있다. (어쩌면 위에서 지적한 선들을 따라) 구성이 작동한다고 가정해보자. 그래도 여전히 그것을 생산하는 데(혹은 '선택하는 데') 있어 사진가의 역할이 무엇인지를 우리가 알았을 때 "지각에 어떤 가치가 첨가되는가?" 하는 질문이 생긴다. 왜 그것이 문제가 될까?

우리의 답변은 미학적 이론화를 요구하기보다는 다시 한 번 지각에 대한 일반적인 사실에 의지한다. 그 단어가 우리에게 (두 번이나) 말해주듯, 예술작품artwork은 단순한 결과물이 아니라 **인공물**artifact이고 — 즉 사람에 의해서 의도적으로 만들어진 것이고 — '인공물' 그 자체는 기본적인 지각적 분류이다. 칸트는 『판단력 비판』(43절)에서 우리가 습지에 놓여 있는 판자를 발견했을 때, 그것은 예술 생산품으로 눈에 띈다는 점을 주목한다. 즉 "그것의 생산 원인이 보이는 데 목적이 있는" 만들어진 어떤 것으로 드러난다. 이런 식으로 우리가 어떤 것을 만들어진 것으로 인식할 때, 우리는 그것을 자연적인 것이나 우연한 것으로 생각할 때 보는 것과는 다르게 바라본다. 만약 인류학자가 우리가 집어든 흥미로운 부싯돌을 구석기 시대의 손도끼라고 알려준다면, 그것에 대한 우리의 인식을 재편성할 것이다. 즉 파편이 아니라 핵심으로, 가느다란 가장자리는 날로, 넓은 측면은 손잡이로 보는 등 그것을 다르게 볼 것이다.[21] 칸트가

20) Edward Weston, "Seeing Photographically," repr. in Trachtenberg, *Classic Essays in Photography*, 170-5쪽.

21) 이 점은 Michael Tomasello, *The Cultural Origins of human Cognition* (Cambridge, MA: Harvard University Press, 1999), 84쪽에서 나왔다. 인공물의 문화적 '행동 유도성(affordances)'에 대한 토마셀로의 시각은 여기서 표현된 것과 강하게 일치한다.

말한 것 외에도 어떤 나무나 돌을 지각하는 것은 그것을 일부러 만든 것으로뿐만 아니라, 사용이나 목적을 위해 만들어진 것으로 받아들이는 것이다. 나무의 '이유why'는 우리가 추측하는 더 나아간 목적이다.

사진은 인공물이다. 하지만 일반적으로 그러하듯이, 사진이 그런 식으로 지각될 때 덧붙여야 할 중요하고 더욱 특별한 지각적 사항이 있다. 묘사에서처럼 인공물의 주요 목적이 어떤 특정한 방식으로 행사되려는 것이 아니라 보이는 것일 때, 그것의 양상, 부분, 세부에서 그것에 대한 우리의 지각에 영향을 줄 뿐만 아니라 지각을 명시한다. 단순하게 인공물로 이해되면 사물들은 그곳에 고의로 놓이고, 우리는 지각의 관점에서 적절하게 **왜** 제작자가 표면의 특정한 장소에 특정한 종류의 표시를 해놓았는지를 묻는다.[22] 다른 말로 하면, 어떠한 인공물이든 "그것은 무엇을 위한 것인가?"를 알고 싶어 한다. 이것은 정도의 문제다. 우리의 예를 스냅 샷으로 본다면, 만약 그것이 드로잉이나 회화였다면 물었을 수 있는 목적에 관한 질문을 하지 않을 것임이 분명하다. "(원본에서) 왜 달리고 있는 두 남자는 파란색 윗옷을 입었고, 서 있는 두 여자는 분홍색 옷을 입었으며, 왼쪽에 있는 작은 소녀는 분홍색이 아니라 파란색을 입었는가?"라는 질문은 회화로서는 중요한 질문이지만 스냅 샷에서는 덜 중요하다. 하지만 사진이 대체로 우연적이지 않는 한 "왜 한가운데에 커다란 네거티브 스페이스가 있는가?", "왜 지도교사의 등과 머리는 배

---

22) 다음의 고찰은 사진에서 '의도'와 왜 어떤 것이 사진에 있는지에 대한 설명과 관련된 Scrution, "Photography and Representation," section 8 (이 책 6장)에 나온 사진적 예술에 대한 공격과 관련 있어 보이며, 아마도 9절에서 그가 구성에 대해 주장하는 것의 반대도 포함할 것이다. 사진-예술 '반대론자'인 Elizabeth Eastlake 시대부터 사진의 재현적 힘을 인정하면서도 사진가가 조형에 기여하는 바를 제한하는 사진의 기계적 인과관계를 비난했다. Scruton은 사진 재현을 부인하는 데 있어 달랐지만, 이는 그가 재현에 대해 조형적 관점을 택했기 때문이다. 그의 주장은 이미 Siegfried Kracauer (vide, Trachtenberg, *Classic Essays in Photography*, 268쪽)가 거부했고, 여기서도 거부하고 있는 배타적인 조형 개념 '혹은' '기계 장치나 사진가'의 조형 개념에 의존한다. 따라서 Scruton은 회화적 지각에 대한 2절의 관찰을 사진적인 그림에 적용하는 것을 막는다.

경 나무의 어두운 곡선과 나란히 있는가?"에서 "왜 중앙 네거티브 스페이스에 여섯 명의 삼각형(셋은 서 있고, 셋은 앉아 있는)이 있는가?"로 서서히 변하는 이런 질문들을 하는 것은 중요하다. 마지막 질문에 대한 부분적인 답변은 가능한 한 하얀 쐐기를 중앙 네거티브 스페이스에 채워 넣는 것이 그것을 떠민다는 것인데, 이는 완전한 답변은 아니다. 왜냐하면 다음으로 결점은 아니지만, 구성에 관하여 사진작가는 화가에게만큼 기대할 수 없다는 것이 그런 사진의 중요한 평가임을 제안할 것이기 때문이다.

이 논의의 결론을 내리자면, 감상이 진전됨에 따라 우리는 의도적으로 위치 지어지고, 확장되고, 대조되고, 결합되는 등 묘사된 구성적 요소들을 보게 될 것이다. 그리고 이것은 우리에게 드러나는 방식과 우리가 그 사진에서 기대하는 것에도 영향을 미친다. 예를 들어 우리는 작은 소녀의 모습을 그저 고립된 것이 아니라 여러 그래픽적 의미들에 의해 회화적으로 고립된 것으로 볼 것이다. 이것 역시 예술적 변수가 되는데, 사진가들이 그들의 구성적 행위에서만이 아니라, 그것을 보이게 만드는 정도에서도 변화를 주기 때문이다. 그런 요소들이 어떠한 목적들에서 문제가 되거나 되지 않는 점은 특히 예술에서 그들이 때로 많은 역할을 하고 많은 문제가 된다는 사실에는 대체로 영향을 주지 않는다.[23)]

---

23) 이 문제들에 대한 부주의는 사진예술에 반대하는 최근의 또 다른 조형적 '반대론자'의 기저를 이루고 있는데, 이것은 "예술 형태로서의 사진 옹호론자에게 충격적인 경험"이 되었다는 '고유의' 사진에 관한 현대 전시와 "뛰어난 재주와 꾸준한 연구, 그리고 특출한 노력으로 사진은 그것의 기계적 본성을 극복하고 예술의 단계로 오를 수 있다."는 생각의 실천과 비평에 영향을 미쳤다. 이는 그런 사진들이 규범적인 예술 사진 작업들에 비교해서 종종 그들의 '미적인 동등함'을 증명하는 한 그러하다: Janet Malcolm, *Diana and Nikon: Essays on Photography* (1980: expanded edn, New York: Aperture, 1997)를 보라. (더 광범위하고, 체계적으로 연구된 버전은 Ulrich F. Keller, "The Myth of Art Photography: A Sociological Analysis," *History of Photography* 8 (Oct.-Dec. 1984): 249-75쪽과 "The Myth of Art Photography: An Iconographic Analysis," *History of Photography* (Jan.-Mar., 1985): 1-38쪽을 보라.) 이 주장은 불합리한 것처럼 보이는데, 가장 영향력 있는 그런 전시 사례들에서 우리는 '규범적인' 사진으로 시작하고, 그런 사진을 닮은 고유의 사진을 찾기 때문이다. 하지만 규범적인 것을 마음에 담아두고 고유한 사례들을 고르면, 그것은 규범적인 것에 의해 확립된 방식으로 흥미로워 보일 것이다. 더 나쁜 것은 규범적 사진도 사진가

이런 숙고들을 고려해볼 때, 그리고 특히 우리의 주요 예시가 일종의 스냅 샷이기 때문에 사진가의 행위에 한계를 강조하는 것은 중요하다. 거리사진에서는 관련된 많은 측면들이 사진가에 의해 생산되기보다는 우연히 발생하는 것이 허용되었다는 것이 중요하다. 포착된 특정한 순간은, 예를 들면 인간 형태와 움직임의 우아함 같은 특징들을 보여줄 기회를 포함하고 있을 것이다. 여기에는 강한 형태들이 그들에게 무작위 형상들을 그리는 경향으로 인한 '결정화' 같은 것이 있는데, 셋은 앉아 있고 셋은 서 있는 것, 비스듬히 뻗은 다리와 나무의 평행, 분홍색 겉옷이 가리키고 있는 것의 최종 닮음의 형상 등과 같은 것들이 그 예다. 또한 사람들 무리의 자연스러운 리듬과 더불어 어떠한 것이 발생하도록 놓아두는 것 역시 무엇인가 만들 수 있다. 성공적인 어부들은 물고기를 낚싯바늘이나 그물에 놓지 않았다는 것으로 비난받지 않는다.

마지막으로 예술가와 사건 사이의 강한 협력 감각은 사진에만 중요한 것이 아니라 많은 예술에 있어 일반적인 것이다. 사실 사람이 자연 환경과 상호작용하는 데 있어서도 그러하다. 사진에 있는 모든 나무들은 정원사에 의해 심어지고 재배되었지만, 중앙의 플라타너스(플라나투스 엑스 아크리포리아)의 줄기가 우세한 바람에 의해 휘어지고, 가지들은 서 있는 세 사람 위에서 표현적으로 몸짓 하고 있듯이 그 나무들이 자라 어떤 형상이 되는 것은 자연에 의해서다. 상호작용에 대한 이러한 점은 아마도 철학적으로 가장 의미 있는 이슈를 펼칠 것이다. 그런 사진들에는 종종 사진가에 의한 것들조차 부분적으로는 숙고했던 공간적 리듬과 역동을 포함하여, 보이기 위해 거기에 있던 것을 본 결과여야 한다는 평가가 있다. 이것은 그런 요소들이 매우 많은 측면에서 항상 우리와 함께 있다고 제

의 작업 일부로서가 아니라 개별적으로 제시된다는 것이다. 이는 특별히 사진에 해당하는 어떤 것인 사진이 나타나는 방식에 영향을 미칠 것이다. 사진가는 소설가나 극작가, 영화감독과 달리 단일한 작품들로 예술적 인상을 거의 만들지 않는다.

안한다. 이런 측면들이 의미 있는 한 그것은 중요한 어떤 것, 즉 자유롭게 경험을 감각할 수 있는 의미의 거대한 자원이 있다는 것을 암시한다. 하지만 지각의 측면에서 고려해보면 여전히 자연에서는 불가능한 중요한 회화적 경험의 측면이 있다.[24)]

'함께-지각하기 위하여'

사진가의 행위가 소개된 구성 논쟁에서 예술적 의의의 자율성에 관한 질문의 또 다른 답변이 발전하였다. 사진이 사진가에 의해 구성되었는지를 인식하는 것은 그것에 대한 우리의 지각에 어떻게 영향을 주는지, 나아가 앞에서 살펴본 모든 재현적 예술에서 근본적인 주장은 이제 간단하게 명시될 수 있다.[25)] 사진의 구성에 주목하는 어떤 사례들에서는 "어떻게 사진가가 그것을 보았는가?"라고 일반적인 표현을 사용하여 질문하는 것이 적절하다. 이는 무엇을 의미하는가? 위에서 살펴보았듯이 실제 환경에서 우리는 장면을 보기만 할 뿐 아니라 원근법 같은 시각적 단서들의 도움으로 그것을 보며 인식할 수 있다. 이는 그림에서도 마찬가지인데, 그림은 일반적으로 인공품이라고 이해되기 때문에 자연에서는 찾아지지 않는 어떤 추가적인 것이 존재한다. 우리는 그런 단서, 구성 그리고 그것을 인식하는 것을 통해 묘사들을 보기만 할 수 있는 것이 아니라 그것들이 무엇을 위한 것인가의 측면에서 — 우리가 이 요소들을 목적이 분명한 것으로서 경험할 수 있는 — 즉 우리의 지각적 경험을 위

---

24) 이런 평가들에 대한 몇몇 간단한 설명은 Adams, *Beauty in Photography*를 보라. 여기서 그는 "우리의 삶은 혼돈일 수 있으므로 우리의 고통은 의미 없는 것이라는 최악의 공포를 만나게 도와주기" 때문에 형태는 아름답다고 주장한다(25쪽). 그리고 "거의 형체 없는 형체"(27쪽)와 매일의 세부사항들(28, 79쪽)은 더 많은 것을 포함하는 것으로, 그리고 그것이 형성된 것은 우리의 현실이라는 감각을 주는 것으로서 최고라고 주장한다. 또한 운이 있는 한(28쪽) "미는 아주 흔하다"는 인상을 생산하는 것(30쪽)이 만약 새로운 방법으로, 그리고 (실제가 아니더라도) 명백한 용이함을 가지고 다시 된다면 그 확신은 더욱 커진다고 본다.

25) 나는 여기에 대략 소개된 이론을 *Drawing Distinctions*, 14장에서 더 자세히 주장하고 있다.

한 목적으로 배열된 회화적 인공물로서 인식할 수도 있다. 그렇다면 우리는 사진을 만들어진 어떤 것으로 경험할 뿐만 아니라(이는 구성적 논쟁에서는 일반적인 주장이다), 지각을 형체 짓기 위해 만들어진 것으로서 경험한다. 이것이 세계에 대한 다른 사람들의 인지를 통한 우리의 세계 인지다. 이는 단순히 시각적 관점에 의한 것이 아니라, '보는 방법'의 의미인 다른 이들의 정신적 활동을 통한 것이다. 이것은 지적, 정신적, 도덕적 그리고 우리가 일반적으로 정신적 활동에 속한다고 여기는 다른 가치들을 전달한다. 여기서는 분명히 재현적 예술의 지각이 환경에 대한 일반적인 지각적 경험으로 축소될 수 없다. 사실 여기서 많은 사진을 포함한 묘사들은 완전히 예술작품이 된다.[26] 깁슨Gibson은 "세계의 인지와 우리가 사는 세계와의 상호보완적 관계의 인지는 분리될 수 없다."고 말한다. "세상을 지각하는 것은 자신을 함께-지각하는 것이다." 묘사는 그것이 둘 이상을 가리키기에 우리가 다른 자신도 함께-지각하도록 허용한다.

끝으로 비-회화적 경험에 대한 관심으로 축소될 수 없는 것으로서 어떤 종류의 사진에 대한 우리의 관심을 옹호하는 이 단계가 지각의 일반적 원리에 의존해야 했다는 것은 모순적으로 보인다. 하지만 모든 예술은 비-예술적 경험에서 시작되는 활동들의 이행을 포함한다. 예술가들은 전형적으로 이 활동들의 몇몇 양상(종종 매우 단순하고 제한된 것들)에 고착되고, 예술적 매체의 측면에서 거기서 시작된 활동들이 다양한 방식으로 더 뛰어난 실현을 위해 진척되는지 보여준다. 미적 혹은 예술적 시각은 적어도 어느 정도까지는 다른 경험들과 구분되지 않는가? 하지만 다시 한 번 상당히 일반적인 정신적 과정인 특징 때문에 그들은 상호 의존적이다. 예술가들이 사용하는 매체는 예술가와 관객이 경험하는 수단이

---

26) 연장에서부터 건축에 이르기까지 많은 인공물 디자인은 지각적 경험을 형성하기 위해 제작되고, 그런 것으로 지각된다. 이것이 부분적으로는 디자인 예술이 존재하는 이유이지만, 주제를 보는 방법에 관한 상황은 여전히 차이를 구성한다.

된다. 이는 그런 것이 우리가 경험하는 유일한 수단임을 암시하지 않는다. 이는 유미주의의 오류다.

따라서 순수한 형태나 미적 무관심 같은 생각에 의존하지 않고서도 일반적 시각을 확대된 의미로 발전시킬 수 있는 한 사진적 시각의 한 종류가 일반적 시각과 불가분한 동시에 그것으로 축소될 수 없는지 볼 수 있었다. 사진적 시각은 일반적 시각의 양상이 증대된 것이나, '실질적인' 시각은 이제 막 시작하는 예술적 시각임을 암시하는 것으로 해석될 수 있다는 것은 그 문제를 그것이 있어야 할 곳에 남겨둔다.[27)]

27) 이 논문은 Hugo du Coudray의 생각과 표현을 포함한다. 이것의 '실질적인 미학' 방법은 Lisa Pelot과의 토론에서도 발전되었고, 부분적으로는 Keith Niall의 비평을 수용했다. 이 글은 나의 어린 시절 놀이터를 방문할 수 있게 해주고, 아름다운 공원에서 정기적으로 6마일의 순환로를 달리는 Nora Maynard에게 바친다.

9
참된 감상

도미니크 맥가이버 로페스
Dominic McIver Lopes

"나는 좋은 음식을 음미한다appreciate"는 말은 내가 그것을 즐긴다는 뜻이다. "나는 당신의 의견을 인정합니다appreciate"라는 말은 나는 당신이 무슨 이야기를 하려는지와 정당성을 알고, 어쩌면 또한 그것이 사실임을 안다는 뜻이다. 따라서 감상appreciation은 인식적 요소(무엇을 평가하는 것)뿐만 아니라 감상적 요소(좋고 싫음에 대한 반응)도 가지고 있다.[1] 인식적 요소는 감상 이론의 출발을 물색하기에 좋다. 우리는 감상의 인식론적 기준이 무엇에 부응해야 하는지 물을 것이다. 여기에 두 개의 답변이 있다. 익숙한 답변은 "감상자가 감상의 대상이 무엇이어야 하는지 받아들일 것"을 요구한다. 익숙하지 않은 답변은 "어떤 것이 무엇인가로 감상될 때, 감상은 반드시 그 무엇인가의 본성을 잘못 받아들여서는 안 된다."고 말한다. 만약 감상이 두 기준 모두에 부응할 필요가 없다면, 익숙하지 않은 기준이 감상자들에게 더 큰 권리를 갖는다. 이 논문은 감상의 유형에 대한 오해에서 비롯된 감상의 놀라운 영향을 담고 있다. 사진은 대부분 그러하듯 만약 많은 사람들이 그것이 무엇인지에 대해 오해한다면 아주 딱 들어맞는 좋은 사례다.

감상, 판단, 믿음

만약 감상 이론의 개론이 있다면 반드시 그것들을 찾아보고, 인식론적 기준들 각각이 무엇을 시사하는지 산출해본 후, 무엇이 가장 좋은지 기준들을 시험해봐야 한다. 하지만 누구도 감상 이론을 가지고 있지 않다. 그것을 개발하는 첫 단계는 올바른 인식론적 기준을 제 자리에 고정시

---

1) Paul Ziff, "Reasons in Art Criticism," in *Philosophic Turnings* (Ithaca: Cornell University Press, 1966) 49-54쪽.

키는 것이다. 이것을 하기 위해 우리는 기준이 통제하는 것에 대해 매우 광범위하게 생각해볼 필요가 있다.

처음에는 지나치다 싶을 정도로 넓은 것이 좋다. 그래서 신중한 판단으로 감상은 오직 예술작품만을 대상으로 한다거나, 감상은 언제나 미적('미적'이 무엇을 의미하건 간에)이라고 가정하지 말 것을 조언한다. 우선 한 가지 이유는 독립적으로 구축된 감상 이론은 언젠가 예술 이론이나 미학의 일부로서 쓸모가 있을 것이다. 다른 이유는 예술이나 미학 이론에는 의견의 일치가 거의 없어서 예술적이거나 미적으로 제한된 감상은 우리에게 논쟁만 늘린다. 물론 감상이 예술작품이나 미적 대상을 목표로 하는 사례를 숙고해보는 데 잘못된 것은 없다. 그것들을 감상하는 것은 스포츠, 자연, 음식 그리고 다른 많은 것들을 감상할 여지를 남긴다.

감상이 일련의 마음 상태들로 구성된 과정이고, 보통은 전통적으로 '판단'이라고 이름 붙여진 마음의 상태 — 즉 평가, 가치의 부여 — 에 이끌린다고 생각해보자. 감상이 인식적 기준에 의해 통제된다는 가정은 적어도 그것이 연루된 어떤 상태들은 진실-경향truth-apt이 있음을 암시한다. 만약 감상이 믿음을 포함한다면, 감상에 대한 비-인지주의는 거짓이다.

하지만 감상은 판단이 아니기 때문에 감상은 믿음을 포함한다는 주장은 감상의 결과인 판단이 진실-경향이 아니라는 진술과 일치한다. 이런 이유 때문에 판단에 대한 비-인지주의자는 아서 단토와 켄달 월턴의 분간하기 어려운 주장들의 변종들을 받아들일 것인데(그리고 그래야 한다),이 변종들은 작업의 문맥과 관련된 어떤 믿음들은 그 작업의 감상을 위해 요구됨을 보여준다.[2] 이와 같은 주장들은 감상에서 인식적 기준의 선택을 정당화하는 데 있어 유용함이 드러날 것이다. 그러한 기준이 있음을

2) Arthur Danto, "The Artworld," *Journal of Philosophy* 61 (1964): 571-84쪽; Kendall L. Walton, "Categories of Art," *Philosophical Review* 79 (1970): 334-67쪽.

받아들임으로써 감상은 믿음을 포함한다는 것이 판단에 대한 비-인지주의와 일치한다.

따라서 만약 당신이 감상에 대해 비-인지주의자라면 당신의 관점은 방금 거짓으로 상정되었으니 더 이상 읽지 말기 바란다. 만약 당신이 판단에 대해 비-인지주의자라면 이후의 내용은 당신의 관점과 일치하지 않는 것이 없으니 계속 읽기 바란다.

감상은 하나의 과정 — 사실 종종 활동 — 이기 때문에 이것은 순조롭게 진행될 수도 그렇지 않을 수도 있다. 순조롭게 진행되면 '적절하다adequate'고 부르고, 그렇지 않으면 '부적절하다inadequate'고 부르기로 하자(적절한 감상은 정도의 문제다). 이 글을 쓴 의도는 감상이 포함하는 몇몇 믿음의 인식적 성질을 선택하여 감상이 적절하거나 부적절한 것이 되는 것은 무엇인지 찾아내기 위함이다.

두 개의 원리

감상은 믿음을 포함하고, 그것의 적절성은 부분적으로 그 믿음의 성질 문제다. 이 진술은 널리 받아들여지고 있고, 또 널리 받아들여진 감상적 믿음의 성질을 측정하기 위한 기준이 있다. 고려해볼 만한 가치가 있음에도 누구도 대안적인 기준을 고려하지 않는다.

앨런 칼슨Allen Carlson과 맬컴 버드Malcolm Budd는 "자연적 현상에 대한 감상은 그 현상이 현상인 그 자체로 감상되지 않는 한 어떠한 감상도 적절하지 않다."고 주장한다. 버드는 다음과 같이 쓴다.

> [만약] 당신이 자연물을 자연적인 종류 K의 예로서 미적으로 감상하는데, 그것이 K류가 아니면 그 점에 있어 당신의 감상은 기반이 잘못 세

워진 것이고, 당신의 실수를 의식하는 것은 당신의 감상에 있어 그 측면을 약화시킨다. ……오해에서 기인하여 당신이 느낀 즐거움이나 흥분은 잘못 판단된 것으로 반드시 거부해야 한다.[3)]

우선 이 진술의 몇몇 요소는 잠시 제쳐두는 것이 좋다. 그중 하나는 비록 버드와 칼슨이 감상 전반에 걸쳐 마찬가지임을 부인하지는 않지만, 그들은 **미적** 감상을 이야기하는 것이다. 또 하나는 비록 즐거움을 잘못 판단된 것으로 거부하는 것이 무엇인지 불분명하지만, 버드가 부적절한 감상의 결실을 잘못 판단된 것으로 거절하도록 권한다는 것이다. 우리는 부적절한 감상의 실질적인 영향이 무엇인지는 미해결인 상태로 둘 것이다. 결국 버드와 칼슨 둘 다 비록 어떠한 개념들 아래에서도 모든 현상들에 대한 감상을 아우르는 기준을 적용하기 위해 말한 것을 택하지만, 자연적인-종류 개념들 아래에서 자연적 현상들을 감상하는 것에 관심을 갖는다. 이 문제들을 떼어놓으면 우리에겐 다음이 남는다.

칼슨-버드 원리: O를 K로 감상하는 것은 오직 O가 K일 때만 적절하다.

O를 적절하게 감상하기 위해서 당신은 O를 반드시 그것이 실제로 속한 종류에 속하는 것으로서 분류해야 한다. 게다가 O를 K로 분류하는 것은 만약 당신이 O를 K로 분류하지 않았더라면 그 감상이 그러하지 않았을 것이라는 의미로서의 감상에서 적극적인 역할을 해야 한다. 감상은 반드시 조건법적으로 분류에 달려 있다.

---

3) Malcolm Budd, *The Aesthetic Appreciation of Nature* (Oxford: Oxford University Press, 2002), 23쪽; 또한 Allen Carlson, "Nature, Aesthetic Judgement, and Objectivity," *Journal of Aesthetics and Art Criticism* 40 (1981): 15-27쪽을 보라.

버드와 칼슨은 자연 감상에 대한 과학적 인지주의자들이다. 그들은 자연 감상을 "반드시 과학이 우리에게 자연물에 대해 말해줄 수 있는 것의 영향을 받아야 한다."고 생각한다. 그 생각을 고려해볼 때, 칼슨-버드 원리에는 좀 이상한 것이 있다. 적어도 철학자들이 대체로 어떤 O이건 O가 K라고 이해하는 것은 과학의 일부가 아니다. 과학은 우주에 있는 모든 것을 어떤 종으로 분류하기 위한 설계가 아니다. 그것은 법칙의 체계이다. 즉 그것은 O들이 아니라 K들에 대한 진술에 있다.

칼슨-버드 이론의 대안은 다음과 같다.

> 참된 감상 원리: K로서의 O에 대한 감상은 오직 그것이 K들의 본성에 대한 진실과 모순되는 어떤 믿음에 조건법적으로 기대고 있지 않는 한 적절하다.

이 원리는 감상의 적절성은 여러 조건이 충족될 때 약화된다고 말한다. 첫째, 감상은 조건법적으로 믿음에 기댄다. 그 믿음이 아니었으면 그렇게 감상하지 않았을 것이다. 둘째, 믿음은 K들에 대한 어떤 진실과 모순된다. 셋째, K들과 관련된 진실은 K들의 본성과 관련된 것이다.

두 원리 모두 많은 것을 바라지 않는다. 이 둘은 그저 적절한 감상을 위해 매우 약한 필요조건들만 언급한다. 어느 것도 "만약 그것이 약한 인식적 기준만을 충족한다면 당신의 감상은 적절하다."고 말하지 않기 때문에, 그리고 어느 것도 적절한 감상을 위해 공동으로 충분한 추가적 조건을 과감히 말하지 않기 때문에 둘 다 적절한 감상의 이론이 아니다. 또한 거의 모든 감상이 묘사의 어느 수준에서는 적절함을 용인한다. 당신이 O는 K가 아니기 때문에 O를 K로서 부적절하게 감상한다고 가정해보자. 이 감상은 칼슨-버드 이론에 따르면 부적절하다. 하지만 필시 K들이 K*들인 그런 K*이 있고, 당신은 O를 K*로서 감상하고 O는 K*이다. O를 K로서 감상하는 당신의 부적절한 감상은 O를 K*로서 감상하는 적절한 감상이다. 유사하게, 당신이 K들에 대해 거짓된 믿음을 가지고 있기 때문에 부적절하게 K로서 O를 감상한다고 가정해보자. 참된 감상 원리에 따르면 이 감상은 부적절하다. 그럼에도 불구하고 K들이 K*들인 그런 K*들이 있을 가능성이 있고, K*로 O를 감상하는 것은 K*들의 본성에 모순되는 어떠한 믿음들에도 조건법적으로 기대지 않는다. 다시 한 번, K로서의 O에 대한 당신의 부적절한 감상은 K*로서의 O에 대한 적절한 감상이다. 어느 원리도 지나치게 요구하지 않는다.

비록 칼슨-버드 원리와 참된 감상 원리가 적절한 감상을 위한 기준들을 설정하지만, 그들은 독립적이다. 칼슨-버드 원리는 그것이 K일 경우에 한해 어떤 것을 K로서 적절히 감상한다고 생각한다. 참된 감상 원리는 우리가 K들의 본성에 모순되는 믿음들에서 자유로운 한 어떤 것을 K로서 적절히 감상한다고 여긴다. 각각의 요구는 다른 것을 충족시키지 않은 채 충족될 수 있다.

이는 우리에게 네 가지 선택권을 남긴다. (1) 둘 다를 강력히 주장한다. (2) 칼슨-버드 원리를 주장하고, 참된 감상 원리를 부정한다. (3) 칼슨-버드 원리를 부정하고, 참된 감상 원리를 주장한다. 혹은 (4) 둘 다를 부정한다. 둘 다를 부정하는 것은 어떤 인식적 기준이 감상을 통제한다는 가정을 어기는 것이다. 남아 있는 선택권 중에서 고르기 위해서는 무엇에 성패가 달려 있는지 아는 것이 도움이 될 것이다.

펑크, 공원, 고래

어떤 감상들은 참된 감상 원리에 따르면 적절하고, 칼슨-버드 원리에 따르면 부적절하다.

터너는 에이브릴 라빈의 음악을 펑크, 즉 원초적이고 직접 녹음된 것으로 듣는다. 따라서 그는 그것을 들으면, 그것이 펑크라고 믿는다. 그 음악에 대한 그의 믿음은 거짓이다. 그 음악은 1970년대 펑크의 팝 이미테이션으로 제작된 것이다. 하지만 그래서 어쨌다는 것인가? 그가 뭐라고 믿든지 간에 그는 그 음악을 즐기게 되며, 그것이 중요하다. 진실을 믿는 것은 그를 즐거움, 이해, 공통성의 근원으로부터 단절시킬 것이다.

센트럴파크는 뉴욕 사람들의 사랑을 받는 장소인데, 그들은 이 공원을 맨해튼에 남은 마지막 자연 상태 흔적이며, 그것을 둘러싸고 있는 부산한 도시로부터의 전원적인 도피처라고 본다. 물론 그들은 틀렸다. 그 공원은 인공물이다. 그것은 꼼꼼하게 계획되고, 조경 작업에 의해 유지된다. 올름스테드가 공원을 짓기 전에 이 땅은 무단 점유지였고, 공장들이 있었으며, 지저분한데다가 말라리아가 넘쳐나는 늪이었고, 소에게 풀이나 간신히 뜯길 수 있는 곳이었다. 하지만 여기서 무엇이 뒤따르는가? 식품점에 있는 소년들은 열거된 이 사실들을 대수롭지 않게 취급할 만한 좋은 이유를 가지고 있다. 역사적 사실은 그들에게서 그들이 알고 있는 공원의 즐거움을 빼앗는다.

이렇게 생각하는 것은 십대들이나 도시인들에겐 독특한 것이 아니다. 노엘 캐럴은 이렇게 말한다. "[나는] 아마도 흰긴수염고래의 위엄에 흥분할 것이다. 나는 아마도 그것의 크기, 기세, 그것이 내뿜는 물의 양 등에 감동받을 것이지만, 나는 그것을 물고기라 생각할 것이다."[4] 이 오류가 반드시 단순한 것은 아니다. 흰긴수염고래는 물고기에 비해 그 크기와 힘에 있어 100~10,000배 정도 크기 때문에 분명히 거대하다. 그러나 같은 정도의 다른 바다 포유류에 비해 훨씬 거대하지는 않다. 따라서

4) Noël Carroll, "On Being Moved by Nature: Between Religion and Natural History," in *Beyond Aesthetics* (Cambridge: Cambridge University Press, 2001), 379쪽.

흰긴수염고래를 물고기라고 생각하기 때문에 특별히 더 거대하다고 받아들이는 것이다. 이것이 바로 그것을 물고기라고 믿는 이점이다.

이 사례들을 일탈적인 것으로 일축하지는 말기 바란다. 더 많은 예들을 생각해내는 것은 쉬운 일이니 말이다. 자연을 신성한 발명품으로 보는 유신론적 감상이나, 신인동형론(神人同形論)에 뿌리를 둔 동물 감상, 혹은 창조성에 대한 낭만적인 생각에 의해 틀 지어진 예술 감상을 생각해보라.

칼슨-버드 원리는 터너, 노엘, 식품점의 소년들이 부적절하게 감상한다고 표명한다. 에이브릴 라빈은 펑크 가수가 아니다[그녀는 포 펑크(faux punk) 가수다]. 센트럴파크는 맨해튼의 본래 상태의 마지막 흔적이 아니며, 흰긴수염고래는 물고기가 아니다. 나아가 잘못된 분류는 활동력이 없지 않은데, 각각의 사례들에서 감상은 조건법적으로 분류에 의존하고 있다. 터너는 만약 에이브릴 라빈의 음악 제작에 대한 진실을 믿었다면 그것을 원초적이고 직접 녹음된 것으로 판단하지 않았을 것이다. 대신 그는 그 음악을 실망스러운 판매물로 판단할 것이다. 식품점의 소년들은 만약 센트럴파크가 거짓 자연이라고 믿었다면 그곳을 인간의 영역으로부터 벗어나 생기를 되찾는 곳으로 판단하지 않았을 것이다. 대신 그들은 그것을 경멸하거나 다른 이유로 그것을 좋아하게 될 것이다. 노엘이 흰긴수염고래를 다른 포유류들과 비교한다면 그 고래의 거대함은 그의 눈에서 줄어들 것이다.

그에 반해 참된 감상 원리는 터너, 노엘 그리고 식품점의 소년들을 편안히 놓아둔다. 터너가 에이브릴 라빈의 음악이 펑크라고 잘못 믿는 것은 그가 펑크의 본질과 모순되는 어떤 믿음들을 가지고 있음을 의미하지 않는다. 반대로 에이브릴 라빈의 음악에 대한 그의 감상은 아마도 상업적 음악에 대한 저항으로서 펑크의 본질에 대한 풍부한 지식에 조건법적으로 의존할 것이다. 같은 방식으로 식품점의 소년들은 비록 센트럴파크가 '자연적'이지 않고, 그들이 '자연적'임이 무엇인지 알더라도 센트럴파크를 자연적인 것으로 믿는다. 그 공원에 대한 그들의 감상은 사실 '자연'의 본성에 대한 참된 믿음에 조건법적으로 의존한다. 마지막으로 흰긴수염고래가 물고기라고 잘못 믿고 있는 노엘은 물고기가 포유류가 아니라는 것을 완벽히 알고 있더라도 그것을 물고기로 감상한다. 만약 그가 물고기를 포유류라고 믿었다면 그의 감상은 달라졌을 것임을 안다. 즉 흰긴수염고래는 그것의 위엄을 잃었을 것이다. 따라서 터너와 노엘, 그리고 식품점의 소년들은 부적절하게 감상하는 것이 아니다.

자신들의 감상이 참된 감상 원리에 일치하는 참된 감상자들은 자신들이 감상하는 것이 어디에 속하는지에 대해 참된 믿음을 가질 필요가 없다. 그들은 아마도 그 생명체가 사실은 포유류일 때 그것을 물고기라고 잘못 믿고, 연극이 사실은 비극일 때 희극이라고, 사실은 회화일 때 사진이라고 잘못 믿을 수 있으며, 이때의 그들의 감상 역시 적절하다. 참된 감상 원리는 그것을 적절하게 감상하는 일부로서 O가 사실은 K인지를 알아보라고 지시하지 않는다.

사진의 이미지

칼슨-버드 원리는 자주 부적절한 것으로서의 감상을 비난하는 것처럼 보인다. 그것이 이 원리가 가진 대가이고, 만약 우리가 인식적 기준에 따른 감상을 하고자 한다면 우리가 이 원리에 바라던 대가다. 분명히 또한 참된 감상 원리는 어떤 감상에도 의문을 제기하지 않는다. 그러지 않는 한, 이것은 텅 빈 기준을 설정해놓는다.

사진은 새로운 예술 형식이며, 이것은 다른 새로운 것들처럼 오해되기 쉽다. 게다가 새로운 예술 형식은 전통적 예술 형식에서 발생했을 때 특별한 오해의 위험이 있다. 사진은 회화에서 발생했고, 사진의 초기 실천가들은 회화를 모방했다. 결국 사진은 새로운 기술일 뿐만 아니라 새로운 예술 형식이고, 새로운 기술은 사진에서 그랬던 것처럼 어떤 혁명적인 것으로 선전될 때 특히 오해되기 쉽다. 따라서 우리는 사진에 대한 몇몇 오해를 예상해야 한다. 사실 사진은 우리가 그것을 예술로서 감상하는 방식에 있어 큰 역할을 하는 것으로 오해되어왔다.

바바라 사베도프의 책 『이미지의 변형』은 사진에서 무엇을 감상하는지, 사진에 대해 무엇을 믿는지, 그리고 우리의 믿음이 감상의 기저를 이루는 방법을 꿰뚫는 분석이다. 사베도프에 의하면 우리는 사진을 "가장 친밀한 대상조차 낯설어 보이도록 만드는"[5] 변형 능력으로 감상한다. 예로 드는 사진은 모자가 머리를 대신하는 것 같아 보이는 J. P. 모건의 작품이다(그림 9.1을 보라). 사베도프는 이 사진이 "어떤 이상한 것을 드러내려고 하거나, 세상이 보이는 방식을 동요하게 만들고, 사진이 우리에게 보도록 만드는 것과 우리가 사실이라고 알고 있는 것 사이의 틈을 발견하고는 깜짝 놀란다."[6]고 관찰한다. 물론 도미에는 분명히 훨씬 비슷한 것을 그렸을 테지만, 그 그림은 같은 힘을 갖지 못한다. 왜냐하면 오직 사진만이 그 장면을 낯설지만 실제인 것으로, 그리고 실제이기 때문에 낯선 것으로 보도록 하기 때문이다. 모건의 사진은 독특한 것이 아니다. 사베도프는 사진들이 "친숙하지 않은 세계임과 동시에 변형된 우리의 세계이기도 한 세계를 '기록'한다는"[7] 이유 때문에 새로운 세기가 시작되고부터 1960년대까지 고전주의 시대 사진들이 얼마나 강렬했는지를 보여준다.

---

5) Barbara Savedoff, *Transforming Images: How Photography Complicates the Picture* (Ithaca: Cornell University Press, 2000), 2쪽.

6) *Ibid.*, 88쪽.

7) *Ibid.*, 128쪽.

그림 9.1 작자 미상, 〈상류사회 결혼식에서 카메라를 피하는 J. P. 모건〉, 1937.
젤라틴 실버 프린트, 20″×16″, 뉴욕 현대 미술관, 디지털 이미지
ⓒ 뉴욕 현대미술관/SCALA/Art Resource, 뉴욕 제공.

사진은 오직 "그것의 진실성에 대한 우리의 신뢰를 가지고"[8] 있기 때문에 설득력이 있다. 이 신뢰는 두 믿음의 융합에서 기인한다. 하나는 사진이 그들의 대상을 **기록한다는** 점이다. 즉 사진은 대상에서 비롯된 인과적 · 기계적 과정의 결과다. 다른 하나는 그것이 대상을 **복제한다는** 것이다. 즉 사진은 그것이 어떻게 보이는지를 정밀하게 기록한다. 이 두 믿음은 사진에 대한 우리의 생각에서 함께 작동한다. 우리는 기계적 복사나 원본과 똑같은 복사를 융합하고, "이 융합은 사진의 기록적 특성에 대한 우리의 믿음이 사진 안에서 사물들이 나타나는 방식으로 적절하지 않게 옮겨가도록 한다."[9] 우리가 회화에 대해서는 이런 식으로 생각하지 않는다는 사실이, 왜 회화는 사물의 외관을 변형시킬 힘이 없는지를 설명해준다. 만약 사진가들이 중크롬산 고무 인화법을 사용한다면 우리는 사진을 다르게 볼 것이다. 즉 훨씬 회화처럼 볼 것이다.[10] 하지만 사실 우리는 "사진을 세계의 기록으로서 읽는다." 따라서 "사진은 단순히 회화의 비평적 원리를 취할 수 없다."[11]

또 다른 방법으로 이 논점을 이야기할 수 있는데, 그것은 바로 트릭 사진이다. 트릭 사진은 사물을 그들이 보이지 않는 방식으로 보이게 하고, 따라서 (유쾌하게) 놀라운 반응을 환기시킨다. 이 반응은 트릭 사진이 "사진은 사물이 보이는 대로 정밀하게 기록한다."는 기대를 위반하는 것을 설명한다. 그런데 트릭 회화는 없음을 주목하자. 회화는 사물을 그것이 보이지 않는 방식으로 보여줄 것이므로 어떠한 놀라운 반응을 환기시키지 않는다. 그 이유는 누구도 회화가 정확하게 외관을 기록한다고 기대하지 않기 때문이다. 그러한 기대 없이는 트릭 회화가 있을 수

8) *Ibid.*, 108쪽.

9) *Ibid.*, 193쪽.

10) *Ibid.*, 115쪽.

11) *Ibid.*, 149쪽.

없다. 사진의 진실성에 대한 신뢰가 있기 때문에 트릭 사진이 존재하는 것이다.

사베도프는 우리가 사진의 진실성에 대해 신뢰를 갖는 것이 옳은지 그른지에 대해 중립적이다. 그녀는 이렇게 적는다.

> [아마도] 사진은 특별한 기록적 지위를 갖는 것으로서 바르게 이해될 수 없을 것이다. 그럼에도 불구하고 그것이 바로 사진이 경험되는 방식이다. …… 그리고 [이것이] 근거가 충분한 평가와 우리가 생각하고 있던 사진에 대한 이해에서 필요한 한 이것은 반드시 우리가 집중하고 있는 비평적 원리에 반영될 것이다.[12)]

또한 "정당하건 아니건 우리는 사진을 세상에 대한 객관적인 기록으로 보는 경향이 있으며, 이 경향은 해석과 평가에 지대한 영향을 가져온다."[13)] 이것이 사진적 감상에 대한 공정한 서술인가? 이는 확실히 사진의 지각된 변형적 효과가 아니었다면 매우 흥미롭다고 여기지 않았을 대다수의 사진에 대한 진실을 알린다. 더욱이 이것은 아른하임, 바르트, 바쟁, 손탁 같은 이론가들의 관점을 명확히 하고, 체계화하는 지배적인 사진 이론의 전통을 대변한다.[14)] 이론가는 철학자를 포함한다. 로저 스크루턴은 이렇게 쓰고 있다. "사진의 대상이 일반적으로 이해되는 것은 인과관계의 측면에서다. ……이는 다음을 수반한다. ……그 대상은 반드시 대략 사진에 그것이 나타나듯이 나타나야 한다."[15)] 이 이론가들은

---

12) *Ibid.*, 128쪽.

13) *Ibid.*, 49쪽.

14) *Ibid.*, 49-49쪽. 또한 Rudolf Arnheim, "The Two Authenticities of the Photographic Media," *Journal of Aesthetics and Art Criticism* 51 (1993): 537-40쪽을 보라.

15) Roger Scruton, "Photography and Representation," in *The Aesthetic Understanding* (London: Methuen, 1983): 이 책 6장, 216쪽을 보라.

사진에 대한 진실을 가지고 있거나 아닐 수도 있지만, 우리는 그들이 우리가 사진에 대해 이떻게 생각하는지에 대한 진실을 가지고 있다고 믿을 모든 이유를 갖고 있다.

만약 사진적 감상이 "사진에 대해 갖고 있는 특별한 신뢰를 받을 만하다는 믿음에 기대고 있다."는 사베도프의 말이 맞는다면, 그만큼 사진적 감상은 참된 감상 원리에 의하면 부적절하다. 많은 사진들이 그 대상에 대한 믿을 만한 정보의 근원이지만, 그렇다고 해서 사진이 우리가 그것에 대해 가지고 있는 특별한 신뢰를 받을 만하지 않다. 왜냐하면 기록은 복사를 함축하지 않기 때문이다. 그 믿음은 사진의 본성에 대한 진실과 모순된다.

객관성 논쟁

칼슨-버드 원리와 참된 감상 원리는 우리의 사례들과는 다른 의견을 표명한다. 칼슨-버드 원리에 따르면 터너, 노엘 그리고 식료품점의 소년들은 부적절하게 감상하지만, 사진은 사진이기 때문에 우리가 사진으로서 사진을 감상하는 것은 적절하다. 참된 감상 원리에 따르면 (만약 사베도프가 옳다면) 사진으로서 사진에 대한 우리의 감상은 부적절하다. 비록 사진이 사진일지라도 그것에 대한 우리의 감상은 사진의 참된 본성과 모순되는 믿음에 조건법적으로 의존하기 때문이다. 좋은 소식은 터너와 노엘 그리고 식료품점의 소년들은 펑크, 고래, 자연의 본성과 모순되는 믿음에 조건법적으로 기대고 있지 않기 때문에 그들의 감상은 적절하다. 직관이 나누어져 있는 한 어느 원리도 더 그럴듯하지 않다.

칼슨-버드 원리 논쟁은 객관성 논쟁이다. 이 논쟁에서 칼슨-버드 원리는 문제의 해결책으로 제공되었다. 만약 그 문제가 실제라면 칼슨-

버드 원리가 그것을 해결하지만, 참된 감상 원리 역시 그것을 해결한다.

객관성 논쟁은 켄달 L. 월턴의 "예술의 범주들"을 (그의 보증 없이) 각색한 것이다. 월턴은 어떤 작품이 갖고 있는 듯이 보이는 미적 속성들은 지각적으로 분별 가능한 범주들과 연관 있어 보이는 비-미적 속성들에 기대어 있음을 보여준다. 유명한 예로 〈게르니카〉는 회화로 봤을 때는 "폭력적, 역동적, 치명적, 충격적이다." 하지만 게르니카로서 봤을 때에는 "차갑고, 삭막하고, 활기가 없거나 잔잔하고, 평온하거나, 아니면 아마도 재미없고, 활기 없고, 지루하다." 즉, 얕은 양각으로 만들어진 2D 패턴의 〈게르니카〉를 충족하는 작업의 범주다.[16)]

월턴은 '기준', '반-기준', '가변적'인 범주에 있는 작품들의 비-미적 속성에 호소함으로써 회화, 게르니카, 고전적 소나타 같은 범주들을 특징짓는다. 속성은 오직 그것의 **부재**가 작품을 범주로부터 박탈하는 (경향이 있는) 경우에만 범주의 기준이 된다. 속성은 오직 그것의 **현존**이 작품을 범주로부터 박탈하는 (경향이 있는) 경우에만 범주의 반-기준이 된다. 속성은 오직 그것의 부재나 현존이 작품을 범주로부터 박탈하지 않는(박탈하는 경향이 있지 않은) 경우에만 범주의 가변성이 된다. 회화에서 평평함은 기준이고, 움직이는 부분을 갖는 것은 반-기준이며, 붉은 패치들을 갖는 것은 가변성이다.

범주는 속성들에 의해 특징지어지기 때문에 아주 많은 종류가 있다. 이 부분이 바로 우리의 문제가 시작되는 곳이다. 만약 작품이 가지고 있는 듯한 미적 속성들이 그것이 인지된 범주에 의존한다면, 작품은 다른 범주의 관점에서 봤을 때는 다른 미적 속성을 갖는 것처럼 보일 것이다. 어떠한 작품과 어떠한 미적 속성이 F이기 때문에 그것이 F로 드러나는 예술의 범주가 있다. 하지만 월턴은 작품의 범주-상관적인 지각은 미

16) Walton, "Categories of Art," 347쪽.

적 속성 부여가 매우 빈번히 잘못되는 것을 허용하지 않는다고 이의를 제기한다.[17] 그러한 부여를 위해 그 부여가 사실인 범주가 있다.

해결법은 어떠한 범주들로 작품을 지각하는 것이 옳으며, 다른 범주로 지각하는 것은 틀리다고 주장한다. 어떤 부여들은 오해되기도 하는데, 잘못된 범주에 작품의 지각을 의존하는 것들이 그러하다.

논법은 쉽게 감상으로 이어진다. 감상에서의 형체가 적어도 월턴의 범주처럼 정교하게 특징지어진 것들이 있다고 가정해보자(어쩌면 그것들은 월턴의 범주들일 수도 있다). 만약 어떤 주어진 것이 K로서 감상되었다면, K 그리고 그렇다면 부여 p에게는 그것이 K로서 감상되었을 때 p가 오해되지 않는 그런 K가 있다. 우리의 부여가 매우 빈번하게 잘못되지는 않는다. 이 해법은 칼슨-버드 원리가 적절한 감상을 제한하도록 적극 협력한다. 우리는 오직 그것이 K일 때만 어떤 것을 K로서 적절하게 감상한다. 부여들은 부적절한 감상에서 나올 때만 잘못된다. 부적절한 감상은 흔한 일이며, 따라서 우리의 부여는 자주 잘못된다.

이 해법은 그것의 목적에서 성공한다. 즉 이것은 왜 부여가 종종 잘못되는지를 설명한다. 하지만 여기에 또 다른 해법이 있다. 월턴이 범주-상관적인 해석은 부여가 잘못되는 것을 **절대** 허용하지 않는다는 것에 반대하지 **않았음**에 주목하자. 그가 미약하게 사용하는 '매우 빈번히'라는 인식에는 이미 범주-상관적인 감상에서 틀릴 공간이 있다는 것을 암시한다.

먼로는 어떤 개가 그 품종이라기엔 다소 너무 짧다고 판단한다. 포시는 그 개가 셰틀랜드 양치기 개이지 콜리가 아니며, 먼로는 분명히 그것이 콜리이기엔 짧더라도 셰틀랜드 양치기 개로서는 높기 때문에 그것을 콜리로서 보았을 것이라며 이의를 제기한다. 먼로는 "아니, 그것은 셰

17) *Ibid.*, 355쪽.

틀랜드 양치기 개라기에는 너무 짧아."라고 대답한다. 만약 포시가 옳고, 그 개가 셰틀랜드 양치기 개로서는 이상적인 높이라면 먼로의 부여는 잘못된 것이다. 아니면, 만약 그 개가 셰틀랜드 양치기 개라기엔 짧고, 포시가 그것을 그런 개로서 보고 있다면 그녀의 부여는 잘못된 것이다.

로절린은 〈게르니카〉가 평온하다고 말한다. 당신은 그녀가 〈게르니카〉를 게르니카guernica로서 감상하기 때문에 자신의 철학을 좀 심각하게 받아들이고 있다고 생각할 것이다. 하지만 로절린은 당신의 마음을 읽고, **당신**이 철학을 심각하게 받아들이고 있다고 깨닫고는 서둘러 이렇게 덧붙일 것이다. "그리고 나는 이것이 **회화**로서 평온하다고 의미한 거야." 로절린은 물론 잘못 이해한 것이다. 〈게르니카〉는 그것이 회화로서 감상되었을 때 평온하지 않다.

이 잘못들을 설명하는 데는 하나 이상의 방법이 있다. 아마도 먼로는 높이에 대한 개념을 결여하고 있고, 로절린은 평온함에 대한 개념을 결여하고 있는 것이거나, 어쩌면 그들은 영어 단어를 잘못 사용하고 있는 것일 수 있다. 하지만 이것만이 유일한 설명은 아니다. 먼로와 로절린이 문제의 개념들을 알고 있고, 그것이 지칭하는 영어 단어를 알고 있다고 규정해보자. 그래도 그들은 여전히 잘못 받아들일 수 있다. 결국 먼로는 셰틀랜드 양치기 개에 대해 잘못된 생각을 가지고 있고, 로절린은 회화에 대해 잘못된 생각을 가지고 있을 수 있다. 먼로는 셰틀랜드 양치기 개의 보통 높이가 50센티미터라고 잘못 믿고 있을 수 있고, 로절린은 대부분의 회화가 잭슨 폴록의 방울들 같다고 잘못 믿고 있을 수 있다.

객관성 문제의 또 다른 해법은 참된 감상 원리의 협력을 얻는다. 즉 우리의 감상이 K들의 본성에 모순되지 않는 믿음에 조건법적으로 의존하는 한 어떤 것을 K로서 적절히 감상한다. 부여는 그것의 기준에 따르는 부적절한 감상에서 나올 때 잘못된다. 부적절한 감상은 일반적이다. 왜냐하면 그것이 무엇인지에 대한 진실과 모순되는 믿음들 또한 일반적이기 때문이다. 따라서 우리의 부여는 종종 잘못된다.

객관성 문제의 두 가지 해법은 둘 다 왜 감상에서 나오는 부여가 때때로(전혀 아닌 것보다는 자주, 그리고 아마도 상당히 자주) 잘못되는지에 대해 설명하는 한 성공적이다. 칼슨-버드 원리가 객관성 문제의 유일한 해법으로 널리 받아들여지는 한 이 정도는 새로운 것이다. 하지만 각각의 원리는 그 각각이 다른 일련의 감상들의 부적절함을 제안하기 때문에 다른 일련의 부여들이 잘못 받아들여짐을 암시한다. 당신의 직관은 칼슨-버드 원리를 따르거나 참된 감상 원리를 따를 수 있다. 즉 당신의 직관은 사진 팬들을 따르거나 아니면 터너, 노엘, 식료품점의 소년들을 따를 수 있다. 객관성 논쟁은 이 모순되는 직관들 사이에서 결정될 수 없다.

모순을 해결하는 한 가지 방법은 참된 감상 원리와 칼슨-버드 원리 둘 다를 부인함으로써 둘 다에 해당하는 일련의 직관들을 지지하는 것이다. 이 해법은 객관성 문제가 실제임을 부인한다. 이것은 비-인지주의자의 해법이다.

또 다른 선택은 참된 감상 원리와 칼슨-버드 원리를 함께 주장하는 것이다. 이 선택은 직관이 사진 팬들뿐만 아니라 터너, 노엘, 식품점의 소년들에 반대하는 사람들에게 호소할 것이다. 아마도 이것들처럼 엄밀한 직관들을 지지해야 할 이유가 있을 것이다. 그 이유는 두 원리 모두 객관성 문제를 해결해야 할 필요가 있었기 때문은 아니다. 오직 하나의 원리만이 그 일을 할 필요가 있다.

감상의 존재론

객관성 논쟁은 만약 참된 감상 원리가 지지될 수 없으면 칼슨-버드 원리를 받아들일 것을 권고한다. 그것을 충족시키지 못할 뿐 아니라 칼슨-

버드 원리도 충족시키지 못하거나, 혹은 항상 충족되는 감상의 기준 설정이 무의미한 것이라면 이는 지지될 수 없다.

하나의 이의는 K들의 본성에 관한 참된 믿음을 갖는다는 것이 무엇인지에 대한 관점을 기반으로 한다. 이러한 견해에 따라 K들의 본성에 대한 참된 믿음을 갖는 것은 K들을 비-K들과 구별할 수 있음을 수반한다. 우리는 K가 된다는 것이 어떤 것인지에 대한 모든 참된 믿음을 가질 수 없고, K들을 인식하는 데 실패한다. 만약 이것이 옳다면 터너, 노엘, 식품점의 소년들에 대한 관대한 설명은 비논리적이다. 우리는 각각의 경우 감상자는 작품이 K라고 잘못 받아들이고, K들의 본성에 대한 참된 믿음들을 갖는다. 만약 이 참된 믿음들을 갖는 것이 K들을 비-K들로부터 구별할 수 있음을 수반한다면, 감상자는 사실 K들을 감상할 때처럼 감상하지 않는다. 그리고 만약 감상자가 어떤 것을 K로 받아들인 보고를 의심할 이유가 없다면, 그들은 분명히 K들의 본성에 대한 참된 믿음을 가지고 있지 않다. 이는 그들이 비-K를 K로서 잘못 인식한 것을 설명해준다. 즉 그들은 K들이 무엇인지 모른다.

만약 이 사고방식이 옳다면 터너, 노엘 그리고 식료품점의 소년들은 부적절하게 감상하는 것이다. 사실상 참된 감상 원리의 기준에 실패하는 사람은 칼슨-버드 원리의 기준에도 실패한다. 두 원리는 반대 의견을 제기하지 않는다. 이제 둘 사이에서의 선택은 분명하다. 칼슨-버드 원리를 선택하라. 두 원리가 터너, 노엘 그리고 식료품점의 소년들을 비난하지만, 칼슨-버드 원리는 사진 감상을 비난하지 않으며, 객관성 논쟁은 오직 하나의 기준만을 보장한다.

이 반대에서 한 가지 어려운 점은 참된 감상 원리는 적절한 감상자들이 K들의 본성에 대한 참된 본질적 믿음을 갖고 있을 것을 요구하지 않는다는 것이다. 감상은 오직 그것이 조건법적으로 K들의 본성에 대한 진실과 모순되는 믿음들에 의존하지 않을 때만 적절하다고 말한다. 감상은 K들의 본성에 대한 어떠한 믿음에도 의존하지 않기 때문에 적절하다. 이 점은 학문적이지 않은데, 어떤 감상들은 그러한 어떤 믿음에도 의존하지 않을 만큼 얄팍하다.

더 중요한 것은 이러한 반대가 분류를 위한 기준을 너무 높이 잡고 있다는 것이다. 일반적으로 K들의 본성에 대한 모든 참된 믿음을 갖는 것은 K들을 분류하는 데 있어 틀림없는 능력을 의미하지는 않는다. 나는 물이 H_2O라는 것을 알지만, 가끔씩 물이 아닌 것을 물이라고 오해하기도 한다. 당신은 늑대가 되기 위해서는 어떤 생물학적 혈통에 속해 있어야 한다는 것을 알지만, 붉은늑대swamp wolf를 **카니스 루피스**Canis lupus의 일원으로 오해하기도 한다. 핵심은 역사적인 것의 일원인 인공물에 관해 이야기할 때 강조된다. 지각적으로 식별하기 어려운 사물은 오직 그것이 다른 상황에서 제작되었기 때문에 다른 종류에 속하게 될 것이다.[18] 단토의 식별하기 어려운 것들은 훨씬 광범위한 현상을 극적으로 표현한다. 즉, K를 만드는 모든 특성이 K들의 본질적이며, 지각적인 특성은 아니다. 모방은 아마도 의도적일 것이다. 이는 터너, 노엘 그리고 식료품점의 소년들이 자신들이 왜 그런 실수를 저지르게 되었는지 설명한다. 에이브릴 라빈의 음악은 펑크 같고, 흰긴수염고래는 물고기를 닮았고, 센트럴파크는 자연적인 풍경을 닮았다.

[두말할 필요도 없이, 잘못된 분류가 때로는 그것이 잘못 분류된 그런 종류의 본질에 대한 거짓 믿음에 의한 것이라는 사실과 일치한다. 당신은 투츠(Toots)와 메이탈스(Maytals)의 〈프레셔 드롭(Pressure Drop)〉을 폴카로 잘못 분류할 수 있는데, 이는 폴카가 되려면 레게 비트를 갖고 있어야 한다고 당신이 잘못 믿고 있기 때문이다.]

두 번째 반대는 우리가 어떤 개념을 감상자에게 돌려야 하는지에 대한 질문을 제기한다. 당신의 O에 대한 감상이 조건법적으로 K들의 본

---

18) Danto, "The Artworld."

성과 모순되는 믿음에 의존한다고 말해질 수 있는 경우는 사실 당신이 O를 K*로 감상하는 경우이고, 이때 K*은 그 본성이 관련된 믿음에 적합한 종류의 것이라고 가정해보자. 또 '포토그라프fauxtograph(역자 주- 컴퓨터 프로그램을 통해 이미지를 조작하여 가짜 사진을 만드는 것을 일컫는다)'가 그릇되게 사진에 회부하는 특징들을 가지고 있다고 가정해보자. 사진과 달리 포토그라프는 그것의 진실성에서 우리의 신뢰를 받을 만하다. 따라서 진실성에서 신뢰를 받을 만한 어떤 것으로서 이미지를 감상하는 것은 그저 포토그라프로서 감상하는 것이다.

사진에 대한 우리의 감상은 에이브릴 라빈에 대한 터너의 감상, 센트럴파크에 대한 소년들의 감상, 그리고 흰긴수염고래에 대한 노엘의 감상과 정확히 같다는 결론이 나온다. 각각의 경우 K는 K*로서 감상되었다. 참된 감상 원리는 적절한 감상에 부과하는 조건이 언제나 충족되기 때문에 대단치 않다. 하지만 만약 참된 감상 원리가 대단치 않다면, 오직 칼슨-버드 원리만이 객관성 문제를 해결할 수 있고, 이는 우리가 이 원리를 받아들일 좋은 이유를 제공한다.

반대로는 작품을 감상하는 것은 그것이 **무엇이든** 그 감상에 적합한 본성을 가진 것으로서 감상하는 것을 가정한다. 오직 이러한 가정을 고려할 때, 우리가 그것의 진실성에 있어 신뢰를 받을 만한 어떤 것으로서 이미지를 감상하는 것은 바로 그것을 포토그라프로서 감상하는 것이라고 할 수 있다. 하지만 그 가정은 잘못된 것이다.

나는 어쩌면 침엽수는 본래 상록수라고 믿을 것이다. 하지만 당신이 더 잘 알겠지만, 낙엽성 침엽수도 있다. 그럼에도 당신과 나는 침엽수에 대한 개념을 공유한다. 왜냐하면 우리는 침엽수의 본질에 대해 나무 전문가를 따르기 때문이다. 사실 우리가 전문가를 따르는 것은 왜 내가 몇몇 나무들을 잘못 분류할 수 있는지 그리고 왜 내가 침엽수의 본질에 대해 거짓된 믿음을 가질 수 있는지, 혹은 침엽수의 본질에 대한 진실과 모순되는 믿음을 가질 수 있는지를 설명해준다. 그런 복종(혹은 비슷한 어떤 것)이 아니고서야 잘못 분류하거나 사물의 본질에 대해 실수하지 않을 것이다. 당신에게 잘못된 분류처럼 보이는 것은 사실 그 본질에 대해 분류하는 사람이 결코 틀릴 수 없는 침엽수에 대한 분류다.

나무에 해당하는 것은 예술 형식에도 해당한다. 터너는 펑크의 본질에 대해 전문가를 따른다. 우리가 전문가가 아닌 이상, 당신과 나는 사진의 본질에 대해 전문가를 따른다. 사진에 대한 우리의 개념은 그 본질이 전문가들에 의해 알려진 것에 대한 개념이다. 그것이 **무엇이든** 우리의 감상에 딱 들어맞는 그런 개념은 아니다. 그 반대는 우리에게 우리의 감상적 개념을 지배할 너무 많은 힘을 준다.

이는 감상적 개념에 대해 우리가 아무런 힘을 가지고 있지 않다고 말하려는 것이 아니다. 나는 사진이 포토그라프가 아니라는 것과 포토그라프라는 것이 없다는 것을 잘 알면서도 사진을 포토그라프로서 감상한다고 규정할 수 있다. 하지만 그런 규정은 그 반대가 요구하는 것에 미치지 못한다. 즉 우리가 사진을 본래 하듯이(그것을 사진으로서 감상하도록 우리를 이끄는 것) 감상할 때, 사실 우리는 그것을 포토그라프로서 감상한다.

마지막 반대는 사진의 본질에 대한 진실이나 다른 감상적 성질이 있지 않다는 진술을 이용한다. 만약 그러한 진실이 없다면, 모든 믿음은 K들의 본성에 대한 진실과 일치한다. 이것을 사진의 경우에 관한 추론에 적용해보자. 만약 사진을 사진인 성질로 만드는 그런 것이 없다면 사진 감상은 사진의 본성에 모순되는 믿음에 조건법적으로 의존하지 않는다. 참된 감상 원리는 대수롭지 않게 만족되기 때문에 우리는 객관성 문제를 푸는 데 있어서 칼슨-버드 원리를 선호할 것이다.

토니는 평범한 왈츠를 듣고 있고, 그는 그것을 왈츠로서 감상한다고 말한다. 그가 "맙소사, 정말 획기적이야!"라고 소리칠 때, 그는 분명히 그 음악을 즐기고, 그것을 따라 허밍하고, 박자를 맞추고 있었다. 당신이 그에게 무슨 생각을 하고 있는지 물으면 어리둥절해하며 "이건 3/4박자의 왈츠야."라고 한다. 만약 이것이 왈츠로서 왈츠를 감상하는 부적절한 것이 아니라면, 이것이 무엇인지 알기 어렵다. 토니가 그 음악을 즐기는 데 실패했다는 의미에서 부적절한 것이 아니다. 그는 이것을 충분히 즐길 것이다. 이는 감상이 활동이라는 의미에서는 부적절하며, 비록 토니가 활동에 참여하고 있지만, 그는 그것을 매우 잘하고 있지는 않다.

무엇이 부적당함을 설명하는가? 하나의 선택은 토니가 박자표를 이해하지 못했다는 것이다. 그것은 묵살하기 쉬운데, 그에게 '돈Money'의 비트를 맞춰보라고 하면 그는 나무랄 데 없는 7박자를 칠 것이고, 혹은 그에게 '전통적인' 왈츠의 비트를 쳐보라고 하면 그는 보통의 박자를 칠 것이다. 또 무엇이 있을까? 그는 그 작품이 3박자라고 잘못 믿고 있는가? 아니다. 그것은 정말 왈츠다. 이에 대한 설명은 반드시 "그가 왈츠의 본질에 대해 잘못된 믿음을 가지고 있다."고 해야 한다. 그가 이 음악이 획기적임을 발견하는 것은 오직 이러한 믿음에 비추어볼 때 그러하다.

만약 이 설명이 옳다면, 왈츠는 모든 경우에 3박자의 성질을 갖고 있다. 적절하게 왈츠로서 왈츠를 감상한다는 것은 왈츠가 3박자라는 사실에 통제된 방식으로 그것을 듣는 것을 의미한다. 즉 이것은 왈츠를 3박자의 어떤 것으로서 듣는 것을 의미한다. 토니의 오해는 잘못된 감상을 낳았다. 만약 그가 더 잘하길 바란다면, 왈츠에 대한 그의 믿음 중 하나는 반드시 수정되어야 한다. 그렇다면 어느 것인가? 왈츠를 왈츠로 만드는 것에 대한 그의 믿음, 즉 그것의 박자표다.

토니의 사례는 동일하게 부적절한 감상의 예시를 쉽게 근절할 수 있는 본보기다. 테닐은 그녀가 맛보고 있는 피노타주가 피노타주로서는 너무 묵직하다고 불평한다. 그녀는 그 피노누아가 그것에 섞인 다양한 것들(추측컨대 카베르네 소비뇽)에 압도당했다고 믿는다. 하지만 피노타주는 혼합되는 것이 아니며, 피노누아의 혼합이라는 테닐의 잘못된 믿음은 그 와인에 대해 잘못 생각하도록 이끌었다. 그 와인은 피노누아보다 묵직하다는 점에서는 테닐이 옳다. 하지만 피노타주로서는 너무 묵직한 것이 아니다. 그녀는 그것을 피노타주로서 적절하게 감상하는 데 실패했다.

총알을 삼킬지 말지biting the bullet는 선택이다. 토니와 케닐은 적절한 감상자인데, 왈츠를 왈츠로 혹은 피노타주를 피노타주로(혹은 사진을 사진으로) 만드는 본질적인 특성이 없기 때문이다. 아마도 왈츠, 혹은 피노타주(혹은 사진)가 되는 것은 그저 기원의 문제일지도 모른다.

하지만 총알bullet은 단단한 것이다. 만약 사진이 되는 것이 그저 기원의 문제라면, 아마도 이것은 사진을 만드는 실천에 있어 기원의 문제다. 사진은 사진가가 사진가로서 실천의 일부로 만든 품목이다. 사진은 이런저런 본질적인 특성을 가지고 있어야 한다는 추가적인 조건이 요구되지 않는다. 따라서 어떠한 것도 사진가가 회화(아니면 페트라르칸 소네트)의 모든 본질적 특성을 가지고 있는 사진을 만드는 작업의 실천을 멈출 수 없다. 그런 결과를 막기 위해서는 반드시 그 실천이 사진으로 간주되는 것을 제한하는 법칙을 포함한다고 생각해야 한다. 항목, 즉 법칙은 만약 그 실천 안에서 그것이 사진으로 간주되기 위해서는 이러저러한 본질적 특성들을 가지고 있어야 한다. 아마도 그것은 분명히 이미지일 것이다. 의심할 여지없이 사진기를 통해 만들어진 이미지다. 하지만 그런 경우 사진이 되는 것은 그저 기원의 문제가 아니다. 사진의 어떤 본질적 특성들이 그것을 사진으로 만드는 일부가 된다.

참된 감상 원리는 옹호될 수 없는 것이 아니다. 그것은 객관성 문제의 해법으로서, 그리고 감상의 인식적 기준으로서, 칼슨-버드 원리와 경쟁적으로 존속하는 선택 사항으로서 남아 있다.

직관의 해석

참된 감상 원리를 받아들여보자. 그럼 어떤 대가를 지불해야 할까? 왈츠에 대한 토니의 감상, 피노타주에 대한 테닐의 감상, 그리고 사진에 대한 우리의 감상은 모두 부적절한 것이 된다. 동시에 에이브릴 라빈에 대한 터너의 감상, 센트럴파크에 대한 소년들의 감상, 그리고 흰긴수염고래에 대한 노엘의 감상은 모두 적절한 것이 된다. 참된 감상 원리에 대한 부정은 우리의 대변(貸邊)을 차변(借邊)으로, 차변을 대변으로 전환한다. 다음 단계에서는 어떤 해석 방법이 더 높은 잔액을 산출하는지 살펴볼 것이다. 문제는 터너, 노엘 그리고 식품점의 소년들 편에 있는 사람들이 사진 지지자들에게 불리한 결정을 하는 대가를 무시하는 것이며, 사진 지지자들 편에 있는 사람들은 터너, 노엘, 식료품점의 소년들에게 불리한 결정을 하는 대가를 무시한다는 것이다. 분쟁을 가라앉힐 수 있는 유일한 효과적인 방법은 직관이 분명하게 하나의 원리를 선호하는지 아니면 다른 방식으로 설명될 수 있는지 보는 것이다. 그것들을 잘 설명하는 것은 국면을 전환시킨다.

참된 감상 원리는 터너, 노엘 그리고 식품점의 소년들을 편안하게 놓아둔다. 이는 자신의 감상이 적절하다고 믿는 사람들의 선택이다. 하지만 아마도 터너, 노엘, 식품점의 소년들 편에 있는 사람은 왜 그들을 편안하게 놓아두어야 하는지에 대한 다른 설명을 받아들일 것이다. 터너, 노엘 그리고 식품점의 소년들은 그들이 하는 대로 감상하는 데 있어 **책임이 없다**. 비록 그들의 감상이 잘못된 믿음을 포함하고 있지만 그런 믿음들은 보장된 것이며, 보장된 믿음들은 그것이 거짓일 때조차 책임이 없다. 터너는 에이브릴 라빈의 음악이 펑크라고 믿을 만한 적당한 이유를 가지고 있다. 결국 그녀는 펑크를 흉내 내고 있고, 그는 그 속임수를 눈치 챌 만한 좋은 위치에 있지 않다. 마찬가지로 고래는 물고기의 표피적 특성들을 많이 가지고 있으며, 노엘은 생물학자가 아니다. 센트럴 파크가 맨해튼의 마지막 남은 자연적 상태라는 것은 도시의 구전 지식이다. 따라서 터너, 노엘 그리고 식품점의 소년들은 칼슨-버드 원리가 예측하듯이 부적절하게 감상하지만, 그 부적절함에 책임은 없다.

이는 터너, 노엘, 식료품점의 소년들 편에 있는 사람들을 진정시킬 정도로 충분하지는 않다. 참된 감상 원리는 단순히 터너, 노엘, 식료품점의 소년들이 그들의 분류에 책임이 없음을 암시하지 않는다. 그보다는 훨씬 강하게 그들의 잘못된 분류와 그들이 암시하는 잘못된 믿음들이 감상의 적절성과는 무관하다고 말한다. 터너, 노엘 그리고 식품점의 소년들이 사물을 잘못 분류하는 것에 책임이 없다는 주장은 그들이 올바르게 분류할 위치에 있지 않음에 의존한다. 터너가 좀 더 나이가 있고, 노엘이 생물학을 좀 더 잘 배우고, 식품점의 소년들이 그림 같음에 대해 좀 더 잘 알고 있었다면, 그들의 잘못된 분류는 비난받을 만하다. 참된 감상 원리에 의해서도 이는 허용되지 않는다. 단순한 잘못된 분류는 감상의 적절함에 절대 관련되지 않는다.

터너가 에이브릴 라빈의 음악이 펑크의 팝 이미테이션 패키지라는 것을 알았다고 가정해보자. 그래서 어떻다는 것인가? 그는 그것을 펑크로 들을 것을 선택할 것이다. 그것을 펑크로 들음으로써 그는 즐거움, 통찰 그리고 공통선의 근원으로 접근한다.

대부분 사람들은 흰긴수염고래가 물고기가 아니라는 것을 안다. 하지만 만약 당신이 그것의 거대함을 경험하고 싶다면 물고기로 감상하면 된다.

센트럴파크는 뉴욕 사람들에게 사랑받는 장소다. 그들의 역사를 아는 사람이라면 그것이 신중하게 계획되고 유지된 조경 작업임을 안다. 하지만 그 공원을 인공물로 보면 그 매력을 잃는다. 이러한 이유로 역사적 지식을 갖고 있는 뉴욕 사람들은 여전히 그것을 자신들이 살고 있는 도시의 마지막 남은 본래의 목가적인 상태 흔적이라고 감상한다.

이 설명은 처음보다는 덜 특이하다. 비-K들을 K들로서 의도적으로, 그리고 다 알고 있다는 듯이 감상하는 것은 만연해 있다. 이것이 만연한 이유는 그렇지 않으면 힘이 미치지 않는 곳에 있을 중요한 감상물을 전달하는 것은 자유이기 때문이다. 예를 들어 우리는 종종 그림 같은 풍경을 회화로서 감상하고, 무용 공연에서도 2차원적인 이미지로서 감상한다. 어떤 회화들을 극장의 작은 부분으로서 감상하거나 사진으로서 감상한다. 우리는 어떤 사진들을 회화로서 감상한다. 이 각각의 사례에서 우리는 K*이라고 믿는 것을 K로서 감상한다. 이 사례들 중 몇몇에서 K*을 K*로서 충분히 감상하는 것은 그것을 K로서 감상하는 것을 포함한다.

우리는 잘못 분류하고 감상 범주의 본성에 대해 잘못된 믿음을 가지고 있지만, 나중에야 교정할 것이라 생각하는 것이 타당한 사례들이 더 있다. 그레코로만 조각은 사실 다소 화려하게 채색되었다. 세월이 지나 그 색을 잃은 고대 대리석 르네상스 기의 발견은 그레코로만 조각이 채색되지 않은 대리석과 브론즈라는 잘못된 이미지를 형성했다. 이것은 또한 현대 조각의 기준을 형성했는데, 현대 조각은 그레코로만 조각에서 구현되었다고 생각된 기준과 목적으로부터 그것의 기준과 목적을 모방하였다. 결과적으로 폴리클레이토스를 그레코로만 조각으로 감상하는 것은 조건법적으로 그레코로만 조각이 아무것도 씌우지 않은 대리석이라는 거짓 믿음에 의존하고 있으며, 이는 그만큼 부적절하다. 우리는 더 잘할 수도 있는데, 고대에 대해 더 나은 지식으로 무장하면 그레코로만 조각이 채색된 작업이었다는 사실에 맞는 개념을 잘 사용하여 그레코로만 조각으로서 폴리클레이토스를 감상할 수 있다. 그렇지 않으면, 우리는 그것을 그 기준과 목적이 르네상스시기에 형성된 것으로 감상할 수 있다. 그러나 그것은 그러한 것에 속하지 않으므로 우리는 분류에 있어 오류를 범하는 것이다. 사실 우리는 일반적으로 후자를 선택한다. 왜냐하면 우리는 전자를 선택힘으로써 무엇을 얻든지 간에 너무 많이 잃을 것이다.

칼슨-버드 원리는 이 모든 감상을 멈출 것이다. 오직 참된 감상 원리만이 그것들을 수용한다.

게다가 우리가 의도적으로 그리고 유리하게 비-K를 K로서 감상한다는 사실은 사진 지지자들의 편에 있는 직관을 어떻게 해명할지를 제안한다. 만약 사베도프가 옳다면 우리는 사진이 그들의 진실성에서 신뢰받을 만하다는 것을 잘못 믿고 있는 것이다. 참된 감상 원리는 우리의 감상이 이러한 거짓된 믿음에 의존하는 한 부적절함을 함축한다. 하지만 우리는 사진을 사진으로서 감상할 필요가 없다. 만약 사진을 포토그라프로서 감상하는 것에서 이익을 얻는다면 우리는 그것이 포토그라프가 아님을 알면서도 그것을 포토그라프로서 감상할 이유를 갖는다. 그 감상은 적절하다.

참된 감상 원리와 칼슨-버드 원리 둘 다 우리에게 몇몇 거짓 믿음에 대한 자유를 인정한다. 이런 거짓 믿음을 갖는 것은 감상의 성질에 어떠한 해도 되지 않는다. 그들이 우리가 자유로이 가질 수 있는 거짓 믿음에 동의하지 않고, 우리가 그들 모두를 자유롭게 가질 수는 없기 때문에 우리는 반드시 선택해야 한다. 참된 감상 원리는 반대에도 살아남는 한 실행 가능하다. 게다가 그것은 사진적 감상에 대한 직관을 해명하면서 터너, 노엘 그리고 식품점의 소년들에 대한 직관을 옹호한다.

위조와 엄정함

객관성 논쟁은 참된 감상 원리나 칼슨-버드 원리 둘 중 하나를 보장할 뿐 둘 다를 보장하지는 않는다. 이것은 우리로 하여금 선택할 것을 요구하고, 우리가 그들을 포착하든지, 아니면 해명하든지 간에 우리의 직관에 가장 잘 맞는 원리를 선택해야 한다. 하지만 어떤 직관들은 그 원리들은 결합하는 혹독한 선택을 선호할 것이다. 직관은 위조에 관계한다.

이 회화는 베르메르Vermeer의 것처럼 보이지만, 사실은 1938년에 한 반 메이헤른Han van Meegeren이 그린 것이라고 가정해보자. 만약 당신이 그것을 베르메르의 것으로 감상한다면, 당신의 감상은 어느 한 방향으로 흐를 것이고, 만약 당신이 그것을 반 메이헤른의 것으로 감상한다면 그 감상은 다른 한 방향으로 흘러갈 것이다. 예를 들어 당신은 분명히 서로 다른 판단을 내릴 텐데, 전자의 경우라면 그 작품은 성공적인 것이고, 후자의 경우라면 그것은 졸렬한 모조품인 것이다. 여기서 이른바 위조 문제라는 것이 발생한다. 이 문제는 어떻게 두 개의 분간하기 어려운 대상이 같은 맥락에서 서로 다른 감상을 불러일으킬 수 있는지에 관한 것이다. 하지만 이 문제는 참된 감상 원리나 칼슨-버드 원리의 문제가 아니다. 두 원리는 O를 K로서 감상하는 것과 K*로서 감상하는 것 사이의 차이, 즉 베르메르 스타일로 보이는 회화를 베르메르의 것으로서 감상하는 것과 반 메이헤른의 것으로서 감상하는 것 사이의 차이에서 형성된다. 다르게 말하면, 감상 그 자체에 의한 차이는 두 감상 모두를 부적절하게 만든다. 그렇더라도 많은 사람들은 만약 그 작품이 반 메이헤른에 의한 것이라면 그것을 베르메르의 것으로 감상하는 것이 부적절하고, 만약 베르메르의 것이라면 그것을 반 메이헤른의 것으로 감상하는 것이 부적절함을 직관한다. 칼슨-버드 원리는 그 직관을 포착한다.

하지만 위조에 대한 직관 자체는 참된 감상 원리보다 칼슨-버드 원리를 선호하지 않는다. 그와는 반대로 그것은 참된 감상 원리에 신빙성을 더해준다. 위조는 방해받는 사람들을 두 가지 방식으로 방해한다. 이는 베르메르의 것을 위조로 감상해서 그것을 평가절하하게 하여 성가시게 하듯이, 위조품을 베르메르의 것으로 감상해서 그것을 과대평가하게 하여 성가시게 한다. 반 메리헤른을 베르메르로 받아들임으로써 베르메르에 대한 잘못된 생각을 갖게 되므로 또한 성가시다. 학자들은 반 메이헤른이 그런 계책을 부릴 수 있었던 것은 부분적으로 그가 한두 작품의 위조에서 성공을 거두었는데, 이는 베르메르의 것이 무엇인지에 대한 전문가들의 생각을 바꿔놓았고, 각각의 새로운 위조는 변경된 규범으로 잠입하기 더 쉬웠기 때문이라고 보고한다. 전자의 성가심은 후자에 의존한다. 위조품을 과대평가하는 것에 대해 걱정하는 마음은 베르메르를 베르메르로 감상하는 것은 그것을 반 메이헤른에 의해 오염된 회화의 범주에 속하는 것으로 감상하는 것이라는 관찰에 의해 안도되지 않는다. 그런 마음들은 여기에서 걱정할 이유들을 많으면 많았지, 더 적게 보지는 않을 것이다. 그들은 참된 감상 원리가 적합하다고 주장할 것이다.

따라서 만약 위조에 대한 직관이 칼슨-버드 원리를 지지한다면, 참된 감상 원리도 지지한다. 직관은 엄밀한 선택을 지지한다. 결과는 터너, 노엘 그리고 식품점의 소년들은 부적절하게 감상하고 있는 것이며, 사진의 진실성에 대한 신뢰를 가지고 있는 사진 지지자들도 마찬가지라는 것이다. 나아가 직관이 두 원리를 지지하기 때문에 하나의 원리가 다른 하나를 지지하는 직관을 해명할 수 있는 기회가 없다.

그럼에도 아마도 엄밀한 선택을 결정하기엔 너무 이르다. 모두가 회화를 베르메르의 것으로 감상하는 것과 반 메이헤른의 것으로 감상하는 것 사이에 차이가 있다는 직관을 공유하지는 않는다(왜냐하면 그들이 너무나 닮아 보여서). 윤리적 · 법적 차이를 인정하면서도 감상적 차이는 논쟁적이다.[19] 따라서 하나의 감상이 다른 것보다 낫다는 직관을 모두가 공유하지는 않는다. 사실 직관을 몰아가는 것은 칼슨-버드 원리를 먼저 받아들

19) Denis Dutton, *The Forger's Art: Forgery and the Philosophy of Art* (Berkeley: University of California Press, 1983).

이는 것일 것이다. 이 문제는 우리가 감상을 지배하는 인식적 기준보다 감상에 대해 더 많이 알 때까지는 해결될 수 없다. 비-인지주의자는 적절한 감상은 거짓 믿음에 의해 약화된다는 것을 부인할 것이다. 또한 그는 참된 감상 원리와 칼슨-버드 원리를 부인할 것이다. 하지만 만약 비-인지주의가 거짓이라면 하나 혹은 두 원리 모두 사실이다. 만약 오직 하나만이 사실이고 위에서 제시한 논쟁이 옳다면, 참된 감상 원리는 사실이다. 만약 둘 다 사실이라면 참된 감상 원리는 사실이다. 하지만 이것은 감상에 대해 그저 빈약한 인식적 기준을 설정하기 때문에 이 원리는 그저 감상 이론을 향한 첫걸음에 불과하다. 그러나 첫 그 시작으로서는 사진을 재차 보게 만들기 때문에 아주 큰 걸음이다. 그것이 가치가 있는지 없는지는 아무도 모른다.[20)]

20) 나는 이 논문에 대해 함께 논의해준 2005 Aesthetics Anarchy의 청중, University of British Columbia, Kansas State University, Sheffield University, Cambridge University, Warwick University, 그리고 McGill University에 감사를 표한다. Scott Anderson, Rob Hopkins, Hugh Hunter, Bence Nanay, Doug Patterson, Jeff Speaks, Dustin Stokes, 그리고 Scott Walden은 특히 유익한 제안을 해주었다.

10

풍경과 정물

정지된 장면에 대한 정지된 재현

켄달 L. 월턴
Kendall L. Walton

누군가 루벤스의 〈가을 풍경〉(그림 10.1)을 볼 때:

(a) 그림, 그림 표면 위에 채색된 표시들의 패턴을 본다.

(b) 묘사된 장면을 본다고 상상한다: 나무, 들판, 짐마차, 사냥꾼, 그리고 배경에 있는 구름, 좌측에 있는 건물들 등.

(c) 그림 표면에 대한 실제 지각이 나무, 들판, 구름, 짐마차 등등에 대한 지각이라고 상상한다.[1)]

물론 이런 상상들은 의도적으로 계획되는 것은 아니다. 관람자는 나무나 들판 등을 본다고 상상하려고 결심하고, 그것들을 상상하려고 계획하고서 실행하지 않는다. 화폭 위의 표시들은 거의 자동적으로 상상을 작동시키는 것과 같다. 하지만 그는 언제 그림의 어느 부분을 볼지를 선택할 것이다. 이것이 결과적으로 자신이 엮이게 될 상상에 영향을 줄 것을 알기 때문이다.

내가 방금 묘사한 상상-부여된 시각 경험은 회화를 나무, 들판, 건물 등의 그림으로 보기 위해, 그것들을 (리처드 월하임이라면 그렇게 했을 것처럼) 시각적 디자인 '안'에서 보기 위해 필수적이다. 하지만 관람자는 그의 눈이 그림의 표면을 훑음에 따라 더 멀리, 그리고 더욱 세밀한 상상에 관련되기 쉽다. 그는 아마도 더 오래 그 장면을 관찰하고, 처음에는 이것을 다음에는 저것을 알아차리고, 이것 혹은 저것을 보는 것 등을 상상할 것이다. 일반적인 태도로 느긋하게 이 그림을 관찰하는 전형적인 관람자는 자신의 경험을 다음과 같이 묘사할 것이다.

---

1) 이 세 가지 사항은 그림 지각의 본질을 판단하는 데 있어서 핵심 요소들인데, 나는 다른 글에서 이에 대하여 밝히고 지지하였다. 특히 Walton, *Mimesis as Make-Believe: On the Foundations of the Representational Arts* (Cambridge, MA: Harvard University Press, 1990)와 비교해보라. 이 글에서 나의 주장은 아마도 그림 지각을 이해하는 다른 방식들을 수용하기 위해 재설정될 수 있다.

그림 10.1 피터 폴 루벤스, 〈이른 아침 햇 스틴의 가을 풍경〉(1636년으로 추정). 내셔널 갤러리, 런던. 조지 뷰몬트 경 기증. 픽처 레퍼런스 NG66.

> 광활한 풍경을 바라보니, 나는 농장 마차가 지나갈 때 내 가까이에 있는 그림자 속에서 사냥꾼과 그의 개를 보고, 개울을 가로지르는 작은 징검다리와 그 너머에 풀을 뜯고 있는 소를 본다. 나는 사냥꾼의 사냥감이 무엇인지 보기 위해 주시하고는 들판에 있는 새들을 알아차린다. 더 면밀하게 관찰해서 나는 그 새들이 자고새임을 식별해낸다. …… 나는 전경에서 블랙베리 덤불을 골라낸다. 나는 구름이 하늘을 가로질러 천천히 떠내려가고, 몇 마리의 새들이 위에서 선회하는 것을 본다. 마침내 나는 수평선에 있는 마을, 말린Malines을 본다.

문자 그대로 이해된 이 단어들은 분명히 어떤 사람이 실제 전원 풍경을 보듯이 자신의 경험을 묘사할 것이다. 회화의 관람자는 그 단어들을 자신의 상상적 경험, 자신이 화폭을 훑어봄에 따라 본다고 상상하는 것을 전하기 위해 사용한다. 이는 **마치** 그가 그 회화를 계속 보고 있는 한 실제 풍경을 몇 분 혹은 오랫동안 관찰하는 것 같다.

내가 루벤스의 회화에 대해 이야기한 것들은 그림 10.2와 같은 풍경 사진에도 동일하게 적용된다. 나는 그것들을 사진 필름과 비교할 것이기 때문에 대체로 사진에 초점을 맞추는 편이 나을 것이다.

관람자는 사진 표면을 본다. 그는 산을 본다고 상상한다. 그리고 그는 자신의 실제 시각적 경험이 사진에 대한 것이 아니라 산에 대한 경험이라고 상상한다. 오래도록 사진을 바라보면서 그는 아마도 자신의 경험을 산 그 자체에 대한 시각적 관찰의 확장으로 이야기할 것이다.

> 거대한 게리온 산을 바라보면서 나는 거기에 초목이 거의 없음을 알아차린다. 나의 시선은 뾰족뾰족한 산등성이로 끌려간다. 그러고 나서 나는 정상까지 이어진 등산로를 찾으며, 수직으로 갈라진 틈에 초점을 맞춘다. 마침내 나는 배경 저 멀리에 있는 산을 알아차린다.

그림 10.2 **켄달 L. 월턴, 〈게리온 산〉.**

이 모든 것은 지금까지는 꽤 거슬리지 않아 보일 것이다. 하지만 근심거리는 어둠 속에 숨어 있는 법이다.

정지된 장면에 대한 영화는 이론상 같은 장면에 대한 스틸 사진과 시각적으로 구분될 수 없다. 만약 영화가 줌zoom이나 팬pan 없이 고정된 카메라를 사용하여 게리온 산을 찍은 영상으로 구성되었다면 그 영화 이미지는 그것이 지속되는 한 움직임 없이 있기 쉽고, 스틸 사진과 구별할 수 없을 것이다. 루벤스가 묘사한 장면은 거의 정지되어 있지만, 마차는 천천히 움직이고 있고, 짐작컨대 하늘에 있는 새와 구름도 그러할 것이다. 우리가 이 움직이는 물체들만 잘라낸다고 가정해보자. 만약 유화가 캔버스에 그린 유화 영화 제작을 가능하게 하는 통제된 방식으로 바뀌도록 유도될 수 있다면, 정지된 장면의 영화는 그 매체에서는 잘라낸 그림과 시각적으로 구별할 수 없을 것이다. 회화의 사진적 재현과 구별할 수 없는 사진적 영화를 생산하는 데는 어떤 기계적인 돌파구도 필요하지 않다.

하지만 쳐다봄으로써 그들을 구별할 수는 없다 하더라도 그들이 어떤 경우에는 스틸 사진을 보고 있고, 또 다른 경우에는 영화를 보고 있음을 알고 있다고 가정한다면 관람자들은 정지된 장면에 대한 스틸 사진과 영화를 매우 다르게 경험하기 쉽다. 두 이미지는 **다름**을 드러내지 않지만, **다르게** 나타난다. 그것들은 다르다는 인상을 주지 않으면서 다른 시각적 경험을 제공한다.[2)] 이 차이가 매혹의 징후이고, 지금까지 일반적으로 스틸 사진에 대한 우리의 경험에서 대체로 간과되는 복잡함이다. 위의 관찰은 차이를 분명하게 하지 않는다. 앞에서 그려지거나 사진

2) Robert Hopkins, "Aesthetics, Experience, and Discrimination," *Journal of Aesthetics and Art Criticism* 63: 2 (2005): 119-33쪽을 보라.

으로 찍힌 정지된 그림의 경험에 대해 말한 것은 분명히 영화에도 적용된다. 영화로 찍힌 게리온 산의 이미지를 관찰할 때 관찰자는 산을 본다고 상상하고, 이미지의 실제 지각이 산에 대한 지각이라고 상상한다. 그는 또한 그 사진이 계속되는 동안은 그 산을 지속적으로 관찰하고 있다고 상상한다.

그림이 정지still된 것 혹은 움직이는moving 것이 된다는 것은 무엇인가? 이 질문은 생각보다 까다롭다. 아서 단토는 "영화moving picture란 그저 **움직이는 그림**이다."[3]라고 썼다. 하지만 그는 엠파이어스테이트 빌딩을 5시간 동안 찍은 앤디 워홀의 〈엠파이어〉를 포함하여, 자기 자신의 (비슷한) 반례를 제공하지 않고서는 이것을 의미할 수 없었다. 영화라고 해서 반드시 움직일 필요는 없다. 그리고 스틸도 정지해 있을 필요는 없다. 예를 들어 회화는 시간이 갈수록 희미해지고, 모래에 그려진 그림은 서서히 풍화되고, 예술가는 자신의 캔버스를 손보거나 복원가는 그것을 말끔하게 만들고, 비둘기의 침전물이 그 위에 떨어지기도 한다. 또한 스틸과 영화는 둘 다 움직이는 것이지만, 정지된 것을 묘사하거나 재현할 수 있다. 영화로 찍힌 산 풍경은 움직이지 않는 사물로 묘사된다. 많은 스틸들은 움직임을 묘사하는데, 이 중 몇몇은 놀라운 생기를 가지고 묘사한다. 그림 10.3, 10.4 그리고 10.5에 나타난 예시들을 보자. 스틸과 영화의 차이는 이미지 그 자체의 일시적 속성이나 그들의 재현적인 내용에 있는 것이 아니라, 둘 사이의 관계 또는 그림에서 변화나 변화의 결핍과 그림의 세계에서 변화나 변화의 결핍 사이의 관계에 있다.[4]

그들이 움직임을 묘사하느냐, 정지를 묘사하느냐에 따른 두 종류

---

3) Arthur C. Danto, "Moving Pictures," *Quarterly Review of Film Studies* 2 (1979): 15; 원본에는 이탤릭체로 되어 있다.

4) 하지만 **재현적** 내용에 반대하는 것으로서 **묘사적** 내용에 차이가 있을 수 있다. 아래를 보라.

그림 10.3 자크 앙리 라르티그, 〈프랑스 오토모빌 클럽 그랑프리〉, 1913. 매트로폴리탄 뮤지엄 오브 아트, 길만 컬렉션 구매, 앤 타넨바움과 토머스 H. 리 기증. 접근 번호 2005.100.125, 이미지 번호 DP 141227.

그림 10.4 프란시스코 안토니아니, 〈폭풍 속의 바다〉(Marina in burrasca), c. 1770, Banca Intesa, Inv A.B-00530A-A/BI.

그림 10.5 스콧 맥클라우드, 『만화책의 이해』(Understanding Comics) 111쪽.

의 이미지들이 어쨌다는 것인가? 영화의 경우 이미지의 시간적 속성이 효과가 있다.[5] 영화 스크린에서 말 이미지의 움직임은 말을 달리고 있는 것처럼 묘사한다. 이미지가 멈출 때 그것은 말을 멈춘 것으로 묘사한다. (나는 다시 한 번 팬이나 줌 없이 고정된 카메라로 만들어진 영화를 가정하고 있는 것이다.[6])

스틸은 다르게 작동한다. 그것은 움직임이나 변화를 그것 자체의 움직임이나 변화 없이 묘사한다. 그리고 만약 스틸이 — 그 표면에 있는 표시들의 배치가 — 변한다면 그 변화의 과정은 영화에서 갖는 그런 재현적 의의를 갖지 않는다. 흐릿해지는 그림이나 복원 작업, 비둘기의 배설물은 그림의 재현적 내용을 바꿀 것이다. 즉 변화 후에 그림이 묘사하는 것은 그것이 이전에 묘사하던 것과는 다를 것이다. 하지만 어떤 것이 묘사하는 것에서의 변화는 변화에 대한 묘사일 필요는 없다. 만약 예술적인 장난꾸러기나 특출하게 똑똑한 비둘기가 루벤스 그림의 표면을 변형시켜 하늘에 있는 새 대신에 비행기를 묘사하게 되었다면, 그것은 비행기로 변형된 새를 묘사하는 것도 아니고, 비행기로 대체된 새를 묘사하는 것도 아니다. 우리는 그저 한때는 새를 묘사했고, 나중에는 비행기를 묘사하고 있는 그림을 갖고 있는 것일 뿐이다. 새와 비행기가 동일한 허구적 세계에 속한다고 이해될 필요는 없다. 그리고 변하고 있는 이미지 역사의 어떠한 혹은 모든 특정한 순간들에서 그것은 변하지 않는 것으로서 사물을 묘사할 것이다. 스틸이 움직임을 묘사하는지 정지를 묘사하는지는 그 이미지에 시간이 흐르면서 무슨 일이 일어나는지에 의존하는 것이 아니라, 동시에 제시된 이미지의 특징에 의존한다. 사진에서

5) Gregory Currie, *Image and Mind: Film, Philosophy and Cognitive Science* (Cambridge: Cambridge University Press, 1995)와 Gideon Yaffe, "Time in the Movies,: in P. A. French and H. Wettstein, eds., *Midwest Studies in Philosophy: Meaning in the Arts*, 27 (Oxford: Blackwell, 2004), 115-38쪽에서 영화는 시간을 써서 시간을 재현하고, 더 구체적으로는 지속은 지속을 재현한다고 한다.

6) 만약 카메라가 움직이거나 팬 혹은 줌을 쓴다면, 여전히 이미지의 시간적 속성이 시간적 속성의 묘사에 책임이 있음은 사실이다.

흐릿한 이미지는 종종 움직임을 묘사하는 데 쓰인다. 땅에서 발을 떼고 있는 무용수, 폭포, 번갯불, 공기 중의 다이버처럼 우리가 계속되지 않을 것이라고 기대하는 위치에 있는 대상을 묘사하는 표시들의 윤곽도 그러하다. 만화는 다양한 종류의 움직임 선을 사용한다. 뒤샹의 〈계단을 내려오는 누드〉에서 복수의 이미지들은 (모두 동시에 제시된다) 여자의 아래로 향한 진행을 묘사한다(그림 10.6을 보라).

변하지 않는 사물로 묘사한 게리온 산의 스틸 사진은 어떠한가? 가장 명백한 사실은 화산 증기나 다이너마이트, 조천 채굴 장비 같은 것이 시야에 있지 않은 거대하고 견고한 산처럼 표시들은 우리가 변하지 않을 것이라 기대할 종류의 대상들을 묘사한다는 것이다. 또한 이미지들은 흐릿하지도, 움직임 선 같은 것을 포함하지도 않는다. 그리고 이 모든 특징들은(혹은 그것의 부재는) 모두 함께 이미지에 제시된다.

영화에서 (사실상 스틸 사진이 움직이는 것 사이에 삽입된) 정지화면은 스틸과 영화의 차이를 극적으로 보여준다. 관람자가 그것이 정지화면이라는 것을 알아차릴 때까지, 예를 들면 그는 운동선수나 무용가가 공기 중에 갇혀 있는 것 같이 잠시 동안 정지된 장면을 묘사하는 것으로서 정지된 이미지를 읽을 것이다. 일단 그 이미지가 스틸이라는 것이 분명하면 — 즉 일단 그가 그것을 그렇게 이해하면 — 움직이지 않는 이미지의 특징은 갑자기 그가 운동선수나 무용가를 움직임 속에 있는 것으로 보도록 유도한다.

이 예들은 스틸과 영화의 차이에 대한 일반적인 판단을 제안하는데, 나는 이것을 옳다고 받아들인다. 만약 이미지의 시간적 속성들이 재현적으로 비활성의 것이면 — 만약 시간이 흐르면서 이미지에 발생하는 혹은 발생하지 않는 것이 그것의 재현적 내용과 관련이 없으면 — 그 그림은 **정지된 것**still이다. 영화는 그것의 시간적 속성들이 그것의 재현적 내용에 기여하는 것이다.

그림 10.6 마르셀 뒤샹, 〈계단을 내려오는 누드〉, 1912 (no. 2). 필라델피아 미술관:
Louise and Walter Arensberg 컬렉션, 1950-134-59.

이러한 스틸과 영화의 차이가 어떻게 관람자가 구별할 수 없는 게리온 산의 이미지를 즐기는 다른 경험을 설명하는가?

어떤 것을 스틸로 받아들일지 영화로 받아들일지는 만약 그 선택이 관람자가 그것의 재현적 내용으로 받아들이는 것에 영향을 준다면 물론 그들의 경험에도 영향을 줄 것이다. 정지화면은 이를 예증한다. 하지만 게리온 산의 스틸과 영화는 재현적 내용에서는 달라 보이지 않는다. 둘 다 움직이지 않는 것, 변하지 않는 것으로서 산을 재현하기 때문이다. 내가 그것의 특징으로 묘사했듯이 (이미지들의 특징 차이가 그들의 내용에 책임이 있는) 매체의 다름은 관람자의 경험에서도 다름으로 평가되는가? 움직임을 묘사하는 스틸에 대한 숙고는 이 질문에 답하는 데 도움을 줄 것이다.

〈폭풍 속의 바다Marina in burrasca〉(그림 10.4)는 진행되고 있는 사건의 순간적인 시간 단편만을 묘사한다. 이것이 그 그림의 관람자가 본다고 상상하는 것이다. 그래도 관람자는 그가 보고 싶은 만큼 오래도록 그 그림을 볼 것이다. 만약 내가 그것을 5분 동안 응시한다면, 한순간만 지속된 사건을 5분 동안 관찰하는 데 쓴다고 상상하는가? 그 그림에 대한 5분간의 시각적 경험이 순간적인 사건에 대한 5분간의 응시라고 상상하는가? (비록 모순되지는 않지만) 이는 오히려 이상할 것이다.

나는 다른 글에서 이런 경험을 이해하는 데 있어서 더 그럴듯한 방법을 제안했다.[7] 내가 그림을 관찰하는 동안 각각의 개별적 순간에 나는 (상상 속에서) 그 그림이 묘사하는 순간적인 발생들, 진행되는 사건의 짧은 시간의 단편을 본다. 그리고 각각의 순간에 나는 그림에 대한 순간적인 시각적 경험이 순간적인 발생에 대한 얼핏 봄이라고 상상한다. 나는 그림에 대한 나의 5분간의 시각적 경험의 어떤 것도 전체로서 상상하지 않

---

7) 곧 출판될 Walton, "Experiencing Still Photographs: What Do You See and How Long Do You See It?" in *Marvelous Images* (New York: Oxford University Press). (역자 주- 이 책은 2008년 3월에 출판되었다.)

는다. 특히, 나는 그것이 묘사된 사건에 대한 5분간의 관찰이라고 상상하지 않는다. 상상 속에서 나는 오랫동안, 5분 동안, 아니면 내가 그 그림을 얼마나 길게 관찰하든지 간에 그 시간 동안 순간적인 사건을 보지 않는다. 나는 다음과 같이 말함으로써 이를 요약할 것인데, 즉 이런 이유로 〈폭풍 속의 바다〉는 **스냅 샷**이다.

미켈란젤로 안토니오니의 〈자브리스키 포인트Zabriskie Point〉(1970)의 클라이맥스는 거대한 폭발로 사악한 부동산 거물의 사막 휴양지를 파괴하는 것이다. 영화에서는 폭발 장면을 반복적으로 보여주는데, 따라서 관람자는 여러 차례 그것을 본다고 상상한다. 물론 관람자는 그것이 반복적으로 발생하고 있다고 상상하거나 그것을 반복적으로 본다고 상상하지 않는다. 관람자는 단일한 순간에 단일한 폭발을 반복적으로 관찰한다고 상상한다. 다수의 잇따른 상상들이 별개의 것이 아니라 연속적인 것이라는 점을 제외하고는 바다에서의 폭풍을 보는 안토니오니의 경험도 비슷하다. 관람자들은 같은 사건을 몇 번이고 되풀이해서 보고 있다고 상상하는가? 아니다. 그들은 반복해서 그것을 딱 한 번 보고 있다고 상상한다.

나는 의문의 그 순간(관람자가 보고 있다고 상상하는 묘사된 사건의 지속)은 엄밀한 순간, 즉 시간 안에서 확장이 없는 찰나가 아니라는 것을 덧붙여야겠다. 이는 상상 속에서 관람자가 대상이 **움직이는 것**을 어떻게 보는지 이해하는 것을 더 어렵게 만들 것이다. 어떤 동작-묘사 그림은 일반적으로 묘사된 순간이 정확히 얼마나 긴지에 대한 사실이 없음에도 다른 것들보다 더 오랜 순간을 담는다. 뒤샹의 〈계단을 내려오는 누드〉는 주장컨대 아마도 몇 초간 지속되었을 몇 개의 계단을 내려오는 전체 행위를 묘사한다. 그렇기는 하지만 묘사된 것, 관람자가 본다고 상상하는 것의 지속 시간은 그가 그 회화를 관찰하는 데 소비하는 시간에 의해 초과되기 쉽다. 얼마나 오래 그림을 바라볼 수 있는가에 대한 이론적인 제한이 없지만, 전자의 지속 시간은 제한되어 있다.

비록 동작-묘사 스틸은 오직 순간적인 사건만을 묘사하지만, 그들 중 몇몇은 훨씬 긴 지속 시간을 가지고 사건을 재현한다. 그림은 만약 그것이 발생하는 것이 허구적이라면(그림-세계에서는 사실인), 즉 만약 관람자가 그것의 발생을 상상하려고 한다면 (내가 의미하는 바로는) 사건을 재현한다. 그들은 그것이 발생하는 것을 보고 있다고 상상할 필요가 없다. 만약 그들이 그것을 보고 있다고 상상한다면(그리고 제대로 그러하면), 그 그림은 (내가 의미하는 바로는) 그 사건을 재현하고 있는 것만이 아니라 묘사도 하고 있는 것이다. 〈폭풍 속의 바다〉에서 항해선이 거대한 파도를 타고 있는 것은 허구다. 또한 암묵적으로 그것이 곧 파도 사이의 골로 떨어지고, 아마도 머지않아 부서져서 가라앉을 것이라는 것 또한 허구적이다. 관람자들은 아마도 그들이 곧 골 속에 빠질 것을 (상상 속에서) 보거나, 그들이 보는 것을 통해 그리 될 것을 추측한다 하더라도 그것이 파도의 꼭대기에 있는 것을 본다고 상상할 뿐 파도 골 속에 있다고 상상하지 않는다. 그 그림은 파도의 꼭대기에 있는 배를 묘사하지만, 골로 빠져 들어갈 것으로 그 배를 재현하지는 않는다.

〈게리온 산〉과 (크로핑한) 〈가을 풍경〉 같이 정지를 묘사하는 것을 포함하여, 모든 스틸을 스냅 샷으로 해석하고자 하는 것은 유혹적이며, 여기엔 그렇게 할 만한 몇몇 좋은 이유들이 있다. 이 가설(스냅 샷 가설)에 따르면 〈게리온 산〉은 그 산의 전체 시기 중에서 어느 한순간만을 묘사한다. 즉 이것은 관람자가 얼마나 오래 그 사진을 응시하는지와 관계없이, 자신이 본다고 상상하는 것이다. 경험의 매 순간에 그는 그 산이 가진 한 순간의 단편을 보는 것이 자신의 실제 시각 경험이라고 상상한다. 그는 자신의 확장된 시각적 경험을 전체로서 상상하지 않으며, 상상 속에서 오랫동안 산을 바라보지 않는다. 그럼에도 그 사진은 오랜 시간 동안, 즉 관람자가 그 사진을 바라볼 5분 혹은 50분 동안, 아니면 거의 무한정의 시간 동안 그 산을 남겨진 상태대로(그리고 움직임 없이 혹은 거의 그렇게 남겨져 있는 상태대로) **재현한다**. 관람자는 그것을 잠깐 보고는 그것이 어찌 될지를 보고 있다고, 혹은 어찌 될지를 추론한다고 상상할 것이다.[8)]

(어떤 사람들은 그 산이 5분 또는 50분 동안 혹은 무한히 남아 있을 **것 같다**는 것은 허구이며, 그것이 분명히 그리 될, 혹은 그런 이유로 분명히 그리 되지 않을 것이라는 것은 허구가 아니라고 말하기를 선호할 것이다. 나는 허구적으로 그 산은 분명히 거의 무한히 정적으로 남아 있으며, 그 그림이 존재한 맨 첫 순간을 포함하여 각각의 순간을 제시하는 스틸 이미지의 특징이 이것을 허구적으로 만든다고 말하기를 선호한다. 이것은 많은 허구 작품에 대한 이해의 일반적인 패턴과 부합한다. 즉 만약 p가 개연적이라는 것이 허구라면, 그 p는 종종 허구적이라고 이해되며, 이는 그 반대를 지시하는 어떠한 것도 결여한다.[9)])

스냅 샷 가설은 일반적으로 스틸이 영화와 어떻게 다른지에 대한 나의 생각과 잘 맞아떨어진다. 관람자가 그림에 대한 자신의 지각이 묘사된 대상이나 사건에 대한 지각이라고 상상할 때, 이는 더 명확하게 말해서 그가 대상이나 사건에 대한 지각이라고 상상하는 것은 일반적으로 대상이나 사건이 묘사됨으로써 생긴 그림의 특징들에 대해 그가 지각하는 것이다. 루벤스의 그림에서 내가 수레에 대한 나의 지각이라고 상상하는 것은 수레를 상상하는 것을 규정하는 것들인, 그 그림의 표면에

---

8) 나는 예를 들어 단일한 프레임에 시간적으로 분리된 여러 사건들을 그린 르네상스시기의 작품은 기각한다. 마솔리노의 프레스코화 〈절름발이의 치료와 타비타의 소생(Healing of Cripple and the Raising of Tabitha)〉(1424-5)은 성 피터를 두 번 묘사하는데, 한 번은 절름발이를 치료하는 것이고, 또 한 번은 타비타의 부활이다. 그래서 이 작품은 (적어도) 두 개의 떨어져 있는 순간을 묘사한다. 아니면 우리는 비록 그 그림에는 정확히 어디서 하나의 그림이 끝나고 다른 것이 시작되는지에 대한 설명은 없지만, 이를 각각의 단일한 순간을 묘사하는 두 개의 서로 다른 그림으로 구성된 것으로 간주할 수 있다. 물론 이런 복수의 이미지들은 〈계단에서 내려오는 누드〉에서와는 매우 다르게 기능한다. 전자는 그렇지 않은 데 비해 후자는 관람자로 하여금 움직임을 본다고 상상하도록 한다. 〈계단에서 내려오는 누드〉를 각각 매우 짧은 순간을 묘사하는 여러 개의 다른 동작 - 묘사 그림의 결합이라고 간주하는 것은 한꺼번에 전체에 주의를 기울여 그것이 묘사하는 동장을 알아차리는 중요함을 간과할 위험을 갖는다.

9) Walton, *Mimesis as Make-Believe*, 164쪽 참조. 그 산이 일정 시간 동안 변하지 않는 것은 암시된 허구적 진실이다(§4.2).

서 수레를 묘사하는 특별한 표시들에 대한 나의 지각이다. 순식간에 지각할 수 있는 특징들인 〈게리온 산〉의 동시적 특징들은 그 산이 움직이지 않는다고 허구적으로 만드는 것이며, 관람자가 그 산의 움직임 없음에 대한 자신의 지각이라고 상상하는 것은 이러한 특징들에 대한 그의 지각이다. 또한 동시적인 특징들은(아마도 같은 것들은) 만약 어떤 것이 그렇게 한다면, 그 산이 일정 시간 동안 계속된다고 허구적으로 만드는 것이다. 하지만 관람자들이 일순간에 그렇게 하는 동시적 속성들에 대한 지각은 그 산이 지속되는 것을 바라보는 것이라고 상상해야 한다고 보기는 어렵다(나는 불가능하다고는 말하지 않는다). 우리는 관람자들이 경험하는 매 순간 5분 혹은 50분 아니면 더 오랫동안 그 산이 지속되는 것을 보고 있으며 상상한다고 말해야 하는가?

따라서 어쩌면 관람자는 일정 시간 동안 그 산이 지속되는 것을 본다고 상상하는 것이 아닐 수 있다. 그는 오직 그것의 순간적인 모습만을 포착한다고 상상하고, 아마도 그 순간 속에서 그것이 지속될 혹은 개연성 있는, 혹은 그가 그것을 봄으로써 어떻게 될지 추론한 것을 본다고 상상한다. 만약 이것이 옳다면 관람자는 스틸과 매우 흡사한 영화를 다르게 경험한다는 인상을 충분히 설명한다. 영화는 게리온 산의 확장된 시간 부분 — 만약 그만큼 그 샷이 지속된다면(만약 그것이 슬로 모션이거나 패스트 모션이라면) 그 산의 전체 중에서 5분 혹은 5시간 — 을 묘사한다. 그 산이 그 시간 동안 지속된다고 허구적으로 만드는 것은 스크린 속 이미지의 지속됨이다. 따라서 자연스럽게 관람자는 이미지의 지속에 대한 자신의 지각이 그 산의 지속에 대한 지각인 것으로 상상한다. 즉 그들은 그 산 전체 역사의 5분이나 50분 동안 그 산을 바라본다고 상상한다.

모든 스틸이 스냅 샷이라는 이러한 결론은 너무 성급하다. 만약 이것이 옳다면 앞서 언급한 것 같은 스틸에 대한 경험의 확장된 서술적 설명은 묘사된 장면에 대해 일시적으로 확장된 상상인 개관을 묘사하는 것으로 나타나기 때문에 문제가 된다.[10] 그런 설명은 물론 완벽히 자연적인 것으로 나타나며, 그들은 완벽히 적절한 것으로서 경험들을 보고하는 듯이 보인다. 만약 그들이 선택한다면, 〈게리온 산〉의 관람자들은 물론 그 산을 일견하는 것보다 더 많은 것을 포착한다고 상상할 수 있다. 그들의 눈이 그림의 표면을 배회함에 따라 그들은 처음에는 이것 그러고는 저것을 알아차린다고, 등산로 같은 것을 찾는다고, 어떤 것을 찾거나 못 찾는 등을 상상**할 수 있다**. 사진은 정지-묘사 영화와 시각적으로 구별하기 어려우며, 단순히 그것을 마치 그것이 본래 그러한 것처럼, 즉 마치 그것이 무기한으로 혹은 그것을 보려고 주의를 기울이는 동안 지속되는 필름 샷인 것처럼 경험할 수 있다. 관람자가 그 이미지가 스틸 사진임을, 그것의 지속이 그 산이 지속된다고 허구적으로 만드는 것이 아님을 잘 알고 있을 때조차 그는 전자에 대한 자신의 관찰이 후자에 대한 관찰이라고 상상할 것이다. 정지-묘사 스틸을 관람하는 사람이 그러한 상상에 (때때로? 종종? 현저히?) 얽힐 것임에 의심의 여지가 없다. 그리고 그렇게 하는 것이 왠지 변칙적이라는 생각은 매력적이지 않다.

하지만 정지-묘사 스틸이 스냅 샷이라는 것을 단순히 부정하고, 관람자들이 (적당하게) 아마도 그들이 그 사진을 바라보는 한 지속되는 그 장면의 역사의 확장을 관찰하고 있다거나 상상한다고 주장하는 것 또한 우리를 불편한 위치에 놓아둔다. 우리는 이미 스틸 사진과 그와 비슷한 영화에 대한 경험 간의 차이를 설명하는 일이 복잡하다는 것을 알고 있다. 불편함은 거기서 끝나지 않는다.

〈게리온 산〉은 주장컨대 **영원히** 같은 모습으로 남아 있는 것으로

10) 그런 서술적 설명은 생각건대 덜 직설적으로 해석될 수 있는데, 여기서 그들은 이런 종류의 상상적 경험을 묘사하지 않는다.

그 산을 (묘사는 말할 것도 없고) 재현하지 않는다. 격심한 과거의 침식 표시가 그 증거다. 짐작건대 침식이 계속된다는 것, 아마도 우리 눈앞에서 희미하게 발생하고 있다는 것, 그리고 결국 그 산은 현재의 모습과는 매우 달라 보이게 될 것이라는 점은 허구적이다. 사실 우리는 합리적으로 그 그림의 재현적 내용의 일부에서 태양이 지거나 이동하면 그 장면의 모습이 곧 변할 것임이 허구적이라고 이해할 것이다. 만약 관람자가 그 그림을 몇 시간 혹은 몇 달 아니면 몇 년 동안 관찰해야 한다면, 그는 그 산과 그것의 모습이 항상 같다는 **착각**에 시달려야 하는가?

동작-묘사 스틸이 스냅 샷이 되는 데 어떻게 실패할 수 있는지를 보기는 쉽지 않다. 만약 〈폭풍 속의 바다〉가 오래 지속되는 장면을 묘사했다면, 그것은 바다와 배를 그 시간 동안 한 장소에 얼어붙은, 움직이지 않는 것으로 묘사하지 않았을까? 물론 그렇지 않다. 바다는 격렬하게 소용돌이치고, 배는 뒤집히기 직전인 것으로 묘사한다. 그래서 관람자들은 움직이는 사물들을 본다고 상상한다. 그러면 우리는 스틸이 동작이나 변화를 묘사할 때는 스냅 샷이라고 말하고, 정지한 장면을 묘사할 때는 그렇게 말하지 말아야 하는가? 그렇게 말하는 것은 거북할 것이다. 그러한 거북함은 그림 10.7에서처럼 동작-묘사와 정지-묘사 이미지 둘 다가 한 프레임 안에 포함되어 있을 때 특히 분명하다.

이것은 재빠르게 걷는 말들의 존재의 한순간만을 묘사하고 있는 스냅 샷이지만, 한편으로는 석조 말들의 역사에서 확장된 시간에 대한 묘사인가? 관람자는 (상상 속에서) 먼지구름을 일으키듯이 움직이는 말의 일견만을 포착하지만, 그 그림을 응시하는 한 계속해서 그 승마상들을 관찰하는가? 우리는 일시적으로 움직이지 않는 살아 있는 말들에 대해서는 뭐라고 말할 것인가?

그림 10.7 조세프 드 생 캉탱, J.-P. 〈루이 15세 광장의 풍경〉, Jean de Cayeux, *Le Paysage en France de 1750 á 1815* 에서 복사. Editions Monelle Hayot, 97쪽. ND1356.4.C381. Musée des Beaux Arts, Besancon.

우리는 어떻게 결론을 맺어야 할 것인가? 스틸 매체에서 형성된 갈등을 고려해볼 때 우리는 관람자의 상상적 경험들에 대한 어떠한 단순한 설명만으로도 충분할 것이라고 기대해서는 안 된다. 아마도 일반적으로 최대한 말할 수 있는 것은 사람들은 정지-묘사 스틸을 묘사된 장면에 대한 상상된 일견들과 연장된 시각적 개관들 사이를 희미하게 교차하거나 미묘하게 뒤얽히는 그런 복잡하게 결합된 방식으로 경험한다는 것이다.

관람자들은 대체로 이러한 복잡성을 인식하지 못하거나, 갈등들을 신경 쓰지 않는다. 우리의 정신생활 대부분이 그러하듯이 이는 부분적으로 그림에 대한 우리의 경험과 관련된 상상이나 그것의 어떤 측면들은 암시적이고 즉시 자기 성찰로 열리지 않기 때문이다. 이는 오직 특별한 주의를 기울이거나 우리가 말하고 행한 것으로부터 결론을 도출할 때에만 분명하다. 관람자들은 우리가 마음속에서 분명히 고려한 대안들조차 거의 갖지 않는다. 또한 내가 최근에 남겨놓은 몇몇 질문들, 그리고 복잡함을 강조하거나 갈등을 직면하게 하는 질문들은 내가 『믿는 체-하기로서의 미메시스*Mimesis as Make-Believe*』에서 소개했던 그런 (약간) 기술적인 의미에서 **어리석다**. 왜냐하면 그 질문들은 감상 중에 적절히 발생하지 않으며, 감상자들은 그것들을 피하라는 충고를 듣기 때문이다. 그리고 그들은 명확한 답을 갖고 있을 가능성이 거의 없다.[11]

그림이 묘사하는 것은 (대략) 관람자가 그것을 경험할 때, 그가 적절하게 본다고 상상하는 것의 문제다. 만약 내가 의심했듯이 내가 묘사한 경험의 종류에 영향을 주는 그런 특별히 관련된 적절한 고려가 없다면, 관람자의 상상적 경험들을 특징짓는 것에 부합하는 그림의 묘사적 내용에 대한 복잡성과 불확실성이 있을 것이다. 우리는 〈게리온 산〉 같은 그림들이 순간적인 사건을 묘사하는 것과 그 장면의 역사의 긴 시간을 묘

11) Walton, *Mimesis as Make-Believe*, 174-83쪽.

사하는 것이 서로 모호하다는 것에 대한 인식, 그리고 각각의 독해는 다른 것을 방해하기에 이것이 '분명한' 모호함이 아니라는 것을 깨닫는 데 만족해야 한다.

몇몇 사람들은 이런 결론들이 불만스럽게도 복잡하고 결정적이 아니라고 생각할 것이다. 나는 그들이 난잡하고 정확히 밝히기 어려운 그림과 그에 대한 우리의 경험에 대한 사실들을 나타낸다고 생각한다. 그 사실들은 부분적으로 바로 그 이유 때문에 많은 그림들이 우리에게 갖는 엄청난 매력에 공헌할 것들이다.[12)]

12) 이 논문은 이보다 긴 논문 "Experiencing Still Photographs: What Do You See and How Long Do You See It?"과 겹친다.

11

영화배우들 문제

노엘 캐럴
Noël Carroll

서론

스탠리 카벨Stanley Cavell은 자신의 책 『보여진 세상*The World Viewed*』에서 뛰어난 비평적 관찰을 제시하는데, "〈라이드 하이 컨트리Ride the High Country〉에서 늙어가는 카우보이들[랜돌프 스콧(Randolph Scott)과 조엘 맥크리어(Joel MacCrea)]에 대한 파토스는 우리가 젊은 카우보이로 기억할 수 있는 늙은 남자들의 연기에 의존한다."[1] 카벨은 스타들의 이전 역할들이 우리가 그 배우들의 차기작에서 맡은 인물을 인식하는 데 영향을 줄 수 있다고 한다. 다양한 역사의 주인공들을 맡았던 험프리 보가트Humphrey Bogart의 연기는 〈카사블랑카Casablanca〉와 같은 영화에서 너무나 성공적이었는데, 이는 카벨이 말하듯이 부분적으로는 우리가 그의 무법자로서의 과거를 상기하기 때문이다.[2] 즉 〈더럽혀진 얼굴의 천사Angles with Dirty Faces〉 같은 영화 시리즈들에서 보가트는 나쁜 편에 서서 비중 있는 연기를 펼쳤다.

카벨이 언급하는 현상은 부정하기 어렵다. 어쩌면 대니얼 데이 루이스Daniel Day Lewis 같은 카멜레온 배우를 제외한 대부분의 영화배우들은 일단 확립되고 나면 우리에게 그들의 이전 출연작에 뿌리를 둔 확립된 페르소나를 가지고 다가온다. 그 페르소나는 종종 제시된 예시에서 우리 앞에 주어진 인물에 대한 감각을 채우는 데 사용하는 표현적 파문을 가질 수 있다. 이는 패러디의 측면에서 보면 매우 당연한데, 〈프레시맨The Freshman〉과 〈애널라이즈 댓Analyze That〉에서 말론 브란도Marlon Brando와 로버트 드 니로Robert De Niro의 코믹한 깡패 묘사는 마피아 두목으로 극적인 묘사를 했던 그들의 이전 작품의 덕을 본다. 하지만 진지한 영화도 스크린 속 영화배우에 따른 영화사의 반영을 이용한다.

---

1) Stanley Cavell, *The World Viewed: Reflections on the Ontology of Film* (New York: Viking Press, 1971), 75쪽.

2) *Ibid.*, 71쪽.

이에 대한 매우 명백한 예는 빌리 와일더Billy Wilder의 〈선셋 대로Sunset Boulevard〉이다. 특히 이 영화의 첫 관객에게 서서히 잊혀가던 무성영화의 여왕 노마 데즈먼드Norma Desmond는 진짜 무성영화 스타이지만 그 경력이 빛을 잃고 있던 스타 글로리아 스완슨Gloria Swanson이 연기하여 더욱더 공명하였다. 마찬가지로 그녀의 집사 맥스Max가 D. W. 그리피스Griffith와 세실 데밀Cecil B. DeMille과 함께 자신이 한때 할리우드에서 잘나가던 영화감독이었다고 주장하였을 때, 그 대사는 특히 감동적이다. 왜냐하면 잘 알려진 배우였을 뿐 아니라 실제로 높은 위상을 갖고 있던 무성영화 감독 에리히 폰 슈트로하임Erich von Stroheim이 그 대사를 했기 때문이다. 그리고 영화계에서는 유명했던 이 사실들을 잊은 관람객들을 위해 〈선셋 대로〉의 창작자는 슈트로하임이 감독하고 스완슨이 출연한 〈여왕 켈리Queen Kelly〉의 몇몇 장면을 포함시켰다.

〈선셋 대로〉가 이 문제에 있어 상당히 명시적이긴 하지만, 스타 페르소나에 대한 언급들은 미묘한 기록에서일지라도 꽤 만연해 있다. 관객이 어떤 배우를 어떤 역할에 받아들일 것인지 아닌지에 대해 고민할 때, 배역 책임자는 배우가 자신의 경력을 통해 지금까지 구축해온 페르소나를 고려하여 이것이 당면해 있는 캐릭터에 대한 가능한 해석을 통해 강화되는지 아니면 적어도 그것에 꼭 들어맞는지에 대해 생각한다.[3)]

비록 나는 배질 래스본Basil Rathbone이 자신의 친구들과 가족에게는 충분히 상냥하다는 것을 확신하지만, 그의 경력의 어떤 지점에서 그가 상냥한, 일반적인 교통순경을 연기하는 것을 상상하기 어려워진다. 물론 오만할 정도로 자신 있는 특출한 경찰에 캐스팅되었을 수도 있다. 하지만 일반적이고, 좋은 녀석은 절대 아니다! 그리고 그가 어떤 의미에서

3) 이는 물론 스타뿐만 아니라 도널드 믹(Donald Meek) 같은 영향력 있는 조연의 경우에도 사실이다(이 사람의 이름이 이 모든 것을 말해준다).

그것을 해냈을 수 있다고 하더라도 프로듀서는 그 제안을 거부했을 것이다. 그들은 글렌 포드Glen Ford를 캐스팅하는 것이 더 나은 내기라고 말할 것이다.

사실 영화들은 종종 특정한 스타를 마음에 두고 각본을 쓴다. 소피아 코폴라Sofia Coppola의 〈사랑도 통역이 되나요Lost in Translation〉는 빌 머레이Bill Murray를 주연으로 마음에 품고 시작했다고 한다. 여기서 작가는 관람객도 그렇게 하기를 기대하면서 캐릭터를 구체화함에 있어 머레이의 스타 페르소나를 사용한다.

영화배우들은 경력이 쌓임에 따라 연관되어 구축되는 페르소나를 가지며, 진행 중인 스타 페르소나와 적절히 조화를 이루도록 하는 것은 어느 정도 프로듀서, 작가, 배역 담당 책임자 등의 역할이다. 그들은 관람자들이 자신들의 이해, 그리고 결과적으로 그 캐릭터에 대한 정서적 반응을 풍성하게 하는 데 그 정보를 사용할 것을 알기 때문에 그렇게 한다.

우리가 어떤 특정한 캐릭터에 반응하는 것은 종종 배우의 경력에서 어떤 공공연하게 유효한 연상들을 찾을 수 있는 배우를 고용함으로써 선동된다. 우리는 일반적으로 그레고리 펙Gregory Peck이 연기한 캐릭터는 품위 있는 사람일 것이라고 추정하는데, 이는 그가 수많은 영화들에서 진지하게 옳은 일을 위해 분투하는 모습으로 등장했기 때문이다. 우리는 클라크 게이블Clark Gable은 자신과 다른 이의 권리를 주장할 것이라고 추정할 텐데, 이는 그의 스크린 페르소나가 그러한 인물에 의존하고 있기 때문이다. 그는 무모하고 공격적이며, 절대 수동적이지 않다. 어떤 일에 직면하면 그는 속삭이기보다는 고함친다. 그는 절대 〈바람과 함께 사라지다Gone with the Wind〉에서 애슐리 배역을 맡을 수 없다.

이런 부류에 대한 반응들은 팬이 펼치는 공상의 나래가 아니다. 그들은 미리 효과를 숙고한다. 즉 영화는 적절한 배우가 그 역할에 선택되는 방식을 통해 그들을 이끌어내도록 제작되었다.

아마도 이 모든 것은 매우 당연하고 나무랄 데 없는 것처럼 들릴 것이다. 이런 식으로 영화배우들에게 반응하는 것은 우리가 영화를 볼 때 대부분이 거의 대체로 저절로 스며들어 알게 되는 관람자의 패턴이다. 하지만 스크린과 객석 간에 이러한 소통의 경로가 존재함을 인정하는 것은 우리를 매우 빨리 역설로 이끌 수 있다.

왜 그럴까?

인기 있는 상업영화들, 즉 스타 배우들이 주연을 맡는 영화들은 허구적이다. 그뿐만 아니라 허구적 영화를 포함하여 허구에 대한 우리의 반응은 대부분 영화의 이야기 세계와 그것이 상정하는 것에 대한 우리의 주목을 제한하는 데 의존한다. 영화에서 영웅이 절벽에 매달려 있는 것은 허구이며, 그런 허구에는 그가 떨어지면 바닥에 부딪쳐 죽을 것이 전제되어 있다. 만약 그런 장면에서 긴장감을 느낀다면, 그것이 바로 우리가 영화에서 생각해보아야 할 시점이다.[4] 우리는 반드시 허구 연산자fiction operator의 경계 안에 들어 있는 것에 주의를 기울여야 한다. 즉 "______하다는 것은 허구에서는 진실이다."라는 공식의 빈칸을 채우는 것에 초점을 맞춰야 한다. 만약 우리가 허구 연산자의 영역에 속하지 않는 어떤 정보를 마음대로 가지면 긴장감을 획득하지 않을 것이다.

이것은 어떤 정보인가? 예를 들면 영웅은 좀 전에 언급한 것 같은 궁지에서 항상 빠져나오는데, 이는 영화를 보는 데 있어 아주 흔한 일이다. 만약 우리가 영화에 대한 우리의 지식을 곱씹으면, 절대 영웅의 궁지에 대해 속 태우지 않을 것이다. 다른 말로 만약 그런 대중영화들이 어떻게 구성되었는지에 대해 우리가 아는 것을 상기한다면, 그런 영화에 대한 우리의 관심을 지속시키기 위해 요구되는 대부분의 호기심은 사라질

---

4) 긴장감에 대한 설명은 Noël Carroll, "Film, Genre, and Emotion," in Noël Carroll and Jinhee Choi, eds., *Philosophy of Film and Motion Pictures* (Oxford: Blackwell Publishing, 2006).

것이다.[5)]

"과연 그 소년이 소녀를 얻을 것인가?"에 대한 질문에 효과적으로 말려들어가기 위해서는 아주 유명한 배우와 신인 여배우가 영화에 함께 출연할 때 거의 늘 진행되는 방식에 대한 우리의 '실제-세계'에 대한 지식을 의식의 저 뒤쪽에 잠시 제쳐둘 필요가 있다. 그렇다. 그들은 사소한 일로 말다툼하는데, 베테랑 영화 관람자는 이것이 키스를 하기 위한 서곡이라는 것을 **안다**. 하지만 우리는 그 지식을 우리 마음의 앞자리로 밀어내지는 않는데, 그렇게 되면 예상되는 구혼의 결과에 대해 호기심을 남겨놓기 어려워지기 때문이다.

상상적으로 이와 같은 허구를 즐김에 따라, 우리는 인기 있는 영화 장르에서 일반적으로 전개되는 플롯에 대해 상당히-고려할만한 지식을 보류할 필요가 있다. 즉 많은 영화 플롯들이 우리에게 감정적 마술을 부릴 수 있게 하기 위해서는 우리가 가지고 있는 영화에 대한 지식을 보류할 필요가 있다. 우리는 반드시 허구적 세계에서 발생하거나 발생하지 않을 것 같은 것에 대한 개연성을 즐기는 것에 관한 한 대중-영화 플롯 구성을 지배하고 있는 원리에 대한 우리의 이해를 무시해야 한다. 이는 허구 연산자의 정당한 범위 밖에 있는 지식을 포함하기 때문이다.

하지만 배우가 캐릭터를 풍성하게 하기 위해 스타의 페르소나를 사용할 때 우리가 동원하는 것이 바로 그런 종류의 영화 지식이 아닌가? 따라서 영화와 관련된 우리의 상상으로부터 그런 지식을 보류할 것이 요구되는 반면, 성공적인 영화 관람은 대단히-허구적인 것이나 영화에 대한 외부 지식에 대한 접근을 필요로 하는 것으로 나타난다. 모순은 멀지 않은 곳에 있어 보인다.[6)] 이 논문의 목적은 그것을 방지하는 데 있다.

---

5) 대중문화에 대한 관객의 관심을 유지시키는 데 있어 호기심의 역할에 대해서는 나의 "Narrative Closure," in *Philosophical Studies* (August 2007, Volume 135, Issue 1, 1-15쪽)를 보라.

6) 이 문제는 Jonathan M. Weinberg and Aaron Meskin, "Imagine That!" in Matthew Kieran, ed.,

문제

비록 이러한 권고(허구와의 성공적인 관계는 우리가 허구 연산자 내부에 들어오는 것에 상상적으로 초점을 맞출 것을 요구한다는)가 대체로 옳더라도 이 말을 잘못 이해하지 않는 것이 매우 중요하다. 허구를 이해하기 위해서는 반드시 작업에서 언급되지 않거나 드러나지 않은 정보에 접근해야 한다. 우리는 허구에 명쾌하게 주어진 것뿐만 아니라, 그것에 의해 예상되는 것에도 주의를 기울일 필요가 있다. 즉 우리는 창작자가 제시하는 허구적 환경에 대한 묘사나 그림을 채워야 할 것이다. 그리고 이를 위해 우리는 비록 원칙에 입각한 방식일지라도 반드시 엄밀하게 해석된 허구 연산자의 뚜렷한 경계들 너머로 가야 한다.

하지만 우리가 원칙에 입각한 방식으로 허구에 전제된 것을 채울 수 있는지 어떻게 알 수 있는가? 대체로 우리는 일을 촉진시킬 수 있도록 실제 세계에 대한 우리의 믿음을 사용하여 이를 성취한다. 제2차 세계대전과 관련된 영화에서 영국 군인이 미군과 함께 독일군에 대항하고 있을 때, 전형적인 미국인 관람자들에겐 '토미들Tommies(역자 주- 영국 병사를 일컫는다.)'이 우리 편이라고 굳이 설명할 필요가 없다. 이것은 의도된 관람자가 허구에 채워 넣거나 이해하기 위해 사용하는 '실제 세계'로부터의 지식이기 때문이다. 마찬가지로 우리가 베이징에 있는 자금성을 배경으로 한 허구를 볼 때, 보통의 준비된 관람자에게는 그 황제가 중국인이라는 것을 말해주지 않아도 된다. 그것이 관람자가 거의 자연스럽게 스크린 상의 허구에 갖고 있는 세계의 실제 역사에 대한 믿음이기 때문이다.

요컨대, 상상적인 이야기는 다양한 방식으로 허구 밖의 세상을 참

Contemporary Debates in Aesthetics and the Philosophy of Art (Oxford: Blackwell Publishing, 2006), 230쪽에서 끄집어냈다.

조하고, 그런 허구를 따르기 위해서는 영화적인 방식으로 참조하며, 그렇지 않으면 관객이 반드시 허구에 의해 전제된 것을 구체화하기 위해 대단히-허구적인 것이나 '실제 세계'에 관한 그들의 고정된 믿음, 신념(그리고 감정)의 대부분을 사용하고 사실 그에 의지한다고 예상된다. 나아가 이것은 역사적이고 지리적인 사실만을 포함하는 것이 아니라, 생물학적이고 사회적인 것도 포함한다. 예를 들면 다른 사정이 변함없다면 피를 빼낸 사람은 죽고, 어머니는 자식을 보호하려고 시도할 것 같은 것들이다.

물론 이러한 추정은 장르의 주도적인 법칙에 의해, 혹은 명백하게 목전의 이야기가 전개시키는 특유한 방식에 의해 기각될 수 있다. 예를 들어 뱀파이어 영화에서는 피를 뽑힌 사람은 '언데드Undead'로 변한다. 그럼에도 어쩌면 놀라울 정도로 허구를 따라가는 것은 우리가 실제 세계에 대해 믿는 것, 그리고 스크린에 있는 것을 채워 넣고 이해하기 위해 그것이 어떻게 작동하는지에 대해 믿는 것을 포함한다. 따라서 '**실제적 체험적인**realistic heuristic'이라고 불리는 것은 종종 영화적 허구를 가공할 때 우리가 이행하지 않는 가설이 된다.[7]

일반적으로 우리는 영화적 허구 상황에 감정적으로 반응하고, 실제적 체험적인 것에 부합되는 결과를 예상한다.[8] 하지만 그것이 대중적인

---

7) 나는 이 생각이 원래 David Lewis, "Truth in Fiction," in *Philosophical Papers: Volume I* (Oxford: Oxford University Press, 1983), 261-81쪽에서 기인한다고 생각한다.

8) 이것은 어떤 조건을 요구한다. 비록 우리가 실제적 체험적인 것을 가정하며 시작할지라도 이것은 포기되거나 아니면 적어도 어떤 특정한 조건하에서 수정되어야 할 것이다. 어떤 경우들에 있어 문제의 그 장르는 실제적 체험적인 것이 어떤 상황과 관련해서는 퇴각될 것을 요구한다. 예를 들어 〈스타트랙(Star Trek)〉 같은 공상과학 모험영화에서는 블랙홀을 따라 우주선이 여행을 할 것이다. 비록 우리가 현실에서는 그런 식의 시도가 오래가지 못할 것이라는 것을 알고 있더라도 말이다. 이것을 '장르 완화'라고 부른다. 유사하게 다른 사례에서 허구를 일관성 있게 만들기 위해 우리는 실제적 체험적인 것을 본래 허구를 만들어냈던 문화에 대한 상이한 믿음을 품는 것을 지지함으로써 폐지한다. 따라서 비록 우리는 유령이 있다고 믿지 않지만, 햄릿이 처한 곤경에 우리의 감정을 이입시키기 위해 있을 수 있다고 가정한다.

허구의 플롯 구조를 지배하는 법칙을 따를 것이라는 기대 속에서 허구에서 일어나는 것에 대한 우리의 반응을 수정해야 하는 것은 아니다. 만약 그 소년이 그 소녀를 차지할 것이라는 것, 아니면 그 반대로 될 것이라는 것, 혹은 선함은 언제나 성공한다는 것을 안다면 그 안에서 **전율**은 어디에 있는가? 따라서 우리는 실제적 체험적인 것, 그리고 그것을 가능하게 만드는 가능성들을 받아들인다.

우리는 감정적 반응을 관습적인 플롯 궤도들과 할리우드식 플롯 구성을 지배하고 있다고 알고 있는 그 궤도들에 대응하는 가능성에 맞추지 않는다. 그것은 영화관 밖에서 생겨나서 실제 세계에서 있음직한 것에 대한 우리의 믿음과는 거의 관련이 없기 때문이다. 즉 할리우드 플롯 구조에 대한 영화[예를 들면 〈소년, 소녀를 만나다(Boy Meets Girl)〉]를 보고 있지 않는 한, 대중오락의 플롯 구조와 관련 있는 영화가 흘러가는 방식에 대한 지식을 전형적으로 사용하지는 않는다.

일반적으로 영화에 대한 우리의 인지적 · 감정적 반응이 결정되거나 허구적 세계가 작동하는지에 대한 믿음은 플롯 구성에 대한 영화 지식이 아니라 실제적 체험적인 것에 의존한다. 비록 플롯 구성에 대한 영화 지식은 어떻게 영화가 진행되는지를 반영하지만, 그것은 우리가 알고 있는 실제 '비-영화적' 세계의 관례를 반영하지는 않는다. 왜냐하면 우리가 영화-**로서의**-영화movie-qua-movie의 개연성이라고 믿는 것은 우리가 신뢰할 만한 허구적 세계로서 상상된 영화 **안에서**의 개연성이라고 믿는 것과는 매우 다르기 때문이다.

하지만 실제적 체험적인 것을 사용하는 것이 영화배우들의 과거 경력에 대해 우리가 아는 것을 우리가 보고 있는 영화 속 캐릭터에 대한 우리의 정서적 반응을 증가시키기 위해 사용하는 것을 저지하는가? 우리가 〈진정한 용기True Grit〉에서 (의도적으로 과장되게) 황폐해지고 형편없어진 모습으로 나오는 존 웨인의 모습을 보면서 참으로 아름다운 젊은 카우보이로서의 존 웨인의 모습을 아쉬움을 가지고 떠올릴 때, 실제적 체험적인 것을 위반하는 것인가?

언뜻 그런 것처럼 보일 것이다. 실제적 체험적인 것이 영혼의 환생을 변명으로 치부한다고 가정해보면, 일례로 〈링고 키드Ringo Kid〉와 〈집행자 루스터Rooster Cogburn〉 간의 지속 관계를 어떻게 설명할 수 있는가? 따라서 환생은 미라영화에서처럼 서부영화에서는 상정되지 않는다. 따라서 많은 서스펜스 사건들에서 피할 수 없는 해피엔딩을 주문했던 것만큼, 이 경우에는 우리의 멜랑콜리가 무분별한 것은 아닐까? 두 경우 모두에서 우리는 허구와 실제적으로 이행하지 않는 허구적 세계가 어떻게 작동하고 이해될 수 있는지에 대한 가정 밖으로 나간다. 그리고 모든 경우에서 우리가 보고 있는 영화에 대한 반응을 낳기 위해 영화에 대해 우리가 알고 있는 것을 사용한다.

영화, 사진 그리고 암시[9)]

그럼에도 다시 한 번 우리는 허구가 허구 바깥세상을 참조할 수 있다는 것을 받아들이고 있음을 재차 강조하는 것이 좋겠다. 허구는 비행기 여행을 참조할 수 있고, 그 이야기를 채우기 위해 비행기 여행에 대해 우리가 알고 있는 것을 사용하도록 요청 — 때로는 명령하기까지 — 한다. 〈플라이트 93United 93〉은 스튜어디스가 밀고 다니는 금속 수레가 무엇인지 설명해주지 않는다. 이 영화는 우리가 그것이 무엇인지에 대하여 알

9) 암시에 대해서는 Stephanie Ross, "Art and Allusion," *Journal of Aesthetics and Art Criticism* XXXX (1981): 59-70쪽; William Irwin, "What is An Allusion?", *Journal of Aesthetics and Art Criticism* LIX (2001): 287-97쪽; 그리고 William Irwin, "The Aesthetics of Allusion," *Journal of Value Inquiry* 36 (2002): 521-31쪽을 보라.

고 있으며, 그것이 왜 조종석 문을 부수는 데 쓰일 수 있는지에 대해 우리 스스로 납득하기 위해 그 정보를 사용할 것임을 상정한다.

하지만 허구 창작자는 **문자 그대로의** 의도 — 우리가 실제 세계에 대해 믿는 것을 문자 그대로 허구 상황에 적용할 의도 — 를 가지고 실제 세계를 언급하지만은 않을 것이다. 또한 허구 창작자는 **비유적** 의도 — 즉 우리가 허구에 의해 회부된 실제의 연장에 연관 짓는 것을 허구 안의 요소들, 혹은 진행 중인 그 허구의 전체성 전부에까지 비유적으로 적용한 의도 — 라는 것을 가지고 허구 바깥에 있는 대상을 언급할 것이다.

예를 들어 회화를 포함한 허구는 프랭크 보제이즈Frank Borzage의 〈기묘한 화물Strange Cargo〉에서 이안 헌터Ian Hunter가 연기한 캐릭터의 경우처럼 관객이 예수와 연관 짓는 속성과 관련해서 스스로 그 허구 안에서 어떤 캐릭터를 파악하도록 북돋기 위해 그리스도를 언급할 것이다. 여기서 그리스도에 대한 암시는 캐릭터의 구원적인 아우라를 강조하는 방법이다. 이런 식으로 비유를 사용하는 것은 허구적 세계에서 문자 그대로 진실인 것에 대한 주장도, 그것이 어떻게 작동되는지에 대한 주장도 포함하지 않기 때문에 실제적 체험적인 것을 침해하지 않는다.

내가 〈기묘한 화물〉을 이해하듯이, 이것은 오직 그 캐릭터가 그리스도-같다는 관점에 회부하는 것일 뿐 반드시 그가 그리스도라는 것은 아니다. 이는 〈프랑켄슈타인의 신부Bride of Frankenstein〉에서 마을 사람들이 괴수를 막대기에 묶어놓았을 때, 십자가에 못 박힌 예수와 그림 상 연관되는 것과 같다. 비록 암시가 제멋대로이고 부당한 군중의 희생양으로서 그리스도의 상황과 그의 상황을 유추하는 역할을 하지만, 여기서 괴수는 문자 그대로 예수와 동일시되지는 않는다.[10] 그리고 이런 상황들이

10) 이런 종류의 시각적 암시는 회화에서 좋은 전례가 있는데, 다비드는 임종하고 있는 그리스도의 전형적인 모습을 따라 암살된 마라의 사지를 배열함으로써 그를 구세주로 형상화했다.

아주 분명하게 만들듯이, 우리는 허구에서 비유적인 비교의 목적을 위해 부적합함 없이 허구적 세계 바깥의 대상을 넌지시 암시할 수 있다. 이는 논리적, 개념적, 존재론적 혹은 미적이지 않은 암시다.

나아가 허구는 허구적 캐릭터를 암시할 것이다. 〈당신이 그녀라면In Her Shoes〉에서 로즈는 개 두 마리와 함께 필라델피아 아트 뮤지엄의 계단을 두 번 달려 오른다. 이것으로 이 영화는 〈로키Rocky〉의 허구적 캐릭터인 로키 발보아를 암시한다. 이 암시를 통해 계단을 뛰어오르는 것이 로키에게 의미했던 것과 유사하게 개인적인 승리로서 우리는 로즈의 새로운 삶을 — 이전에 그녀는 자의식이 강한 법인 변호사였다 — 보도록 조장된다.

허구 소설에서 작가는 영화 캐릭터를 암시할 수 있는데, 예를 들어 "아무개의 근육이 마시스테Maciste의 것처럼 잔물결을 이뤘다."고 묘사한다. 〈당신이 그녀라면〉에서 로키를 암시하는 것처럼 그런 암시가 회화적으로 획득될 수 없다고 생각할 이유는 없다. 사실 허구적 소설과 허구적 회화 둘 다에서 우리는 영화배우를 떠올릴 수 있는데, 예를 들어 영화 〈비소와 오래된 레이스Arsenic and Old Lace〉에서 레이먼드 머시Raymond Massey가 맡은 캐릭터는 보리스 칼로프Boris Karloff와 명백하게 비교된다.

하지만 이것이 영화배우와 관련된 우리의 문제와 무슨 관련이 있는가? 다시 말해, 우리에게 주어진 사례에서 적절한 영화배우의 이미지는 (다른 여러 기능들 중에서) 문제의 그 배우를 암시한다. 즉 나의 주장은 우리가 영화에서 저명한 배우를 마주했을 때, 이는 때때로 우리가 이중적인 태도로 그들을 경험하는 — 그리고 어쩌면 그들을 경험하도록 부추김 당하는 — 경우가 된다. 한편으로 그들은 우리 앞에 있는 허구 속의 인물을 묘사한다. 그러나 다른 한편으로 어떤 경우들에 있어 그들의 이미지는 자신들의 경력을 통해 구축한 영화 속 페르소나를 **암시**하는 역할을 한다. 이는 나아가 아마도 그 자체로 아주 유사한 태도로 이중적일 수 있는 전통적인 허구적 영화의 사진적 기반과 관련이 있을 것이다.

전통적인 허구적 영화에서 사진적으로 기반을 둔 사람의 이미지는 캐릭터를 재현[케서 로메로(Cesar Romero)가 〈페드로 선장의 모험(Captain from Castile)〉에서 **명목상 묘사하는** 코르테즈처럼]함과 동시에 (**신체적으로 묘사하는**) 그것의 실제 모델에 회부(이 경우엔 케서 로메로)한다.[11] 케서 로메로의 동일한 샷은 다른 무엇보다 코르테즈를 재현하거나 명목상 묘사하고 있는 허구적 모션 픽처 〈페드로 선장의 모험〉에 나타날 수 있다. 아니면 이는 (코르테즈를 연기한) 케서 로메로에 관한 TV 프로그램 〈전기Biography〉 다큐멘터리에 나타날 수도 있다. 전통적인, 사진적으로 구축된 허구적 영화에서 면밀하게 다룬 인물들의 모든 이미지는 적어도 이런 이중성 있는 잠재력을 가지고 있다.[12] 이러한 측면에서 그런 이미지들은 허구 안에서 그들이 명목상 묘사하는 인물의 실제 모델에 (신체적으로 묘사하는 방식으로) 회부할 가능성을 자신들 안에 만들었다.

그뿐만 아니라 다음 절에서 설명하겠지만, 영화에서는 그와 똑같은 샷 혹은 일련의 샷들에 신체적 묘사와 명목적 묘사를 동원하는 것이 가능하다. 신체적 묘사와 명목적 묘사를 동시에 얻어내는 것이 가능하기 때문에 영화배우는 스크린 상에서 어떤 인물을 명목상 묘사할 때 아마도 자신들의 사진적인 신체적 묘사를 통해 우리가 그들의 이전 역할과 지금 보고 있는 영화의 인물과 관련짓는 것에 더욱 집중하도록 하여 그

11) 신체적 묘사와 명목상 묘사의 구분은 Noël Carroll, "Concerning Uniqueness Claims for Photographic and Cinematographic Representation," in *Theorizing the Moving Image* (Cambridge: Cambridge University Press, 1996), 45-8쪽을 보라. 또한 Monroe Beardsley, *Aesthetics* (New York: Harcourt, Brace and World, 1958) 특히 ch. VI, sec. 16을 보라. 그리고 Göran Hermeren, *Representation and Meaning* (Lund, Sweden: Scandanavian University Books, 1969), 특히 ch. II를 보라.

12) 위에서 '적어도'의 조건은 영화적 이미지 또한 대상의 등급이나 컬렉션을 **묘사한다**는 것에 대한 우리의 인정을 시사한다. 묘사에 관해서는 나의 글 "Concerning Uniqueness Claims"를 보라. 묘사 덕분에 이미지는 이중성뿐만 아니라 **삼중성**의 잠재력을 갖는다고 말해진다.

들의 스크린 페르소나를 참조하거나, 더 정확하게는 **암시**한다.

통속적인 플롯의 구조에 대해 알고 있는 것 — 예를 들어 스릴러에서 영웅은 언제나 탈출한다는 것 — 을 모으려고 한다면 우리는 대다수의 허구적 영화가 흡수되도록 설계된 방식으로 그것을 감정적으로 처리할 수 없다. 이는 그것이 실제적 체험적인 것에 따라 상상적으로 관계를 맺도록 설계되었기 때문이며, 앞서 말한 플롯 구성 전략들이 대부분 너무나 별나서 거의 실제일 것 같지 않기 때문이다. 대부분의 경우, 허구에서 부여받은 감정적 이해는 실제적 체험적인 것, 혹은 관련된 장르의 전제조건에 의해 수정된 실제적 체험적인 것, 혹은 그와 매우 유사한 어떤 것을 요구한다. 만약 우리가 대본 개작 전문가들처럼 통속적인 플롯 구조 원리에 따라 이야기를 쫓아간다면 허구에는 어떠한 정서적인 마찰도 없을 것이다.

우리 대부분은 할리우드에서 홍콩, 발리우드에 이르기까지 대중영화를 형성하는 플롯 궤도를 알고 있지만, 그런 구조들을 관련된 허구적 세계를 지배하는 존재론적 법칙에서 핵심적인 부분으로 받아들이지 않는다. 대부분의 영화에서 벌어지고 있는 일을 따르는 관련된 법칙들은 우리가 실제적 체험적인 것을 효율적으로 사용하는 데 있어 추정할 것에 다가간다. 화염 속에서 여자 주인공이 아기를 구할 수 있을지 없을지 계산하기 위해 플롯 전개에 대한 영화 지식을 허용한다면, 우리는 관련된 통속적 플롯 구성 전략을 마치 그들이 문자 그대로 허구적 세계를 지배하는 원칙인 것처럼 다룰 것이다(우리의 실제 세계 영화 스튜디오에서 허구적 세계의 제작을 지배하는 원리에 반대되는 것으로서). 하지만 그런 플롯 전략들은 영화의 허구적 세계 바깥에 있다. 즉 그들은 문자 그대로 허구적 환경의 일부가 아니다.

대조적으로 암시는 허구적 환경에서 문자 그대로의 요소로서 제시되지 않으며, 우리가 허구적 세계에서 가동될 것이라고 상정하는 인과 법칙과도 문자 그대로 교차하지 않는다. 암시는 비유적인 것이다. 그들은 허구적 세계에서 문자 그대로의 내용물 같은 것이 아니라, 허구적 세계의 문자 그대로의 내용물에 대한 메타 논평의 본성 같은 것이다. 허구적 세계와 맺는 그들의 관계는 비유적일 뿐 존재론적이지 않다.

만약 우리가 허구의 진화를 따르기 위해 플롯 구성 전략을 취하려고 한다면 — 소년은 언제나 소녀를 쟁취한다는 것과 같은 전략 — 우리는 그런 전략들을 허구적 세계의 존재론 안에서 작동되는 인과적 패턴의 기능으로서 다룰 것이다. 하지만 그것들은 사실 대체로 금전적인 목적을 위해 프로듀서가 작가와 감독에게서 해피엔딩을 요구하는 우리의 세계에 속한다. 따라서 우리는 그것들을 허구 안에서 드러나는 일련의 사건들을 위한 재료로 생각해서는 안 된다.

그뿐만 아니라 이러한 플롯 구성 전략들은 비유적으로 이해되지도 않는다. 예를 들어 그것들은 대체로 허구를 전달하는 담론에 의해 알려진 암시가 아니다. 베르톨트 브레히트가 〈서푼짜리 오페라The Threepenny Opera〉의 결말에서 그런 것처럼 비록 그 허구는 '해피엔딩'을 암시하고 있을지라도 우리는 일반적으로 그런 플롯 구조를 이용하는 대부분의 허구들은 그것들을 결정하는 통속적인 서술 관례를 암시한다고 믿을 이유가 없다. 따라서 통속적인 허구의 관례적인 궤도에 대한 영화 지식은 일반적으로 영화와 우리의 상상적 결합에서는 경계를 벗어난다.

이러한 경향에 대한 지식은 실제적 체험적인 것에 의해 영화의 허구적 세계가 문자 그대로 어떻게 작동하는지에 대한 우리의 인지 과정을 저지한다(허구 그 자체가 통속적인 영화 제작자가 통속적인 영화 플롯을 어떻게 구성하는가에 대한 것이 아닌 한). 나아가 적절하게 표시된 곳을 제외하고는 이런 관례적인 구조를 이용하는 영화들은 비유적으로 그들과 관련된다고 받아들여지지 않는다. 따라서 우리는 이런 플롯 개요를 영화가 그들에게 암시하고 있다는 이유 때문에 접근하지 않는다. 다른 한편으로, 영화 속 배우의 이미지가 비유로서 기능하므로 이는 배우의 페르소나에 대해 알고 있는 영화 지식을 즐길 수 있는 사례일 것이다.

암시는 사건의 상태나 허구적 세계 안에서의 인과적 연결에 직접 회부되지 않는다. 그것은 **비유적**이다. 아이젠슈타인의 〈파업Strike〉에 녹아 있는 비유가 스파이가 허구적 세계에서 문자 그대로 원숭이로 변하는 것을 의미하지 않는 것처럼 움직이는 이미지[조엘 맥크리어(Joel McCrea)가 연기한 캐릭터를 포함하는]가 조엘 맥크리어와 그의 배우로서의 페르소나를 암시할 때, 그 이미지는 조엘 맥크리어나 그의 이전 캐릭터 어느 것도 〈대평원Ride the High Country〉의 허구적 세계에 사는 사람임을 의미하지 않는다.

우리가 접근하도록 위임받지 않은 영화 지식은 허구 연산자의 범위 안에서 이야기 세계를 지배하는 개연성의 법칙을 이해하기 위한 예술적 전략들을 중시한다. 하지만 그 원리는 우리가 영화적 배열에서 가능한 비유적 암시를 탐구할 때 침해받지 않는다.

지금까지 우리는 영화 지식에 접근하는 것을 막는 것이 배우가 스크린에서 묘사하고 있는 인물에 대한 우리의 감정적 반응을 구성할 때 그의 페르소나에 대한 우리의 기억을 막지 않을 것인지에 대한 이유를 살펴보았다. 이는 사진적인 것에 기반을 둔 배우의 이미지는 자신의 과거 역할을 통해 발전된 배우의 페르소나를 암시하기 때문이며, 나아가 이런 종류의 비유는 허구에서 무엇이 진실인가에 대한 문자 그대로의 접근과 완벽하게 양립할 수 있기 때문이다. 배우 페르소나는 외연적 차원의 일부라기보다는 문예학자들이 그 구절을 즐겨 사용하듯이 영화의 내포적 차원의 일부다. 이는 분명히 영화배우의 문제에 있어 가능한 해법이다. 하지만 때로는 영화가 정말 이런 식으로 배우의 페르소나를 암시한다고 가정하는 것이 얼마나 타당한가?

암시로서의 영화배우

배우 페르소나에서는 흔히 있는 일이듯 영화에 대한 우리의 지식이 비유적으로 암시되었을 때 허구적 세계에 적용될 수 있음에 반해, 통속적 플롯 관례에 대한 영화 지식은 우리가 허구적 세계를 처리하는 데 있어 문자 그대로 도움을 받아서는 안 된다. 아마도 해피엔딩 모티프와 같이 통속적 플롯 관례에 대한 우리의 지식과 관련하여 허구적 세계에서 일어나는 일들을 지배하는 법칙을 채워 넣는 것은 적절하지 않은 반면, 이러한 구별은 우리에게 왜 배우의 페르소나에 회부하여 그 캐릭터를 채워 넣는 것이 용인되는지에 대해 설명할 방법을 알려준다. 하지만 왜 배우의 페르소나가 실제로 이런 방식으로 사용된다고 생각하는가? 왜 영화 제작자가 배우 페르소나를 암시한다고 생각하는가? 증거는 무엇인가?

우리는 스탠리 카벨의 〈대평원〉의 캐스팅에 대한 고무적인 분석으로 시작했다. 우리는 영화가 명백히 스콧과 맥크리어의 이전 경력을 떠올리도록 하지는 않는다는 것을 근거로 그것을 꺼려할 것이다. 왜 관람객은 형성된 배우 페르소나를 자신들이 보고 있는 영화 속 캐릭터를 조명하기 위해 사용해야 하는 것이 영화가 흘러가는 기본 전제라고 가정해야 하는가? 아마도 카벨은 그저 자신의 마음이 가는 대로 내버려두었을 것이다.

하지만 연산에 이러한 기본 전제가 있다는 가정을 지지하는 한 가지 이유는 명백하게 우리를 배우 페르소나에 접근하도록 만드는 영화들이 있기 때문이다. 반박의 여지가 없는 예는 존 웨인이 주연한 돈 시결Don Siegal의 〈마지막 총잡이The Shootist〉다. 이 영화는 〈대평원〉에 대한 카벨의 해석에 의해 영향을 받은 것 같아 보이는 방식으로 펼쳐져 있다.

이 영화는 존 버나드 북스John Bernard Books[약간 존 웨슬리 하딘(John Wesley Hardin)에 근거한 캐릭터]라는 총잡이의 마지막 날을 다룬다. 존 버나드 북스 역은 존 웨인이 맡았다. 영화는 존 버나드 북스의 어린 시절로 추측되는 몽타주들로 시작한다. 하지만 관람자는 이 몽타주가 존 웨인의 〈빅 트레일The Big Trail〉과 〈리오 브라보Rio Bravo〉의 컷들을 포함한 다른 68개의 서부영화에서 따온 장면들로 구성되었음을 알아차린다. 요컨대 우리는 공공연하게 존 웨인의 배우 페르소나의 진화 속에서 중심이 되는 순간들을 상기해냄으로써 존 버나드 북스에 대한 우리의 감정적 반응을 형성하도록 이끌리며, 영화는 실제로 슬슬 그렇게 몰아간다. (우리는 대체로 오랜 시간 동안 많은 영화들을 통해 북스를 연기하고 있는 배우인 존 웨인에 관해 형성한 연상을 북스에게 돌리도록 명백히 지시받는다.) 〈마지막 총잡이〉에서 웨인의 배우 페르소나의 성장 초기 순간들이 바로 우리 눈앞에 상기되었기 때문이다.

이것이 의도된 것이었다고 의심할 수도 없다. 그 영화의 제작자 중 한 명인 윌리엄 셀프William Self에 의하면 조지 C. 스콧George C. Scott이 한때 존 버나드 북스의 역할로 고려되었다고 한다. 하지만 그 아이디어는 존 웨인이 그 역을 연기하고 싶어 한다는 것을 알았을 때 즉각 폐기되었다. 셀프에 의하면, 웨인이 그 인물에 **상징적**iconic 차원을 가져올 것이라고 예상되었기 때문이다. 여기서 셀프는 '상징적'이라는 말로서 영화배우의 페르소나에 대한 배우의 암시를 이야기했을 때 내가 의미한 것과 비슷한 어떤 것을 염두에 두고 있는 것 같다.[13]

나아가 〈마지막 총잡이〉의 제작자들은 오프닝 몽타주가 그 영화의 전체적인 분위기를 형성하도록 의도했다. 이 영화의 시나리오 작가인 마일스 후드 스와타웃Miles Hood Swartout이 주장했듯이, 영화 창작자들은 서부영화 배우로서 웨인의 긴 활동을 암시함으로써 관람자들이 북스의 배경이 되는 내용[14]을 채우기를 바랐는데, 그렇게 함으로써 그 영화는 북

13) 이 논문에서 〈The Shootist〉에 대한 정보는 Paramount Widescreen DVD Collection에서 제공한 2001년 DVD 〈The Shootist〉의 "The Sootist Legent Lives On"에서 얻었다.

14) *Ibid.*

스의 대담함뿐만 아니라 그의 정의로움과 카우보이의 명예를 고수한 점도 보여준다.

이 영화를 개봉할 때 이 오프닝 몽타주는 때때로 프랑수아 트뤼포François Truffaut가 〈사랑의 도피Love on the Run〉에서 트뤼포의 앙투안 드와넬Antoine Doinel 시리즈(역자 주- 트뤼포 감독은 여러 시리즈를 통해 허구 인물인 드와넬의 성장 과정을 그렸다) 초기작들 — 〈침대와 탁자Bed and Board〉, 〈400번의 구타The Four Hundred Blows〉와 같은 — 에서 장 피에르 레오Jean-Pierre Léaud의 화면을 사용한 것과 비교된다. 하지만 시걸이 웨인의 화면을 사용한 것은 트뤼포가 레오의 화면을 사용한 것과는 완전히 다르다. 트뤼포의 화면은 근본적으로 이 영화 시리즈를 통해 레오가 연기하게 된 앙투안 드와넬의 삶 속에 발생했던 이전의 사건들을 (동일한 사이클에 있는 초기 영화들에서 끌어 모아) 회상하는 문제이기 때문이다. 거기엔 레오의 스타 페르소나에 대한 암시가 없다. 한편 존 버나드 북스의 영화적 전기는 완전히 떨어져 있는 허구적 세계를 재현하고 있는 영화 조각들을 모은 것이다. 이 조각들이 공통으로 가지고 있는 것은 이 모든 서로 다른 허구적 캐릭터들이 존 웨인에 의해 연기되었다는 것과 이 모든 영화들은 존 웨인이 서부영화의 아이콘으로서 확립한 스타 페르소나에 기여했다는 점이다. 이러한 이유 때문에 그들은 북스의 과거를 표면적으로 회상하는 기능만 할 뿐 아니라, 웨인의 스타 페르소나를 암시하는 기능을 한다.

나아가 웨인의 스타 페르소나는 〈마지막 총잡이〉에 의해 설득된 유일한 스타 페르소나가 아니다. 마지막 총 싸움에서 북스는 TV 시리즈 〈와이어트 어프Wyatt Earp〉와 〈해브 건 윌 트래블Have Gun Will Travel〉에서 활약한 휴 오브라이언Hugh O'Brien과 리처드 분Richard Boone이 연기한 캐릭터들에 맞선다. 이 배우들은 그들을 스타로 만들어준 그 프로그램들에서 한 번도 싸움에 진 적이 없기 때문에 우리는 그들의 스타 페르소나를 가져다가 그들이 매우 엄청난 상대라고 추측하는 데 사용할 수 있다.[15)] 따라서 〈대평원〉 같은 영화에서 스타 페르소나가 암시적으로 기능하는지 하지 않는지에 대해 회의적이더라도 이런 종류의 비유적 참조의 가능성은 〈마지막 총잡이〉와 같은 사례에서는 사실상 명백하다. 이는 화면에 있는 것의 두드러진('놓칠 수 없는' 것이라고 표현하자) 표현적 편성 면에서도 그렇고, 영화 창작자의 차후 다큐멘터리 증언을 토대로 봐도 그렇다.

마찬가지로 아이다 루피노Ida Lupino의 〈중혼자The Bigamist〉에서도 스타 페르소나에 대한 중요한 암시가 있다. 영화에서 에드먼드 오브라이언Edmond O'Brien이 연기한 중혼자는 그를 조사하는 사회사업가가 바로 에드먼드 그웬Edmund Gwenn 같다고 말한다. 물론 사회사업가는 배우 에드먼드 그웬이 연기했다. 최근에 〈34번가의 기적Miracle on 34th Street〉(여기서 그는 산타클로스 역을 맡았다)에서 주연을 맡은 그웬이 부드럽고 친근한 스타 페르소나를 가지고 있기 때문에 여기서의 핵심은 그 사회사업가가 자애로움을 암시하는 것이다. 게다가 할리우드 버스 투어 중에 투어 가이드가 〈34번가의 기적〉(그런데 중혼자는 자기가 이 영화를 너무나 즐겼다고 말한다)에서 그의 역할을 예로 들면서 저 집이 에드먼드 그웬의 집이라고 말하는 것을 중혼자가 보았을 때 이 영화에서 이런 연계가 우리에게 어렵거나 특이한 것이 아니라는 점은 아주 분명해진다. 요약하자면 루피노가 이 영화에서 아마도 대체로 우리가 그를 자비롭고 배려 깊은 인물 — 다른 말로 하자면 신뢰할 수 있는 사람 — 과 연관 짓기를 유발하기 위해 그웬의 스타 페르소나를 암시하려고 의도했음에는 의심의 여지가 없다.

〈마지막 총잡이〉와 〈중혼자〉에서 배우가 연기하고 있는 캐릭터에 대한 스타 페르소나 암시는 어떤 면에서 보면 그 암시들이 너무나 노골

---

15) 아마도 여기에는 또 다른 암시의 층위가 있을 수 있다. 분과 오브라이언은 기본적으로 TV 카우보이 스타들이고 웨인은 영화 카우보이 스타이기 때문에 아마도 웨인이 더 뛰어난 총잡이 계층에 속한다고 암시될 수 있다.

적이기 때문에 아주 적절하다는 데는 의심의 여지가 없다. 이와 같은 사례들은 스타 페르소나에 대한 암시가 기존의 장치임과 동시에 실행 가능한 표현적 장치라는 점을 보여준다. 하지만 이런 사례들에서처럼 암시가 항상 분명하게 표명되어야 할 필요는 없음을 보여준다.

〈인디아나 존스와 최후의 성전Indiana Jones and the Last Crusade〉에서 자기 아들처럼 본인도 학자인 인디아나 존스의 아버지가 등장하는데, 그는 확실히 아들보다 더 교수 같고, 늙고, 답답하며, 훨씬 덜 모험적이다. 그럼에도 우리는 그가 자신의 아들이 그런 것처럼 아주 효과적으로 아름다운 엘사 슈나이더Elsa Schneider 박사를 유혹한다는 것을 선뜻 받아들인다.

하지만 우리는 왜 이 가능성에 쉽게 설득되는 것처럼 느낄까? 그것은 아마도 인디아나 존스의 아버지를 숀 코너리Sean Connery가 연기했기 때문일 것인데, 그는 제임스 본드 역을 맡은 이래로 저항할 수 없는 유혹자와 연계된 페르소나를 가진 배우다. 나아가 〈인디아나 존스와 최후의 성전〉의 제작자가 〈최후의 총잡이〉 제작자 못지않게 그 배우들의 아이콘적인 위치와 관련하여 영화의 캐스팅을 고려했다는 점에는 의심의 여지가 없다. 〈최후의 총잡이〉의 제작자가 존 버나드 북스의 캐릭터를 창조하기 위해 존 웨인의 스타 페르소나를 사용한 것처럼 그들은 헨리 존스 교수의 캐릭터에 대한 이해에 영향을 미치기 위해 우리가 숀 코너리의 스타 페르소나 암시를 사용하도록 의도한다.

부분적으로는 암시적인 캐스팅의 실천이라고 불리는 것이 있기 때문인데, 관람자들은 그들이 인식하는 문제의 그 캐릭터를 연계적으로 보다 분명하게 해주는지 아닌지를 보기 위해 배우의 스타 페르소나에 대해 알고 있는 것을 시험한다. 이는 물론 항상 성공하는 것은 아닌데, 그레고리 펙Gregory Peck이 〈브라질에서 온 소년들The Boys from Brazil〉에서 멩겔레Mengele 박사 역할을 했을 때 그랬던 것처럼 때로는 배우가 자신들의 스타 페르소나에 대항하여 연기하기를 선택하기 때문이다. 하지만 캐릭터와 스타 페르소나 사이에 두드러진 유사점이 있는 곳에서 우리는 그것을 의도된 참조의 신호로 간주하고, 그 스타 페르소나가 캐릭터에 대한 우리의 감각을 강화시키는 것을 허용한다.[16)]

암시적인 캐스팅의 실천이 잘 확립되고 널리 인정된 맥락에서 — 그리고 캐스팅하는 데 아주 많은 돈이 달려 있는 곳에서 — 타당한 가정은 배우의 스타 페르소나와 교차하는 캐릭터는 우연적인 것이 아니라 의도적인 것이라는 사실이다. 즉 할리우드식의 캐스팅 맥락에서 캐릭터와 스타 페르소나 사이의 일관성 있는 맞물림은 메타포를 탐구해야 하듯이 그것의 완전한 의미는 우리가 탐구하는 것에 달려 있는 암시에 직면하고 있다는 가정의 근거를 제공한다.

의심할 여지없이 어떤 사람들은 스타 페르소나에 의해 관람자에게 환기된 일종의 연상을 매우 주관적인 것으로 일축해버리기 쉽다. 물론 많은 관람자들이 자신이 좋아하는 배우와 관련하여 매우 사적인 연상을 가질 것이다. 케이트 블란쳇Cate Blanchette이 당신의 사촌을 떠올리게 한다고 해서 누가 상관하겠는가? 그럼에도 일반적으로 많은 훌륭한 스타 페르소나에 대하여 수렴된 반응의 상호 주관적인 핵심이 있다. 사고 실험을 생각해보자. 당신은 살아 있건 죽었건 어떤 배우라도 테레사 수녀 역으로 캐스팅할 수 있다. 당신은 그 역할에 베티 데이비스Bette Davis와 파멜라 앤더슨Pamela Anderson 중 누구를 캐스팅하겠는가? 그리어 가슨Greer Garson이 더 나은 선택인가? 누구를 선택하겠는가? 이제 당신 옆에 앉아 있는 사람에게 세 여배우 중 누구를 선택할지 물어보자. 그 사람은 당신에게 동의할 것 같지 않은가? 한 번 해보라.

앞서 지적했듯이 나는 주연배우의 스타 페르소나 암시 실천은 너

16) 여기서 두드러진 유사점은 타당한 단서처럼 보이는데, 우리는 상당히 이성적으로 영화 제작자가 그들이 캐스팅한 사람을 알고 있다고 추정하기 때문이다.

무나 자연스럽게 전통적인, 사진적으로 기반을 둔 모션 픽처에 뿌리를 둔다고 생각한다. 이는 그런 영화가 두 개의 서로 다른 재현의 종류로서 — 즉, 자신들의 모델에 대한 신체적 묘사로서, 그리고 허구적 캐릭터에 대한 명목상의 묘사로서 — 동등하게 받아들여질 수 있는 이미지들을 생산할 가능성 때문에 그러하다. 따라서 그 출처가 사진인 영화 속 이미지들은 잠재적으로 두 가지로 해석된다. 많은 경우에 이 가능성은 잠자고 있다. 하지만 우리는 허구의 내러티브 맥락이 그 캐릭터에서 배우의 스타 페르소나 측면을 인식하게 촉발하는 곳에서 그 캐릭터에 대한 우리의 이해를 의미 있게 확장시키기 위해 스타 페르소나를 더욱 활용할 것을 허용한다.

연극에서는 영화보다 스타 페르소나에 훨씬 덜 기대는 것 같아 보인다는 것이 아마도 이 가설에 대한 어떤 증거가 될 것이다. 오슨 웰스 Orson Welles의 스타 페르소나는 〈한밤의 차임벨Chimes at Midnight〉에서 폴스타프 역을 연기했을 때 매우 중요했다. 우리의 생각에 폴스타프는 오슨 웰스 같거나, 아니면 적어도 그의 스타 페르소나 같은데, 그것은 어느 정도 이 버전의 폴스타프 캐릭터를 분명하게 한다. 하지만 그렇게 암암리에 자신의 현재 공연에 이전의 역할들이 영향을 미치는 연극배우를 떠올리기는 어렵다. 아마도 그 이유는 연극적 재현이 사진적으로 만들어진 영화 때문이라고 생각한 재현적 이중성을 가지고 있지 않기 때문이다.

영화 이미지는 허구적 캐릭터를 명목적으로 묘사하면서 영화에서 그 배우를 신체적으로 묘사하는 데 반하여, 연극에는 오직 한 층위의 재현만이 있다. 연극배우는 오직 허구적 캐릭터를 명목상 묘사한다. 몇몇 브레히트식으로 유발된 실험들을 제외하고, 극장의 배우들은 자기 자신을 기준으로 해서 재현하지 않는다. 전형적으로 어떤 이의 스타 페르소나에 대한 암시는 연극에서는 발생하지 않는 것처럼 보이는데, 이는 연극적 재현은 우리가 사진적으로 제작된 모션 픽처에서 발생한다고 주장한 재현의 이중성을 가지고 있지 않기 때문이다.

암시의 측면에서 영화배우 문제를 풀기 위한 이 시도에 대한 하나의 반대는 만약 〈최후의 총잡이〉 같은 영화에서 존 웨인의 영화 페르소나에 대한 암시가 있다고 가정한다면 반드시 그 암시를 영화 내내 지속되는 것으로 받아들여야 할 것이다. 즉 존 웨인이 스크린 상에 있을 때라면 언제든지 우리는 그 영화가 그의 스타 페르소나를 암시하고 있다고 가정해야 한다. 하지만 암시는 지역적인 것일 뿐 전 세계적인 것이 아니라고 주장할 수 있기 때문에 이는 의심쩍다.[17]

유사하게, 그리스도를 닮은 인물들로 그리스도를 암시하는 상당수의 허구들에서 그 캐릭터들은 철저하게 그리스도를 닮았다. 그리고 2004년, 미국 대선을 파헤친 〈사우스 파크South Park〉 에피소드에서는 좀 덜 고상한 방식으로 거대한 휴대용 관수기와 똥 샌드위치 간의 대결로 재구성된 부시/케리의 괴멸에 대한 암시를 내내 계속한다.

요약

많은 영화배우들이 우리가 흔히 '스타 페르소나'라고 부르는 것을 가지고 있다. 이는 그동안의 경력을 통해 그들이 연기한 역할들(그리고 그런 종류의 역할들)에 의해 축적된 연상 다발이다. 관람자들은 완전히 구별되는 허구적 세계를 보여주는 영화들에서 — 〈리오 브라보〉의 허구적 세계가 〈최후의 총잡이〉의 그것과 구별되듯이 — 배우들이 연기하는 캐릭터에 대한 그들의 이해와 반응을 채우기 위해 종종 스타 페르소나를 이용한

17) Michael Leddy, "The Limits of Allusion," *British Journal of Aesthetics* 32 (1992): 111-14쪽. 이 글은 William Irwin이 자신의 글 "What is Ans Allusion?"에서 비판적으로 논의하였다.

다. 나아가 관람자들은 확립된 캐스팅의 관례들에 의해 그렇게 하도록 의도되는 듯 보인다.

그럼에도 이것은 문제를 일으킨다. 아주 많은 사례들에서 만약 그들이 그것을 즐기도록 고안된 방식으로 영화를 즐기기를 원한다면, 마치 관람자들은 영화에 대한 자신들의 지식을 보류해야 하는 것처럼 보인다. 할리우드 영화를 볼 때 영웅은 영화 도중에 차 사고로 절대 죽지 않는다는 사실을 당신이 알고 있음을 잊어라. 그런 영화에 대한 지식을 곱씹는 것은 긴장감을 억누를 것이다.

하지만 왜 영화를 볼 때 스타 페르소나에 대한 우리의 지식이 작동하도록 하는 것은 적절하고, 통속적인 플롯들이 99.9% 어떻게 흘러가는지에 대한 우리의 지식은 작동하게 해선 안 되는가? 왜 어떤 종류의 영화 지식에 접근하는 것은 적절하면서, 다른 것에 접근하는 것은 안 되는가?

이 논문에서 나는 스타 페르소나의 언급은 비유의 문제라고 주장함으로써 영화배우와 관련된 분명한 문제를 해결하려고 했다. 영화는 스타 페르소나를 암시한다. 그 배우의 이전 역할들과 이전에 그가 연기한 캐릭터들은 문자 그대로 그 캐릭터에 연결되어 제시되지 않는다. 더욱이 스타 페르소나를 암시할 가능성은 허구 속에서 명목적으로 캐릭터를 묘사하는 영화배우를 신체적으로 묘사하기 위해 사진적인 것에 기반을 둔 모션 픽처의 능력에서 커지는 것처럼 보인다.

12

아서왕의 그림

사진과 내러티브의 힘

그레고리 커리
Gregory Currie

우리는 사진이 다른 방식으로 그린 회화가 아니며, 회화적 스타일과 장르를 채택하는 것은 좀처럼 가치 있는 것을 생산하지 못한다는 의견에 익숙하다. 사진이 재현할 수 있는 것뿐만 아니라 사진이 재현하는 방법에도 제한이 있는가? 사진을 렌즈 앞에 놓인 대상 외에 다른 것을 재현하기 위해 사용하려 하던 때에 찬양받던 시도들은 무엇이 있는가? 테니슨Tennyson의 아서왕 시들을 위한 줄리아 마거릿 캐머런Julia Margaret Cameron의 삽화[1)]처럼 그러한 노력들은 그들의 변장 박스 연출 때문에 조롱받았다. 하지만 구성, 기술, 취향의 결점은 제쳐두자. 사진의 본질에는 허구적 삽화에 맞지 않게 만드는 어떤 것이 있는가? 캐머런의 전기 작가인 게른샤임Gernsheim은 60년 전에 쓴 글에서 대담하게 현대적인 평가를 했다.

> 이제 우리는 사진이 스토리텔링에 알맞은 매체가 아니라는 것과 그것의 유일한 공헌이 리얼리즘에 있는 매체로 비현실적인 것을 설명하려는 어떠한 시도도 필연적으로 실패할 것이라는 것을 깨달았다.[2)]

---

1) 1874년 Juila Magaret Cameron은 Tennyson의 *Idylls of the King*의 캐비닛판에 넣을 사진들을 제작했다. 180여 장의 네거티브들 중에서 Cameron은 13장를 제공했는데, 그중 3장만이 쓰였고, 그것들은 직접 쓰인 것이 아니라 대신 목판화가 쓰였다. 출판인은 Tennyson의 시에서 뽑은 것에 덧붙여 사진들을 출판하는 데 동의했다. 그 사진들은 〈The May Queen〉, 〈Vivien and Merlin〉, 〈The Parting of Sir Lancelot and Queen Guinevere〉, 〈Sir Galahad and the Pale New Nun〉라고 불린 것들, 그리고 9장이 더 있다. 첫 장을 위한 사진 중 하나는 Tennyson의 초상사진이다. 두 번째 책이 곧 나왔고, 모두 합쳐 26장의 전면 삽화가 등장했다(Juila Magaret Cameron, *Illustrations to Tennyson's Idylls of the King and Other Poems*. Messrs. King & Co, 1875). Cameron은 1864년에 출판된 Tennyson의 *Enoch Arden and Other Poems*판을 위해 몇 장의 사진을 제작했다.

2) Helmut Gernsheim, *Julia Margaret Cameron: Her Life and Photographic Work* (London: The Fountain Press, 1948), 61쪽. Cameron-Tennyson 공공 작업을 포함한, 빅토리아시대 글에서 사진의 역할에 대해서는 Carol Armstrong, *Scenes in a Library: Reading the Photograph in the Book, 1843-1875* (Cambridge, MA and London: MIT Press, 1998)를 보라. 더 자세한 전기는 Victoria Olsen, *From Life: Julia Margaret Cameron and Victorian Photography* (London: Aurum Press, 2003).

게른샤임은 이 진술이 결국 — 짐작건대 그가 "스토리텔링에 알맞은 매체가 아니다."라고 비난하려 하지 않은 — 영화에서 사진적으로 유래된 방식을 사용하는 것과 어떤 일관성이 있는지 묻지 않는다. 즉 여기에는 우리가 구분할 필요가 있는 스토리텔링과 스토리-일러스트레이션의 융합이 있다. 사진으로 찍은 것은 모두 그 대상의 리얼리즘이라고 말하는 것 역시 옳지 않다. 왜냐하면 주장컨대 사진은 비현실적인 것을 재현할 수 있기 때문이다. 하지만 나는 사진적 방식에 내재하는 리얼리즘과 캐머런이 자신의 사진에서 의도한 삽화적 목적 사이의 긴장을 보는 데 있어서는 그에게 동의한다. 비록 그 긴장이 어떻게 해결되는지는 선험적인 문제가 아니지만 말이다. 정확히 그 긴장은 무엇이며, 어떻게 그것은 관람자의 반응에 자신을 드러내는가? 이 문제들에 답하려면 사진의 재현은 정확히 어떤 종류의 것인지, 어떻게 그것이 다른 재현적인 것들과 다른지 구분할 것을 요구한다.

우리의 문제가 이제는 익숙한 **상상적 저항**imaginative resistance 문제와 관련이 있음이 밝혀질 것이다. 왜 우리는 허구가 제시하는 어떤 것을 상상하는 데 특히(하지만 배타적으로는 아니게) 도덕적 평가와 관련해서 저항적인가? 당나귀가 말을 하거나 계산이 유한한 방식들로 일관되게 입증되는 허구는 우리를 도발하지 않지만, 잔인함이 고결함이 되는 허구는 도발한다.[3] 나는 우리의 문제가 캐머런의 사진들에서 본 상상적 프로젝트와 관련되는 것에 대한 저항을 포함한다고 주장할 것이다. 그리고 여기서 우리의 저항이 단도직입적으로 윤리적인 것은 아니지만, 이는 그 프로

---

3) 요즘엔 이 문제에 대해 많은 문헌들이 있다. Kendall L. Walton, "Morals in Fiction and Fictional Morality," *Aristotelian Society*, suppl. vol. 68 (1994): 27-50쪽; Richard Moran, "The Expression of Felling in Imagination," *Philosophical Review* 103 (1994): 75-106쪽; Tamar Szabó Gendler, "The Puzzle of Imaginative Resistance," *Journal of Philosophy* 97 (2000): 55-81쪽으로 시작하라. 최근의 작업으로는 나의 글 "Framing Narratives," in D. Hutto, ed., *Narratives and Persons* (Cambridge: Cambridge University Press, 2007)가 있다.

젝트에 대한 부정적 반응에 의존한다. 이 논문의 말미에서 나는 이 반응을 공유하지 않는 사람들에게 무슨 이점이 있는지를 물을 것이다.

모델sitter과 근원source

우리는 사진에 대한 어떤 기본적인 사실들과 그것이 회화와 어떻게 다른지에 대한 상기가 필요하다.[4] 우리가 둘 다에 종종 적용 가능한 서술을 언급할 때, 그들은 매우 유사해 보인다: 카메라나 어떤 회화적 도구를 가지고 있고, 그 사람에 대한 그림을 만들려 하는 예술가 앞에 어떤 사람이 서 있다. 이런 식으로 말하는 것은 우리가 오직 중간 단계만 다르고 인풋과 아웃풋은 같은 과정을 갖는다는 것을 시사한다. 하지만 그 서술은 오직 두 개의 매우 다른 범주의 우연한 교차를 표시할 뿐이다. 화가에게 **모델**sitter은 필요하지 않다. 이 모델은 회화를 위해 포즈를 취하고, 회화의 대상이 되는 사람이다. 화가는 자신의 대상을 오래전에 죽은 사람이나 존재하지 않는 사람으로 받아들이거나, 그 기간 동안 존재할 수 없는 것으로 받아들인다. 그들은 **모형**model을 이용함으로써 그렇게 할 것이다. 이 모형은 화가가 다른 주제의 그림 — 아마도 역사적인 것이나 신화적인 것 — 을 그리는 데 있어 지침으로서 역할을 하는 사람이다.[5] 하지만 모형은 불필요하기도 하다. 즉 나는 다양한 방법으로 X를 주제로 한 그림을 그릴 수 있다: X를 내 앞에 놓아두고(sitter), X와 비슷해 보이는 어떤 사람을 내 앞에 놓아두고(model), X 사진이나 X를 닮은 다른 사람의

---

4) 사실 진짜 대조는 사진과 모든 종류의 '수공' 이미지 사이에 있지만, 단순화를 위해 나는 회화를 이야기하겠다.

5) 편의를 위해 나는 여기서의 논의는 인간을 대상으로 하는 것으로 제한한다. 하지만 같은 주장이 다른 종류의 대상에도 적용된다. 플라스틱 칼이 진짜 칼 그림이나 신화적인 그림의 모델이 될 수 있다.

사진을 가지고, 아니면 기억을 더듬거나 서술이 안내하는 대로 상상하여 그린다. 이 중 어느 것도 그저 치리과정의 보조물일 뿐이다. 필수적인 것은 다른 것이다. 즉 그것은 바르게 구현된 바른 의도다. 의도된 행위자에 의해서가 아니라 우연적인 흘림에 의해 생겨난 더럼 대성당을 닮은 캔버스의 그림은 바보의 그림이며 아무것도 묘사하지 않는다. 부적격하게 의도된 행위자에 의해 대성당이라고 인식하리라고 누구도 타당하게 기대하기 어려운 그림은 회화이지만, 그 성당을 묘사한 회화는 아니다.

사진에서는 그런 의도가 필요하지 않다. 기계가 비의도적으로 눌렀거나, 언제 그리고 무엇에 의해 작동될지 모르게 트립 와이어에 연결된 우연적 사진이 있을 수 있다. 그런 경우에 우리는 누구도 재현하려 의도하지 않은 어떤 이미지 — 재현 — 를 가지게 된다. 메커니즘 자체는 설계의 산물이기 때문에 도중 어딘가에는 의도가 있다.[6] 하지만 바람에 날린 회화가 만들어졌다는 사실이 더럼 대성당의 재현물을 만들어내지는 않을 것이다. 사진에 재현된 것이 무엇인지를 결정하는 것과 관련된 유능한 제작 역시 그렇지 않다. 우연적인 물감-흘림은 우리가 매우 사실적인 작품에서 기대하는 명료함과 세밀함을 모두 가지고 있는 반면, 사진은 알아볼 수 없을 경우도 있다. 그러나 여전히 사진은 대성당**의** 사진이고, 그 회화는 대성당**의** 그림이 아니다.[7] 사진에서는 성당과 과정의 결

6) 하지만 우리는 자연적인 카메라를 상상할 수는 있다: 빛에 민감한 표면과 셔터 같은 형태의 꽃잎을 가진 식물; Robert Hopkins, *Picture, Image and Experience* (Cambridge: Cambridge University Press, 1998), 73쪽을 보라.

7) Kendall L. Walton, "Transparent Pictures: On the Nature of Photographic Realism," *Critical Inquiry* 11 (1984): 246-77쪽. 그리고 이 책(제1장)에 재인쇄되어 있는 글을 보라. 우연적인 회화는 없는 반면, 회화에 우연은 있을 수 있다; 화가는 다른 것을 생각하면서 어떤 것을 그린다. 그녀는 자신이 그리려고 의도한 것 외에 어떤 것을 그렸다는 의미가 있다. 하지만 그녀는 정확히 자신이 그리고자 한 것을 그렸다는 또 다른 의미도 있다. 그녀는 그 성당 — 바로 자신 앞에 있는 성당 — 을 그리고자 했고, 비록 그녀가 그게 무슨 성당인지에 대해 오해를 했을지라도 그것이 바로 그녀가 그린 것이다.

과인 이미지 사이에 직접적인 인과적 관계가 있으며, 이 사진을 누가 의도한 것 혹은 그 안에서 인식할 수 있는 것과 관계없이 대성당 사진으로 만든다.[8)]

우리는 사진을 모형이나 모델의 관점에서 생각해서는 안 된다. 그들은 그저 화가의 행위를 이끄는 역할을 하는 두 가지에 불과하다. 예를 들면 좋은 붓, 그리기 전에 취한 숙면 같은 다른 것들도 도움이 될 것이다. 반면에 카메라 앞에 서 있는 사람은 사진의 생산에서 필수적인 역할을 한다. 그 사람은 사진의 **근원**이다. 그 대상은 사진가가 그것을 알거나 모르거나 사진이 찍힐 때 기계가 기록하는 것이며, 그것 없이는 사진이란 없다. 회화에서 우리는 (때로) 모형과 모델을 갖지만, 사진에서 우리는 (항상) 근원을 갖는다고 말하는 것이 낫다. 근원은 특별한 종류의 모델이 아니다. 그것은 상당히 다른 인과적 역할을 차지한다.[9)]

사진은 렌즈 앞에 있는 어떤 것의 현존 — 근원 — 을 기록함으로써 재현을 생산하는 장치다. 이것이 바로 재현이 성취되는 사진적 방법이다. 재현은 사진적인 방법으로 재현될 때 사진적이며, 그런 방법은 우리를 그 근원의 재현에 국한시킨다. 회화에서 그림을 만드는 과정에서 연루된 대상의 회화적인 재현에 그것을 국한시키는 것은 그 재현의 방식과 아무 관련이 없다. 회화에는 근원이 없다. 사진적 재현의 한계는 카

---

8) 사진적 재현은 관람자가 그 안에서 무엇을 볼지에 대해 자유롭기 때문에 묘사적인 재현이 아니다. 사진은 비록 그것이 분명히 묘사적인 회화 같을지라도 비묘사적으로 재현한다. 하지만 어떤 사진적 재현은 또한 묘사적인 재현이다. 그것들은 (1) 제작자가 그 사진에서 어떤 것을 보도록 의도했고, (2) 적절한 관람자는 그 사진에서 그 대상을 볼 것을 기대할 수 있다는 것이 진실인 사진들이다. (Hopkins는 사진적 재현을 묘사적인 재현으로 받아들인다: *Picture, Image and Experience*, ch. 4)

9) Wollheim, "Seeing-as, Seeing-in and Pictorial Representation," in *Art and its Objects* (Cambridge: Cambridge University Press, 1980), 207-8쪽을 보라. 내가 생각하기에 Wollheim은 사진에는 모형과 모델이 있고, 그들은 언제나 동일하다고 본다.

메라 앞에 있는 것이다. 반면 회화적 재현의 한계는 생각의 한계다.[10)]

재현하는 다른 방법들

다음과 같이 말하는 것은 솔깃하다.

(1) 적절하게 숙련된 솜씨를 고려할 때, 회화는 화가가 묘사하고자 의도하는 어떤 것도 재현할 수 있지만, 사진은 그저 그것의 근원만을 재현할 수 있다.

만약 (1)이 사실이라면, 우리는 게른샤임처럼 "캐머런은 불가능한 것을 시도했다."[11)]고 말할 수 있다. 그녀는 (마침) 알맞은 옷을 입은 에밀리 피콕Emily Peacock의 사진을 찍고는 그것을 우리에게 5월의 여왕을 재현하는 사진(그림 12.1을 보라)으로 제시한다. 하지만 (1)에 의하면 5월의 여왕

---

10) Dominic Lopes — *Understanding Pictures* (Oxford: Oxford University Press, 1996) — 는 이와 매우 다른 접근법을 취하는데, 그는 회화와 사진이 제작자의 의도가 아니라 인과적 근원이 핵심 개념인 정보에 기반을 둔 재현으로 함께 분류된다고 본다. 그림에서 존재하지 않는 것에 대한 재현은 Evans를 따라 믿는 체하기(make-believe) 측면에서 설명된다. Lopes는 의도에 중요성을 주는 서술 이론은 렘브란트의 〈Bathsheba〉와 같이 모델에 기반을 둔 그림에서는 왜 우리가 렘브란트가 모델로서 인식되기를 바랐던 Hendrickje Stoffels보다 Bathsheba에게 재현적 역할의 우선권을 주는지 설명할 수 없다고 말한다(164쪽). 나는 이 이론이 다음을 설명할 수 있다고 믿는다. 그것의 제목을 포함하여 작업의 공공 맥락이 제작자의 의도에 대해 말하고 있는 것은 그가 Hendrickje에 대한 인식이 기껏해야 제한적이고 특별히 정보를 들은 관람자 그룹에 의해서만 성취되기를 의도했다는 것이다. 그리고 Lopes 자신은 재현적 특징에 대한 상대적인 판단을 설명하는 데 어려움을 겪었다. 〈Bathsheba〉에 대한 그의 설명은 Hendrickje가 그 정보를 전달하는 보조물인 반면 Bathsheba는 렘브란트에 의해 이용된 증거-전달 정보의 기원이라고 주장한다. 렘브란트가 그 그림을 'Bathsheba로서의 Hendrickje'라고 부른 사례에서도 마찬가지로 사실일 텐데, 여기서는 재현적 우선권이 직감적으로 뒤바뀔 것이다. 차이는 렘브란트의 의도에 있을 뿐 두 재현물에서 나오는 정보의 인과적 역할에 대한 사실에 있지 않다.

11) Gernsheim, *Julia Margaret Cameron*, 61쪽.

그림 12.1 줄리아 마거릿 캐머런, 〈5월의 여왕〉, 1874. 알부민 프린트. Georde Eastman House, museum purchase, GEH NEG: 2893276:0024:0004.

은 이 사진의 근원이 아니기 때문에 이 사진은 그것을 재현할 수 없다.

하지만 (1)은 사실이 아니며, 반드시 두 매체에 대해 말해진 것들을 따른다고 할 수도 없다. 우리는 사진이 어떤 것을 기록하기 위한 장치이므로 그것이 근원을 요구한다는 것을 인정해야 한다. 하지만 왜 사진이 오직 그 근원만을 재현할 수 있다고 가정하는가? 왜 어떤 것에 대한 재현이 다른 것에 대한 재현이 될 수는 없는가? 차후에 우리는 근원에 기반을 둔 이미지를 종종 다양한 재현으로 다루고 있음을 볼 것이다. (1)은 오직 우리가 둘 중 하나는 틀린 두 원칙을 고수하고 있는 한에서만 타당하다.

(2) 사진은 사진적 수단에 의해 오직 그 근원만을 재현할 수 있다.

(3) 사진은 사진적 수단에 의해 그것이 재현하는 것만을 재현할 수 있다.

(2)는 사실이다. '사진적 수단'은 단순히 카메라와 필름의 일반적인 작동이다. 이 작동은 어떤 것, 즉 근원이 카메라와 필름에 빛을 투사할 때에만 재현되도록 한다.[12] 하지만 (3)은 사실이 아닌데, 어떤 것이 다른 것을 재현하도록 하는 많은 방법이 있기 때문이다. 우리가 해야 할 일은 그것을 다른 것의 재현으로서 **사용**하는 것뿐이다. 나는 더럼 대성당의 그림처럼 보이는 물감의 흘림은 그 대성당을 묘사한 것이 아니라고 말했다. 그것은 회화적 수단에 의한 재현의 지위를 획득하지 못한다. 하지만 그것은 그 건물에 대한 재현으로서 사용되기에는 적합하다. 즉 만약 그것이 그 성당과 상당한 유사성을 제공한다는 것을 안다면, 나는 다

12) 사진가는 다른 방식으로 이미지를 생산할 수 있다. 예를 들면 필름 표면에 직접 자국을 내는 방식이 있다. Stan Brakhage의 몇몇 작업은 이러한 것들이다. 하지만 여기서의 주장은 사진의 일반적인 사용, 우리가 사진의 적절한 기능이라고 말한 것, 혹은 사진이 행하는 기능, 그리고 광범위한 재현적 실천으로서 사진의 지속을 설명하는 기능의 사용을 고려한다.

른 사람에게 그 성당 자체가 어떻게 생겼는지에 대한 좋은 아이디어를 얻기 위해 그 그림을 살펴보라고 권할 수 있다. 거칠게 말해서 비록 모든 것이 다른 모든 것의 자연스럽거나 알맞은 재현이 될 후보인 것은 아니지만, 무엇이든 어떠한 것의 재현으로서 사용될 수 있다(나는 추후에 이 문제로 돌아올 것이다).[13] 당신의 집을 그린 회화는 나의 집의 재현으로 사용될 수 있다. 아니면 우리가 그 그림을 이러한 것들에 대한 정보를 전달하는 것으로 사용하는 방법을 찾을 수 있는 한 당신의 집이나 나의 자전거, 혹은 다른 어떠한 것의 재현으로서 사용될 수 있다.[14] 그리고 그것의 근원으로서 5월의 여왕 외의 다른 사람을 가진 사진이 5월의 여왕을 재현하는 것으로 사용될 수 있는데, 단순히 재현을 하기 위해 그렇게 사용함으로써 가능하다.[15]

어떤 것이 그것을 만드는 과정에 의한 재현일 때, 나는 그것을 '**기원에-의한-재현**'이라고 부를 것이다. 우리가 '재현적 회화'라고 부르는 것은 기원에-의한-재현의 형태인데, 왜냐하면 그런 인공물을 만드는 과정은 (i) 어떤 것을 묘사할 의도와 (ii) 적절하게 선택받은 관람객이 그

---

13) 각주 22를 보라. 나는 Dretske — *Explaining Behavior* (Cambridge, MA: MIT Press, 1988) — 에 동의하는데, 그는 어떤 것이 재현인지 아닌지는 그것이 지표로서 기능하는 것에 달려 있다고 한다. 하지만 나는 지표 내용이 반드시 법칙과 같은 방식으로 그것이 가리키는 것의 조건에 의존한다는 것에는 동의하지 않는다. 우연적인 그림은 그 성당에 대한 다양한 것들의 지표로서 잘 기능하거나 기능할 것이다. 하지만 그 성당의 모습이 전혀 관여하고 있지 않은 우연에 의한 산물이기 때문에 그것은 법칙과 같은 방식으로(혹은 다른 방식으로) 그 성당의 상태에 의존하지 않는다. 만약 성당이 보이는 것과 달리 보였다면, 그 그림은 어떠한 차이도 보이지 않았을 것이다. (아마도 우연적인 그림은 그 성당에 대한 정보를 전달하는 수단으로서 신뢰할 수 있는 사람에 의한 인정을 포함하는 사용 체계 안에서 일어날 때에만 지표로서의 역할을 할 것이다. 그런 경우 **지표가 되는** 것은 그 그림이 **재현되는** 속성을 갖게 됨과 동시에 동일한 방식으로 갖게 되는 속성이다.)

14) 따라서 이전의 예시에서 더럼 대성당을 닮은 그림은 더럼 대성당의 회화적인 재현 — 묘사 — 이 되지 않지만, 예를 들면 그 성당에 대한 정보를 제공하는 것으로 사용됨으로써 쉽게 그것의 비묘사적인 재현이 될 수 있다.

15) Wollheim은 사진적 재현은 또한 다른 식으로도 재현할 것이라고 주장한다("Seeing-as, Seeing-in and Pictorial Representation," 208-9쪽).

림에서 그 대상을 볼 것 같은 방식으로 만들어짐을 포함하기 때문이다. 그러면 그 대상은 그 그림이 묘사하는 바로 그것이다.[16] 사진 또한 기원에-의한-재현의 형태인데, 왜냐하면 사진을 만드는 과정이 그 근원에서부터 나오거나 반사된 빛에 표면이 노출됨으로써 표면에 시각적 흔적을 남기는 것을 포함하기 때문이다. 그렇다면 그 근원이 바로 사진이 재현하는 것이 된다. 내가 당신에게 전투를 설명하면서 후추 통을 연대를 재현하는 것으로 사용할 경우에는 그것이 연대를 재현하듯이, 기원에-의한-재현이 아닌 어떤 것도 여전히 **사용에-의해-재현할** 것이다.[17] 그리고 X에 대한 기원에-의한-재현인 어떤 것은 Y에 대한 사용에-의한-재현일 수 있다. 나폴레옹을 재현하는 작은 플라스틱 인물상은 전투를 설명하는 식탁 위에서 그의 부대를 재현하는 것으로 사용될 수 있다.

회화에서 기원에-의해-재현될 수 있는 것이 사진에서는 항상 그렇게 재현되지 않을 수도 있음에 주목하라. 회화는 5월의 여왕을 기원에-의해-재현할 수 있다. 왜냐하면 거기서 요구되는 것은 그렇게 재현하기 위해 적합하게 구현된 의도이며, 묘사적인 의도의 구현은 회화 활동이 성취하려고 분투하는 것이기 때문이다. 하지만 사진은 5월의 여왕을 기원에-의해-재현할 수 없고, 오직 사용에 의해서만 그렇게 할 수 있다. 하나는 회화이고 다른 하나는 사진인 두 개의 그림은 어쩌면 둘 다 5월의 여왕을 재현할 수 있고, 그것들이 보이는 방식 사이에는 중요한 차이가 필요하지 않을 수도 있다. (그저 보는 것만으로는 그들을 구별하는 것이 불가능할 것이

16) Wollheim (*Ibid.*, 205-6쪽)을 따르면, 어느 정도는 정확함의 상태에 따라 묘사를 규정하는 것이 기준이 되는데, Wollheim에게는 오직 정보와 능숙한 관람자가 그 그림에서 *a* (*F*)를 볼 수 있을 때만 그 그림은 *a* (*F*)를 묘사한다고 말할 수 있다. 다른 이론들은 일반적으로 비교할 만한 조항들을 갖는다. 예를 들어 Lopes, *Understanding Pictures*, 153쪽을 보라.

17) 엄밀히 말해서 기원에-의한-재현과 사용에-의한-재현의 범주는 맞물린다. 관례에 의해 재현하는 어떤 것은 사실상 관례로서 그것의 사용을 확립하는 과정인 제작 과정을 가질 것이다. 여기서 나는 기원에-의해-재현하는 대상과 사용에-의해-재현하는 대상 사이의 구별에 관심을 갖는다. 즉 그들의 사용을 제작 과정의 일부로 갖지 않는 대상 말이다.

다.) 하지만 오직 하나만이 5월의 여왕에 대한 기원에-의한-재현이기 때문에 여전히 그들 사이에는 중요한 재현적 차이가 있다.

재현적 충돌

이제부터는 캐머런의 사진 프로젝트와 관련하여 나타낸 우려에 대한 분석을 시작할 것이다. 캐머런의 사진 〈5월의 여왕〉을 볼 때, 나는 어떠한 효과가 의도되었음을 이해한다. 즉 5월의 여왕에 대한 (사용에 의한) 재현으로서 그 사진에 관심을 갖고 주목해야 한다는 것 말이다. 하지만 나는 그렇게 하기가 어렵다는 것을 알았는데, 나의 주의는 거듭해서 에밀리 피콕에 대한 (기원에 의한) 재현으로 끌려갔다. 근원인 에밀리 피콕은 고도로 이목을 집중시키는 능력 혹은 심리학자들이 '**돌출**pop-out'이라고 부르는 것을 가지고 있었다. 하지만 5월의 여왕에 대한 재현으로서 그 사진에 주목하는 것은 단순히 어려운 것은 아닌데, 마치 무대 위 배우의 턱수염이 떨어지려고 하는 것을 알면서도 그를 후크 선장이라고 상상하려 노력하는 것처럼 이러한 시도와 어려움에는 터무니없는 부분이 있다. 나는 **재현적 충돌** 의식을 가지고 있다. 그 사진은 그것이 재현하기에 실패한 어떤 것 — 5월의 여왕 — 에 대한 생생한 재현을 의도했다는 의식이다.

이 제안은 즉각 문제에 직면한다. 사진은 허구적, 신화적 그리고 그 외에 존재하지 않는 대상들의 재현을 창조하는 데 완벽하게 잘 맞는 듯이 보인다는 맥락이 있다. 영화에서는 허구적 캐릭터를 재현하는 데 사진적 수단을 사용하는 기획이 자멸적이거나 문제적으로 보이지 않는다. 이런 상황에서 우리는 일반적으로 재현적 충돌을 경험하지 않는데, 즉 우리는 영화 이미지의 근원이 되는 배우에게서 돌출을 경험하지 않는다. 어떻게 그리 될 수 있는가?

답변하기 전에 나는 사진과 영화 이미지 사이의 관계에 대해, 그리고 왜 우리가 이 둘이 근원의 돌출에 속한다고 기대하는지에 대해 좀 더 이야기할 필요가 있다. 나는 영화적 이미지를 필름 스트립에서 보는 일련의 사진들과 동일시하지는 않는다. 우리는 영화를 볼 때 필름 스트립을 보지 않고 스크린을 본다. 영화적 이미지는 오직 영사 상태에서만 존재하는 것이며 — 내 관점에서 볼 때, 문자 그대로 — 이는 움직이는 이미지, 즉 그 근원의 움직임을 재생산하는 이미지다.[18] 따라서 영화는 내가 그 용어를 사용한 것 같이 일련의 사진들이 아니다. 하지만 영화 이미지는 사진이 속한 근원에 기반을 둔 재현이라는 것과 동일한 재현의 부류에 속한다. 영화적 수단에 의해 재현된 것은 제작자의 의도에 의해 결정되지 않지만, 그 이미지가 생산될 때 카메라 앞에 무엇이 있었는지에 대한 사실에 의해 결정된다. 영화적 수단에 의한 재현은 근원에 대한 재현이며, 허구적 내러티브같이 우리가 생각하기에 영화 이미지에 재현되었다고 보는 다른 것들은 그것이 사용에-의한-재현의 산물이기 때문에 거기 있는 것이다. 그리고 이는 그들이 사진적 수단에 의존하고 있기 때문에 영화 이미지 — 밀접하게 배치된 다수의 사진들을 찍음으로써 생산된 영화 이미지 — 에 대한 진실이지만 이는 그저 재현의 형식이 근원에 기반을 두는 한 방식이다. 비디오 기술은 사진적 수단에 의존하지 않는 근원에 기반을 둔 재현을 생산한다. 하지만 단순함을 위해 나는 오직 필름영화만을 고려할 것이다.

정확히 말해서, 왜 우리는 사진과 영화 이미지가 근원의 돌출에 속

18) 영화적 이미지에서 움직임의 실제에 대해서는 나의 책 *Image and Mind: Film, Philosophy and Cognitive Science* (Cambridge: Cambridge University Press, 1995), 19-47쪽을 보라. 반대 의견으로는 Andrew Kania, "The Illusion of Realism in Film," *British Journal of Aesthetics* 42 (2002): 243-58쪽을 보라. 영화적 움직임이 실제라는 주장의 확장에 관심이 있다면, Travor Ponech, "External Realism about Cinematic Motion," *British Journal of Aesthetics* 46: 4 (2006): 349-68쪽을 보라.

하기를 기대하는가? 나는 두 가지 이유를 제시할 것이데, 둘 다 근원에 기반을 둔 재현에 의존하고 있다. 하나는 다음과 같다. 사진과 영화 이미지에서 그 근원은 기원에-의해-재현하는 대상이며, 어떤 것이 기원에 의해 그것을 재현할 때 우리는 그것을 대상을 매우 두드러지게 재현하는 어떤 것으로 — 아마도 우리가 컴퓨터를 근본적으로나 본질적으로 계산하는 기능을 가지고 있고 그저 우연히 벽에 난 구멍을 메우는 그런 기능을 한다고 생각하는 경향이 있는 만큼이나 본질적 혹은 근본적으로 그것을 재현하는 것으로 — 생각하는 경향이 있다. 바로 이런 경향이 우리가 어떤 회화에 그 작품을 위한 살아 있는 모형이 있었다는 사실을 알고 있을 때조차 그 회화는 5월의 여왕과 같은 신화적 대상을 재현하고 있는 것으로 너무나 자연스럽게 생각되도록 돕는다. 회화는 그것이 재현하려고 의도된 것을 기원에-의해-재현하며, 그 작품은 5월의 여왕을 재현하려고 의도되었다. 두 번째 이유는 사진과 영화 이미지 같이 근원에 기반을 둔 재현은 그들이 기원에-의해-재현하는 사물과의 친밀함 정도에 있어 독특하다. 사진은 회화가 그것의 모형과 그러한 것보다 훨씬 친밀하게, 훨씬 강력하게, 그리고 훨씬 직접적으로 그 근원과 연결되어 있다. 사진의 근원은 사진 그 자체에 직접적인 흔적을 남긴다. 사진은 이런 측면에서 발자국이나 그림자와 같다.[19] 따라서 사진은 그것이 무심하게 구성되고 실행된 것이더라도 일반적으로 회화보다 우리에게 자신의 대상을 가까이 가져오고, 특히 그 대상이 우리에게 감정적인 의의를 가지고 있는 경우에는 더욱 그러하다고 받아들인다. 나는 에밀리 피콕은 내가 알고 또 나와 가까운 다른 사람들과 비교해볼 때 나에게 그다지 감정적 의의를 지니지 않는다는 점을 인정한다. 그렇더라도 그녀는 인간이며, 동종에 대해 감정적으로 강력한 메커니즘이 반응하도록 우리

---

19) Walton, "Transparent Pictures"와 특히 그가 Bazin에 대해 논하는 부분을 보라.

에게 연결되어 있다. 사진은 어떤 것의 흔적이기 때문에 우리는 그것이 인간이거나 아니면 감정적으로 관련된 대상인 경우에는 그 근원에 대한 고도의 돌출을 유발하는 경향이 있다고 기대할 수 있다.[20] 영화 이미지에서도 마찬가지다. 일반적으로 그 근원이 관객에게 주목할 만한 감정적 지배력을 결핍하고 있는 곳에서는 돌출이 훨씬 적다. 내가 생각하기에 이는 테니슨의 시에 삽화를 넣고자 하는 다른 시도들의 경우에 의해 증명되는데, 1884년의 시집은 인간의 모습이 없는 적절한 자연 경관 그림들을 담고 있으며, 여기에는 발생된 재현적 충돌이 거의 없다.[21]

이 두 가지 이유를 조합하면, 우리는 사진이나 영화 이미지 같이 근원에 기반을 둔 재현에서 단순히 사용에 의해 재현된 것이 많이 두드러지도록 하기가 **두 배**로 어렵다고 할 수 있다. 우선, 그 근원은 그 이미지가 본질적으로 혹은 근본적으로 재현하는 것으로 보이는 것이다. 둘째로, 그 근원은 (그것이 감정적으로 연루된 근원이라고 가정할 때) 그 이미지가 재현하는 것으로서 생생하게 그리고 즉각적으로 보이는 것이다.[22]

---

20) 이러한 사고방식은 사진을 투명하다고 생각하는 사람들에 의해 더욱 강력한 공식화가 가능하다: 사진은 우리에게 렌즈 앞에 서 있는 대상을 보는 — 문자 그대로 보는 — 방식을 제공한다 (*Ibid.*). 이를 믿은 사람들은 그들의 관점에서 사진을 보는 것은 그것의 근원 그 자체를 보는 것이기 때문에 사진에서 근원의 타고난 우세를 주장할 수 있을 것이다. 나는 사진이 투명하다는 전제에 동의하지 않는다. 하지만 투명성을 지지하는 사람들도 사진이 그것의 근원을 매우 핵심적인 대상으로 만든다는 사실에 동의했기 때문에 "우리가 5월의 여왕을 그 사진의 대상으로서 보는 것을 어렵게 만드는 사진 그 자체의 어떤 본성이 있다."는 나의 의견에는 틀림없이 동의할 것이다. 만약 그들이 내가 만들 수 있는 것보다 더 강력한 사례를 만들 수 있다면 그들은 재현적 충돌을 설명하는 데 있어 유리해질 것이다. 하지만 여기서 이 문제를 여기서 해결하려 하는 것은 핵심에서 벗어나는 일이 될 것이다. 투명성 이론에 대한 반대 의견에 대해서는 나의 책 *Image and Mind*, ch. 2를 보라. 또한 Walton, "On Pictures and Photographs: Objections Answered," in R. Allen and M. Smith, eds., *Film Theory and Philosophy* (New York: Oxford University Press, 1997): Gregory Currie and Ian Ravenscroft, *Recreative Imagination* (Oxford: Oxford University Press, 2002), 30-1쪽; Jonathon Cohen and Aaron Meskin, "On the Epistemic Value of Photographs," *The Journal of Aesthetics and Art Criticism* 62 (2004): 197-210쪽을 보라.

21) *The Works of Alfred Lord Tennyson, Illustrated with Photographs* (London: Robert Riviere & Son, 1884).

22) 우리는 사용에-의한-재현의 범주 안에서 어느 정도 구분할 필요가 있다. 우리의 사진은 5월의

이를 고려해볼 때, 왜 영화적 이미지는 캐머런 스타일에서 삽화적 사진처럼 그런 불만족스러운 효과를 생산하지 **않는가**? 근원의 돌출을 보여주기 위한 근원에 기반을 둔 재현 경향은 관람자가 사용에-의해-재현된 것을 두드러지게 하는 것들을 하도록 함으로써 약화될 수 있다. 이것들은 바로 영화 관람자에게는 장려되지만, 캐머런 스타일의 사진을 보는 관람자에게는 그렇지 않은 것들이다. 삽화적 사진의 경우에는 해당하지 않지만, 영화의 경우 관람자는 그 근원의 희생으로 재현된 캐릭터에 마음을 집중할 수 있도록 하는 이미지와의 능숙하고 몰입되는 상상적 관계를 제공받는다. 이 생각을 분석해보자.

영화와 사진의 경우에서 우리가 이미지를 어떻게 할지에 대해 기대되는 사용법은 상상적 사용이다. 하지만 이 일반론을 넘어, 이 두 사용법은 매우 다르다. 영화의 경우 상상적 사용은 매력적이고, 마음을 사로잡는 것이다. 우리는 이미지에 금방 빠져버리는데, 이미지에 동반되는 소리와 더불어 내러티브 자체에 우리가 접근하는 수단이기 때문이다. 그 이미지와 관계를 맺는 데 있어 우리는 역동적인 상상의 과정에 빠져든다. 즉 우리가 그 이야기의 세계와 그 캐릭터들에 대해 상상하는 것은 이제 영화의 다음 사건이 허구적으로 이전 사건에 의존하는 방식에 어느

여왕에 대한 사용에-의한-재현이지만, 그것이 그리 되는 것은 에밀리 피콕에 대한 기원에-의한-재현에 상당히 관련되어 있다. **왜냐하면** 이는 에밀리 피콕에 대한 어떤 종류의 기원에-의한-재현이기 때문이다. 그 사진이 시각적으로 그것의 근원을 재현하는 방식은 그것을 5월의 여왕에 대한 재현이 되기 위한 자연스러운 후보로 만든다. 만약 어떻게든 우리가 그 사진을 버킹엄 궁전의 (물론 사용에 의한) 재현으로서 사용할 수 있는 방법을 찾았다고 해도 그것은 그리 될 수 없다. 왜냐하면 이것은 에밀리 피콕에 대한 기원에-의한-재현이기 때문이다. 만약 어떠한 이유에서 우리가 궁전의 재현으로 쓰일 누군가의 사진을 원한다면, 에밀리 피콕의 사진은 다른 많은 것들의 다른 많은 사진들보다 그 과제에 적합하지 않다. 캐머런의 에밀리 피콕 사진이 **매우 자연스러운** 5월의 여왕의 사용에-의한-재현이고, **매우 부자연스러운** 버킹엄 궁전의 사용에-의한-재현이라고 해보자(그것이 그 건물을 재현하는 데 익숙해졌다고 가정하자). 나는 사용에-의해-재현된 사물들은 그런 것들을 근본적으로나 본질적으로 재현하지 않는 것으로 보이는 경향이 있다고 주장했다. 하지만 이런 경향에는 다소간의 공간이 있고, 이 경향은 우리가 다루고 있는 사용에-의한-재현의 훨씬 부자연스러운 사례로 나타나기 쉽다.

정도 부합하는 방식으로, 그 영화의 이전 단계에서 우리가 상상했던 것에 달려 있다. 이 복잡한 — 그리고 몰입되는 — 상상적 프로젝트에 휩쓸려 허구적 사물을 재현하는 데 있어 이미지들의 역할은 우리에게 매우 핵심적인 것이 되며, 자연스럽게 그것의 근원을 사진적으로 재현하는 그들의 역할은 가려진다(내가 곧 언급할 몇몇 특이한 상황들을 제외하고는). 결국 내러티브는 그 근원이 아니라 캐릭터를 중시한다. 〈카사블랑카Casablanca〉에서 배우 보가트Bogart와 버그만Bergman이 아니라 그들이 연기한 릭과 일리자를 중시하듯이.

이는 우리가 캐머런의 사진 〈5월의 여왕〉과 관련지을 만한 상상적 프로젝트와는 큰 차이가 있다. 우리에게 가장 강력히 요구되는 것은 이것이 5월의 여왕의 사진이라고 상상하는 것이거나, 그 사진을 볼 때 5월의 여왕을 보고 있는 것이라고 상상하는 것이다. 재현하는 대상에 대한 이런 식의 개입에는 흐릿하고 정적인 성질이 있다. 특히 여기에는 시간을 넘어 나아가는 명확한 활동 일정이 없는데, 테니슨이 주는 내러티브와 관계하는 데 있어 사진이 어떠한 역할(혹은 가장 최소한의 역할)도 하지 않고, 그것에 대해 사진은 그저 부속물이기 때문이다. 여기에는 이러한 상상에 대해 매력적이거나 몰입적인 것이 너무 적고, 우리는 완전히 거절하기 쉽다. 또한 만약 우리가 그것에 연루되어 있다면 상상이 너무나 흐릿해서 에밀리 피콕이라는 근원을 넘어 재현된 대상으로서 5월의 여왕을 부각시키는 데 있어 상상은 거의 아무런 역할을 하지 않기 십상이다.

일반적으로 사진적 이미지가 내러티브와 연관될 때 거기에는 어느 정도 통일성이나 분열, 혹은 사진과 내러티브 사이의 통일성이나 분열이 있다고 할 수 있다. 사진이 영화에서 일반적으로 그러하듯이, 우리에게 내러티브를 제시하는 중요한 역할을 할 때 거기에는 고도의 통일성이 있다. 그들이 그런 역할을 거의 하지 않거나 전혀 하지 않을 때는 낮은 통일성을 갖는다. 고도의 통일성을 가진 상상적 프로젝트는 우리가 그것과 연루될 때, 매력적이고 몰입적이 되는 경향이 있다. 낮은 통일성을 갖는 것은 덜 매력적이고, 몰입하기에 훨씬 어려운 경향이 있다. 캐머런 사진의 경우 통일성의 정도가 매우 낮으며, 사진과의 활동적인 연루 수준은 그에 상응하여 낮다. 우리는 그들을 그 이야기 속 캐릭터의 재현으로 만드는 사용에 간신히 참여한다. 따라서 대체로 기원(그 근원)에 의해 재현된 것에 집중하는 경향이 우세하기 쉽다. 반면에 영화 이미지에서는 통일성의 정도가 매우 높으며, 그것의 활동적인 연루 수준도 그에 상응하여 높다. 우리는 그들을 그 이야기 속 캐릭터의 재현으로 만드는 사용에 매우 활동적으로 참여한다. 따라서 그 동일한 경향이 우세하지 않기 쉽다. 그리고 내러티브의 삽화 목적으로 만들어진 스틸 사진은 재현적 충돌 의식을 만들기 쉽고, 반면 내러티브를 제시하기 위해 만들어진 영화적 이미지는 일반적으로 그렇지 않다는 것을 의미한다. 우리는 후자가 아니라 전자의 사례에서 사용에 의해서만 재현된 것을 두드러지게 하려고 의도된 정도를 성취하는 데 있어 제작자 측의 실패를 감지한다.

프로젝트 조건들의 다양화

나는 사진에 대한 어떤 반응을 설명하려고 노력했다. 그런 프로젝트는 확실히 검증 가능한 결과들로 이어져야 한다. 나의 이론은 검증 가능한데, 즉 이 이론은 이런 방식으로 반응하는 사람은 만약 논의 중인 사진의 조건이 어떤 다른 방식으로 변한다면 어떻게 반응할지에 대하여 예측할 수 있다. 이 예측들은 실제적인 사례들에 맞서 검증되었을 테지만, 내가 여기서 하고자 하는 바는 아니다. 그 대신 나는 독자들이 상상할 다양한 시나리오를 제공하고서 상상 속에서 그가 어떻게 반응할지를 본다.

캐머런은 영화시대 이전에조차 자신의 사진들과 테니슨의 내러티브 사이의 통일성의 정도를 높여줄 다양한 것들을 시도했을지도 모른다. 나의 이론은 사진이 내러티브와의 통일성 증가를 획득함에 따라 충돌 효과가 약해질 것임을 예측한다. 어떻게 그것이 획득되었을까? 마치 만약 문학 원본이 있다면 영화가 일반적으로 그에 대한 해석으로서 제공되듯이, 캐머런은 시의 해석으로서 테니슨의 원문과는 별개로 사진을 제시했을 것이다. 그렇다면 우리는 얼마간 사진들 자체의 내러티브를 전달하기 위해 차례차례 사진을 볼 것이다. 어떠한 풍부함이나 흥미에 대한 내러티브가 지속될 수 있다는 점이 의심스러운 사진은 매우 극소수에 불과하지만, 캐머런은 그 수치에 상당히 보탰을 것이다.[23] 만약 우리가 여기서 각각 잇따라서 바로 앞의 것보다 좀 더 '내러티브 지속적'인 사진적 프로젝트의 연속을 상상한다면, 내가 생각하기에 우리가 이 프로젝트를 진행해감에 따라 사진이 이런 종류의 프로젝트에는 맞지 않는 매체라는 직감이 약해지는 것을 볼 수 있을 것이다. 그리고 그것의 타고난 한계에 도달하기 훨씬 전에 — 머이브리지 스타일의 이미지 연속은 다소 필름 스트립과 비슷하다 — 사진보다는 회화를 사용했어야 한다는 그녀의 불평은 그 프로젝트에 다른 어떤 이의가 있든지 간에 멈출 것이다.[24]

지금까지 나는 충돌 효과의 측면에서 사진과 영화 이미지 사이의 차이에 초점을 맞추었다. 하지만 주어진 매체 안에서 개별적인 작업들 간에도 이와 동일한 측면에서의 차이가 있다. 충돌 효과는 충돌을 가능하게 만드는 재현적 역할의 이중성을 갖는 두 사진에 항상 동일한 힘을 갖지 않는다: 기원에-의한-재현과 사용에-의한 재현, 그리고 가끔 영화 이미지는 그들의 근원의 돌출 때문에 충돌을 포함한다. 따라서 캐머런

---

23) 여기서는 사진적 생산이 이때에 제시하는 많은 어려움들을 무시한다. 캐머런은 자신이 선호하는 조명과 배경 때문에 모델을 장시간 앉아 있게 하는 것으로 악명이 높았다. 그리고 그녀의 사진 모델 후보들은 자신들을 기다리는 오랜 시간 동안의 속박을 알고는 종종 도망갔다.

24) 이 맥락에서 우리는 프랑스에서 인기 있는 사진소설을 생각한다.

의 사진들 같은 스틸 이미지에 의해 유발된 충돌은 높고, 영화 이미지의 충돌은 낮다는 것이 사실이지만, 두 매체 모두에는 충돌의 변화를 위한 공간이 있다. 가끔 영화에서도 충돌은 뚜렷해지는데, 이는 특정한 배우가 높은 정도의 돌출을 갖기 때문이다. 즉, 배우가 극도로 유형에 맞서서 연기하거나, 현재 기삿감이 되거나, 어떤 다른 방식으로 부적합하게 배역을 맡았을 때 그렇다. 〈카사블랑카〉의 릭을 시드니 그린스트리트Sidney Greenstreet가 연기했다고 가정해보자.[25)]

캐머런의 사진들 중 몇몇은 다른 것들보다 훨씬 충돌-포함적인데, 근원의 돌출 정도가 그들 사이에서 달라지는 요소들에 영향을 받기 때문이다. 사진적 스타일과 기술은 어떤 역할을 맡고 있다: 사진이 형편없이 만들어지거나 구성되었을 때, 혹은 그 근원에 대해 어리석은 결정이 내려졌을 때 돌출은 때때로 증가된다. 〈갤러해드 경과 창백한 수녀〉는 캐머런의 **전작** 중에서 주목할 만한 예이다. 하지만 캐머런에게서 가능했던 다른 선택들은 우리가 그녀의 사진들에서 찾은 돌출의 정도를 축소시켰을 것이다. 얼굴의 특징과 표현, 체격과 포즈에 대한 많은 정보를 제공하여 그 근원의 정체와 특질을 강조하는 사진 대신에, 캐머런은 이

---

25) Robert Black이 나에게 지적했듯이, 영화 제작자는 때때로 의도적으로 어떤 근원에 대한 고도의 돌출을 줌으로써 — 그리고 그들이 그러려고 의도했음을 분명하게 함으로써 — 충돌 효과와 같은 것을 의도적으로 유발한다. John Cleese와 Graham Chapman은 그들이 연기하는 역할에 대한 부적합함을 강조하는 방식으로 수행한다. 나는 이것을 "충돌 효과와 비슷한 것"이라고 부르는데, 내가 그것을 규정했듯이 오직 재현된 어떤 것의 실제적 부각과 그것의 의도적 부각 사이에 대조가 있을 때만 발생하기 때문이며, Monty Python 사례에서는 배우의 부각이 의도되었다. 이 영화에서 대조는 실제 (그리고 의도된) 부각과 역사적-허구적 영화의 기준이 되는 부각 사이에 있다. 우리는 이런 종류의 사례도 포함하기 위해 충돌을 규정했을 수 있지만, 이 논쟁이 더 복잡해지는 것을 막기 위해 나는 위의 글에서 보다 단순한 충돌 규정을 선택했다. [아서왕 이야기에 대한 Monty Python 버전에서 캐머런의 프로젝트에 대한 역설적인 참조를 볼 수 있으며, 나는 이 영화에서 배우들에게 주어진 돌출의 정도가 캐머런 사진의 유사한 (하지만 이때에는 의도되지 않은) 효과에 의해 고무되었다고 상상하기를 좋아한다. 또한 캐머런의 〈Sir Galahad and the Pale Nun〉에서 그게 누구이든 간에 Eric Idle과 근원인 Galahad(역자 주- 아서왕 이야기에 나오는 원탁의 기사) 사이의 경미한 닮음에 주목하라.]

런 종류의 특징들이 쉽게 구별할 수 없는 매우 희미하게 가시적인 대상에 관한 사진을 생산했을 것이다; 캐머런의 〈5월의 여왕〉을 그녀가 찍은 에밀리 피콕에 대한 상상된 사진과 거리를 두고 비판적으로 비교해 보라.[26] 그러면 다시 한 번 우리는 그들이 서 있는 장소에서부터 그 인물들을 확신을 가지고 구별할 수 없는 지점까지 프로젝트의 연속을 상상할 수 있다. 그리고 또다시 나는 삽화로서 이 사진들에 대한 불편한 느낌은 그 근원의 명료함과 인식 가능성이 줄어듦에 따라 감소한다고 생각한다.

우리는 이 모든 것을 다음과 같이 요약할 수 있다. 캐머런 방식의 삽화적 사진들은 고도의 돌출을 갖는 그들의 근원에 의해 생산된 어떤 효과, 재현적 충돌의 대상이 된다. 하지만 사진의 근원의 돌출 정도 중 어느정도는 이미지 그 자체의 본질적인 것이며, 또 몇몇은 이미지의 맥락 면에서 더 잘 묘사되는 요소들의 범위에 의해 다양해질 수 있다. 한 가지 요소 — 맥락과 관련된 — 는 내가 — 내러티브의 제시에서 그것의 역할이 — 이미지의 통일이라고 부른 것이다. 영화적 이미지는 고도의 통일성을 갖는 경향이 있으며, 이는 근원 돌출의 축소를 만든다. 그리고 스틸 사진이 단순히 내러티브를 삽화하는 대신에 그 내러티브를 제시하는 데서 어떤 역할을 한다면 — 즉 그 사진이 고조된 통일성과 함께 제시된다면 — 상대적으로 낮은 돌출을 가진 근원을 보일 것이다. 하지만 스틸 사진에서 근원의 돌출은 다른 방식으로도 변화될 수 있다. 즉 유형적 선택, 기술적 실행 수준의 변화, 그리고 그 근원에 대해 그것이 전달하는 정보의 종류와 양의 변화를 통해 변화될 수 있다.

그런 경우 이미지의 다른 측면은 돌출에 대항력 있는 효과를 가질

26) 캐머런이 연초점을 사용하여 돌출 효과의 절제를 시도했다고 제안되기도 한다. Michael Bartram, *The Pre-Rapharlite Camera: Aspects of Victorian Photography* (Boston: Little, Brown, 1985), 132쪽을 보라.

수 있으며, 그 경우에 충돌의 정도는 서로 복잡한 관계에 있는 별개의 여러 요소들의 산물이다. 이 모두에 대한 포괄적인 이론을 구성하기는 어려울 것이다. 하지만 문득 한 가지가 생각난다. 활동하고 있을 모든 요소들의 내러티브와의 통일은 그 근원의 돌출 정도에 불균형적으로 강한 기여를 하며, 우리가 경험하는 충돌의 정도에도 그러하다. 일반적으로 영화에서 그러하듯이, 그림들이 매우 통일되었을 때 다른 요소들은 충돌 효과를 창조하는 데 거의 보탬이 되지 않는다.[27] 우리는 배우의 신원에 대해 매우 잘 알 수도 있으며, 결과적으로 충돌에 많은 영향을 받지 않을 수도 있다. 하지만 캐머런의 사진에서처럼 통일성이 매우 낮거나 존재하지 않을 때, 그림이 기술적으로 그리고 유형적으로 훌륭한 곳에서도, 그리고 그 근원이 그 근원에 대해 오직 최소의 정보만을 제공하는 방식으로 사진이 찍힌 곳에서조차 불편한 정도의 충돌이 느껴지는 경향이 있다.

내러티브의 힘

나는 내러티브와의 통일성이 사진의 근원에서 돌출의 정도에 파격적인 기여를 한다고 말했다. 이쯤해서 더 일반적으로 내러티브의 힘에 대해 말해야 할 이유가 있다. 내러티브는 우리에게 독특한 힘을 발휘할 수 있다고 널리 인식되어져왔다. 내러티브 문맥 바깥에서 매력 없고, 지루하

27) 즉 우리가 캐머런의 스틸 사진에서 경험하는 매우 높은 정도의 돌출과 비교했을 때 적다는 것이다. 영화예술에서 근원들이 영화에 대한 우리의 경험에 영향을 미치는 방법들에 대하여 말해야 할 흥미로운 것들이 있다. 상대적으로 친숙하지 않은 배우들과 명확한 개별화의 계획적인 거부를 가진 〈Black Hawk Down〉과 스타가 산재해 있는 〈The Thin Red Line〉을 비교해보라. 때때로 배우의 이전 영화사에 대한 우리의 지식을 이용하는 영화들에서의 방법에 대한 논의는 이 책에 실린 Noël Carroll의 글(ch. 11)을 읽어보라.

며, 터무니없기까지 한 아이디어들은 그 안에 틀 지어시면 완전히 몰입적이 될 수 있다. 인류는 쉽게 규정할 수 없는 단계들 사이에서 많은 태도들을 가진 — 한결같은 믿음에서부터 시시한 상상에 이르기까지 그러한 이야기들을 향해 다양한 태도를 취하는 — 초자연적인 것에 대한 내러티브의 큰 소비자다. 하지만 우리 중 극소수만이 초자연적인 것에 대한 이론에 관심을 가지며, 심령체나 염력에 관한 서적에서 전환이나 설명을 거의 얻지 못할 것이다. 그리고 체계적인 방식을 따른 이론적 고찰은 종교적 이야기들의 힘과 비교해볼 때 약간의 전환만을 가져올 뿐이다.[28)]

이것이 **내용**에 대한 핵심이다. 내러티브가 어떤 아이디어들을 비-내러티브적 문맥에서 — 이론의 문맥 안에서라고 말하자 — 그것들이 제시되었을 때보다 더 매력적으로 만든다고 말할 때는 내러티브의 내용에 대해 말하고 있는 것이다. 하지만 내러티브는 재현의 **매개체**와 관련해서 유사하게 증대되는 힘을 갖는다. 사진이 스스로 내러티브를 구성하지 않는 곳에서 — 그들이 기껏해야 다른 매체에서 내러티브의 부속물이 되는 곳에서 — 사진의 영역이 아니라 독립적으로 표현된 내러티브에 속하는 사물의 재현으로서 그들이 사용되는 것은 잘해야 이례적이고, 최악의 경우에는 터무니없는 것으로 보인다. 하지만 이 인상은 사진(혹은 영화적 이미지)을 내레이션 그 자체의 수단을 구성하는 것으로 가짐으로써 매우 극적으로 변할 수 있다. 그것이 발생했을 때 이례적이거나 터무니없는 느낌은 필요가 없다. 사진과 매우 단단하게 결합된 내러티브는 사진의 쓰임을 정당화하고, 내러티브 그 자체에 대한 흥미로 인해 한쪽으로 치워버린, 존재하지 않거나 혹은 더 이상 있지 않은 것의 재현에 대한 모든 쟁점을 우리의 마음속에서 흐릿해지도록 만든다.

---

28) G. Currie and J. Jureidini, "Narrative and Coherence," *Mind & Language* 19 (2004): 409-27쪽을 보라.

논의의 전도

나는 여기서 캐머런의 삽화적 사진에 대해 내가 스스로 경험하는 어떤 반응을 설명하려 하였다. 다른 이들은 그것을 매우 주목할 만한 정도로 모두 경험하지는 않는다는 것을 알았으며, 어떤 이들은 나에게 전혀 그것을 경험하지 않는다고 했다. 내가 논쟁을 이런 식으로 제기하는 것은 나의 반응에 적절한 것으로서의 특권을 주는 사례를 만들고 있음을 암시한다. 어쨌든 나는 허구 영화의 이미지에 적용하도록 요구된 상상적 사용이 내러티브와 그들의 역동적인 관계 때문에 거침없고 몰입인 반면, 캐머런의 사진에 적용하도록 요구된 상상적 사용은 "희미하고 정적이다."라고 말했다.

하지만 이 문제를 보는 다른 방식이 있다. 캐머런의 삽화에 아무런 문제가 없는 사람, 그것을 보는 데 있어 재현적 충돌을 느끼지 못하는 사람들은 나의 상상적 반응들이 이 사진들이 제공하는 상상적 요구를 평가하도록 허용하기에는 너무 예민하지 않다고 주장할 수 있다. 그들은 다음과 같이 말할 것이다. "당신은 오직 큰 규모의, 선명하게 묘사된 프로젝트에만 상상적으로 반응할 수 있다. 당신은 아마도 〈1812년 서곡〉과 같이 노골적으로 극적인 관현악 곡을 칭찬하고, 미세한 실내악에 끌리는 데는 형편없이 실패할 것이다. 당신은 자신의 상상이 매 단계가 분명한 지시로 지원되지 않는 한 어떠한 것도 상상할 수 없거나, 상상하기를 꺼려한다. 당신은 여기에 상상적 장벽이 있다고 주장해서는 안 된다. 당신은 상상적 장애물이 있으며, 당신은 그것을 치워버리기에는 충분히 능숙하지 못하다는 것을 인정해야 한다." 이는 잘못된 분석이라는 확신이 있지만, 그것을 반박할 어떠한 주장도 가지고 있지 않다.

이것이 문제가 되는가? 그렇지 않다. 나의 주장은 내가 가진 반응을 정당화하려 하기보다 설명하려는 시도에 따라 쉽게 재구성될 수 있다.

즉 나는 캐머런의 사진에서 어떤 문제적인 것을 발견했다; 그에 대한 설명은 다음과 같다. 나는 그들의 존재에서 재현적 충돌 감각을 경험했고, 이는 결국 내가 상상적 프로젝트들, 즉 제시된 사진들이 나에겐 희미하고, 정적이며, 보람 없는 것임을 알았기 때문이다. 만약 당신이 그 사진들에서 어떠한 문제적인 부분을 찾지 못한다면, 이는 당신이 그 상상적 프로젝트를 희미하고, 정적이지 않고, 오히려 도전적인 최소한의 것이 되었다고 보았기 때문이라고 제안한다. 아니면 아마도 그것이 당신에게 상대적으로 풍부하고 수월하게 보여서일 텐데, 왜냐하면 당신의 상상력이 내 것보다 훨씬 뛰어나기 때문이다. 아니면 아마도 그것이 희미하고 정적이라고 나와 동의하지만, 당신은 그 희미하고 정적인 상상적 기획에서 어떤 보람 있는 것을 찾았기 때문이다. 내가 보기에 당신은 사진의 상상적 요구에 대한 긍정적 반응이 그 근원의 돌출을 축소하는 그런 사람이기 때문에 이 모든 방법들에서 당신의 반응은 내가 제공한 설명의 틀 안에 수용되어 있다. 우리는 누가 옳은지 결정할 필요가 없다.[29)]

29) 이 논문의 초기 버전은 University of Nancy와 University of Nottingham에서 2006년 가을에 열린 Cognitive Values in Art 학회에서 발표되었다. 논평을 해준 Robert Black, Pierre Demeulenaere, RobertKirk, Peter Lamarque와 Jerry Levinson에게 감사를 표한다.

13

적나라한 진실

아서 C. 단토
Arthur C. Danto

"원주민들은 카메라가 그들의 영혼을 훔친다고 생각한다는 것이 사실입니까?"
"몇몇 분별력 있는 자들은 그렇게 생각하죠."

– 팻 바커 Pat Barker, **『유령의 길***The Ghost Road***』**[1)]

얼마 전에 노던대학 조교수진과 미학에 대해 토론하고 있었는데, 그들 중 한 명이 농담으로 미학과에 공시된 구인 광고를 볼 때마다 그 학과에서 손톱 손질을 할 수 있는 사람을 원한다는 생각에 참을 수 없다고 말했다. 그녀는 아마도 이 용어가 고객들의 미용 요구와 관련된 기업들의 일반적인 사업명으로 쓰이는 언어사회에서 온 듯하다. 이 고객들은 만약 그들이 미국에 산다면 조금도 이상하다는 생각 없이 이 단어 대신에 우리가 사용하는 '미용실beauty shop'이라는 용어를 사용했을 것이다. 그리고 그녀의 농담은 어떤 언어, 주로 철학 분과에서는 이 용어를 사전에 쓰여 있듯이 "미와 순수 예술에 대한 이론"과 관련하여 사용하는 것을 다른 언어에서는 다르게 전용하는 데서 비롯되었다. 마치 논리학을 전공한 학생들이 학계에 자리가 없을 경우 대비책으로 컴퓨터 프로그래밍을 직업으로 가질 수 있다고 확신하듯이 미학과 졸업생은 언제나 머리를 자르는 일 — 아니면 '손톱 손질'하는 일 — 로 일자리를 구할 수 있을 것이라고 확신하는 것처럼 파마를 실용적인 미학에서의 훈련으로, 미용업을 철학에 적용되는 것으로 생각하는 것은 터무니없다. 대체로 미학과 실용 학문의 차이에 의해 규정된 규칙을 적용하는 터무니없음은 가위와 루주 통을 가진 철학자 이미지 때문에 약간의 혐오감이 생긴다.

---

1) Pat Barker, *The Ghost Road* (New York: Dutton, 1995), 86쪽. 허락하에 Jerrold Levinson, ed., *Aesthetics and Ethics: Essays at the Intersection*, Cambridge Studies in Philosophy and the Art (Cambridge: Cambridge University Press, 1988), 257-82쪽에서 재인쇄되었다.

철학적 미용사 — 혹은 실용적 미학자 — 는 플라톤이 『고르기아스』에서 불쾌한 것으로 선언한 외모를 돋보이게 하는 활동에 불가피하게 연루되며, 여기에는 미용사의 예술과 소피스트의 그것 사이에 뚜렷한 구별선이 용납되지 않는다. 가벼운 전율을 설명하는 것은 아마도 이것일 것이다. 즉, 소피스트가 허풍을 떠는 관례를 "더 나쁜 것을 더 좋은 사례인 것처럼 만드는" 것으로 폄하하는 플라톤의 방식보다 우리가 찾을 수 있는 미용실에 대한 더 나은 평가가 무엇이 있을까? 미용사는 연애 싸움에서 승리하려 위장하는 사람을 말도 안 되게 멋지게 만들어주기 위해 자신이 할 수 있는 일을 한다.

'에스테티코에게to Aesthetikos' — '미용사' — 라는 제목이 붙은 대화편은 없지만 그 대화를 상상하는 것은 어렵지 않다. 이는 아마도 『이온*Ion*』의 짝이 될 것인데, 여기서 진실한 인물인 소크라테스는 외모를 옹호하는 다소 퇴폐적인 미용사를 변증법적으로 야수처럼 만드는 작업에 착수한다. 소크라테스가 곱슬머리와 포마드는 누구나 더 나아 보이게 만드는 것이 아니라 그저 순간적으로 행복하게 만들며, 우리는 외모에서 실제로 즉, 우리가 어떻게 보이고 싶은지 바라는 것에서 우리가 정말로 바래야만 하는 것으로 돌아서야 하고, 찰나의 매력을 가진 삶 대신에 변치 않는 선과 정의를 찾아야 한다고 평가하기까지 반어적으로 말하는 페이지는 얼마 안 될 것이다. 결국 소크라테스는 콜린 맥긴Colin McGinn이 나에게 지적했듯이, 도리안 그레이Dorian Gray 사례에서처럼 정의로운 사람이 최대한으로 부당하게 나타나고, 부당한 사람이 정의의 구현물로 나타나는 그저 제한된 사례에서뿐이라 하더라도 정의로워 보이기보다는 정의로운 것이 낫다고 규정하고자 했다. 하지만 에스테티코들은 다음과 같은 혼란스러움을 주장할 것이다. a. 그는 어떻게 외모와 관련된 우리의 불행함이 선함, 정의와 많은 관계가 있는지 보지 못한다. b. 사람들에게 미(美)는 그저 얄팍한 것임에도 추한 사람을 미심쩍게 보는 경향이 있다. 그리고 왜 정의로운 사람은 자신의 외모를 바로잡음으로써 못생긴 사람을 의심하는 경향을 막고, 다른 이들의 신뢰를 얻고, 실제로 그의 외모가 방해했던 올바른 일을 하여 행복에 대한 희망을 강화시키지 않을 것이라고 생각되어야 하는가? 아마 우리가 외모에 무관심할 수만 있다면 더 낫겠지만, 미용사들은 계속해서 "이는 마치 우리가 사람이 아니면 더 나을 것이라고 말하는 것과 같다."고 한다. 인간이 되는 것은 우리가 어떻게 보이는지를 신경 써야 하는 것이며, 이는 곧 인간으로서 다른 사람들이 자신을 어떻게 보는지에 따라 자신을 보려고 노력하고, 설사 스스로 매력적이지 않다 하더라도 가능한 한 적어도 보기에 안 좋은 것은 아니라고 확신하도록 애쓰는 것이다. 미학에 대한 우리의 선입관은 기분전환과 관련된 어떤 것이겠지만, 결코 부정한 삶으로 이끄는 것과 동등하지 않다! 그리고 궤변을 늘어놓고 돈을 버는 직업이 별로 없어서 미용 기술로 이끌려간, 고르기아스의 제자가 된 에스테티코들은 자신의 주장을 강조한다. "소크라테스, 똥배가 나오고 더러운 맨발인 당신을 좀 보세요! 만약 외모에 무관심해 **보이는** 사람이 있다면 그건 바로 당신이죠. 누구도 당신을 고용하려들지 않을 겁니다. 특히 주변 사람들에게 스스로가 얼마나 무지한지를 제외하고는 아무것도 모른다고 말하면서 시장을 뛰어다닐 땐 말이죠. 당신이야 말로 못난이 중의 못난이요. 당신의 모습은 바로 당신이 원하던 대로 사람들이 당신과 관계를 맺게 하지요. 통치자들이 당신의 머리를 자르게 하고, 괜찮은 샌들을 신기고, 뱃살을 빼게 하는 것이 당신에게 꼭 맞는 형벌이 될 것입니다! 아마도 당신은 당신의 외모를 바꾸게하는 처형을 더 선호할 것입니다." 대화는 여기서 갑자기 멈추지만, 다문화주의 교수의 영향으로 강사의 턱수염과 청바지, 아니면 전통적 장신구와 안데스 지역의 작은 공책에 대해 의욕적으로 토론하는 대학생들의 수업에서는 이 대화가 매우 인기가 있을 것이다. 비록 회계학과에서는 꺼리지만 말이다.

나는 **에스테티코이**aesthetikoi라고 지명함으로써 그들의 시각에서 볼 때 개인들이 있는 그대로 자신을 보여줄 수 있도록 하고, 외모의 재현성을 미용술과 일반적인 모방 예술 간의 다리 역할을 하도록 하는 에스테티코들을 기념할 것이다. 두말할 필요도 없이 외모는 다른 사람을 속일 수 있는데, 특히 그 사람을 실제보다 더 어리거나 매력적이라고 믿도록 만들 수 있으며, 어려 보이게 만든 것에 대해서 **에스테티코이**와 그들의 고객을 도덕적 비난의 타깃으로 만든 것은 틀림없이 거짓 믿음이 초래한 것이다. 이는 물론 이온과 에스테티코들 사이의 철학적 유대감을 수립하는데, 이것이 에스테티코들과 시인 부대, 그리고 플라톤의 구성에 따라 『에스테티코들에게』를 이은 훌륭한 대화에서 진리의 적군 진영에 휩쓸린 모방자들 사이에서 한 것처럼 그런 유대감을 수립한다: 『공화국*The Republic*』 10권. 대체로 미적 모방은 이상적인 것이라는 사실, 즉 거짓 외모를 획득하는 사람의 외모가 본래 자기 자신에게 때로는 크게 못 미친다는 것은 문제가 되지 않는다. 단순한 예술 작업은 우리가 플라톤적 토양에서 그것을 얼마나 비판하든지 간에 일반적으로 **에스테티코이에서의** 중재를 통해 획득한 외모보다 피해를 덜 준다. 이런 식의 외모는 부주의한 사람을 함정에 빠뜨리는데, 안타까운 예로 우리가 살펴볼 다음의 예가 있다. 이 예는 그녀가 세상을 직면하게 되었을 때 디킨스가 '클레오파트라'와 연관 지은, 둘째 돔비 부인의 겉만 번지르르한 어머니 스쿠턴 부인과 관련한 잔인한 사례이다.

> 스쿠턴 부인의 하녀는 관례에 따라 그녀의 잠자리를 준비하러 왔다. 밤이 되면 그녀는 여자이기보다는 화살과 모래시계를 가진 해골이 되었고, 하녀의 손길은 죽음의 손길과 같았다. 채색된 물체는 그녀의 손아래에서 쪼글쪼글해졌다; 형태는 무너지고; 머리카락은 축 처지고; 아치 모양의 검은 눈썹은 빈약한 회색 다발로 변하고; 창백한 입술은

쪼그라들고; 피부는 죽은 사람마냥 마르고 힘이 없었고; 늙고, 지친, 누런, 졸고 있는 여자가 붉은 눈을 하고는 번들번들한 플란넬 가운을 입고 지저분한 보따리처럼 웅크리고 홀로 클레오파트라의 장소에 남아 있었다.[2)]

하지만 물론 속임은 다른 어떠한 군더더기들이나 염색, 그리고 가짜 곱슬머리가 할 수 있는 것보다 훨씬 더 심각할 수 있다. 플라톤은 제10권의 말미에서 추방된 영혼들이 그들의 다음 삶을 선택하는 것을 보는 얼Er에게서 속셈을 드러낸다. 그는 우리에게 폭군의 삶을 선택한 사람에 대해 말하는데, 분명히 그 삶은 칼리클레스Callicles와 트라시마쿠스Thrasymachus처럼 "가장 좋은 삶은 자신이 하고 싶은 것을 마음껏 할 수 있는 삶"이라고 말하는 이들과 언쟁을 벌인 소피스트 소크라테스에게 칭찬받았다. 이것의 가정은 우리 각각은 외모가 어떻든지 간에 정말로 힘과 섹스를 원하며 — 그리고 소크라테스가 논쟁하고자 했던 것은 이것이 바로 모든 것 중에서 가장 위험한 외모라는 것인데, 이것은 아름답지만 도덕적으로 추한 삶을 보여주기 때문이다 — 기만당한 영혼이 그가 선택한 현실을 볼 때 "그는 자신의 가슴을 치고 자신의 선택을 통탄하기 시작했다."는 것이다. 소피스트들은 삶에 대한 묘사에서 자신들이 기만하는 본능적 욕구를 고려해볼 때, 언제나처럼 가장 나쁜 것을 좋아 보이게 만들었다. 그런데 이것은 플라톤에게 에스테티코들에 대한 답변을 줄지도 모른다. 그는 자신이 예로 드는 삶, 선함의 실제를 그의 독자들이 선택하도록 하기 위해 소크라테스에게 그의 매력 없는 외모를 주었다. 누구도 그처럼 **보이는 것**을 선택하지 않을 것이기 때문에 핵심은 소크라테스처럼 **되는 것**이다. "이것은 이 삶 속에서도, 그리고 우리가 묘사

---

2) Charles Dickens, *Dombey and Son* (London: Penguin English Library, 1979), 472쪽.

해온 수천 년간의 순례 속에서도 잘될 것이다."라고 소크라테스는 글라우콘에게 말한다.

A. S. 바이어트Byatt의 『마티스 이야기들*Matisse Stories*』 중 한 단편에서, 중년의 대학 강사인 여주인공은 그녀가 창문을 통해 본 마티스의 그림 〈핑크 누드Pink Nude〉 때문에 미용실을 애용한다. 그녀가 진심으로 그 미용실을 애용하는 이유는 예술적 취향 덕분이라고 보겠지만, 사실 그녀를 끌어당긴 것은 마티스 누드의 관능성이며, 우리는 그 소설의 후반부에 가서야 그 사실을 안다. 그녀의 곧고 다소 평범한 머리 모양은 그녀를 못생겨 보이게 했다. 하루는 그녀가 TV에 나갈 일이 있어 머리를 하러 갔는데, 씻는 도중에 어릴 적 이탈리아 학생과의 강렬했던 성관계의 추억에 빠졌다. 이런 상황에서 **에스테티코들**은 그녀의 선호도를 모르는 조수에게 그녀를 넘기고, 그 기억에서 벗어났을 때 그녀는 거울 속에서 상당히 공들인 머리 모양을 하고 있는 자신 — 그러나 사실 그녀 정도의 나이와 성과가 있는 여성에게 어울리는 컬과 웨이브가 있는 자신 — 을 본다. 그녀는 심하게 짜증을 내고는 색 유리에 헤어젤 통을 던져 부숴버린다. 그녀가 진정하고 나면, 곧은 머리카락은 자신의 사라진 젊은 시절에 대한 기념이며, 마티스에서처럼 그녀와 그녀의 몸이 하나였던 순간에 대한 기념이었다는 것이 우리에게도, 그녀에게도 분명해진다. 이는 젊은 남자의 진홍색 망토를 나이든 남자가 입었을 때 어울리지 않듯이, 아리스토텔레스가 관찰한 것처럼 더 이상 적절한 것이 아니다. 그녀는 기만하거나 숨기려 애쓰지 않고, 에스테티코들의 협력으로 그녀 자신의 것으로 만든 그녀의 외모가 이중 의미를 가지고 있었음을 그제야 볼 수 있게 되었다. 인간의 도덕적 삶 속에서 외모가 무엇인지를 보는 데 있어 반드시 관심을 가져야 하는 것은 모방이 아니라 의미다. 그녀의 외모에서 곧은 머리를 곱슬머리로 바꾸었을 때, 그녀 자신이 누구인지에 대해 더 진실하게 되었다는 데는 의문의 여지가 없다; 이는 마치 진홍색 망토

를 벗고 자기 나이에 맞게 행동하는 것 같다. 하지만 이것은 이제 그녀가 곧은 머리에 실려 있던 훨씬 사적인 의미에 대항하는 것으로 곱슬머리에 실린 의미와 동일시되기 때문이다.

이는 소크라테스에게 에스테티코들에 대한 답변의 토대를 제공해 줄 것이다. 그는 불룩한 배가 효율을 떨어뜨리고 어떤 경우에건 덜 미적인 것이 되는 팔레스트라(역자 주- 고대 그리스의 체육관)에서 발가벗고 레슬링을 할 나이는 지났을 때, 그런 불룩한 배를 가지고 있는 것이 오명이 아니라고 말함으로써 자신의 외모를 옹호할 수 있다. 따라서 그의 두툼한 몸통은 중년이라는 나이를 받아들인 신호다. 식이요법과 운동은 의심할 여지없이 그를 날씬하게 만들겠지만, 이는 일종의 진홍색 망토 — 젊은 이의 전용인 — 와 같은 것이다. 소크라테스가 그런 논쟁에 대한 의지가 있다면 그는 옳겠지만 지고 말 것인데, 이는 그가 현실과 대조하여 자신의 나이든 외모에 부여하는 의미를 담아내기에는 너무 거칠다는 것을 인정했기 때문이다. 그도 인정해야 했듯, 우리는 외모의 세계에 살고 있으며, 외모는 언제든 우리가 누구인지를 규정하고, **에스테티코**는 예술가처럼 상징적 실제의 장에서 일하는 노동자다. 소크라테스가 처음 자신의 공화국을 설계하기 시작했을 때, 그곳의 주민들이 영위해야 할 삶의 전체 형태는 기본적인 필요들을 돌보면서, 잠재적 정복자에게 이곳은 정복할 가치가 있는 정치적 조직이 아니라고 전하는 식이 되었다. 그것은 국가들이 전쟁을 일으킬 금화나 판을 가지고 있지 않다. 인간으로서 우리가 하는 어떤 행위도 순수한 의미가 아니며, 의미를 계산 밖에 두는 인간 실제의 플라톤적 형태는 근본적으로 부적절하다. 외모를 무시하는 급진적인 방침은 무효화를 위한 방식이다. 올바른 방침은 소피스트를 활용하는 것이겠지만, 나은 것을 더 나아 보이게 만들기 위해서여야 한다. 그리고 결국 소크라테스식의 대화가 하려 한 것이 또 무엇이 있는가? 거짓 외모가 에스테티코에게 응용된 궤변에서의 지위를 주는 만큼, 에스테티코와 소크라테스 간의 강한 친밀감을 보장하는 외모에서의 진실이 있다.

확실히 그날 밤 그녀의 남편으로부터 뜻밖의 키스가 입증하듯이, 바이어트의 촌스러운 강사는 머리 모양으로 인해 마지못해 매력적으로 변하게 되었다. 외모에 대한 그녀의 의제에서 완전히 이질적인 것은 매력도 마찬가지다. 그저 그녀가 원하는 매력은 자신이 꾸미는 스타일에 의해 오직 상징적으로만 가능한데, 그것은 젊은 육체적 사랑의 고리 안에 있는 머리카락이 곧고 촉촉한 여성의 매력이다. **그녀는** 미용실에서의 깨우침 이전에는 자신의 촌스러움을 고등 학력자에게 맞는 플라톤적인 패션에 전념하는, 자신과 같은 지위에 있는 사람에게 '어울리는 것'이라고 말함으로써 정당화했을 것이다. 이것은 일종의 교수 유니폼인데, 그녀가 중년의 타고 남은 덩어리 아래에서 서서히 타고 있는, 마음속 깊숙한 곳에 삶을 지속시키는 이유를 남겨두었으리라고 누가 추측했겠는가? 사실 그녀의 남편은 그녀에게 20년은 젊어 보인다고 말하였고, 곧은 머리 모양의 의미를 통해 젊음을 유지하려던 것이 오히려 자신을 노파로 만들어버렸다는 것은 아이러니하다. 깨달음은 우연이었고, 그것이 유익한지 잔인한지는 단편의 내러티브 경계를 지나 오직 차후에 그녀의 삶에 대한 내러티브만이 드러낼 수 있다. 바이어트는 그녀를 이정표처럼 대립되는 머리 모양이 상충되는 방향을 가리키는 인생의 갈림길에 남겨둔다. 그리고 이 깨달음은 선의의 **에스테티코들**에 의해 우연히 그녀의 의식 속에 방출된 진실이 좋은 것인지 아닌지에 대한 난해한 질문을 제기한다. 우리가 의식하건 의식하지 않건 간에 상징적 외모의 시스템을 통해 우리 자신에 대한 이미지를 투사하는 것은 비록 모든 사람이 그 문제에 대한 직관을 가지고 있고, 그 직관이 어떤 면에서 보면 보편적임에도 드물게 논의되는 윤리적인 옳고 그름에 대한 것이다. 인간의 권리 영역에서 고문이나 강간과 관련하여, 그리고 잔인함이나 특이한 처벌과 관련하여 거론된 신체에 대한 도덕적 불가침은 널리 인정되었다. 하지만 상징적 신체 — 즉 다른 사람에 의해 인정받고자 의도하는 의미를 실어 나르는 신호 체계 하에서 상징적으로 제시되는 그 신체 — 는 어떠한가? 고객과 기술자가 협력하여 이미지를 생산하는 에스테티코의 살롱에 있는 거울에 의해 중재된 의미는 어떠한가?

이 문제를 다루는 데 있어 나는 거울을 중심에 놓고 싶다. 누군가가 찬성하거나 반대하는 그 사람의 거울 이미지는 그 거울이 자신이 누구인지에 대한 진실을 표현한다고 믿는지 아닌지에 달려 있기 때문이다. 바이어트의 강사가 멋진 머리 모양을 하고 있는 반사된 여성의 모습을 보았을 때, 그녀는 거울 이미지의 시각적 진실에 대한 의심을 갖지 않았지만, 오직 그것의 도덕적 진실에 대해서는 의심을 했다. (그녀가 어떠한지에 대해 스스로 믿고 있는 것에 **대한 진실**.) 그리고 그녀의 분노는 어느 정도 믿음 그 자체가 거짓인 것보다 이미지가 믿음에 **대해 거짓**이라는 사실에 의해 덜 설명된다. 그녀는 더 이상 학생이 아니며, 더 이상 소녀도 아니다; 거울이 보여줬듯이 그녀는 거짓된 추함을 통해 체계적으로 부인한 속성들을 받아들인다. 거울은 카메라처럼 시각적으로 항상 진실을 이야기하지만, 그것들은 내가 다소 불편한 구절에서 사용하듯이 항상 도덕적 진실을 이야기하지는 않는다. 나는 버지니아 울프의 『파도*The Waves*』에 나오는 인물 지니에서 만들어진 구별 — 즉 희망을 가지고 자신이 의도한 것을 보려고 거울 앞에서 자신의 얼굴을 가다듬는 것과 입은 삐쭉 나오고, 자세는 늘어지고, 배는 불룩 나온 거울 속에 있는 자신을 얼핏 보고는 거울을 모니터로 사용하여 어깨는 뒤로 젖히고, 배는 집어넣은 자신의 모습을 가다듬는 것 사이의 구별 — 을 염두에 둔다. 어떤 이는 자신의 동의를 요구하는 거울 이미지를 따르기 위해 스스로를 정돈한다. 물론 불일치는 결국 얼핏 본 이미지의 인정을 이끌어낼 것이다: 그는 살이 쪘고, 나이를 먹었고, 자신의 모습에 드러나는 슬픔의 역사를 받아들였다. 그리고 그 지점에서 그는 살을 빼고, 머리를 염색하고, 여기저기 처진 살들을 당기고, 운동을 하기 위해 **에스테티코들**에게 의지할지도 모르는데, 그래서 얼핏 본 거울 이미지와 미리 연습한 거울 이미지 간의 거리가 가까워지도록 한다. 아니면 그저 얼핏 본 이미지를 받아들이는데, 이번에는 반대 방향에서 그 거리가 다시 가까워질 수도 있다: 중력과 나이에 저항하는 것을 멈추고, 외모가 자신이 겪은 고통을 말하도록 내버려둔다. 이런 일이 발생했을 때 그는 더 이상 자신의 외모를 가꾸는 것을 멈춘다. 그는 미적인 중재를 적용하기 위한 공간을 여는 희망이나 두려움 너머에 있다.

그런 상태는 결코 경멸적인 것이 아니다. 그것은 감탄의 이유가 될 수도 있다. 우리는 모두 외모에 무관심한 이유가 더 고상한 문제에 대한 전념과의 객관적 상관관계 때문인 사람들을 한두 명쯤은 알고 있다: 헝클어진 머리를 하고, 얼룩진 조끼 위에는 시가 재가 떨어져 있는 유명한 사상가, 그리고 어떤 옷이든 가까이 있는 것을 걸치고, 손가락으로 머리를 빗어 넘김으로써 미용상 면할 수 없는 일에 순종하여 자기 임무의 긴급함을 내면화하는 선지자. 그리고 아마도 그것이 바로 소크라테스의 상황이었을 텐데, 우리는 그가 어려 보이고 싶어 하는 노신사여서가 아니라 자기-이해의 추구에 빠져 있어서, 그저 그 진홍색 코트가 가까이에 있었기 때문에 그것을 어깨에 걸치는 소크라테스를 상상할 수 있다. 한편 무관심에 대한 감탄은 그 스스로 보편적 이상을 규정하지 않는데, 만약 그것이 보편적이라면 분명히 그것에 인간이 더 이상 노출되지 않는 하나의 취약성 양상과 하나의 고통 양상이 있을 것이다. 그들은 — 우리는 — 더 이상 어떤 조롱 형태에 취약하지 않고, 더 이상 조롱받는 고통의 대상이 되지 않는다. 그리고 그와 함께 나는 사람들이 그들의 외모로 인해 비하되는 미적 비하의 윤리에 접근한다. 단정하지 못한 선지자와 헝클어진 사상가는 확실한 비웃음의 표적이고 조롱의 대상이다. 하지만 그들의 무관심, 주의력 결핍은 그들에게 비웃음과 조롱이 가하려고 의도한 고통에 대항하여 면역력을 갖게 한다. 의심할 여지없이 이것은 긴요한 미적 금욕주의, 고통 받지 않도록 자신을 보호하는 방법, 통증을 마비시키는 다양한 책략에서 그러한 보호를 찾는 그리스 철학의 필연적 결과의 토대가 될 수 있다. 하지만 그것은 도덕적 문제의 해결책으로서 성자임을 즐기는 것과 동일하다. 그리고 이는 피해자를 탓하는 또 다른 방식이다. 이는 만약 지시를 하는 데 있어 확실히 도덕적 잘못이 있을 때 우리가 이러한 지시의 고통을 면할 수 없다면, 마치 그것이 우리의 잘못인 것처럼 나타난다. 그가 그것에 취약한 것이 '자신의 잘못'이라고 할지라도 확실히 그것은 그 사람에 대한 존경의 침해를 수반한다. 절도는 우리가 세속적인 소유를 포기하여 그것에 영향을 받지 않는다 하더라도 도덕적 위반을 남긴다. 그가 도덕을 어기는 것에 맞서 그리스의 지혜를 깨우친다고 해서 도둑질을 무죄로 해줄 수는 없다. 게다가 어려운 시기에 외모를 가꾸는 데는 어떤 용감함이 있다. 사르트르가 만든 인물 중 하나는 자신의 정신은 감금되어 있지 않다는 것을 보여주는 방식으로 포로수용소에서 면도하기를 고집했다. 베케트의 『행복한 나날들*Happy Days*』에서 위니는 폐허 한가운데서 립스틱을 바른다. 콜레트Colette의 줄리에 드 카르네이한은 자신이 고혹적인 속옷을 입는 한 아무것도 잃지 않을 것임을 안다.

나는 엘리자베스 여왕이 나이가 들었을 때, 거울 속 자신의 이미지를 보는 것을 더 이상 견딜 수 없어했다는 것을 읽었다. 그래서 그녀는 화장을 하는 일상을 시녀들에게 맡겼는데, 시녀들은 자신들이 가진 젊음의 잔인함으로 여왕을 바보같이 만들려고 그녀의 코에 붉은 점을 그려놓았다. 우리는 자신이 화장으로 무장했다고 믿고 그날의 의식과 의무를 시작하는 여왕을 광대처럼 만들어놓고는 낄낄거림을 참는 시녀들을 상상할 수 있다. 나는 여왕이 분명히 궁궐에서 모든 거울을 치워버리라 명했으며, 누구도 감히 그녀가 배신당했다고 말하지 못했을 것이라고 생각한다. 비록 여왕이 자만심 때문에 자신을 그런 짓궂은 장난에 무방비 상태로 놓아둔 것은 자신의 잘못이지만, 잔인한 것은 잔인한 것이다. 만약 사실을 알았더라면 그녀는 즉시 모멸감과 배신감을 느꼈을 것이고, 그 배신은 바로 그녀가 그것을 알게 되는 것을 막은 그 허영심을 이용한 데에 있다. 사실 여왕이 어떠한 고통도 느끼지 않았다 하더라도 그녀는 상처를 입었다: 그녀는 자신의 위엄을 만든 외모를 파괴하여 자신이 스스로 어떻게 보이고 있는지에 대해 믿고 있는 것과 반대로 보임으로써 상처를 입었다.

얼룩진 여왕과 같은 사례는 우리에게 그리스 이론의 도덕적 부적합함을 보게 도와준다. 그 이론은 상처와 상처를 느끼는 것을 동일시하고, 당신이 알지 못하는 것 — 느끼지 않는 것 — 은 당신에게 상처를 주지 않는다고 주장하는 경향이 있다. 여왕의 무지가 시녀들을 무죄로 밝혀준다고 보기는 어렵다. 그들의 행동은 대가가 없기 때문에 악의 특성을 띠고 있었다. 이는 공리주의 도덕 이론들에 대한 일반적인 직감적 반례다. 이 이론에서는 만약 그들이 옳다면 그는 누군가에게 곧 죽을 것을 알면서 어떤 약속을 하는 것이 도덕적으로 용인되는데, 죽음이 그것을 알 가능성을 제거해버리기 때문에 내내 그 약속을 지키지 않을 것을 의도하고, 약속받은 사람에게는 진실하지 않은 약속을 받지 않았다는 쾌락을 주고, 그 약속이 깨졌다는 것을 아는 것이 일으킬 고통이 없다. 비록 이 경우에 지식이 행동의 사악함을 구성하긴 하지만, 그저 그녀가 가지고 있는 진실들에 진실을 더하는 것이 아닌 어떠한 일이 일어났는지를 여왕이 발견하는 한, 지식의 결핍은 행동의 도덕적 성질을 무효화할 수 없다: 이것은 가슴 아픈 진실이며, 여왕의 자부심에 화살처럼 꽂히는 일이다. 따라서 내가 보기에 그 고통이 결코 느껴지지 않더라도 그녀는 그 비난 속에 고통을 만들어야 한다. 그리고 거울이 궁궐 안에서 조직적으로 제거되었음에도 그 사례에서 요소를 통제하는 것은 거울 이미지다. 여왕이 자신의 이미지를 보았다면 그녀에게 제시되었을 이미지는 그녀가 보지 않았음에도 마음을 상하게 하는 것이다. 왜냐하면 그것이 그녀를 웃음거리, 조롱과 경멸의 대상, 그리고 만약 그보다는 조금 억눌렀다면 조소와 마음을 상하게 하는 웃음거리의 대상으로 만들었기 때문이다. 그리고 그저 짓궂은 수행원들의 오락거리를 위한 것이 되어버렸다!

나는 도덕적 관심의 근원으로서 외모와 관련하여 죽음의 비실체성에 대해 한마디 하고 싶다. 나는 그저 화장을 하는 장의사의 개입을 생각하는 것이 아니다. 장의사는 떠난 사람의 이미지를 애도하는 사람들의 마음속에 남기려고 애쓰는데, 떠난 사람을 화장하는 것은 추도하는 것과 같다. 만약 이미지 그 자체가 남겨진 사람들의 마음속에 살아 있다면 죽음이 마지막은 아니라는 듯이 떠난 사람의 이미지를 확고히 하려는 것은 인간의 반사적인 반응이지만, 이는 내가 이해하기에는 너무 심오한 이유들이다. 나는 차라리 이와 같은 사례를 생각하고 있다: 고대 그리스의 마을에서 젊은 여성들 사이에 일어난 자살의 물결은 자살한 여자는 누구든지 간에 무덤까지 벌거벗겨진 채 옮겨져야 한다고 결정되자 갑자기 멈추었다. 젊은 남자들 사이에서 벌거벗음은 그저 허용되기만 한 것이 아니라 과시되기까지 했지만, 여성의 벌거벗음은 엄청난 굴욕의 원천이었다. 벌거벗은 모습을 보이고 싶지 않음을 고려하는 데 있어 그녀는 죽었기 때문에 자신이 벌거벗겨졌다는 것을 알지 못한다는 것은 고려되지 않는다. 그녀는 자신을 덮을 수 없기 때문에 그런 일을 고려하는 것이 더 괴로울 것이다. 코흐 행정부 하의 뉴욕 검시관은 유명한 배우가 시체 안치소에 왔을 때 그의 부인과 그녀의 친구들에게 이례적으로 크다는 소문이 있던 그 배우의 성기를 보여줘서 그들을 즐겁게 했다는 이유로 해고되었다. 아테나는 헥터의 시신을 썩지 않도록 보존함으로써 아킬레스의 즐거움을 빼앗았다. 그리고 일반적으로 우리는 다른 사람들이 우리를 어떻게 나타낼지 알지 못함에도 우리가 죽은 후에 어떻게 기억되느냐가 살아 있는 동안에 어떤 식으로 행동할지를 장려한다. 우리가 우려하는 것 중에는 그 재현이 진실이어야 한다는 것이 있다. 그리고 그것이 우리를 이미지의 통제에 대한 생각으로 끌고 간다. 남의 눈에 드러나 있는 처녀들은 고결하게 기억되고 싶어 하는데, 그들에게 벌거벗은 모습을 보이는 일은 그와는 부합하지 않는다. 전시된 배우는 연기와 자신의 낭만적인 외모로 기억되고 싶었으나, 낯선 사람들에게 자신의 성기를 조롱거리로 내보인 것은 그와 부합하지 않는다. 헥터는 썩어가는 살덩어리가 아니라 영웅으로 기억되고 싶었고, 아테나는 장의사의 역할을 해서 그가 땅에 묻힐 수 있을 때까지는 자신의 아름다움을 온전히 지켰다. 매장은 시야에서 벗어나 썩도록 하는 방식이며, 그로 인해 그 이미지는 손상되지 않고 남는다.

그들이 드러나는 방식에 있어 개인의 권리에 대한 나의 관심, 그리고 그가 어떻게 보이고 싶어 하는지와 어떻게 생각되어지기를 바라는지에 따라 주체가 자신을 식별하는 보증된 거울 이미지에 대한 나의 호소는 사진적 이미지와 관련해서 발생했다. 사실 두 가지가 염려된다. 첫째, 사진 이미지와 외관이 일치한다는 즉각적인 확신은 없다. 왜냐하면 시각적 이미지가 기록하는 속도와 사진 이미지가 기록하는 속도에는 차이가 있기 때문에 카메라가 그것을 보여주는 방식대로 우리가 어떤 것을 볼 수 있는 방법은 없다. 이는 우리가 우리 자신을 충격적으로 받아들일 때 얼핏 본 거울 이미지, 그리고 우리가 사진에 찍히려고 우리를 꾸미고 보았을 때와는 달라 보이는 우리의 사진 때문에 충격적으로 받아들인 것 사이에 차이를 확립한다. 그 차이는 '자연스러운 카메라' 사진과 무심코 본 거울 이미지가 보여주는 것이 동일 선상에서 둘 다 시각적으로 진실한지가 분명하지 않다는 것이다. '외관'이 육안으로 가능한 것과 연동되는 곳에서는 카메라의 속도로 볼 수 없다. 또한 카메라가 보여주는 것은 우리가 보는 방식이 아니기 때문에 그것들은 동일한 선상에 있지 않다. 두 번째는 그 대상이 사진가를 보는 방식보다는 사진가 자신이 그 대상을 보는 대로 그것을 보여주기 위해 자신의 권위를 주장하는 데 있다. 여기서 사진가는 대상의 권리에 대해 예술가의 권리를 주장한다. 이 두 가지 우려는 표준적으로 이미지를 우리의 것으로 보증하는 것에 동의하는 곳에서는 자신에 대한 자신의 재현을 통제할 권리 — 말하자면 우리의 허락 없이 우리의 외모가 사용되는 것을 허용하지 않을 권리 — 의 위반일 수 있다. 이것은 절대적인 권리는 아니며, 무시될 수도 있다. 만약 이 권리가 있다면 그 권리를 침해하는 이미지에 대한 어떤 도덕적 비판의 지평도 있다.

엘리자베스의 시녀들은 여왕을 자신들의 움직이는 캐리커처로 만들었지만, 그들이 한 일과 여왕의 동상이나 초상화에 있는 코를 붉은색으로 문지르는 사람의 성상 파괴 행위 사이에는 분명한 차이가 있다. 신성 모독은 고통을 일으키기 위해 — 이는 무례를 보여주는 방식이다 — 의도되지만, 행동의 평가는 대상이 어떤 식으로 묘사되어야 할 권리와 견줘봐야 하는 정치적 표현에 대한 숙고에 의해 제한된다. 그리고 성상 파괴는 여왕이 붉은 코를 갖고 있는 것처럼 그려진 캐리커처와 구분되어야 하는데, 여기서는 예술적 자유문제가 쟁점을 복잡하게 만든다. 개인과 그녀의 그림의 관계가 하나의 동일한 것으로 고려되는 회화적 실천에 있어 이미지의 신성 모독이 그 이미지의 대상인 개인을 공격하게 된다. 성상 파괴는 다소 이러한 동일성을 상정하지만, 캐리커처는 그렇지 않다: 캐리커처는 회화적인 방법으로 과장을 통한 진술을 주장하기 때문에 그 대상에 대해 충분히 해를 끼치는 표현을 만든다: 붉은 코는 알코올중독이나 '나쁜 피', 아니면 단지 흉한 부스럼에 대한 주장으로 받아들여질 수 있다. 즉 여왕이 술고래, 매독 환자, 보기 흉한 노파라는 주장이다. 이런 식으로 묘사되는 것은 그 주장들이 시실일 때는 물론 충분히 고통스럽다. 하지만 그것들이 악의에 찬 거짓이라면 어떠한가?

몇 년 전 시카고 예술학교 학생들의 작품 전시회에서 누군가가 시카고의 흑인 시장인 해럴드 워싱턴Harold Washington이 프릴이 달린 속옷 외에는 아무것도 걸치지 않은 모습의 그림을 전시했다. 그것은 시장의 비밀스런 악덕을 암시하거나 시장의 성격이나 행동에 대해 알려진 사실에 부합하는 분명한 해석이 없는 메타포를 제안하는 매우 잔인한 회화였다. 그것은 그저 잔인했는데, 화가는 피해를 주는 빈정거림으로 시장을 다치게 하고 싶었고, 어떠한 진실도 없이 그저 예술적 자유와 관련하여 자신의 행동을 정당화하려 하였다. 예술가는 자신이 원하는 것을 그릴 수 있다. 그리고 그는 브래지어와 팬티만 입은 워싱턴 시장을 그리고 싶었다. 전시가 시작된 지 얼마 안 되어 흑인 시의원들이 전시장에 들어와 그 그림을 치워버렸고, 이는 그 그림 자체가 유발한 것만큼이나 언론에서 큰 소동을 일으켰다. 그 논쟁은 예측 가능했다. 예술계에 종사하는 모든 사람들은 그 그림이 한 일에 대해 후회했지만, 일단 그리 되고 나니 그것을 전시하는 것 말고는 대안이 없었다. 그 주장의 전제는 그 작품에 표현된 내용이 고통스럽다 할지라도 그것을 전시하는 데 있어 어떠한 장애도 검열이며, 예술가의 표현의 자유에 대한 폭력이라는 것이다. 예술가의 첫 번째 권리가 위태로웠다. 하지만 자신의 이미지를 통제할 주체의 권리는 어떠한가? 내가 주장했듯이 워싱턴은 그때 이미 죽었지만 그 사실이 그의 권리에 영향을 미치지는 않았다고 믿는다.

내가 보기에 시의원의 해결책은 옳은 것이었다. 그 그림은 은유적으로도 문자 그대로도 거짓이었으며, 올바른 재현에 대한 워싱턴의 권리를 위반했다. 문제의 그림은 신문 칼럼니스트가 언론의 자유만을 주장하면서 해럴드 워싱턴이 여자 속옷을 입는다고 주장하는 기사를 썼을 때 명예훼손이 되는 것만큼이나 본질적으로 회화적 명예훼손이다. 근래에 우리는 J. 에드거 후버Edgar Hoover가 검은색 칵테일 드레스와 망사 스타킹을 신고 돌아다니기를 좋아했다는 것을 읽었는데, 실제로 그가 그렇게 옷을 입은 것을 본 사람들의 증언이 있다. 예술가는 지식을 주장하지 않았지만, 그저 자신이 주장하는 바를 회화적으로 주장할 자유를 요구했다. 말하자면 그는 그것이 진실이라고 믿지 않았다. 그는 그저 공격의 행위로 그렇게 한 것이다. 표현의 자유에 대한 논의는 처음 논의가 시작될 때부터 번잡한 극장에서 "불이야!"라고 소리 지르는 유명한 예시를 통해 예외를 허용해왔다. 나는 이 예시가 불이 나지 않은 곳에서 그렇게 소리 지르는 경우를 의도한다고 받아들인다: 만약 불이 난 경우라면 그 외침은 생명을 구할 것이다. 더 많은 예를 드는 것은 유익한 일일 텐데, 그 시점에서 시카고에 만연한 인종적 적대감에 대한 실상을 고려하는 것도 그런 예가 될 것이다. 그 작품의 제거는 누구나 불쾌한 작품을 치울 여지를 제공하지 않는다. 시의원들은 이 작품이 그저 불쾌하다고 여긴 것만은 아니다. 그들은 그 작품이 거짓으로 시장을 재현하고, 그에 대한 거짓 믿음을 정당화하려 하였고, 거짓으로 재현되지 않을 시장의 권리를 위반했기 때문에 치운 것이다. 예술적 표현의 자유는 극장에서 소리를 지르는 것만큼이나 제한되어 있다. 권리는 균형이 잡혀 있어야 한다는 것이 나의 관점이다. 예를 들어 누군가가 그저 누드의 재현이 불쾌하다고 느꼈다고 해서 예술가의 누드 그림을 전시할 갤러리의 권리를 무시할 수는 없다. 상처받은 감정은 상처를 준 대상을 제거할 권리를 갖지 않는다. 시의원의 행동이 비탈길의 정점에 있고, 이것이 로버트 메이플소프Robert Mapplethorpe 사진전의 취소로 연결되는 비탈길 논증slippery slope은 없다. 모욕적인 이미지를 전시할 추상적인 권리가 없듯이, 그것을 제거할 추상적 권리도 없다. 우리는 하나하나 신중하게 나아가야 한다.

대부분의 경우 내가 관심을 가지고 논의한 사례들은 컴퓨터 시뮬레이션 기술이 그 문제를 자아내겠지만, 사진에서는 발생하지 않는다: 여성 속옷을 입은 워싱턴 시장의 가상 사진은 회화와 사진 간의 틈을 좁힌다. 내가 생각하고 있는 사례들은 명예훼손에 대해 너무 많은 것을 떠들어대지 않는다. 그것들은 법적인 문제와 전혀 관련짓지 않는다. 하지만 그들은 도덕적 판단을 포함하고, 예술적 자유를 건드리지 않고 놓아두는 도덕적 바탕에 대한 비평의 유형을 포함한다. 그리고 사진의 경우에는 아마도 자신의 이미지에 대한 예술가의 권리와 그것의 외관에 대한 주체의 권리 사이에 균일하게 필적하는 경쟁이 있을 것이다. 나는 이러한 갈등이 발생하는 두 가지 방식을 고려해봄으로써 이 문제를 드러낼 것인데, 그중 오직 하나만이 흥미로운 철학적 문제를 유발한다.

나는 1960년대에 워홀을 둘러싸고 있던 화려한 부적응자 군단의 일원이면서, 다양한 앤디 워홀의 영화에서 슈퍼스타, 아니면 적어도 스타였던 복장 도착자 캔디 달링Candy Darling — 제임스 슬래터리James Slattery라고도 알려진 — 의 사진 두 장을 비교하고자 한다. 롱아일랜드 매서피쿼에서 경찰의 아들로 태어난 캔디 달링은 워홀의 1968년 영화 〈살Flesh〉을 통해 성공을 거두었는데, 이 영화에서 그녀와 또 다른 복장 도착자 재키 커티스Jackie Curtis는 조 드알레산도Joe D'Allessando가 관객에게 등을 보인 채 오럴 섹스를 받고 있는 동안에 영화 잡지에서 가십거리를 읽고 있었다. 워홀의 양성소에 있는 복장 도착자 중 캔디 달링은 아마도 여성 영화배우가 되고 싶은 가장 깊은 소명의식을 가지고 있었을 것이다. 어릴 적부터 그녀는 라나 터너Lana Turner가 되고 싶었고, 그 후엔 킴 노박Kim Novak이 되고 싶었다. 그녀는 자신의 긴 머리를 금발로 물들였고, 호리호리한 몸매를 가지고 있었으며, 마치 그렇게 교육받은 것처럼 가장 여성스러운 몸가짐을 하고 있었다. 캔디 달링은 — 그때는 열성적인 팬을 가지고 있었다 — 1974년에 암으로 죽었고, 나는 여성 대명사를 사용함으로써 그녀의 기억을 존중한다. 사진은 각각 리처드 아베든Richard Avedon과 피터 후자Peter Hujar가 찍었다. 아베든의 사진 〈앤디 워홀과 팩토리 멤버들Andy

Warhol and Members of the Factory〉 — 1968년에 만든 다소 큰 폴립티크polyptych — 은 다수의 인물들을 보여주는데, 전부 남자인 사진에서는 모두 발가벗고 있다. 여자 한 명에 다른 사람들은 모두 남자이고, 워홀이 함께 있는 사진에서는 완전히 옷을 입고 있다. 캔디 달링은 벌거벗은 남성들과 함께 있고, 화장을 한 얼굴에 가터벨트를 하고, 긴 머리를 하고는 보티첼리의 유명한 그림 속 비너스처럼 서 있지만, 남자의 성기를 가지고 있다. 이는 아베든의 다른 많은 작품들처럼 공격적인 사진이며, 캔디 달링의 사례에서는 특히 더 그러한데, 이는 작가가 '폭로'하거나 '드러내려' 한 의도가 분명하다: 마치 그녀를 옷을 입힌 채 놓아두었으면 관람자가 그녀가 남자인 것을 몰랐을 것처럼. 대신 그녀는 성도착자처럼 보인다. 캔디 달링은 분명히 섬세한 성격을 가지고 있었고, 영화 잡지와 할리우드의 매력적인 환상 속에서 살고 있었다. 그런 그녀에게 그 이름만으로도 패션, 미, 화려함을 뜻하는 사람한테서 사진 찍힐 기회에 저항하라고 요구하는 것은 너무나도 가혹한 일이었을 것이다. 따라서 그 기회를 위해 캔디 달링은 자신의 진실한 정체성을 배신했다. 내가 아베든을 '공격적'이라고 말할 때, 그가 단순히 캔디 달링의 가치를 무시하기만 한 것이 아니라, 그녀가 그 가치들을 포기하도록 몰아넣었다는 것을 의미한다. 나는 이것을 매우 잔인한 이미지라고 여기지만, 그 주체가 끌어들여진 방식을 고려해볼 때 그것과 **앙 트라베스티**en travestie(역자 주- 발레 용어로, 여성 복장으로 출연하는 남성 무용수를 일컫는다) 해럴드 워싱턴의 그림 사이에는 중요한 유사점이 없다.

나는 아베든의 이미지를 피터 후자의 사진 〈죽음에 임한 캔디 달링 Candy Darling on her Deathbed〉(1974)과 대조한다. 옆에는 꽃다발, 그리고 침대 시트 위 그녀의 옆에는 장미 한 송이를 놓아두고는 검은 잠옷을 입고 마스카라를 한, 말하자면 적절하게 차려입은 캔디 달링의 매우 가슴 뭉클한 사진이다. 그녀는 화려한 종결에 요구되는 할리우드식 포즈를 취하

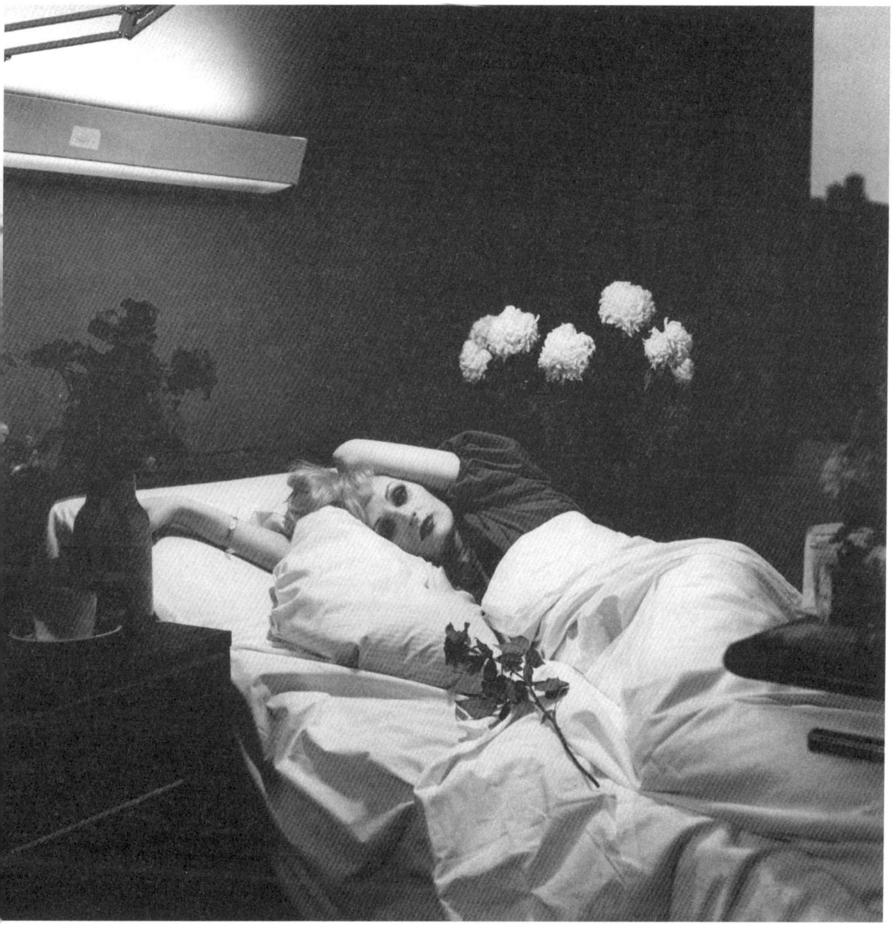

그림 13.1 피터 후자, 〈죽음에 임한 캔디 달링〉, 1974. 젤라틴 실버 프린트.
© The Estate of Peter Hujar, 매튜 막스 갤러리, 뉴욕 제공.

고, 분명히 아름다운 죽음을 맞이하는 〈춘희la dame aux camelias〉의 역할을 연기한다. 후자는 그녀가 보이기 원했을 방식으로 그녀를 찍고, 자신의 어떤 것을 첨가했다: 마치 시의 결말처럼 그녀가 세상을 떠남으로써 어둠이 아름다운 여인에게 다가온다. 후자는 낸 골딘Nan Goldin에 의해 놀라울 만큼 잘 기록된 세상(그녀 또한 이 세계의 일부였다)인 복장 도착자들의 폐쇄된 세계 속에 살았고, 한 치의 의문 없이 그들의 가치를 받아들였다. 나는 이것을 그의 역작으로 간주하며, 진정으로 금세기의 뛰어난 사진 중 하나로 본다. 내가 감탄하는 것은 그가 캔디 달링 프로젝트에서 드러낸 깊은 존중과 이 죽음 초상을 증명과 선물로서 제시하는 방식이다. 후자는 캔디 달링이 자신과 동일시했을 이미지를 따랐고, 자신의 예술가적 의지는 대상의 의지 속에 깊이 감추었다. 아베든은 자신의 목적을 위해 대상의 의지를 훼손했다. 그는 배경을 지웠는데, 이는 조건 없이 캔디 달링의 진실을 보여주는 특징적인 방식이다. 후자는 배역에 맞도록 드라마와 파토스를 부여하고, 죽어가는 미녀에 대한 진실을 위해 어둠을 사용했다. 아베든의 이미지는 명예훼손이 아니다. 그는 우리에게 어쨌든 진실을 보여준다. 하지만 그것은 예술가의 무자비함이 소위 예술가의 자율성이라는 것에 의해 완화되지 않은, 도덕적으로 상처를 낸 예술적 행위를 남긴다.

두 번째 예시 역시 예술가의 자율성에 대한 주장을 공격하고, 다시 한 번 리처드 아베든의 작업으로 설명할 것이다. 하지만 이것은 고속 카메라가 대상이 보이는 방식에 부응하지 않는 이미지를 생산한다는 어떤 특징에 달려 있는데, 이는 특히 우리가 볼 수 없는 것을 보여주는 고속 카메라가 발명되기 전까지는 누구도 알아차리지 못했던 시각에서의 제한과 연동되기 때문이다. 하지만 우리**가** 외관을 규정하는 것은 일반적인 조건 하에서 볼 수 있는 것이다. 이것은 최근 아르데슈에서 발견된 동굴화는 가짜라는 러시아 이주 화가 알렉산더 멜라미드Alexander Melamid의

엉뚱한 비난을 숙고해봄으로써 깨달을 수 있다. 멜라미드는 주장하기를, 사진이 존재하기 전에는 누구도 움직이는 동물을 그릴 줄 몰랐기 때문에 누가 그림을 그렸던지 간에 사진의 발명 전에 그것을 제작하는 것을 불가능하게 만든다. 물론 그는 에드워드 머이브리지Edward Muybridge의 1877년 사진인 움직이는 말 이미지를 암시한다.

맨 눈으로는 동물의 운동과 관련된 어떤 질문들에 답을 할 수 없다는 것은 잘 알려져 있다. 예를 들어 말이 전속력으로 달릴 때 네 발이 동시에 지면에서 떨어지는지 아닌지에 대해 답할 수 없다. 이 문제를 해결하기 위해(그리고 결정하기 위해) 머이브리지는 말이 카메라 앞을 달려갈 때 연결된 실을 건드려서 셔터가 눌리도록 14대의 카메라를 설치했다. 이 사진들은 1878년에 『움직이는 말*The Horse in Motion*』이라는 제목으로 출판되었으며, 멜라미드가 이 사진들을 참조한 것은 의심의 여지가 없다. 그것들과 1887년 출판된 『동물의 운동*Animal Locomotion*』에 실린 차후의 이미지들은 머이브리지를 유명하게 만들었으며, 자신이 개발한 주플락시노스코프zoopraxinoscope — 근대 모션 픽처 메커니즘의 기술적인 선구자 — 방식으로 그 이미지들을 보여줬을 때 움직임에 대한 환영은 상당히 감동적이었다. 하지만 여전히 억제된 움직임을 보여주는 머이브리지의 이미지를 본 사람들은 누구도 그것들과 아르데슈 동굴의 달리는 짐승들 사이의 어떠한 유사점을 보려는 최소한의 유혹도 갖지 않는다.

그 이유를 설명하기는 쉽다. 우리는 머이브리지가 보여준 것처럼 동물의 움직임을 보지 않으며, 그렇지 않으면 무엇보다 사진이 존재할 필요가 없었을 것이다: 머이브리지가 서툴지만 권위 있는 실험을 착안한 이유는 누구도 말이 달릴 때 발의 배열을 알지 못했기 때문이다. 머이브리지의 출판된 이미지는 에이킨즈Eakins와 미래파 같은 예술가들, 그리고 특히 머이브리지의 사진에서 볼 수 있는 — 하지만 절대로 삶 속에서는 볼 수 없는 바로 그 방식으로 — 때로는 뻣뻣한 다리를 하고 잔디를 가로질러 움직이는 말을 보여준 드가에게 영향을 주었다. 도식적인 예술가들은 동물의 움직임을 우리가 느끼는 방식으로 재현하는 데 있어 몇 세기를 거슬러 훨씬 더 시각적으로 만족스럽게 발달시켰다. 아르데슈 동물들이 놀라운 것은 2,000여 년 전에 이미 그렇게 도식적으로 제시되었다는 것이다. 물론 머이브리지는 실증주의적으로 도식의 사용을 경멸했다. 그의 사진은 말들이 천천히 걸을 때, 보통 빠르기로 움직일 때, 그리고 아주 빨리 달릴 때 각각 다리를 어떻게 다르게 사용하는지 보여줬다: 그는 관람자들에게 말하기를, 말이 아주 빨리 달릴 때 네 다리가 모두 땅에서 떨어진 것으로 묘사하는 것은 "터무니없는 일"이라고 했다. 하지만 그가 조롱한 유명한 회화인 프리스의 1858년 작 〈더비 데이Derby Day〉는 시각적으로는 설득력이 있지만 운동적으로는 거짓된 자세를 하고 있는 최소 열 마리의 말을 보여준다. 아르데슈에 있는 동물들은 머이브리지의 사진이 밝힌 실제보다 프리스 — 혹은 제리코나 레오나르도 — 그림처럼 공간을 저돌적으로 질주한다. 그리고 철학적으로 흥미로운 점은 우리가 재빨리 달리고 있는 말이 어떻게 보이는지를 실제로 알지 못한다는 것인데, 이것은 의문의 여지없이 머이브리지의 사진이 진실한 이미지처럼 보이지 않고, 어떠한 도움 없이 지각이 현존하는 묘사를 지지할 수 없기 때문이다. 이것이 바로 도식적 배치가 필수적인 이유다. 어떤 의미에서 도식적 배치는 대상의 표준적인 이미지, 즉 대상이 자신이라고 생각하는 이미지에 부응한다.

머이브리지는 자신의 이미지를 만화 패널처럼 순차적으로 재생산해서 우리가 어떤 조건 하에서 동물이건 사람이건 전체적인 움직임에 대해 감지할 수 있도록 했다. 그 조건은 움직이는 대상에 대한 관점이 결코 단일하고 통일된 움직임으로 융화되지 않도록 하는 여러 대의 카메라를 가로질러 분배되어, 마치 분명한 관찰자에 의해 연결된 일견(一見)을 얻는 것처럼 여겨진다. 카메라에 두 개의 조리개를 가진 회전 원판을 붙임으로써 연속적인 이미지를 단일시점으로 회부하는 현대 영화 카메라의 형태를 개발한 토머스 에이킨스Thomas Eakins에 의해 이것은 머이브리지가 이룬 성과의 결점으로 간주되었다. 장치가 어떤 특정한 속도로 투사하도록 고안되어서 개별 이미지가 단일한 움직임으로 녹아들어 갈 수 있게 되었을 때, 우리는 질주하고 있는 다리의 상대적인 위치에 대한 질문에 더 이상 답할 수 없다: 그것은 오직 필름을 멈추고 우리가 스틸이라고 하는 것에 회부하여 조사할 때만 답변할 수 있다. 하지만 스틸은 맨눈이 받아들일 수 있는 어떠한 것에도 부응하지 않는다: 말하자면 우리는 시간이 멈추는 방식으로 보지 않는다. 그래서 영화 카메라(머이브리지의 원형을 포함하여)는 만약 우리가 영화 속 움직임을 정지시키고 프레임을 연구한다면 움직임을 정지시키는 시각적 장치다. 현미경이 그러하듯이, 그것은 우리에게 정상적인 시각 세계의 일부가 아닌 것을 보여준다. 현미경이 발명되었을 때, 과연 현미경이 우리에게 사물들을 볼 수 있게 해주는 것처럼 신도 그 사물들을 보도록 의미했는지 아닌지에 대해 진지하게 질문을 던진 사람들이 있었다. 1877년에는 더 이상 그런 종류의 질문을 하지 않게 되었다. 비록 다소 유사한 것, 즉 신이 우리로 하여금 서로 벗은 모습을 보도록 의도했는지 아닌지에 대한 질문은 있었지만 말이다. 사실 그것은 당시 펜실베이니아 아카데미 감독이었던 에이킨스가 강의를 해달라고 머이브리지를 초청한 필라델피아에서는 매우 성가신 질문이었다. 하지만 이 문제는 내 논의를 너무 앞서간다. 핵심을 말하자면 머이브리지가 영화의 발명 없이 스틸을 발명했다는 것이다. 거기까지는 일상적인 지각과 사진 사이에 상대적으로 단순한 일치가 있었다: 사진은 우리가 세상을 시각적으로 지각하는 대로 그것을 보여준다. 대조적으로 스틸은 우리가 세상을 시각적으로 지각할 수 없는 방식으로 그것을 보여준다. 그것은 우리에게 세상을 정지된 시간의 관점에서 보여준다. 시간을 멈추고 그들이 모르게 여자의 벌거벗은 몸을 볼 수 있는 남자에 대해 쓴 니컬슨 베이커Nicholson Baker의 소설 제목을 사용하자면, 이는 **페르마타**fermata다. 스틸은 우리의 눈이 자연적으로 들어가 볼 수 있는 입구를 가지고 있지 않은 세계에 대한 일종의 침략이다.

머이브리지의 이러한 공헌의 결과 사진은 두 가지 주된 부류로 나뉘게 되었는데, 그것은 스틸 — 이것은 움직임과의 관련성을 수반한다 — 과 폭스 탤봇Fox Talbot의 구절 '자연의 연필Nature's Pencil'을 염두에 둔 '자연스러운 드로잉natural drawing'이라고 부를 만한 것이다. 탤봇은 제도공으로서 자신의 한계 때문에 사진을 발명했다: 카메라는 그가 연필로 하던 것을 빛으로 처리했다. 물론 더 정확하고 더 뛰어나게. 나는 언어의 구별로 어떤 것을 경시하는 데 맞추려고 우리가 쓰는 단어를 바꿔야 한다고 권하는 것이 아니다. 나는 일반적인 지각을 표준적인 것으로 받아들이는 사진과 눈이 볼 수 없는 사물을 우리에게 보여줌으로써 일반적인 지각을 경시하는 사진에 관심을 모으기 위해 구별하는 것이다. 조리개의 열림 정도와 셔터 스피드로 노출에 변화를 주는 메커니즘을 가지고 동일한 종류의 카메라들이 두 가지 종류의 사진을 만드는 데 쓰이기 때문에 이것은 사진가의 태도에 따른 문제가 된다. 아베든은 스틸을 만들었고, 후자는 '자연스러운 드로잉'을 만들었다. 사실상 이것은 그들이 자신의 대상을 어떻게 다루는가의 결과다. 후자는 마치 자신이 화가인 것처럼 그 대상들에게 포즈를 취하게 했다. 그것들은 움직이지 않아야 했다. 그들은 예술가와 대상 간의 협상의 문제인 이미지를 위해 자세를 **유지했다**. 통제 요인은 예술가가 깨닫도록 도와준, 그 대상이 보이고 싶어 하는 모습이다. 후자가 그의 대상들을(그리고 그의 친구들을) 그린 곳에서 캔디 달링은 전형적인 사회 부적응자이자 성적 몽상가였다. 그들은 자신들의 초상화를 위해 옷을 입었다. 남자가 여자의 옷을 입거나 자신들의 성 정체성을 선포하는 방식으로 자세를 잡았다. 그리고 후자는 자신의 사진에 그들의 힘과 진실을 나타내는 그들의 고유한 평가로 그들을 촬영하는 데 확고했다. 그것은 그렇다 치고 게이 사진가들은 대체로 그들의 성적 성향으로 인해 외모에 대해 매우 민감하다는 사실 때문에 자연스럽게 '자연스러운 드로잉'에 끌리게 된다는 것이 내가 느낀 바다: 게이 사진가와 **에스테티코들**은 아마도 성적 선호를 공유할 것이다. 아베든은 모델의 소망에는 관심이 없다. 그는 모델이 결코 동일시할 수 없는 어떤 것을 추구한다. 그럴수록 더욱 나빠진다. 모델은 아베든이 모델의 진실이라고 주장하는, 즉 그녀가 누구인지 드러내거나 폭로하는 데 망설임이 없는 이미지를 얻기 위한 수단이다. 하지만 종종 일반적으로 그 이미지는 거짓이다.

아베든의 초상사진은 필름스트립에서 잘라낸 것이 아니라 하더라도 스틸이다. 그것들을 스틸로 만드는 것은 그것들이 움직이는 대상의 사진이라는 점이다. 불교도들이 말하듯 세상은 어떤 의미에서는 끊임없는 움직임 속에 있다: 바위조차 햇볕과 그림자가 그들의 변화를 초래함에 따라 순간순간이 다르다. 그런 것은 풀이 자라는 것을 볼 수 없듯이 우리가 보지 못하는 변화들이다. 그것들은 너무 느리고, 그 반면에 말의 움직임은 발이 움직이는 방식을 보기에는 너무 빠르다. 내가 초상사진의 사례에서 언급하는 변화들은 표정에서 표정으로 옮겨갈 때마다 사람의 얼굴에 나타나는 변화들이다. 우리는 이 움직임들을 기록하지 않는다. 이것이 바로 골상에 대한 예술 훈련에서 그것들을 다루려 하지 않았던 이유다: 그것은 공포, 화, 즐거움, 희망 그리고 그와 비슷한 것들을 다뤘다. 나다르는 기본적인 얼굴 표정을 포착하기 위해 골상학자들과 협업하였고, 신디 셔먼은 기본적인 얼굴 표정이 모두 똑같아 보인다는 것을 면밀히 관찰했다. 이는 아마도 비록 같은 표정이 다른 맥락에서는 다르게 읽히겠지만, 재빨리 달리는 말의 도식처럼 이것들에도 도식이 있음을 의미한다.[3] 예를 들어 에드가르 빈트Edgar Wind는 『흄과 영웅적 초상화*Hume and the Heroic Portrait*』에서 미친 여자의 얼굴에 나타난 거친 성적 방종을 의미하는 표정은 십자가 밑에 있는 **슬픔에 잠긴 성모**Mater Dolorosa의 얼굴에 나타난 견딜 수 없는 슬픔을 의미함을 입증한다.[4] 사진가가 우리에게 요구하는 '미소'는 도식을 따르는 데 있어 우리 대부분이 쫓아갈 수 있을 만큼만 접근한다. 사진에 찍히기 위한 목적의 미소는 의도된 것이며, 진짜 미소는 그렇지 않기 때문에 아마도 진짜 미소 사진은 자연스러운 드로잉일 것이다. 미소에 대한 스틸은 아마도 그저 미소로 보이는 순식간의 얼굴 표정 기록일 것이다.

인간의 얼굴이 보여주는 대부분은 표정이라기보다는 표정 사이의 변화이며, 맨눈으로는 절대 볼 수 없는 변화들의 단계를 ASA 160과 1/16초의 셔터 스피드로 포착할 수 있다. 아베든은 과다 노출로 엄밀한 효과를 얻고 — 그는 노출계가 알려주는 것보다 두 f-스톱 정도 위로 설정해놓았다 — 현상은 부족하게 한다. (메이플소프는 카메라가 여기서 그것이 무엇을 의미하던지 간에 늘 조리개를 f16에 맞춰놓았다). 결론은 전형적인 아베든의 초상사진이 모델의 전체 맥락을 폭로해버릴 만큼 얼굴은 더욱더 이화된다. 우리가 그 대상을 안다고 했을 때, 그것들은 우리가 알던 얼굴이 아니며, 물론 그 대상이 거울에서 보는 것도 아니다. 내가 느끼기에 아베든은 스틸을 만드는 데 있어 — 예를 들면 〈이사야 벌린, 철학자Isaiah Berlin, Philospher〉처럼 그 대상을 아는 누구도 이것이 그 사람일 수 없음을 아는 상황에서 — 그가 그 이미지를 대상(역자 주- 종속된 것)으로서 보여줄 때 더욱더 그 대상에 자신의 자주성을 내세운다. 더욱이 그 사람이 때로는 이처럼 보인

3) Michael Kimmelman, "Portraitist in the Halls of Her Artistic Ancestors," *New York Times*, May 19, 1995를 보라.

4) Edgar Wind, "The Maenad Under the Cross: Comment on an Observation by Reynolds," in *Hume and Heroic Portrait: Studies in Eighteenth Century Imagery* (Oxford: Clarendon Press, 1986), 74-6쪽.

다고 말하는 것은 거짓이다. 그는 우리의 눈에 절대로 그렇게 보이지 않는다. 그는 오직 ASA 160, f30일 때 f22로 찍은 사진에서만 그렇게 보인다. 물론 그는 알아채지 못한다. 옹호자들은 종종 "누구도 벌린이 — 혹은 누구든 아베든이 사진 찍은 사람 — 백 년 안에 어떻게 보일지 모른다."라고 말한다. 하지만 사진에 주어진 타고난 권위, 즉 "사진은 절대 거짓말하지 않는다."는 점을 고려해볼 때, 이것이 바로 사람들이 지금부터 백 년 후에 누군가가 어떻게 보일지 믿는 바다. 그리고 이것이 바로 거짓의 선전에서 예술적 권위를 사용하는 방법이다.

우리가 예상하지 못한 사진은 종종 우리 자신에 대해 알지 못하던 것들을 보여줄 것이며, 물론 우리는 자기기만에 빠진 자아상보다 그것의 더 높은 권위를 인정해야 한다. 마이클 바이어Michael Byer의 소설에서 누군가가 내레이터에게 "나는 신문에서 당신을 보았어요."라고 말한다. "'나는 당신이 나를 알고 난 후로 체중이 좀 불었어요.'라고 나는 말했다. 나의 사진은 첫 장에 실려 있었다. 나는 무대 위에서 학장과 교육감으로부터 상패를 받고 있었다. 나의 양복 재킷은 열려 있었고, 나의 배는 줄무늬 셔츠 사이로 살짝 보였고, 나의 타이는 세 번째 버튼에 간신히 닿아 있었다. 나는 그 사진에 충격을 받았지만, 불쾌하게도 이상하게 끌렸다. 마치 내가 나 자신을 처음 보는 것처럼.[5)] 하지만 이것은 또한 종종 거짓말을 할 것이다. 눈부신 인공조명에서 찍힌 있는 그대로의 사진들은 그들이 사실 어떠한지 사람들에게 보여줄 필요가 없다. 그들의 표현은 부자연스럽고, 그들의 제스처는 머이브리지의 말 다리처럼 경직되어 있다. 그들은 형편없는 사람들처럼 보인다. 개리 위노그랜드Garry Winogrand의 이미지에서 이런 모습들을 볼 수 있는데, 그 이미지들은 내가 보기에

5) Michael Byers, "Settled on the Cranberry Coast," Prize Stories, 1995, ed. William Abraham (New York: Doubleday, 1995), 166쪽.

종종 지나치게 가혹하다. 사람들을 느닷없이 포착하는 것이 자동적으로 우리에게 진실을 성취했다고 보장하지 않는다. 카메라는 거짓말하지 않지만, 사진은 '더 나은 것을 안 좋아 보이게" 만듦으로써 그렇게 한다.[6)]

나는 철학적 윤리학의 정전에서 발가벗음에 대한 논의를 읽은 것을 떠올리지 않을 수 없는데, 아담과 이브가 선악과나무에서 열매를 따 먹음으로써 처음 발견한 것은 그들이 발가벗고 있다는 것이며, 발가벗음은 부끄러운 어떤 것이라는 사실 때문에 이것을 빠뜨리는 것은 놀라운 일이다. 창세기 1장에서 지각의 현상학은 훌륭하다: 그들이 '눈을 떴을' 때, 신에게 복종하지 않은 이들은 서로의 벗은 몸을 포함하여 그들이 항상 본 것이 아닌 것은 어떠한 것도 보지 않았다. 하지만 처음으로 그들은 벗고 **있는 상태의** 자신을 보았고, 따라서 숨을 것을 요구하는 상황에 처하게 되었다. 하느님은 이것이 새로운 진리라기보다는 오래된 진리에 대한 특이한 관점임을 알기에 "누가 너에게 그것을 가르쳐주었는가?"라고 알고 싶었다. 그들은 뱀이 약속했던 대로 "신들처럼 선과 악을 알게" 되었다. 그리고 철학자들이 어디에 벌거벗음의 그릇됨이 놓여 있는가를 묻기 위한 약속의 지킴과 진실의 진술에 대한 그들의 끝없는 토론을 충분히 오랫동안 중단하지 않았다는 것은 놀랍다. 내가 보기에 그들의 이전 상태와 비교해보면 별 차이가 없는데도 그들이 벌거벗고 있음을 아는 데 있어 아담과 이브는 갑자기 자신들의 몸에 자부심을 느꼈을 것이다. 나뭇잎으로 앞치마를 만들고, 신에게서 숨는 대신에 채털리Chatterley 부인과 그녀의 연인처럼 그들은 음부에 꽃을 꼬아 넣었을 것이다. 수치

6) 사진가 Philip-Lorca diCorcia의 최근 작품이 도움이 된다. "마흔네 살의 diCorcia는 간판이나 건물에 동조시켜놓은 플래시를 여러 개 숨겨놓고, 삼각대 위에 카메라를 설치한 다음 물러나 있는다. …… 이 기술은 그의 대상들이 자신들이 사진 찍히고 있다는 것에 대한 경고를 받지 않게 하며, 이는 무엇보다 뉴욕 사람들을 짜증나게 하는 듯이 보인다. 자신 역시 뉴욕 사람인 diCorcia는 '그들은 내가 자신들의 권리를 침해한다고 생각합니다. 어쩌면 그럴 수도 있지요.'라고 말한다." *New York Times Sunday Magazine*, May 18, 1997, 69쪽.

심과 오만은 똑같이 그들이 타락한 순수의 상태와 대조된다. 어느 쪽이든 신은 그들이 오직 신에게만 권리가 있는 지식을 얻었다는 것을 알았을 것이다. 그리고 특히 벗은 모습을 보이는 것이 잘못된 것인 한, 벗은 몸을 보여주는 것은 잘못된 것이지만 문제의 그 사람은 자신의 몸에 대해 느끼게 된다.

물론 어떤 사람이 부끄러워하는 어떤 상태로 자신을 보여주는 데는 잘못된 점이 있다. 패트리샤 모리스로Patricia Morrisroe는 로버트 메이플소프 전기에서 하나의 에피소드를 서술하는데, 여기서 메이플소프는 비전형적으로 누군가의 사진을 그 사람의 의지에 반하여 찍는다: 특히 뚱뚱한 남자가 가죽 옷을 입은 사디스트에 의한 마조히스트적인 스릴에 자신을 놓아두는데, 그 사디스트는 그 상황을 기록하는 데 복종하도록 그 뚱뚱한 남자를 강요한다. 그 에피소드에서 그 남자가 수치스러워했는지는 분명하지 않지만 — 그것은 환상에서 나온 행동이기 쉽다 — 그는 분명히 그 모습을 보여주는 것에는 수치스러워했고, 비록 그가 서로 합의한 어른들이 섹스라는 명목으로 서로에게 하는 짓을 잘 견딘다고 하더라도 메이플소프가 그를 이런 식으로 보여준 것은 잘못된 것이었다. 한편 나치에 의해 발가벗겨진 세 유대인 여성이 두 눈에 공포가 가득한 채 처형되기를 기다리고 있는 끔찍한 사진이 있다. 이 애처로운 여자들에게 가해진 굴욕은 그 장면을 찍은 행위가 낳은 목격자보다 훨씬 심하다고 생각하는 경향이 있기 때문에 그 사진은 오늘날 자기고발이 아니라 가해진 수치에 대한 고발이다. 이스라엘에 있는 박물관에 걸어놓은 확대 사진은 유대인들이 나치 때문에 무엇을 견뎠어야 하는지에 몰두한다. 하지만 동방정교회는 그 이미지에 반대하는데, 이는 그 여성들이 그들의 벌거벗음으로 인해 수치를 당해서가 아니라 그들이 벗고 있기 때문이다. 마치 벌거벗음이 도덕적으로 용납할 수 없는 것이기 때문에 그 사진을 보여주는 목적 전체가 도덕적으로 용납할 수 없다는 듯이. 벌거벗음을 보여주는 것은 그것을 보여주는 데 강한 도덕적 이유가 있다 하더라도 랍비들에게 도덕적으로 허용되지 않는 것이다.

1877년, 필라델피아에 있는 작가는 "누드모델을 그리는 수업life-school에서 반드시 그려져야 하는 것은 틀림없이 대중에게도 보여져야 한다."는 제의를 분명히 하지 않은 채, "완벽한 예술가에게 모든 분야에서의 연습은 필요하다."는 것은 인정받을 것이라는 점에 대해 논쟁했다. 그 작가는 계속하기를, "아니다. 사람의 모습을 잘 그리기 위해서는 모델이 필수적이다: 하지만 …… 우리는 완전히 벌거벗은 사람의 모습을 그리는 **것이** 그것을 잘 그리는 것이라는 점은 부인한다. 그리고 인간의 존엄성에 대한 우리의 의식을 낮추는 어떠한 노출의 상태로든 그것을 그리는 것은 누드모델을 그리는 수업의 감독에 의해 금지당해야 한다."고 했다. 그리고 그는 수사학적으로 "만약 **기술**이 옳다면 심사위원회Hanging Committee는 거절할 권리가 없는가?"라고 결론 맺는다.[7] 이때는 '누드모델 그리기 수업' 자체에 나체에 대해 심각한 문제가 있었고, 남자 모델은 샅바만 걸치도록 요구받았고, 여자 모델들은 마스크를 쓸 수 있는 선택권이 주어지던 시대였다. (우리에게 마스크를 쓴 여성의 강력한 누드 드로잉을 남긴) 에이킨즈는 여학생들 앞에서 샅바를 치워버렸기 때문에 펜실베이니아 아카데미의 이사직을 사임하도록 강요당했고, 10년 후에 해부학에 대해 강의하기 위해 드렉셀Drexel 대학에 초청받아 똑같은 행위를 했을 때도 물의를 일으켰다. 그의 변명은 교육적인 필요에 근거한다: 남자의 모습을 '잘' 그리는 법을 배우기 위해 우리는 근육조직 전부를 추적할 수 있어야 하는데, 최소한의 옷조차 그것을 불가능하게 만든다. 하지만 그런 주장은 옷을 걸치지 않은 남성의 그림을 전시하는 것을 정당화하지 않았다: 누드 그림은 마땅히 해부학적으로 옳아야 했지만, 해부학적 옳음을

---

7) David Sellin, *The First Pose* (New York: Norton, 1976), 58쪽.

가르치는 것이 회화의 목적은 아니었다. 그리고 이것이 필라델피아 집필자의 논점이다. 벌거벗음이 선험적으로 "인간의 존엄성에 대한 우리의 의식을 낮추는" 것에 대해 어떠한 예술적 정당화가 있을 수 있겠는가?

옷을 입고 있는 사람의 존엄성은 아담과 이브가 자신들의 벌거벗음을 감추기 위해 의존한 나뭇잎 가리개와 호환이 된다고 생각할 것이다. 그리고 살롱에서 승격을 보장받은 역사적 회화의 업적 안에서 남성 누드를 묘사하는 관례에 의해 강요된 예술가의 임무 중 하나는 이상한 옷으로 덮어서 인물의 존엄성을 해치지 않으면서도 남성의 성기를 가리는 방법을 찾는 것이었다: 사타구니를 가로질러 비스듬히 찬 넓은 칼집, 운 좋게 있던 잔가지, 건축 조각 등이 전형적으로 아카데믹한 전략이었다. 하지만 왜 벌거벗은 상태가 인간의 존엄성을 해치는지에 대한 질문은 답변되지 않은 채 남아 있다. 우리는 포괄적인 벌거벗음을 다루고 있으며, 짐작건대 내가 이 글에서 신체에 대해 추구해온 그런 숙고는 어떤 특별한 적용을 갖지는 않을 것이다: 누드를 보여줬다고 해서 의지가 훼손당하는 사람은 아무도 없다. 가령 화가가 누드모델을 고용하여 그린 테미스토클레스Themistocles의 그림이 그 모델의 모습을 정확히 베낀 것이라 할지라도 누드화는 그 모델에 대한 그림이 아니다. 그리고 동일한 생각이 누드모델 사진에도 적용되는데, 그 사진은 고전적인 기둥 옆에 있는 인물을 찍음으로써 '정당화'되었기 때문에 우리는 (가령) 〈알키비아데스의 꿈〉이라고 제목을 붙일 수 있다. 그런 식으로 어떠한 취향을 가진 사람은 관능적인 젊음을 실컷 바라볼 수 있고, '고전주의에 대한 찬미자'라는 언제나 용인되는 변명인 도덕적 샅바 같은 것으로 자신들의 색욕을 감춘다. 그리고 물론 이는 여성 모델에게도 적용된다: 경건함과 가족의 가치가 진짜 묘사하고 있는 대상을 위장하는데, 〈로마인의 자비Roman Charity〉에서 젊은 간호사는 수감되어 있는 자신의 아버지가 굶주리는 것을 막기 위해 그에게 자신의 젖을 내어준다. 에이킨스는 1868년의 살롱을 보면서 이런 속임수에 반발하였다.

> 그 그림들은 그들이 프리네, 비너스, 님프, 자웅동체, 천국의 미녀, 그리고 적당한 그리스어 이름들로 부르는 서 있고, 앉아 있고, 누워 있고, 날고, 춤추고, 아무것도 하지 않는 벌거벗은 여자들에 대한 것들이다. 프랑스 궁궐은 외제니Eugenie가 튈르리 정원에 있는 모든 동상에 무화과 잎을 걸쳐놓은 이후에 매우 점잖아졌다. 남자가 벌거벗은 여자를 그릴 때, 그는 그녀에게 빈곤한 자연이 줄 수 있는 것보다 적게 주었다. 나는 벌거벗은 여자를 그려야 하는 몇몇 상황들을 상상할 수 있지만, 만약 그렇다면 나는 두 배의 돈을 준다고 해도 그녀를 훼손하지 않을 것이다. 그녀는 — 벌거벗은 남자를 제외하고 — 거기 있는 가장 아름다운 것이다. …… 나는 가장하는 것이 싫다.[8)]

에이킨스는 벌거벗음이 '자연스러움'이 되는 것에 대해 뭐라고 중얼거렸을 것이며, 따라서 벌거벗은 누군가에 대한 재현은 그 자체로 자연스러워야 했다. 1877년 작 〈스위킬 강의 알레고리 작품을 조각하는 윌리엄 러시William Rush Carving His Allegorical Figure of Schuylkill River〉에서 누드모델에 대한 그의 뛰어난 그림은 책략에 의존하지 않고 벌거벗음을 보여주는 문제를 해결한다. 하지만 의도하는 바, 인위적이지 않은 것이 자연스러워지는 것과 동등한 것은 아니다: 파라다이스에서 필라델피아에 이르는 긴 역사상 적어도 유대-그리스도 전통에서 벌거벗음은 자연스럽지 못했다. 만약 인간에게 자연스러운 것이 있다면 그것은 옷을 입는 것이었다. 그리고 에이킨스가 〈물웅덩이The Swimming Hole〉에서 벗은 남자를 묘사할 때, 그는 나체주의자 원리의 형태대로 자기의 인물들에게 옷을 입

8) *Ibid.*, 47쪽.

혔다. 아담과 이브에게 나체가 자연스러운 것이었을 때, 그들은 옷이 발명되지 않았기 때문에 나체를 자연스러운 것이라고 생각하지도 않았다.

윌리엄 러시와 그의 모델에 대한 에이킨스의 강렬한 그림은 예술가가 더 이상 벗은 인물을 고전적인 풍경에 배치하는 취향을 갖고 있지 않을 때 어떻게 누드를 보여줘야 하는지에 대한 문제를 해결했다: 그들은 모델을 프리네, 비너스 그리고 님프로 그리기보다는 모델로 그렸다. 모더니즘 회화에서는 예술가-그리고-모델, 혹은 모델 독자적으로 일반적인 주제가 되었고, 누드 (특히 여성) 형상은 예술가의 삶이 강력한 변화를 겪기 시작했을 때인 19세기 후반부터 가장 최근까지 예술 자유 시장에서 매우 매력적인 것으로 등장한 정물처럼 스튜디오 인테리어 — 혹은 풍경화처럼 스튜디오 외관 — 용어의 일부가 되었다. 예를 들어 누드, 정물, 풍경화는 큐비스트와 야수파 화가들의 화폭에서 거의 전 범위를 구성했다. 사실상 모델로서 누드를 보여줌으로써 예술가는 필라델피아 비평가가 정전으로서 취하던 스튜디오와 갤러리 사이의 구별을 교묘히 피해간다. 그림을 보는 대중은 교화적인 신화적 · 역사적 환경에 놓이는 것이 아니라 아주 많은 면, 색조, 형태에 놓인 벌거벗은 살에 대한 내부자 시선의 특권을 갖는다. 누드모델을 그리는 초보자는 충격을 받지 말고 마치 그것이 정물인 것처럼 신체와 형태의 배치를 보라고 조언 받는다. 이는 물론 예술가가 정물을 마치 신체인 것처럼 그리는 것을 방지하지는 않았다. 마이어 샤피로Meyer Schapiro가 세잔이 그랬다고 주장했듯이, 사과를 가슴의 대용인 것처럼 그린다.[9] 큐비즘과 야수파는 1877년에는 한참이나 가시선 밖에 있었고, 필라델피아 작가가 그들이 벌거벗은 상태를 그대로 보여줌으로써 누드를 보여주는 방식을 이해했을 것이라고 믿

9) Meyer Schapiro, "The Apples of Cézanne: An Essay on the Meaning of Still-Life," *Art News Annual* 34 (1968), *Modern ARt: 19th and 20th Centuries* (New York: Braziller, 1978)에 재인쇄.

기는 어렵다. 그는 사진에서처럼 자연주의적인 재현적 양식을 상정했다. 모더니스트 재현에서 인물의 벌거벗음은 말하자면 **양식**에 덮여 있다.

모델을 모델로서 그리는 데 있어 예술가는 일하고 있는 여성을 그렸는데, 여기서 벌거벗음은 노동의 조건이었다. 물론 이는 나체주의자가 이 용어를 사용하는 의미에서 '자연적인 것'이 아니다. 하지만 모델이 되는 것 자체가 그런 것이 아닌 한, 그녀가 포즈를 취하는 데 있어 자신이 보일 공산이 크다는 것을 이해했음을 고려해볼 때, 이것은 여성의 존엄성에 대한 공격도 아니었다. 그리고 사실 모델로서 외에는 침실에서의 성행위를 제외하고는 사람들이 일상적인 삶에서 벌거벗음을 마주칠 '자연스러운' 상황이란 없다. 그래서 예술가의 스튜디오와 침실의 괴리는 모델로서 보이는 것이 아닌 한 — 나무가 우거진 작은 빈터, 고전적인 풍경, 신들의 소풍에서만큼이나 그 자신의 방식으로 교화적인 맥락이 된 것으로 드러난 — 누드의 묘사는 그 사실 때문에 섹스와 결부되었음을 의미했다. 그리고 이것은 다른 것만큼이나 '남성의 응시' 대상으로서 벌거벗은 여성을 묘사하는 것에 대항하는 동시대 페미니스트 비평의 기저를 이룬다. 1990년대에 여성들이 벌거벗은 남성들에게서 눈을 돌린 것은 분명히 1877년부터 받아들였던 생각의 잔여물이다. 어쨌든 1992년에 국립 미국 예술 박물관National Museum of American Art — 스미스소니언 그룹의 일부다 — 감독은 미니멀리스트 대가인 솔 르윗Sol Lewitt이 양식화된 핍박스peepbox 같은 것에서 벌거벗은 여자가 둥근 창에서 둥근 창으로 이동함에 따라 그녀의 모습이 공간 안에서 희미해지는 것을 보여준 초기작 〈머이브리지 이후After Muybridge〉를 전시에서 치우도록 지시했다. 머이브리지의 달리는 말이나 뛰어오르는 남자만큼이나 성적인 그 사진은 여성을 비하한다고 주장되었다.

신부들, 특히 성 아우구스티누스는 벌거벗음에 대한 아담과 이브의 발견에 대한 도덕적 뿌리를 "욕망의 발견과 욕정에 의한 이성의 응고의 발견"으로 보았다. 아우구스티누스의 추론은 파라다이스에는 욕정이라는 것이 없다는데, 아담은 땅에 씨앗을 심을 때만큼이나 차분하고, 냉정하게 자신과 같은 씨를 심었다. 처음으로 아담과 이브가 욕망을 가지고 서로를 바라봤고, 그들은 그 느낌과 그것을 유발한 상태가 부끄러웠다. 해결법은 일단 무엇이든 가까이에 있는 즉흥적인 옷, 마침 우연히 옆에 있던 나뭇잎으로 이성을 되찾는 것이었다. 하지만 이미 너무 늦었다. 성적 매력을 부여받은 존재는 더 이상 서로를 잠재적인 욕정의 대상으로서 남겨놓고 그저 바라보기만 할 수 없다. 그리고 이는 곧 우리가 더 이상 이성적 존재를 보는 이성적 존재로서 서로를 바라보지 않는다는 것을 의미한다. 창세기는 이것이 성차에도 영향을 미친다는 것을 인식할 만큼 충분히 신중했다: 아담과 이브는 둘 다 적어도 무엇이든 그들이 침실에 있는 것처럼 은밀해지기 전까지는 서로에게서 자신들의 벌거벗음을 가린다: 그들은 자신들의 창조자가 홀로 산책할 때 '낮의 선선함' 속에서 정원을 뛰어다닐 권리가 없었다. 벌거벗음은 밤에 속하는 것이었다. 그래서 필라델피아 메모리얼 홀에서 1876년의 100주년 기념 전시를 할 때 채광창을 통한 강한 조명 아래서는 허락되지 않았다.

성경 언어에서 선과 악에 대한 지식은 눈을 뜨는 것을 의미했고, 이는 서로를 성적으로 보는 것을 의미했다. 좋든 싫든 그것이 우리의 상태였고, 성경은 단순히 설명되어야 하는 어떤 것으로 그것을 받아들였다. 그것을 인정하는 것은 순수의 상태로 되돌아가는 것과 같은 것은 아니었지만, 만약 인간이 성적인 존재라면 인간의 존엄성은 반드시 그것과 일치해야 하기 때문에 내가 보기에 그것을 우리의 존엄성에 해로운 것으로 보기보다는 이것이 낫다. 우리가 성생활을 통해 서로를 이용한다는 데는 의심의 여지가 없지만, 존엄성을 향한 도덕적으로 옳은 길은 성행위 그 자체가 착취적인 것이 아니라, 적어도 그것이 인간에게 의미하는 차원 중 하나를 따라 성취하는 것으로 인지하는 것이다. 하지만 그렇다면 비록 내가 그것을 통해 단순히 벌거벗은 인간을 보여주는 것보다 다소 강한 어떤 것을 마음에 두고 있지만, 어느 것도 인간을 성적으로 묘사하는 데 있어 착취적이지 않은 것이 된다. 대상을 누드로 보여주는 한 그에 대한 도덕성은 전적으로 그런 식으로 보이는 것에 대해 그 대상이 스스로 어떻게 느끼느냐의 문제다.

파울리네 보나파르트Pauline Bonaparte는 베르니니Bernini를 위해 포즈를 취했을 때 자신의 육체에 대해 자부심을 가지고 있었지만, 〈회색 폴리에스테르 양복을 입은 남자Man in Grey Polyester Suit〉에서 그 남자는 자신의 풍부한 성적 특질을 매우 부끄러워해서 메이플소프가 덜렁거리는 자신의 거대한 성기를 찍었을 때 사진에서 자신의 머리를 잘라내는 것에 동의하였다. 자부심과 부끄러움 같은 타락 후의 느낌들은 일단 벌거벗음에 대한 이의들이 제거될 때 — 만약 그것들이 제거되었다면 — 그 상태에 대한 도덕성을 규정한다.

에필로그

그림 14.1 〈믿는 체하기 항해자〉, 케이프 스피어에서 켄달 L. 월턴과 패트릭 메이너드, 뉴펀들랜드, 2002년 9월. 스콧 월든 사진.

역자후기

사진에 대한 논의는 기본적으로 그것을 하나의 예술작품으로 보든, 기록물로 보든 또한 광-화학적이든, 광-전자적이든 빛이 남긴 자국이라는 데서 출발한다. 빛이라는 자연의 붓이 남긴 그림은 어떤 의미를 갖는지, 예술로서의 지위를 갖는지, 객관성 · 진실성을 담보로 하는지, 기계 매체로서의 한계는 무엇인지 등이 롤랑 바르트 이래로 꾸준히 이어져 온 사진에 대한 비평적 관심이었다. 예술의 측면에서 볼 때 이제 사진은 그 지위를 확고히 했을 뿐만 아니라 아방가르드의 주요 매체가 되었다. 나아가 디지털 기술과의 접목은 사진을 예술로서도, 기록으로서도 새로운 국면에 접어들게 하였다.

따라서 이제 사진에 대한 고찰은 기존의 비평적 논점들을 재검토하고, 새로운 이슈들을 살펴야 할 필요성에 직면하였다. 이 책은 그러한 작금의 요구에 부응하기 위하여 예술로서의 사진, 그리고 기록으로서의 사진에 대한 새로운 논의들을 엮어놓았다. 빛이 그린 그림과 촬영자 간의 관계를 어떻게 볼 것인지에 관한 논의, 사진이 관람자와 맺는 관계와 그것의 진실성 · 투명성에 관한 이해에 대한 논의 등은 기존의 논점들을 다시 생각해보는 계기를 마련해주고 있다. 사진에 대하여 철학적 숙고를 함에 있어서 우리가 반드시 짚어보아야 할 문제들을 새로이 제시해 준 다는 점에서 이 책에 큰 가치를 두어야 할 것이다.

사진 이론서들, 특히 영미 철학에 바탕을 둔 사진 이론서들은 아직도 번역 출간된 수가 상당히 적은 편이다. 그로 인해 사진미학을 공부하는 데 어려움을 겪었을 학우들에게 이 책의 번역이 조금이라도 보탬이 되었으면 하는 바람을 갖는다. 끝으로 번역이 완성되기까지 함께 읽어 준 서울대학교 미학과 미술분과 학우들과, 늘 부족한 제자에게 좌절과 용기를 함께 주시는 나의 스승님 김진엽 교수님께 감사의 마음을 전한다.

2015년 9월

장우인

참고문헌

Adams, Robert, "Beauty in Photography," in *Beauty in Photography: Essays in Defense of Traditional Values* (New York: Aperture Foundation, 1996).

Anscombe, G. E. M., "The Intentionality of Sensation," in R. J. Butler (ed.), *Analytical Philosophy* (Oxford: Basil Blackwell, 1965).

Armstrong, Carol, *Scenes in a Library: Reading the Photograph in the Book, 1843-1875* (Cambridge, MA, and London: The MIT Press, 1998).

Arnheim, Rudolf, "Melancholy Unshaped," in *Toward a Psychology of Art: Collected Essays* (Berkeley, CA: University of California Press, 1967).

Arnheim, Rudolf, "On the Nature of Photography," *Critical Inquiry* 1 (1974): 155.

Amheim, Rudolf, "The Two Authenticities of the Photographic Media," *Journal of Aesthetics and Art Criticism* 51 (1993): 537-40.

Arnheim, Rudolf, *Art and Visual Perception* (Berkeley, CA: The University of California Press, 1954).

Arnheim, Rudolf, *Film as Art* (Berkeley, CA: The University of California Press, 1957).

Barber, Charles, "From Transformation to Desire: Art and Worship After Byzantine Iconoclasm," *Art Bulletin* 75 (1993): 7-16.

Barker, Pat, *The Ghost Road* (New York: Dutton, 1995).

Barthes, Roland, "The Photographic Message," in *Image/Music/Text*, translated by Stephen Heath (New York: Farrar, Straus, and Giroux, 1977).

Barthes, Roland, *Camera Lucida: Reflections on Photography* (New York: Noonday Press, 1981).

Bartram, Michael, *The Pre-Raphaelite Camera: Aspects of Victorian Photography* (Boston, MA: Little and Brown, 1985).

Bazin, André, *What Is Cinema?*, translated by Hugh Gray (Berkeley, CA: The University of California Press, 1967).

Beardsley, Monroe, *Aesthetics* (New York: Harcourt, Brace and World, 1958).

Belting, Hans, *Likeness and Presence: A History of the Image Before the Era of Art*, translated by Edmund Jephcott (Chicago and London: University of Chicago Press, 1994).

Belting, Hans, *The End of the History of Art?*, translated by Christopher S. Wood (Chicago, IL: University of Chicago Press, 1987).

Blocker, Gene H., "Pictures and Photographs," *Journal of Aesthetics and Art Criticism* 36 (Winter 1977).

Bonnefoy, Yves, "Foreword," in *Henri Cartier-Bresson: Photographer* (Paris: Delpire, 1979).

Brentano, Franz Clemens, *Psychology from an Empirical Standpoint*, translated by Antos C. Rancurello, D. B. Terrell, and Linda L. McAlister; edited by Linda L. McAlister (London: Routledge & Kegan Paul; New York: Humanities Press, 1973).

Brubaker, Leslie, "Icons Before Iconoclasm?," in *Morfologie sociali e culturali in Europa fra Tarda Antichità e Alto Medioevo, Settimane di Studio del Centro Italiano di Studi sull Alto Medioevo* 45 (Spoleto, 1998): 1215-54.

Budd, Malcolm, *The Aesthetic Appreciation of Nature* (Oxford: Oxford University Press, 2002).

Byers, Michael, "Settled on the Cranberry Coast," in William Abraham (ed.), *Prize Stories 1995: The O. Henry Awards* (New York: Doubleday, 1995).

Cameron, Julia Margaret, *Illustrations to Tennyson "Idylls of the King" and Other Poems* (London: Henry S. King, 1875).

Carlson, Allen, "Nature, Aesthetic Judgement, and Objectivity," *Journal of Aesthetics and*

Art Criticism 40 (1981): 15-27.

Carroll, Noël, "Concerning Uniqueness Claims for Photographic and Cinematographic Representation," in *Theorizing the Moving Image* (Cambridge: Cambridge University Press, 1996), 45-8.

Carroll, Noël, "Film, Genre, and Emotion," in *Philosophy of Film and Motion Pictures,* edited by Noël Carroll and Jinhee Choi (Oxford: Blackwell Publishing 2006). Carroll, Noël, "Narrative Closure," in *Philosophical Studies* (forthcoming).

Carroll, Noël, "On Being Moved by Nature: Between Religion and Natural History," in Christopher Pinney and Nicholas Thomas (eds.), *Beyond Aesthetics* (Cambridge: Cambridge University Press, 2001).

Carroll, Noël, *Philosophical Problems of Classical Film Theory* (Princeton, NJ: Princeton University Press, 1988).

Cartier-Bresson, Henri, *The Mind's Eye* (New York: Aperture, 1999).

Cavell, Stanley, *The World Viewed: Reflections on the Ontology of Film* (New York: The Viking Press,1971).

Chiarenza, Carl, *Passages and Transformations* (Rochester, NY: George Eastman House, 1995).

Chisholm, Roderick M., *Perceiving: A Philosophical Study* (London and Ithaca, NY: Cornell University Press, 1957).

Cohen, Jonathan and Meskin, Aaron, "On the Epistemic Value of Photographs," *Journal of Aesthetics and Art Criticism* 62:2 (2004): 197-210.

Cormack, Robin, *Painting the Soul: Icons, Death Masks and Shrouds* (London: Reaktion Books, 1997).

Croce, Benedetto, *Estetica* (Boston: Nonpareil Books,1978).

Currie, Gregory and Jureidini, Jon, "Narrative and Coherence," *Mind and Language* 19 (2004): 409-27.

Currie, Gregory and Ravenscroft, Ian, *Recreative Imagination* (Oxford: Oxford University Press, 2002), 30-31.

Currie, Gregory, "Framing Narratives," in Daniel Hutto (ed.), *Narrative and Understanding Persons* (Cambridge: Cambridge University Press, 2007).

Currie, Gregory, "Visible Traces: Documentary and the Content of Photographs," *Journal of Aesthetics and Art Criticism* 57:3 (Summer 1999): 285-97.

Currie, Gregory, *Image and Mind: Film, Philosophy and Cognitive Science* (Cambridge: Cambridge University Press, 1995).

Cutting, James, "Reconceiving Perceptual Space," in H. Hecht et al. (eds.), *Looking into*

Pictures: An Interdisciplinary Approach to Pictorial Space (Cambridge, MA: MIT Press, 2003).

Danto, Arthur C., "Animals as Art Historians: Reflections on the Innocent Eye," in *Beyond the Brillo Box: The Visual Arts in Post-Historical Perspective* (Berkeley, CA: The University of California Press, 1992).

Danto, Arthur C., "Moving Pictures," *Quarterly Review of Film Studies* 2 (1979).

Danto, Arthur C., "Seeing and Showing," *Journal of Aesthetics and Art Criticism* 59:1 (Winter 2001).

Danto, Arthur C., "The Artworld," *Journal of Philosophy* 61 (1964): 571-84.

Dickens, Charles, *Dombey and Son* (London: Penguin English Library,1979).

Dretske, Fred I., *Explaining Behavior* (Cambridge, MA: The MIT Press,1988).

Dretske, Fred. I., *Knowledge and the Flow of Information* (Cambridge, MA: The MIT Press,1981).

Dretske, Fred. I., *Seeing and Knowing* (Chicago, IL: Routledge & Kegan Paul, 1969).

Dutton, Denis, *The Forger's Art: Forgery and the Philosophy of Art* (Berkeley, CA: University of California Press, 1983).

Eisenstein, Sergi, "Word and Image," in *The Film Sense,* translated and edited by Jay Leyda (New York: Harcourt Brace Jovanovich, cl975).

Feagin, Susan and Maynard, Patrick (eds.), *Aesthetics* (Oxford: Oxford University Press, 1997).

Fodor, Jerry A., "Observation Reconsidered," in *A Theory of Content and Other Essays* (Cambridge, MA: The MIT Press, 1990).

Fodor, Jerry A., *The Modularity of Mind: An Essay on Faculty Psychology* (Cambridge, MA: The MIT Press,1983).

Friday, Jonathan, *Aesthetics and Photography* (London: Ashgate Publishing Company, 2002).

Gendler, Tamar Szabó, "The Puzzle of Imaginative Resistance," *Journal of Philosophy* 97 (2000): 55-81.

Gernsheim, Helmut, *Julia Margaret Cameron: Her Life and Photographic Work* (London: The Fountain Press, 1948).

Gibson, James J., *The Ecological Approach to Visual Perception* (Boston, MA: Houghton Mifflin, 1979).

Gladwell, Malcoim, "The Physical Genius," *The New Yorker* (June 2, 1999).

Goldberg, Vicki (ed.), *Photography in Print: Writings from 1816 to the Present* (New York: Simon and Schuster, 1981).

Goldman, Alvin I., "Discrimination and Perceptual Knowledge," *Journal of Philosophy* 73 (1976): 771-91.

Goldman, Alvin I., "Perceptual Objects," *Synthese* 35 (July 1977): 269.

Gombrich, Ernst H., "*Meditations on a Hobby Horse*" *and Other Essays On the Theory of Art* (London: Phaidon Press, 1963).

Goodman, Nelson, *Languages of Art: An Approach to a Theory of Symbols* (Indianapolis, IN: Hackett Publishing, 1976).

Gooscns, William K., "Causal Chains and Counterfactuals," *Journal of Philosophy 76* (September 1979): 489-95.

Grice, Paul, "Meaning," *Philosophical Review* 66 (July 1957): 377-88.

Hampshire, Stuart, "Logic and Appreciation," in William Elton (ed.), *Aesthetics and Language* (Oxford: Blackwell, 1959).

Heiferman, Marvin and Kismaric, Carole (eds.), *Talking Pictures: People Speak about the Photographs that Speak to Them* (San Francisco, CA: Chronicle Books, 1994).

Hermeren, Göran, *Representation and Meaning* (Lund: Scandanavian University Books, 1969).

Hopkins, Robert, "Aesthetics, Experience, and Discrimination," *Journal of Aesthetics and Art Criticism* 63:2 (2005): 119-33.

Hopkins, Robert, *Picture, Image and Experience* (Cambridge: Cambridge University Press,1998).

Humphreys, G. W. and Riddoch, M. J., "From What to Where: Neuropsychological Evidence for Implicit Interactions Between Object- and Space-Based Attention," *Psychological Science* 14:5 (2003): 487-92.

Irwin, William, "The Aesthetics of Allusion," *Journal of Value Inquiry* 36 (2002): 521-32.

Irwin, William, "What is an Allusion?," *Journal of Aesthetics and Art Criticism* 59 (2001): 287-97.

Kania, Andrew, "The Illusion of Realism in Film," *British Journal of Aesthetics* 42 (2002): 243-58.

Keller, Ulrich F., "The Myth of Art Photography: A Sociological Analysis," *History of Photography* 8 (Oct.-Dec. 1984): 249-75.

Keller, Ulrich F., "The Myth of Art Photography: An Iconographic Analysis," *History of Photography* (Jan.-Mar., 1985): 1-38.

Kim, M.-S. and Robertson, L. C., "Implicit Representations of Space After Bilateral Parietal Lobe Damage," *Journal of Cognitive Neuroscience* 13:8 (2001): 1080-7.

Kimmelman, Michael, "Portratist in the Halls of Her Artistic Ancestors," *New York Times,*

May 19, 1995.

Kitzinger, Ernst, "The Cult of Images in the Age Before Iconoclasm," *Dumbarton Oaks Papers* 8 (1954): 83-150; reprinted in W. Eugene Kleinbauer (ed.), *The Art of Byzantium and the Medieval West: Selected Studies by Ernst Kitzinger* (Bloomington, IA, and London: Indiana University Press, 1976), 90-156.

Kitzinger, Ernst, *Byzantine Art in the Making: Main Lines of Stylistic Development in Mediterranean Art, Third to Seventh Century* (Cambridge: Harvard University Press, 1977).

Kracauer, Siegfried, "Photography," in Alan Trachtenberg, *Classic Essays in Photography.*

Kracauer, Siegfried, *Theory of Film: The Redemption of Physical Reality* (New York: Oxford University Press, 1965).

Leddy, Michael, "The Limits of Allusion," *British Journal of Aesthetics* 32 (1992): 111-14.

Lewis, David, "Truth in Fiction," in *Philosophical Papers: Volume I* (Oxford: Oxford University Press, 1983), 261-81.

Lewis, David, "Veridical Hallucination and Prosthetic Vision," *Australasian Journal of Philosophy* 58 (September 1980): 241.

Lewis, David, *Convention: A Philosophical Study* (Cambridge, MA: Harvard University Press, 1969).

Lifson, Ben, "Garry Winogrand's Art of the Actual," in Garry Winogrand, *The Man in the Crowd: The Uneasy Streets of Garry Winogrand* (San Francisco, CA: Fraenkel Gallery, 1999).

Lopes, Dominic, "The Aesthetics of Photographic Transparency," *Mind* 112 (2003): 433-48.

Lopes, Dominic, *Understanding Pictures* (Oxford: Oxford University Press, 1996).

Lossky, Vladimir, *The Mystical Theology of the Eastern Church* (London: James Clarke, 1957).

Macé, Gérard, "Preface: The Lightest Baggage," in Henri Cartier-Bresson, *The Mind's Eye* (New York: Aperture, 1999), pp. 8-11.

Malcolm, Janet, *Diana and Nikon: Essays on Photography* (New York: Aperture, 1997).

Martin, Edwin, "On Seeing Walton's Great-Grandfethcr," *Critical Inquiry* 12 (1986): 796-800.

Mast, Gerald and Cohen, Marshall 2nd (cds.), *Film Theory and Criticism: Introductory Readings* (New York: Oxford University Press, 1979).

Matturri, John, "Windows in the Garden: Italian-American Memorialization and the American Cemetery," in Richard E. Meyer (ed.), *Ethnicity and the American Cemetery*

(Bowling Green, OH: Bowling Green State University Popular Press, 1993).

Maynard, Patrick, "Drawing and Shooting: Causality in Depiction," *Journal of Aesthetics and Art Criticism* 44:2 (Winter 1985): 115-29.

Maynard, Patrick, "Talbot's Technologies: Photographic Depiction, Detection, and Reproduction," *Journal of Aesthetics and Art Criticism* 47:3 (Summer 1989): 263-76.

Maynard, Patrick, "The Secular Icon: Photography and the Function of Images," *Journal of Aesthetics and Art Criticism* 42 (Winter 1983): 155-69.

Maynard, Patrick, "The Time It Takes," in Jan Bactens (ed.), *The Graphic Novel* (Leuven: Leuven University Press, 2001).

Maynard, Patrick, *Drawing Distinctions: The Varieties of Graphic Expression* (Ithaca, NY: Cornell University Press, 2005).

Maynard, Patrick, *The Engine of Visualization: Thinking Through Photography* (Ithaca, NY: Cornell University Press, 1997).

Metz, Christian, *Film Language: Towards a Semiotics of Cinema,* translated by Michael Taylor (New York: University Of Chicago Press, 1974).

Moran, Richard, "The Expression of Feeling in Imagination," *Philosophical Review* 103 (1994): 75-106.

Nelson, Robert S., "The Discourse of Icons, Then and Now," *Art History* 12 (1989): 144-57.

Nicoll, Allardyce, *Film and Theatre* (New York: Amo Press, 1972).

Olsen, Victoria, *From Life: Julia Margaret Cameron and Victorian Photography* (London: Aurum Press, 2003).

Ousterhout, Robert and Brubaker, Leslie (eds.), *The Sacred Image East and West* (Urbana, IL and Chicago, IL: University of Illinois Press, 1995).

Pinker, Steven, *How the Mind Works* (New York: W. W. Norton & Co., 1997).

Podro, Michael, *The Critical Historians of Art* (London: Yale University Press,1982).

Ponech, Trevor, "External Realism About Cinematic Motion," *British Journal of Aesthetics* 46 (2006): 349-68.

Railton, Peter, "Subjective and Objective," *Ratio* 8 (1995): 259-76.

Ritchin, Fred, *In Our Own Image: The Coming Revolution in Photography* (New York: The Aperture Foundation,1999).

Robertson, L. C., "Binding, Spatial Attention, and Perceptual Awareness," *Nature Reviews Neuroscience* 4 (2003): 93-102.

Robertson, L. C., *Space, Objects, Minds and Brains: Essays in Cognitive Psychology* (New York: Psychology Press, 2004).

Robertson, L. C., Treisman, A. M., Friedman-Hill, S. R., and Grabowecky, M., "The Interaction of Spatial and Object Pathways: Evidence from Balint's Syndrome," *Journal of Cognitive Neuroscience* 9 (1997): 691-700.

Robinson, Henry Peach, *The Elements of a Pictorial Photograph* (London, 1896).

Rogers, Sheena, "Truth and Meaning in Pictorial Space," in H. Hecht et al. (eds.), *Looking into Pictures: An Interdisciplinary Approach to Pictorial Space* (Cambridge, MA: MIT Press, 2003).

Ross, Stephanie, "Art and Allusion," *Journal of Aesthetics and Art Criticism* 40 (1981): 59-70.

Savedoff, Barbara, "Abstract Photography: Identifying the Subject," *Exposure* 37:2 (2004): 25-34.

Savedoff, Barbara, "Escaping Reality: Digital Imagery and the Resources of Photography," *Journal of Aesthetics and Art Criticism* 55:2 (Spring 1997): 201-14.

Savedoff, Barbara, "Frames," *Journal of Aesthetics and Art Criticism* 57:3 (Summer 1999): 345-56.

Savedoff, Barbara, "Transforming Images: Photographs of Representations," *Journal of Aesthetics and Art Criticism* 50:2 (Spring 1992): 93-106.

Savedoff, Barbara, *Transforming Images: How Photography Complicates the Picture* (Ithaca, NY: Cornell University Press, 2000).

Schapiro, Meyer, "On Perfection and Coherence in Art," in Feagin and Maynard, *Aesthetics* (Oxford: Oxford University Press,1997).

Schapiro, Meyer, "The Apples of Cézanne: An Essay on the Meaning of Still-Life," *Art News Annual* 34 (1968). Reprinted in *Modern Art: Nineteenth and Twentieth Centuries* (New York: Braziller, 1978).

Scharf, Aaron, *Art and Photography* (London: Allen Lane, 1968).

Scruton, Roger, *Art and Imagination: A Study in the Philosophy of Mind* (London: Methuen, 1974).

Sekula, Allan, *Photography Against the Grain: Essays and Photo Works 1973-1983* (Halifax, NS: The Press of the Nova Scotia College of Art and Design, 1984).

Sellin, David, *The First Prose* (New York: Norton, 1976).

Shannon, C., "A Mathematical Theory of Communication," *Bell System Technical Journal* 27 (1948): 379-423.

Snyder, Joel and Allen, Neil Walsh, "Photography, Vision, and Representation," *Critical Inquiry* 2 (1975).

Sontag, Susan, *On Photography* (New York: Farrar, Straus, and Giroux, 1977).

Szarkowski, John, *Looking at Photographs* (New York: MoMA, 1973).

Tagg, John, *The Burden of Representation: Essays on Photographies and Histories* (Amherst, MA: University of Massachusetts Press, 1988).

Talbot, William Henry Fox, *The Pencil of Nature* (London, 1844).

Tennyson, Alfred Lord, *The Works of Alfred Lord Tennyson, Illustrated with Photographs* (London: Robert Riviere and Son, 1884).

Tomasello, Michael, *The Cultural Origins of Human Cognition* (Cambridge, MA: Harvard University Press, 1999).

Trachtenberg, Alan (cd.), *Classic Essays in Photography* (New Haven, CT: Leete's Island Books, 1980).

Trachtenberg, Alan, "Likeness as Identity: Reflections on the Daguerrean Mystique," in Graham Clarke (ed.), *The Portrait in Photography* (London: Reaktion Books, and Seattle, WA: University of Washington Press, 1992).

Walden, Scott, "Objectivity in Photography," *British Journal of Aesthetics* 45:3 (July 2005): 258-72.

Walker, Ian, *City Gorged with Dreams: Surrealism and Documentary Photography in Interwar Paris* (Manchester: Manchester University Press, 2002).

Walton, Kendall L., "Categories of Art," *Philosophical Review* 79 (1970): 334-67.

Walton, Kendall L., "Experiencing Still Photographs: What Do You See and How Long Do You See It?," in *Marvelous Images* (New York: Oxford University Press), forthcoming.

Walton, Kendall L., "Fearing Fictions," *Journal of Philosophy* 75 (January 1978): 5-27.

Walton, Kendall L., "Looking Again Through Photographs: A Response to Edwin Martin," *Critical Inquiry* 12 (1986): 801-8.

Walton, Kendall L., "Morals in Fiction and Fictional Morality," *Proceedings of the Aristotelian Society*, Supplementary Volume 68 (1994): 27-50.

Walton, Kendall L., "On Pictures and Photographs: Objections Answered," in R. Allen and M. Smith (eds.), *Film Theory and Philosophy* (New York: Oxford University Press, 1997).

Walton, Kendall L., "Transparent Pictures: On the Nature of Photographic Realism," *Critical Inquiry* 11 (1984): 246-76.

Walton, Kendall L., *Mimesis as Make-Believe: On the Foundations of the Representational Arts* (Cambridge, MA: Harvard University Press, 1990).

Warburton, Nigel, "Authentic Photographs," *British Journal of Aesthetics* 37: 2 (April 1997): 129-37.

Warburton, Nigel, "Individual Style in Photographic Art," *British Journal of Aesthetics* 36:4 (October 1996): 389-397.

Warburton, Nigel, "Photographic Communication," *British Journal of Aesthetics* 28:2 (Spring 1988): 173-81.

Weinberg, Jonathan M. and Meskin, Aaron, "Imagine That!," in *Contemporary Debates in Aesthetics and the Philosophy of Art,* edited by Matthew Kieran (Oxford: Blackwell Publishing, 2006), p. 230.

West, Shearer, *Portraiture* (Oxford: Clarendon Press, 2004).

Westerbeck, Colin and Meycrowitz, Joel, *Bystander: A History of Street Photography* (Boston, MA: Little Brown, 1994).

Willats, John, *Making Sense of Children's Drawings* (Mahwah, NJ: Lawrence Erlbaum Associates, 2005).

Wind, Edgar, "The Maenad Under the Cross: Comment on an Observation by Reynolds," in *Hume and the Heroic Portrait: Studies in Eighteenth-Century Imagery* (Oxford: Clarendon Press, 1986).

Wollheim, Richard, "Seeing-as, Seeing-in and Pictorial Representation," in *Art and its Objects* (Cambridge: Cambridge University Press, 1980).

Wollheim, Richard, "Style Now," in Bernard William Smith (ed.), *Concerning Contemporary Art* (Oxford: Oxford University Press, 1975).

Yaffe, Gideon, "Time in the Movies," in P. A. French and H. Wettstein, *Midwest Studies in Philosophy 27: Meaning in the Arts* (Oxford: Blackwell Publishing,2003).

Zemach, E. M., "Seeing, 'Seeing', and Feeling," *Review of Metaphysics* 23 (September 1969).

Ziff, Paul, "Reasons in Art Criticism," in *Philosophic Turnings: Essays in Conceptual Appreciation* (Ithaca, NY: Cornell UniversityPress, 1966).

저자 소개

노엘 캐럴 Noël Carroll

인문학과 문화와 관련된 다양한 글과 책의 저자이자 편집자이다. 2002년에는 철학과 무용 간의 관계를 연구한 공로로 구겐하임 펠로십을 수상했다. 현재는 탬플대학교의 인문대학에서 앤드류 W. 맬론 교수로 재직 중이다.

조너선 코헨 Jonathan Cohen

마음의 철학, 형이상학, 미학 등을 포함한 다양한 분야에서 많은 글을 출판했다. 『동시대 마음의 철학 논쟁*Contemporary Debates in the Philosophy of Mind*』(블랙웰 출판사, 2007), 『색체 본체론과 색체 과학*Color Ontology and Color Science*』(MIT 출판사, 2010)의 공통 편집자이며, 샌디에고 캘리포니아 대학교의 철학과 인지 과학 부교수로 재직 중이다.

그레고리 커리 Gregory Currie

영화와 내러티브에 특히 관심을 가지면서, 예술 일반에 관한 많은 책과 글들을 출판했다. 가장 최근 작업들로는 『내러티브 사고*Narrative Thinking*』(옥스퍼드 대학교 출판사, 출간 예정), 『예술과 마음*Arts and Minds*』(옥스퍼드 대학교 출판사, 2005), 그리고 『재창조적 마음: 철학과 심리학에서 상상력*Recreative Minds: Imagination in Philosophy and Psychology*』(옥스퍼드 대학교 출판사, 2002)가 있다. 커리는 노팅험 대학교에서 철학과 교수이자 예술대학부장으로 재직 중이다.

아서 C. 단토 Arthur C. Danto

헤겔 철학부터 동시대 예술 논쟁까지 광범위한 주제들을 수많은 책과 글에서 다루었다. 『네이션*The Nation*』지에서 예술 비평가로 활동하고 있으며, 『아트포럼*Artforum*』, 『네이키드 펀치 리뷰*Naked Punch Review*』와 같은 여러 주요 간행물들의 객원 편집자이다. 단토는 콜럼비아 대학교 철학과 존스니언 (명예) 교수이다.

데이비드 데이비스 David Davies

주로 예술철학 분야에서 활동하고, 영화, 문학, 시각예술 관련 저서들을 출간했다. 또한 형이상학과 마음의 철학과 관련된 책들도 출간했다. 저서 『행위로서의 예술*Art as Performance*』(블랙웰 출판사, 2004)은 전통적인 예술과 동시대 예술 간의 연속과 단절을 명확히 한다. 데이비스는 맥길 대학교 철학과 부교수로 재직 중이다.

신시아 프릴랜드 Cynthia Freeland

『그런데 그것은 예술인가? 예술이론 입문*But Is It Art? An Introduction to Art Theory*』(옥스퍼드 대학교 출판사, 2002)의 저자이자, 『철학과 영화*Philosophy and Film*』(라우틀리지, 1995)의 공동 편집자이다. 또한 큐레이터이자 사진 비평가일 뿐 아니라, 휴스턴 대학교 철학과 교수이자 학과장이다.

도미니크 맥가이버 로페스 Dominic McIver Lopes

예술 철학과 관련하여 여러 책을 공동 편집하였고, 많은 글을 출판했다. 『그림을 이해하기*Understanding Pictures*』(옥스퍼드 대학교 출판사, 1996)와 『보기와 감성: 그림을 평가하기*Sight and Sensibility: Evaluating Pictures*』(옥스퍼드 대학교 출판사, 2005)의 저자이다. 로페스는 저명 대학 학자로 뽑혔고, 브리티시 컬럼비아 대학교 철학과 교수로 재직 중이다.

패트릭 메이너드 Patrick Maynard

많은 글들이 예술 일반에 관련되어 있으며, 사진 관련 글들은 특히 예술사적 지식에 많은 영향을 받았다. 『시각화의 엔진: 사진을 통해 생각하기*The Engine of Visualization: Thinking Through Photography*』(코넬 대학교 출판사, 1997)와 『드로잉 구분하기: 그래픽 표현의 다양성*Drawing Distinctions: The Varieties of Graphic Expression*』(코넬 대학교 출판사, 2005)의 저자이다. 메이너드는 웨스턴 온타리오 대학교 철학과 (명예) 교수이다.

아론 메스킨 Aaron Meskin

예술 철학에 관한 연구와 철학적 심리학에 관한 연구를 통해 「만화 규정하기?*Defining Comics?*」(*Journal of Aesthetics and Art Criticism*, 2007)와 「미적 증거: 우리는 다른 이들로부터 미와 예술에 관하여 무엇을 배울 수 있는가?*Aesthetic Testimony: What Can We Learn From Others About Beauty and Art?*」(*Philosophy and Phenomenological Research*, 2004)와 같은 많은 글들을 출판했다. 메스킨은 강사이자, 리즈 대학교 철학과 대학원 연구책임자이다.

바버라 사베도프 Barbara Savedoff

사진 철학에 관한 많은 글들을 출판하였으며, 영향력 있는 책 『변형하는 이미지: 어떻게 사진이 그림을 복잡하게 하는가*Transforming Images: How Photography Complicates the Picture*』(코넬 대학교 출판사, 2000)의 저자이다. 또한 화가로서 활동할 뿐만 아니라, 뉴욕 시립대학교 바루치 컬리지 철학과 부교수이다.

로저 스크루턴 Roger Scruton

비평, 철학, 문화해설에 관하여 30권이 넘는 책을 출판한 철학자, 기자, 작곡가, 방송인이다. 피터하우스 캠브리지의 선임 연구원이었으며, 1971년부터 1991년까지 크라이스트 컬리지 캠브리지의 연구책임자로 활동하였고, 현재 버킹엄 대학교 철학과 방문 교수이다.

스콧 월든 Scott Walden

사진 이론과 실천을 전공으로 한다. 캐나다 예술의회에서 다수의 지원금을 받았으며, 2007년 요크 공작과 공작부인 상Duke and Duchess of York Prize 사진 부분을 수상하였다. 현재는 뉴욕 대학교 철학과 방문 학자이다.

켄달 L. 월턴 Kendall L. Walton

예술 철학과 재현에 관하여 매우 영향력 있는 수십 개의 글들을 출판하였으며, 『믿는체 하기로서의 모방: 재현 예술의 토대에 대하여*Mimesis as Make-Believe: On the Foundations of the Representational Arts*』(하버드 대학교 출판사, 1990)의 저자이다. 또한 록펠러 재단, 인문학을 위한 국가 기금National Endowment for the Humanities, 미국 학술의회American Council of Learned Society 등의 기관으로부터 연구 장학금을 수상하였다. 월턴은 미시건 대학교 철학과의 찰스 L. 스티븐슨 교수이다.